你一定爱读的中国战争史 ①

春秋

林屋公子 著

台海出版社

图书在版编目（CIP）数据

你一定爱读的中国战争史. 春秋 / 林屋公子著. --北京：台海出版社，2021.6
ISBN 978-7-5168-2986-8

Ⅰ. ①你… Ⅱ. ①林… Ⅲ. ①战争史－中国－春秋时代－通俗读物 Ⅳ. ① E291-49

中国版本图书馆 CIP 数据核字 (2021) 第 074095 号

你一定爱读的中国战争史：春秋

著　　　者：林屋公子	
出 版 人：蔡　旭	责任编辑：俞滟荣
视觉设计：王　星	策划编辑：黄晓诗

出版发行：台海出版社
地　　　址：北京市东城区景山东街 20 号　　邮政编码：100009
电　　　话：010 - 64041652（发行，邮购）
传　　　真：010 - 84045799（总编室）
网　　　址：www.taimeng.org.cn/thcbs/default.htm
E - mail：thcbs@126.com

经　　　销：全国各地新华书店
印　　　刷：重庆长虹印务有限公司
本书如有破损、缺页、装订错误，请与本社联系调换

开　　　本：787 毫米 × 1092 毫米	1/16
字　　　数：361 千	印　张：26.5
版　　　次：2021 年 6 月第 1 版	印　次：2021 年 9 月第 1 次印刷
书　　　号：ISBN 978-7-5168-2986-8	

定　　　价：119.80 元

版权所有　翻印必究

序

展开中华上下五千年的历史画卷，许多个朝代，无数个政权，其间分分合合，聚散无常。战争便是这一切的背后推手。

上古时代炎黄与蚩尤决胜的涿鹿之战，奠定了中华文化的道统；夏商周之间嬗代的"汤武革命"，论证了"天道有常"的历史周期律；春秋战国周代分封制的崩盘，喻示着没有任何一个特权阶级是可以永恒不变的。

秦皇廓清六合，为封建王朝之滥觞；群雄竞逐秦鹿，开将相无种之先河；汉武帝通西域、击匈奴，成就了"汉武盛世"；东汉末分三国、争正统，首开天下三分之格局。

西晋之际的八王相争、北方游牧民族内迁、永嘉南渡，刷新了三个历史第一：西晋成为第一个国祚不足百年的大一统王朝，北方游牧民族第一次在中原地区建立政权，东晋成为第一个具备前朝正统的偏安政权。

南北分裂三百余年，最终在隋朝手中复归统一，中华沉寂近四百载，得以在唐朝之际扬威异域。

五代承唐末藩镇之遗祸，割据分裂五十余载。宋祖思唐末五代之殷鉴，启"以文驭武"之国策，结果武备不振，两宋亡而元朝始。

及至元末，红巾之军首倡义帜，群雄豪杰乘势而起。明太祖朱元璋龙飞淮甸，定鼎应天，一十五年而肇纪立极，遣将北伐，直捣黄龙，恢复汉家故地。

逮及明末，烽烟四起，清立明亡。清朝成了中国历史上最后一个封建王朝。

以上种种历史事件，多因战争而起，亦因战争而终。战争吞噬着一切，又在创造新的辉煌。无论是中原农耕文明圈与北方游牧文明圈之间的持久冲突，还是历代王朝内部的压迫与反抗，在不断引发新战争的同时，又促使中华文明在血与火的考验中发展壮大，一步一步演变成今天的模样。

在史书以及形形色色的小说笔记的渲染下，战争故事看起来极具戏剧性，或让人血脉偾张，或让人拍案叫绝。但本质上，它残酷而暴虐，既不风光，也不浪漫，因为战争总是伴随着血流成河、尸横遍野、瘟疫横生，"白骨露于野，千里无鸡鸣"。

随着人类历史逐渐迈进一个个新阶段，战争的规模也在不断扩大，从数千人、数万人的战斗升级为牵涉数十万、数百万人的大决战。尤其古代交战，除了战场上的死伤，还伴随攻城之后的烧杀抢掠。每次浩劫之后，最显而易见的恶果便是人口的大幅度减少。东汉鼎盛时期人口6500万，经过汉末的各种战乱，到了三国时期仅存800多万。唐朝天宝十四载的人口为8050万，一场"安史之乱"，短短几年下来，人口就锐减至1700多万。明朝万历年间，中国的人口过亿，但经过明末清初的战乱，到顺治九年，全国人口仅存1448万，可谓是十不存一。其中尤以四川最为惨烈，到康熙三十六年发布《招民填川诏》时，全省人口仅剩9万，成都的大街上尽是老虎出没。

战争不因胜败结局不同而改变嗜血的本质。汉武时期穷兵黩武远征匈奴，在极大地压迫了匈奴人的生存空间的同时，也给当时的汉人百姓带来了沉重的负担，引起了社会的极大不满。战争的破坏性巨大，以至于人们会发出"宁为太平犬，莫作乱离人"的辛酸感慨。

但悲哀的是，人类社会始终无法回避战争。普鲁士著名军事理论家克劳塞维茨曾在他的著作《战争论》中说过："战争，无非是政治通过另一种手段的延续。"中国古代最著名的军事著作《孙子兵法》则说:"兵者,国之大事,死生之地,存亡之道,不可不察也。"《中国军事百科全书》对"战争"一词进行了更详细的释义:"战争是用以解决民族和民族、国家和国家、阶级和阶级、政治集团和政治集团之间矛盾的最高斗争形式,是政治通过暴力手段的继续。"

一切战争的背后,都不过是政治的角逐和较量,当政治遇到不能解决的问题时,往往以战争来达到目的。通常来看,战争的起因反映了政治、经济等方面的矛盾发展,而战争的结果则反映了一个势力乃至一个时代的综合实力。

有人的地方就有江湖,战争的种子在人的私欲中萌芽。战争确实能让一些人获得他们想要的东西,然而,一旦战争爆发,它只会朝着一个极端的方向发展,不到无仗可打时,并不会自动停下来。秦始皇灭六国,为的就是结束中原各国之间无休止的征伐。可是六国既灭,他又将战争的触角深入了南方的丛林与北方的大漠。最终,更大的战乱在他死后的短短几年内爆发,曾经强大到不可一世的秦王朝轰然倒下。

早在两千多年前,我们的祖先就看清了战争与和平的辩证关系。先秦兵家经典《司马法·仁本第一》有言:"故国虽大,好战必亡。天下虽安,忘战必危。"

想要预防战争、遏制战争,首先得了解战争。固然,现代战争无论在技术水平上还是规模上都是古代战争无法比拟的,但这并不意味着古代战争已经失去了研究探索的价值——在时间的验证下,它更便于我们提纲挈领地总结历史发展的基本规律。有赖于中华民族对历史虔诚而谦恭的态度,自古及今的各段历史多被完美地记录了下来,后人们才能将这些点滴尽数披阅。这是文化自信的内核,是无价的瑰宝。神州大地上的长达数千年的战争史,用前人的胜败兴亡为后人留下了无数政治智慧和血的教训。

从远古的石峁古城开始，我们的先民修筑了非常复杂的防御工事。中华大地上星罗散布的文明雏形，经过战争的不断兼并和壮大，形成了夏商周这样的广域王权政治核心。周王朝向各地派遣军事集团，在诸侯的带领下修筑城堡、控制战略要地，逐渐实现对周边荒野之地的军事控制，形成诸侯国的雏形，这种模式被后世称为"分封制"。

分封制虽然扩大了周王朝的统治疆域，同时也给诸侯纷争埋下隐患。车战是这个时代的主要战争模式，兵车也成为衡量大国实力的硬指标。增强国力、开展外交、发展生产，列国的政治家们对其重要性的认知从朦胧到清晰，并将其作为政策进行长期贯彻。

从秦始皇时代开始，中央集权社会俨然成形，但对于地方的设置到底是实行分封制还是郡县制产生了无数复杂的争论。与此同时，四方边疆出现扰动，内部贫富不均、天灾人祸愈演愈烈。

秦汉两朝北击匈奴，南征百越，西通西域，东并朝鲜，初步奠定了中国的基本疆域，卫霍封狼居胥，窦宪燕然勒石，成为后世开疆拓土的标杆。虽然中途历经三国鼎立、北方游牧民族内迁、南北对峙这长达三百年的乱世，然而一个新的高峰又在大一统的隋唐帝国升起，煌煌巨唐，赫赫功业，直至近现代，海外仍有不少地区将中国人称为"唐人"。

大唐相继灭掉突厥、高昌等势力，控制西域，对外扩张也在天宝年间达到鼎盛，可随之而来的八年"安史之乱"，又拉开了其后两个多世纪藩镇动乱和五代乱世的序幕。赵氏宋朝有鉴于武人尾大不掉的经验教训，采取了矫枉过正式的"以文抑武"，终致在敌人来犯时往往抬不起头来，伴随着屡战屡败及其带来的恶果，民族的精神内核逐渐转为内在。

而闭关锁国带来的更大的灾难，你我已经都知道了。

越熟读历史，你越能从中领略，历代中国人为了赢得战争和平息战乱付出了多么巨大的代价，也越发能明白中华民族对太平盛世的强烈执念从何而来。

战争当然是残酷的、反人类的，但战争历史却可以是精彩的、引人深思的。《孙子兵法》有云："兵者，诡道也。"意思就是说，用兵的人要讲谋略。纵观中国历史上的诸多战争，其中不乏奇谋妙计，后人在回顾的时候，往往也会回避战场上真刀真枪的厮杀，而对战场之外精彩的谋略对决津津乐道。

古代史书的编纂模式，一般是以年代为顺序的"编年体"，或者是以人物传记为中心的"纪传体"。还有一种以事件为中心的写法称为"本末体"。本末体虽然是以事件为中心，但对战争的描写还是相对简单的。

现代人如何通过几千年的文字与古人产生共情呢？《你一定爱读的中国战争史》给出的答案是：在保证原意不变的基础上，以当代最流行的文风和笔法将文字、情节再加工，使冰冷的条款式记载变得鲜活，这也是我们编撰这套丛书的初衷。就譬如汉赋、唐诗、宋词、元曲、明清小说，随着历史进程的滚滚向前，中华民族的文学体裁经历了由简至繁、由"雅"至"俗"的转变，这种转变无疑是积极正面的，因为它顺应了时代，使越来越多的人能够无障碍地了解中华文化。同理，做到绝大多数人喜闻乐见，大俗即大雅，这也是编撰者们斗胆提笔写这套书的信心所在。

本系列图书涉及春秋、战国、秦朝、西汉、东汉、三国、两晋、南北朝、隋朝、唐朝、五代十国、北宋、南宋、元朝、明朝和清朝等不同时期的重要战争事件。一方面，选取最具有代表性的各场战役，记述那些在残酷战争中涌现出来的英雄、枭雄和"狗熊"们，把那些政治家们的雄才大略、经天纬地，军事家们的战略战术、狠心仁心，野心家们的阴险毒辣、丧心病狂，以及战乱之苦，统统剖析出来。另一方面，在笔法上尽量采取一种相对轻松的方式，力求通过精妙笔力的裁剪，用轻快而不失风趣的语言，如同"蒙太奇"手法那般，拼贴出一幅幅精华战争集锦，以并不沉重的方式向各位读者呈现厚重的战争主题。

丛书的每一卷都有其独立性，脉络清晰，可以从第一卷先秦时代看起，也可以从其他任意朝代切入，每一卷都相对独立又相互关联。虽然所有战役都有史料来源，所有观点都是以史为据，但本系列图书并不追求大而全，只想通过作者们通俗风趣的语言，将一场场精彩绝伦、酣畅淋漓的战役，将各个朝代在战场上绽放光芒的名将一一展现。读者们如果看完能了解一些旧事，认识一些故人，并因此激起对历史的兴趣，就再好不过了。

周书灿[①]

2020 年 12 月

[①] 周书灿：1967 年生，河南省新密市人，1992 年—1998 年先后在河南大学、南开大学师从著名历史学家唐嘉弘、朱凤瀚教授攻读历史学硕士、博士学位，先后供职于河北师范大学、河南大学、湘潭大学，2004 年被破格聘为教授，2006 年 8 月至苏州大学工作，现为苏州大学社会学院教授，苏州大学第三批东吴学者，博士生导师。

目录

序   I

第一章 | 郑庄小霸   1

兄弟阋墙：郑伯克段之战   2
南征北战：郑庄公称霸中原之战   8
箭射天子：繻葛之战   14

第二章 | 金仆姑   19

龟兔赛跑：乾时之战   20
曹刿论兵：长勺之战   25
马蒙虎皮：乘丘之战   28

目录

第三章 | 尊王攘夷　　35

老马识途：齐伐山戎救燕之战　　36
好鹤失国：荧泽之战　　41
马牛不及：齐攻蔡伐楚之战　　45

第四章 | 最危险的时刻　　51

楚子称王：速杞之战　　53
莫敖之死：楚国伐罗之战　　57
蠢猪仁义：泓水之战　　61

第五章 | 崛起在河东　　67

嫡庶相争：曲沃代翼之战　　69
假道伐虢：晋伐虢灭虞之战　　73
秦晋交恶：韩原之战　　78

第六章 | 流亡半生的霸主　　　　　85

讨逆勤王：晋克温围原之战　　　86
大战前奏：晋攻卫克曹之战　　　90
南北对决：城濮之战　　　　　　94

第七章 | 独霸西戎　　　　　　103

兵不血刃：秦晋攻鄀之战　　　　104
黑色丧服：崤之战　　　　　　　109
拜赐之师：彭衙之战　　　　　　116

第八章 | 夏日之日　　　　　　121

出尔反尔：令狐之战　　　　　　123
堂弟捣乱：河曲之战　　　　　　128
一鸣惊人：楚灭庸之战　　　　　131

目录

第九章 | 止戈为武　　　　　　　　　137

若敖鬼馁：皋浒之战　　　　139
单车致师：邲之战　　　　　143
易子而食：楚围宋之战　　　154

第十章 | 霸权复兴　　　　　　　　　159

为姊复仇：晋灭赤狄之战　　161
结草衔环：辅氏之战　　　　165
跛帅之怒：鞍之战　　　　　167

第十一章 | 势均力敌　　　　　　　　177

初入楚境：晋伐蔡攻楚破沈之战　　179
吕相绝秦：麻隧之战　　　　184
箭神出手：鄢陵之战　　　　187

第十二章 | 年轻的霸主　　　　　　　　　**197**

　　以宋之乱：彭城之战　　　　　　　　198
　　孔父举门：偪阳之战　　　　　　　　203
　　马首是瞻：棫林之战　　　　　　　　207

第十三章 | 南北弭兵　　　　　　　　　**213**

　　晋楚终局：湛阪之战　　　　　　　　215
　　火烧齐都：平阴之战　　　　　　　　217
　　里应外合：栾盈攻新绛之战　　　　　223

第十四章 | 巫臣的诅咒　　　　　　　　**231**

　　噩梦开始：楚攻吴鸠兹衡山之战　　　232
　　反败为胜：皋舟之战　　　　　　　　238
　　箭射吴王：巢之战　　　　　　　　　243

目 录

第十五章 | 疯狂的楚灵王　　247

齐相末日：朱方之战　　249
蹶由犒师：鹊岸之战　　252
趁火打劫：豫章之战　　257

第十六章 | 扫灭戎狄　　261

毁车为行：太原之战　　263
围而不攻：昔阳之战　　267
伪装商贾：灭鼓之战　　270

第十七章 | 血染吴宫　　275

夺回余皇：长岸之战　　277
伍鸡立功：鸡父之战　　281
采桑之争：吴克楚巢、钟离之战　　285

第十八章 | 哀郢　　　　　　　　　　291

将计就计：豫章之战　　　　　　293
九战九胜：吴入郢之战　　　　　296
火攻吴军：楚复国之战　　　　　308

第十九章 | 八年内战　　　　　　315

齐景争霸：夷仪之战　　　　　　317
六卿火并：晋阳之战　　　　　　321
钢铁战魂：铁丘之战　　　　　　325

第二十章 | 英雄末路　　　　　　333

阖闾遗言：槜李之战　　　　　　335
勾践求和：夫椒之战　　　　　　338
陈乞阴谋：艾陵之战　　　　　　343

目录

第二十一章 | 苦心人天不负   351

黄雀在后：熊姑夷之战   352
白公之乱：叶公救郢之战   359
声东击西：笠泽之战   362

第二十二章 | 三家灭知   371

计杀姐夫：赵灭代之战   373
齐晋交锋：犁丘之战   376
水淹知氏：晋阳之战   379

参考文献   387

大事记   391

附篇   397

第一章 郑庄小霸

公元前757年，郑国都城新郑。

一位贵妇躺在床上，痛苦地挣扎着、呻吟着，黄豆般大颗的汗珠顺着她白皙的脸庞流下。她是西申国君的女儿武姜，贵为金枝玉叶，从来没有受过什么磨难，也是第一次经历生育的苦楚。她的丈夫——郑国国君郑武公靠在床边，也是一脸焦愁，却也无可奈何，只能紧紧握住夫人的手。产婆们忙上忙下，端盆递水，乱成一团。终于在数个时辰之后，众目睽睽之下，一双小脚率先冒出了母体，然后身子、脖子和头才相继面对人世。一声清脆的啼哭划破紧张的气氛，是个健康的男孩儿。

母子平安，郑武公松了一口气。然而，武姜夫人却并不欢喜。这个孩子出生时，先出脚，后出头，是个难产儿。正因如此，武姜的分娩承受了加倍的痛苦。面对自己的第一个孩子，武姜夫人一脸嫌弃，气若游丝地道："这个孩子……就叫……牾生吧。"郑武公眉头微皱，"牾"（wǔ）是违逆的意思，"牾生"就是难产。哪有管自己儿子叫难产儿的？但是最终，他还是依照妻子的意愿，给孩子取名叫"牾生"。"牾"和"寤"通假，所以也写作"寤生"。

小寤生就这样来到了这个世界。

兄弟阋墙：郑伯克段之战

我们的故事所发生的年代，距今天已经有两千多年了，史称春秋时期。大家知道《封神演义》的故事，讲的是商朝末年，纣王无道，宠幸妲己，杀害贤臣，结果被周武王和姜子牙推翻。《封神演义》虽然是小说，但历史背景确实存在。

武王灭商后，建立了周朝，定都镐京（今陕西西安）。周朝传承了两百多年，到周幽王时，内有地震之灾，外有异族之乱。而昏庸的周幽王偏偏不合时宜地废黜王后，还把太子赶回母家申国。申国国君申侯大怒，立太子宜臼为王（周平王）。周幽王怒而伐申，结果被犬戎中途击杀。这段历史几经后世夸大，还谬传出了"烽火戏诸侯"的戏份。

戎人杀死周王后，长驱直入，攻陷镐京。国都顿时沦为人间地狱，无数公卿贵族死在戎人的利剑之下。虽然镐京沦陷，但周天子在东方还有个国都——洛邑（今河南洛阳）。周平王东迁后，周朝又在洛邑延续了五百年，至公元前256年被秦国所灭。所以，历史上一般以公元前771年犬戎破镐为界，将之前的时间称为西周，之后的称为东周。另一方面，史学家们为了叙述方便，便参照知名典籍《春秋》的断限，把公元前771年—前453年这段时间称为"春秋时期"。我们这本书的故事也就在这段历史时期里展开。

周幽王的叔叔是郑桓公，他的国家原本在镐京附近的郑（今陕西宝鸡），然而他却早有预感，及时举国搬迁到东方的东虢（今河南荥阳）、郐（今河南新密）等十国一带，建立了新的郑国（都城为今河南新郑）。趁着两周之交、天下大乱时，郑桓公、郑武公父子相继灭了十国，在中原终于站稳了脚跟。郑武公成长于两周之交，连年累月的战争与政争，将他磨炼成一位成熟的政客。而郑武公的夫人武姜，正是周平王母家申国之女，可以说是亲上加亲了。

嫡长子寤生诞生三年后，武姜夫人又生了个儿子。这次生育比较顺利，儿子取名叫段。段长得俊美强壮，深得母亲喜爱。等他稍微长大些后，武姜对幼子的宠爱愈来愈深，她居然向郑武公提出，要让段取代寤生的太子地位！然而，有周幽王废嫡立庶以致国破人亡的前车之鉴，郑武公作为见证人，往事仍犹历历在目。他现在又是周平王的卿士，相当于周王朝的宰相，怎么能随便受枕边风干扰呢？于是他果断地拒绝了妻子的无理要求，命她休要再提此事。

公元前744年，郑武公去世，十四岁的太子寤生即位，是为郑庄公。郑庄公尚且年少，所以实际掌权人便是太后武姜。武姜不希望庄公过早亲政，劝庄公将政权交给卿大夫；同时为了避嫌，也主动提出自己掌管后宫。这其实是希望自己能够在幕后，为公子段谋取更多政治资源。郑庄公答应了母亲的请求，将政事全部下放卿大夫。大臣边父对此不满，但郑庄公依然无动于衷，对权力表示出极度的平静。

武姜将这一切看在眼里。

渐渐地，公子段成年了。于是武姜提出一个要求，把段封在制地。制地是当年东虢（guó）国的一处险要城邑，末代国君虢叔在此负隅顽抗，最终仍然被郑军击杀。天子分封诸侯，诸侯分封大夫，似乎天经地义，实际并非如此。西周天子分封诸侯，是因为周王朝太大，大部分区域实在无法直辖，尤其是一些边远地区，管不过来，只能采取分封政策。而春秋初年，诸侯国规模小，并不一定需要分封。比如郑国的公子吕，就一直留在公族。所以武姜这样的要求，实质就是分裂郑国。

郑庄公当然不乐意，却无法拒绝母亲。他知道母亲在郑国数十年，人脉关系盘根错节，如果违逆母亲，除了会背上不孝的罪名，还可能会引起政局不稳。年轻的庄公深思了一会儿，对母亲说：“当年虢叔丧生于此处，将弟弟分封过去，会不会不吉利呢？除了这里，别的地方都行！”武姜觉得也有道理，于是又盯上了另一处易守难攻的地方：京。"京"的本义是高土堆，一听就知道是易守难攻的险地，在制的东南方向，离国都新郑更近一点儿。

这次庄公无法拒绝，答应将京城分封给弟弟。段本是庄公最大的弟弟，被称为"大叔段"，到了京城就被叫"京城大叔"。大叔段从小得到母亲宠爱，本来以为国君非自己莫属，但父亲却不肯废掉哥哥，这让他心生不满：寤生凭什么夺走本应属于我的位置！现在母亲为自己争取了封地，自己就拥有了与哥哥抗衡的资本,为什么还要继续甘居人下?我长得比他俊美,生得比他强壮!于是,大叔段开始修筑城墙,厉兵秣马增强自己的实力,以便伺机而动。

山雨欲来风满楼,大夫祭足首先发现了问题,于是报告郑庄公:"根据法度,大城不能超过都城三分之一,现在京城这样,到时候君上您怎么控制呢?"郑庄公却不慌不忙地说:"这是母后的意思!"祭足劝他:"她是满足不了的,赶紧铲除别让祸害蔓延吧!"郑庄公却邪魅一笑:"多行不义必自毙啊!"祭足本来就是老狐狸,此番无非是在君上面前表一个态,得到庄公回应后,便不再多说了。

得到郑庄公放任的段,果然以为哥哥是小绵羊,于是开始进一步试探,要求郑国西境、北境都听命于自己。大夫公子吕(他大概算是庄公的叔叔或者庶兄)向郑庄公表示了忧虑,而郑庄公同样轻描淡写:"我们能有啥事?该出事的是他们吧!"

另一边,大叔段不明其中关窍,尚在沾沾自喜:那我就得寸进尺点儿,把西境、北境全部收入囊中得了,再一路扩大到廪延(今河南延津)……公子吕没有祭足机灵,急得要跳起来了。郑庄公却只笑笑:"他自己对我不忠,他的人也会对他不义,再厉害又有啥用呢?"

这边郑庄公不作为,那边武姜立即将这一情况转述给了大叔段。大叔段暗笑这大哥真是个软柿子,既然你愿意坐以待毙,那我就不客气了!大叔段派人私下联系母亲,希望能够里应外合偷袭国都。武姜也是猪油蒙了心,竟答应帮助大叔段。但他们没想到的是,他们的一举一动,其实都没有逃过郑庄公的眼线。郑庄公虽然对大叔段长期处于放任状态,但并非不闻不问。他没对大叔段的事情公开表过态,但暗地里却一直往京城安插亲信势力。

公元前722年,郑庄公三十六岁,大叔段三十三岁。年富力强的大叔段终于忍不住了。他准备好了战车,充实好了装备,只待母亲在约定的时间打开城门,准备送给哥哥一个惊喜。然而让他始料未及的是,他的密信落到了郑庄公手上。郑庄公了然地笑了,终于等到这一天了啊!于是他马上召见公子吕,派他带领两百乘兵马去攻打京城。过去，公子吕曾多次劝谏郑庄公，郑庄公表面上没有接受，但心底里已经确信他十分可靠，这也正是郑庄公识人和用人的艺术。

"乘"就是一辆战车，每辆战车上有三个甲士，左边的是主将，通常选神箭手担任；中间的是"御戎"，也就是开车的驾驶员；右边的是"车右"，一般选一名大力士，拿着一支长矛；有的车上还有第二个拿长矛的人，叫"驷乘"。春秋早期，"一乘"车上的甲士加车下的步卒，不过三十人，当然后期有所扩张。春秋战国时代，"乘"往往用来描述一个国家的军事实力，所谓"千乘之国""万乘之国"便是如此。

公子吕带了两百乘，所以他这支部队大概才六千多人，但是郑庄公很自信，要收拾大叔段，这么点儿人就够了。

大叔段得知公子吕带兵前来讨伐，愣了一下，然后马上部署准备迎战。就算阴谋败露了，他也打算与郑庄公一较高下。没想到，京城的军民并不支持他，纷纷倒戈相向。大叔段一下傻眼了，这才发觉庄公的势力早就渗透京城了！他好不容易又凑了一支部队，却根本没把握与公子吕的精兵交手。无奈，大叔段只能放弃京城，兜个圈子逃到鄢（今河南鄢陵）地避难。庄公一看大叔段如此孱弱，便又亲自带领一支部队，披甲上阵杀往鄢地。

鄢地是大叔段最后一个根据地。其实他原先的势力范围并不小，从西北的京城延伸到东北的廪延，此外，他还在东南有鄢地，实际上已经将新郑包围其中。不过，他的一举一动都在庄公的算计之内，还没来得及出手，就被庄公直击七寸，端了老巢。大叔段从京城仓皇逃到鄢地，而庄公在新郑以逸待劳，不慌不忙地领军出击。叔段无路可退，只好硬着头皮与哥哥决战。

阵前，庄公指着大叔段大骂他忘恩负义、狼子野心。大叔段终于看清楚了面具下的哥哥，从小锦衣玉食的他，完全没有作战能力，被吓得双腿瑟瑟发抖，强行扶住战车前方的栏杆，才没一膝盖跪下去。庄公也不跟他多话，下令大军驱车直奔大叔段。大叔段临时拉扯出来的叛军哪里是庄公的正规军的对手？双方一交战，大叔段立时溃败。走投无路的大叔段只好投奔共国（今河南辉县），直到去世也没有回国，所以史书也称他为"共叔段"。

击败大叔段后，接下来就可以名正言顺地处理武姜了。郑庄公下令把她赶出国都，囚禁在颍（今河南临颍）。三十多年的怨恨一口气爆发，庄公恨恨地说："不及黄泉，无相见也。"有生之年再也不认你这个母亲！这口恶气终于出了。但是这样一来，诸侯之间又风传起庄公不孝的八卦。庄公继承了父亲武公在周王朝的卿士职务，于是又开始后悔起来。后来在颍地长官颍考叔的建议下，挖了个直抵泉水的地道，就当那儿便是"黄泉"了，再从地道中接出了母亲。庄公由此维持了孝顺的名声。

"郑伯克段于鄢"是春秋时期第一场知名的战争，虽然其中过程并不复杂，但是可以窥见一些新式战争的特点：

第一，郑庄公与大叔段本是兄弟，却像两个国君一样带兵作战。春秋时期的战争，不限于诸侯与诸侯之间，也发生在诸侯与大夫之间，正式进入了"礼乐征伐自诸侯出"的时代；大夫有了自己的地盘，有了自己的兵力，俨然也是一国之君。诸侯强大了可以不听天子的，同样大夫强大了可以不听诸侯的。所以春秋时期的战争非常混乱，因为大大小小的国家实在太多。不过这一时期战争的规模都比较小，最多只会持续几天，不像后世那样，动不动就长年累月。

第二，郑庄公与大叔段的战争，并非堂堂正正的两军对决。大叔段意图步步为营、先发制人，却被郑庄公的隐忍不发、后发制人击败。大叔段以为可以和母亲武姜里应外合，却没想到郑庄公早渗透了京城，《孙子兵法》所主张的"上兵伐谋"在此已露出端倪，表明庙堂的政治筹策对军事的重大影响。尽管"郑伯克段于鄢"的过程很快就结束，然而之前郑庄公在位的二十二年，可以说都是这场战争的准备阶段。

南征北战：郑庄公称霸中原之战

共叔段歇了心思，在共国颐养天年，但他年轻的儿子公孙滑却不甘示弱，跑到卫国（都城为今河南淇县）面见国君卫桓公，一把鼻涕一把泪，诉说自己的伯父如何如何丧心病狂。卫国本是中原地区的老牌强国，其初封国君是周武王的弟弟卫康叔。春秋战国之际的卫武公更是一代明君，传说在国人暴动之时，他还曾入主镐京摄政。郑国这个新来的诸侯异军突起，自然引起卫桓公的极度不适，于是后者决定给郑庄公来点儿颜色。

卫桓公出兵攻郑，在公孙滑的配合下，迅速占领了郑国的边城廪延，以前这里曾是共叔段的辖区。这让郑庄公大为恼火，但卫国毕竟是老牌大国，硬碰硬并无胜算。于是郑庄公巧妙利用了天子卿士的职权，调动了天子的直属军团与西虢（都城为今河南三门峡）、邾国（都城为今山东曲阜东南）的部队一起出征，同时，鲁国（都城为今山东曲阜）的公子豫也带兵支持郑庄公。这样一来，不管是道义还是兵力，郑庄公都占了上风。卫军自然不是对手，很快被打得抱头鼠窜。

中原列国混战的序幕从此揭开。

不久，卫桓公被兄弟州吁杀害篡位。州吁为了尽快提高本人的威望，便想拿郑庄公开刀，于是他联络了宋国（都城为今河南商丘）。宋殇公也对郑庄公怀恨在心，因为郑国收留了宋殇公的政敌公子冯。卫桓公又拉上了中原两个大国陈国（都城为今河南淮阳）和蔡国（都城为今河南上蔡）。宋国是商纣王兄长微子启的封国，陈国是虞舜后裔、周武王女婿陈胡公的封国，蔡国则是周武王弟蔡叔度的封国。放眼望去，一水儿的中原老牌强国，这些国家自然不想看到郑国这个新生力量崛起。

公元前719年，卫、宋、陈、蔡四国联军进攻郑国，郑庄公一看不妙，龟缩在都城不肯出来。四国军队堵在东门足足五天，但始终攻打不下来，只好撤退，史称"东门之战"。之后，宋殇公又拉拢鲁国的公子翚（huī）出兵。

之前郑庄公拉拢过鲁国的公子豫，现在宋殇公又能拉拢鲁国的公子翚，可见鲁国内部也已分成两派。四国联军击败郑国的步兵，还嚣张地把郑国都城外的麦子都割了。郑庄公气得直吹胡子，但也拿他们没办法。

不过，郑庄公也在暗地盘算：虽然宋、卫、陈、蔡一起上，郑国肯定不是对手。但他们若分散开来，郑国可以将其慢慢孤立、各个击破！至于东方的齐、鲁两个大国，地理上与郑国较远，应该注意搞好关系。

定好"远交近攻"的国策，郑庄公又开始厉兵秣马。公元前718年，郑庄公突击宿敌卫国，一路打到卫都郊外。卫国此时正逢内乱，卫宣公刚即位，无暇组织对外反击。于是卫宣公命令南燕（今河南延津东北）攻郑。南燕国是黄帝后裔、周朝始祖后稷的配偶姞姓国，长期依附于卫国。南燕与郑国廪延相隔不远，本来就非常防备郑国。于是南燕君立即发兵，攻打郑国。

南燕军虽然不太强，但毕竟也是有备而来，郑庄公自然不敢掉以轻心。他下令郑国大夫祭足、原繁、泄驾三人统率三军北上。一军大约是一万人，依照礼制，天子建制六军、大国三军、次国二军、小国一军，所以郑国大约出动了三万人，分别由三位卿大夫统辖。当时军政合一，卿大夫既掌行政又掌军事。南燕国主帅一看郑军声势浩大，也就做好了正面迎战的准备。没想到，郑庄公这个不按常理出牌的国君，在国都殿堂上又有了新的主意。

南燕军还在与郑国三路大军对峙，主将一方面命令加强前线防御，一方面在心中反复琢磨：究竟该合兵一处还是该分兵对付？没想到，传令兵急急忙忙报告：我军后方被郑军袭击了！南燕主将吓得跳了起来，还能这样？紧接着，传令兵又报：郑国公子曼伯和公子突各领一军，从驻守的北制（即制地）出发攻打我们的侧翼！南燕国主将惊得丢了三魂七魄，匆匆下令迎战。曼伯和突都是郑庄公之子，两人初生牛犊不怕虎，驱赶战车奋勇杀敌，燕军死伤无数。

与此同时，祭足等三军统帅也收到了曼伯和突偷袭成功的消息，于是下令三军杀往溃败的燕军。南燕军主将一看大势已去，只能急急忙忙退兵。

这场"北制之战"就以南燕的大败而告终。这场战争，表明郑国军队已经超出了三军的编制，有了五个军。更重要的是，郑庄公改变了过去正面交战的战术，而在中国军事史上第一次留下迂回包抄的案例。尽管从后世看这十分寻常，但在当时却违背了西周规定的军礼，郑庄公乃敢于吃螃蟹的第一人。

郑庄公击败卫、燕后，马上又以周卿士名义，调动天子直属军团和邾国军队攻打宋国，一直攻打到宋国的外城才退兵；第二年又转而攻打陈国，俘虏了大批战俘，缴获了许多战利品。宋、陈两国被打蔫了，都愿意与郑国讲和。而此时郑庄公的盟友，齐国（都城为今山东淄博临淄区）国君齐僖公站了出来，敦促卫国也与郑国讲和。

公元前715年，齐、宋、卫、郑在温（今河南温县）举行和会，并在西北的瓦屋订立盟约。盟约声称抛弃东门之战的宿怨，实际上是承认了郑庄公对中原的小霸。

中原地区局势相对缓和后，郑庄公又碰到一个前所未见的敌人——北戎。

读者们往往有一种误解，认为非华夏的戎人、狄人都是游牧民族，其实不然。直到战国末期与匈奴交通，华夏之前所接触的北方族群其实都生活在中原大地。他们并非游牧民族而是农耕民族，作战也并非依靠骑兵，而是以步兵为主，甚至也可以出动战车。"北戎"就是华夏对黄河下游北岸一带少数族群的称呼，并非一族的专名。西周王朝即是被"犬戎"攻灭。进入春秋时代后，这些族群更是加紧了内迁的步伐。

公元前714年，黄河北岸的北戎南下攻郑，郑庄公带兵与北戎军对峙。战前，郑庄公派侦察兵刺探了北戎军的情报，得知北戎军出动的都是步兵。华夏部队虽然在数量上也以步兵为主，但在功能上，步兵都是作为车兵的附属，这就决定了作战方式的不同。

郑庄公召见制北之战的功臣公子突，与他探讨针对北戎军的战术。郑庄公敏锐地指出："我们是战车，而敌人是步兵，我们调度远不如他们灵活，寡人担心他们从背后偷袭我们，那可如何是好？"

公子突自己就有偷袭南燕军的经历，对此深有感触。他不愧是郑庄公的左膀右臂，很快结合北戎军的特征提出自己的方案："父亲！儿臣建议，不如派遣一些勇敢却不固执的兵士，与北戎军一接触就立马败走，而您却在后方设下三道伏兵。北戎的组织性和纪律性没我们强，他们轻率而不严整，贪婪而不团结，打赢了互相争功，打输了互不相助。走在前面的北戎人看到有俘虏和财物，肯定会一拥而上；等到他们遭遇伏兵，后面的人也不会来救援！"

郑庄公非常欣赏公子突的建议。于是，郑庄公将主力分成三部，分别埋伏在北戎军追击的必经之路，然后派遣一些智勇双全的武士，作为诱饵前往挑衅北戎军。

北戎军这边，他们早就知道，华夏部队以战车为主，而战车没有步兵灵活。他们也不讲什么军礼，所以就打算等郑军赶到，来个迂回包抄、一网打尽。没想到的是，北戎军主将只看到了一支小部队，乐了：就这点儿人，给我们塞牙缝都嫌不够！

于是北戎军主将下令出击，而郑军与北戎军刚一接触，就马上调转战车撤退。北戎军主将哈哈大笑：这就是笑傲中原的郑国？于是命令追击。郑军在前面逃，北戎军在后面赶，很快就进了郑庄公设下的伏兵圈。忽听一声鼓起，只见道路两旁、树木之后、草丛之中，郑军竟如潮水般涌现，将北戎部队拦腰断成两截。果然不出公子突所料，北戎的后继部队完全不打算救援，而是没命地往后奔逃；而北戎的前锋部队则完全落入郑军的包围圈中。

北戎的前锋部队忽被包围，立马乱了手脚。三支伏兵中最猛的一位主将叫祝聃（dān），他一车当先，杀入北戎阵中，张弓搭箭，朝北戎部队乱射，他身旁的大力士车右也舞动长戈，横扫北戎部队。一旦正面交战，北戎的步兵怎么打得过郑军的车兵？他们拿的是短剑，完全占不到任何优势，先是被祝聃的精锐车兵撞得七零八落，而后又被四周的郑军步兵迅速斩杀。北戎军前锋部队就此被歼灭，而他们的后继部队只顾拼命逃跑。但双腿的跑不过四轮的，郑军追上又是一阵砍杀。北戎军大败而归。

八年之后，北戎军又一次进攻齐国。齐僖公赶紧向盟友郑庄公求援。郑庄公此时已年暮，就派太子忽出兵相救。这位太子忽，也有说法认为他就是北制之战的公子曼伯，他与公子突一样，是郑庄公最宠信的两个儿子之一，具有丰富的战斗经验。太子忽带兵杀往齐国，此时北戎人正试图慢慢蚕食齐国这个庞然大物，没想到老对手从天而降。北戎军在毫无防备之下侧翼被击，北戎主帅大良、少良及三百名甲士战死沙场。

在两次抵抗北戎的战争中，郑庄公部队都大获全胜，可以说开启了春秋霸主"尊王攘夷"的先河。

当然，对郑庄公不服气的还大有人在。

早在瓦屋之盟的第二年，由于宋殇公不朝见周天子，郑庄公便趁机再一次讨伐他，同时还拉上了好哥们鲁隐公和齐僖公，不过后来因为北戎的进攻而暂时中止。等到北戎被驱逐后，郑庄公会同齐、鲁二国正式进攻宋国，宋国哪里是三国联军对手，很快郜（今山东成武）、防（今山东金乡）两城被攻占。郑庄公乐得做个顺水人情，将两城转手送给鲁国。

宋殇公在惊慌失措之下，赶紧联络卫国偷袭郑国，在前线的郑庄公一听说郑国被袭，赶紧回军相助。

其实这个时候，郑国国都比较空虚，但宋、卫两国不敢轻易试探，于是改拿戴国（今河南民权）开刀，并通报蔡国一起出兵。戴国是附属郑国的小诸侯国，实力很弱，很快就被三国军队拿下。蔡国主将本来以为是一起攻打郑国，没想到目标临时换成戴国，非常不满意，于是和宋、卫两国主将闹起了矛盾。而就在此时，郑庄公的部队悄悄包围了戴国，并发起突然袭击。仅一天，郑军就登上了戴国城墙，消灭了三国军队，一桩闹剧就这么虎头蛇尾地结束了。

又一次打服了宋、卫、蔡之后，郑庄公接下来想教训许国（今河南许昌）。许国是姜姓国，始封君吕丁是吕尚（即姜子牙）的族人。于是，庄公再次联合齐僖公、鲁隐公，三军合力攻打许国，兵临城下，开始强攻。

郑国的颍考叔手持郑庄公的蝥（máo）弧大旗，率先登上城垣，大喊："许国被郑国占领了！"话没说完，就被城下的公孙阏一箭射死，连人带旗掉下城墙。原来，公孙阏与颍考叔曾经为了争夺一辆战车发生过争执，但公孙阏没有抢过，所以伺机报复。还好，郑国还有另一名勇士瑕叔盈，抄起蝥弧再一次登上城墙，他向四周挥舞旗帜："我们君上登城啦！"郑国官兵受此鼓舞，陆续都登上了城墙。

许国两天就被灭了，许庄公逃亡卫国避难。齐僖公、鲁隐公想让郑国吞并许国，但是郑庄公审时度势，知道许国距离郑国较远，无法有效控制，反而落下恶名，于是提出一个折中方案，让许国大夫百里辅佐许桓公管辖东部，同时让郑国公族公孙获管辖许国西部，这种"一国两制"也是郑庄公的发明。

公元前712年，郑庄公在打败许国后，又接连打败了息国（今河南息县）和宋国。宋殇公在郑庄公手下连战连败，宋国官民非常不满，于是太宰华督带头杀死了宋殇公和大司马孔父嘉，并将出居郑国的公子冯迎接回国，是为宋庄公。宋庄公自然愿意代表宋国与郑庄公握手言和。至此郑庄公非常满意，放眼中原大地，还有谁是敌手？不过，他没有高兴太早，因为中原地区始终有一个人压在他头上——周桓王。

盘点郑庄公称霸中原之战，可以说远交近攻、各个击破的战略非常重要。对于稍远的齐、鲁保持良好的盟友关系，在齐国受到北戎进攻时鼎力协助；而对于邻近的宋、卫、南燕、陈、蔡、许、息，则都作为征服对象。如果诸侯联军攻打郑国，郑庄公便坚守不出，但是等联军四散之后，郑庄公又轮番实施打击。而且，其借口往往是对方不朝贡天子，再利用自己天子卿士的身份，拉上其他诸侯甚至王师共同讨伐。当然，这种假公济私的行为，最终被天子察觉了。

箭射天子：繻葛之战

周郑的恩怨要追溯至周平王。郑武公、郑庄公父子先后担任周平王的卿士，但周天子看不惯郑国经常假公济私，所以暗地里把朝政分给西虢公处理。郑庄公听说此事后，立即当面表示了不满，周平王非常尴尬，只能以"绝无此事"进行搪塞。郑庄公这样的老狐狸，怎么会上当？他竟然提出与周平王交换质子，要求平王子狐来郑国做人质，相对的，郑太子忽前往周朝做人质。这样一来，郑国和周朝成了对等的国家，周平王自然非常愤恨。

公元前720年，在位五十一年的周平王病逝，因为在位时间太久，连太子泄父也被熬死，所以即位的是平王的孙子周桓王。周桓王年轻气盛，想完成祖父的遗愿，扶立虢公对抗郑庄公。郑庄公大怒，派祭足带兵割了温地的麦子和成周的谷子示威，两国关系正面恶化。

三年之后，郑庄公第一次朝见周桓王，周桓王很是不屑，你早干啥去了？后来干脆直接任命虢公忌父做卿士。郑庄公没想到碰到这样一个愣头青，一下子也没辙，反而带着齐僖公朝见桓王示好。

周桓王一看郑庄公原来这么老实，于是又琢磨着怎么整庄公。公元前712年，郑庄公拿下许国，并且和齐、鲁私自分赃。周桓王非常不满，于是想出个法子，要和郑庄公交换田地，用温、原、缔（chī）、樊、隰郕（xí chéng）、攒茅、向、盟、州、陉（xíng）、隤（tuí）、怀的十二块田来换郑国在邬、刘、蒍（wěi）、邘（yú）的四块田。郑庄公乍看，这买卖合算啊，就同意了，大手一挥，把四块土田交付给了桓王，但是郑国人去认定土田时傻眼了，原来这十二块田根本就不是周桓王的，而是苏国（今河南温县）的！

虽然在名义上"普天之下莫非王土"，但实际上苏国和郑国一样，对自己的土地有世袭占有权。所以郑庄公难得吃了个瘪，还是被周桓王这小孩子骗了！周桓王洋洋得意，耍了你咋样，你还敢咋样不成？

公元前707年，周桓王干脆直接宣布，你郑庄公不再是卿士了！虢公林父和周公黑肩，你们俩才是本天子的辅弼！虢国（都城为今河南三门峡）是周文王弟弟的封国，周国（今河南洛阳）则是周武王弟弟周公旦近周室的封国，都属于老牌贵族，周桓王用得放心。

郑庄公一怒之下，干脆也宣布再不朝见桓王了。周桓王冷笑，不教训教训你，你还想自封天子了？于是周桓王下令：郑庄公叛乱，诸侯与本王共同进攻郑国！平日被郑庄公欺负惯了的陈国、蔡国、卫国都积极响应，同时虢国与周国作为周桓王的亲信，自然一并出战。于是周桓王很快拉扯出了一支大军，他将部队分成三支，自己率中军，带领王师；虢公林父率右军，带领虢、卫、蔡部队；周公黑肩率左军，带领周、陈部队。

消息很快传到郑国。虽然"犬戎之乱"后，周天子实力江河日下。但是周王余威仍在，这支联合部队的力量仍不可小觑。所以与王师硬碰硬肯定是不行的，但郑庄公也不愿意引颈就戮，所以腹中盘算，应该用何计策御之……

双方在繻葛（xū gé，今河南长葛）相遇。阵前，公子突又给郑庄公出了主意。他分析王师的组成成分，指出弱点在于左军，为什么呢？因为当时陈桓公太子免被叔父公子佗杀死篡位，陈国军心不稳。所以，如果先攻击他们，对方一定会率先溃逃。

如果按照军礼，肯定得光明正大，郑三军对周三军。但周桓王率领的中军是精锐中的精锐，公子突认为没有必胜的把握，所以只能先发动部队袭击左军。等到王师的左军败退，接着又攻打右军，卫、蔡两国肯定也军心涣散，这时就可以专心进攻中军了。按照这样的思路，成功概率要高出许多。郑庄公很满意公子突的提议，下令公子曼伯带领右军对付周公黑肩的左军，祭足带领左军对付虢公林父的右军，而原繁、高渠弥则辅佐自己带领中军应对周桓王的中军。

在与北戎的战争中，郑庄公曾摸索出一个"鱼丽之阵"。何谓"鱼丽之阵"？就三军阵形而言，传统部署方法是中军在前，左右在后，因为中军主将地位最高，而作战是每个贵族的荣誉；而郑庄公的"鱼丽之阵"做出了一番改革，左右靠前，中军靠后。这样一来，郑军的左右军就能与王师的左右军率先接触。就三军内部而言，战车布列在前面，步卒疏散地配置在战车的间隙里。这样一来，步兵就不再成为车兵的附属，从而具有了更强的机动性和灵活性。

郑庄公安排好军阵之后，在中军一挥舞大旗，左右军马上疯狂击鼓，公子曼伯和祭足就驱车前进。周桓王率领的中军非常精锐，所以虢公林父和周公黑肩也志在必得。没想到，两人眼前黑压压的一片战车和徒兵涌进。虢公和周公不约而同傻眼了，这是什么打法？大王那边又是什么情况？没等他们反应过来，曼伯和祭足两军一边击鼓，一边呐喊，踌躇满志杀到眼前。果然不出公子突所料，陈、蔡、卫就是来帮倒忙的，一边大喊"郑人来了"，一边作鸟兽散。

虢公和周公急忙想聚拢队伍，但是内部已经乱了，畏郑如畏虎的陈、蔡、卫军，不但不听他们的，反而拉着虢、周二军一起逃跑。虢公和周公气得跺脚，早知道就不拉这些厌包凑数了！但后悔已经来不及了，斗志昂扬的曼伯和祭足已带兵杀到，虢公和周公且战且退，不一会儿就撤离了战场。郑庄公喜上眉梢，大旗一挥，中军杀往周桓王，曼伯和祭足开始夹击！

郑军的左右两军如一把钳子，与郑庄公的中军一起，将周桓王包裹在中间。周桓王果然不是吃素的，仗着天子旗号与军队实力，居然仍能镇定自若，坚守不退。周桓王号令中军：杀死郑伯反贼！双方一交手，周桓王眼中终于出现了惧色：这是什么战法呢？郑国的步兵居然不与车兵同进同退，而是自成一个军事编制，时进时退，随时填补战车的空缺。这样反常的战术，周桓王根本见所未见、闻所未闻。双方的对比十分鲜明：王师的战车若被郑军冲开，他的步兵将难以组织起战斗；而郑军的战车若被王师冲开，他们的步兵却勇敢地扑上去砍杀王师！

天子的号召力再强，被战术碾压照样无力还手，王师中军终于溃不成军。周桓王倒还有几分骨气，仍坚持与郑庄公继续作战。

伐戎之战的功臣祝聃是个二愣子，这时他冲到前面，对准桓王就张弓搭箭，只闻"嘿"的一声大喝，就见周桓王的肩膀中了一箭。这箭要是再偏几分，就能射穿他的喉咙！桓王终于丧失了斗志，下令军队撤退。而祝聃杀得兴起，还试图追赶桓王，被庄公制止了。他说："君子不希望欺人太甚，何况是欺负天子呢？只要能挽救自己和国家就够了！"

当夜，郑庄公派祭足带着粮食、药品慰问周桓王和虢公、周公，祭足虚伪地说，我们也不是故意的，求天子开恩，不要惩罚我们。表面上一套一套的，心里头揣着嗤笑。周桓王打了败仗，差点儿成了臣子的俘虏，有苦难言，只能同样虚伪地客套几句，把祭足打发走。

繻葛之战以郑庄公全胜而告终，从此，郑庄公在中原再无敌手。两年之后，郑庄公又联合齐、卫直接攻打周桓王的向、盟二邑，周桓王无法与三国作战，无奈之下将民众迁走，将空城留给郑国。

盘点繻葛之战，郑庄公能取得成功，关键仍然是他能够不受当时军礼的约束，根据对方情况随时变换战术，这在之前迂回包抄战胜南燕、伏兵截断北戎的战争中已有体现，这次使用鱼丽之阵，则更进一步在军事体制上进行改革，这确实需要一点冒天下大不韪的精神。也正是如此，郑庄公才能够击败天子周桓王。而从战略方面说，郑庄公又非常懂得适时而动，并掌握分寸，这在郑伯克段、灭许之战也都有体现。

郑国本是一个后起小国，由此一举成为春秋初年中原小霸。可以说，正是郑庄公深谙张弛之道，才在春秋前期大放异彩。

第二章 金仆姑

公元前694年，齐国都城临淄。

一位美妇靠在一名男子宽厚的肩上，泣不成声。这美妇面如桃花，眼如秋水，有国色天香之姿。而这男子生得高大魁梧，一只手轻轻搂着美妇的柳腰，另一只手轻轻抚摸着她的青丝，阴鸷的双眼竟露出爱怜的目光。美妇颤抖着对男子说："鲁允他……知道我们这几天的事了，还说阿同不是他的儿子，是您的儿子呢！"男子道："竟有此事？"双目忽然露出杀机，但凶光转瞬即逝。他复又温柔地对女子说："阿妹，你早点去歇息吧，为兄知道怎么处理。"

这名男子是齐国国君齐襄公，而这女子是他的妹妹文姜。齐襄公与文姜是同父异母的兄妹，两人自幼暗生情愫，少年就有了一段不伦之恋。文姜到婚龄后，被父亲齐僖公许配给鲁国国君鲁桓公，生下了太子同。鲁桓公在位第十八年访问齐国时，文姜非要跟着去，这其实是违背礼法的，但鲁桓公违拗不了爱妻。不料文姜一到齐国，就与兄长齐襄公旧情复燃，干柴烈火，但很快又露出马脚，被鲁桓公发现。鲁桓公大骂文姜不守妇道，文姜只能找到兄长哭诉。

齐襄公决定除掉鲁桓公。

龟兔赛跑：乾时之战

繻葛之战后，郑庄公在中原再无敌手，但他始终与东方的齐、鲁两国保持友好关系。齐国是周武王岳父吕尚（姜子牙）的封国，鲁国是周武王弟弟周公旦的封国，从排面看就知道是西周的超级大国，是周人在东方的两个重要据点。据说，这两个大国自打建国时起，治国策略就十分不一样，周公旦主张"尊尊亲亲"，也就是任命官员重血缘；而吕尚主张"尊贤尚功"，也就是任命官员重军功。周公旦认为吕尚的国家会被外人篡夺，而吕尚认为周公旦的国家会世代衰弱。

进入春秋时期后，由于没了一个共同的强有力的上级，齐、鲁两国关系发生了微妙的变化。两个国家本来是一衣带水的友邻，但现在彼此却成了对方的首要隐患。齐国想称霸，自然要征服鲁国；而鲁国想称霸，自然也要压制齐国。好在郑庄公横空出世，将齐、鲁两国牵着鼻子走了一阵。但齐僖公一直有自己的小算盘，就是攻灭纪国（都城为今山东寿光），向东扩充齐国的地盘；而鲁桓公自然要保护纪国，好形成与齐势力均衡的局面。为此，齐、鲁开始有了摩擦。

郑庄公去世后，两国关系急剧恶化。公元前694年，鲁桓公携夫人文姜到齐国访问，文姜与齐襄公私通东窗事发。恼羞成怒的齐襄公干脆在宴会上灌醉鲁桓公，命公子彭生扶桓公上车回府。彭生是个孔武有力的勇士，在襄公的授意下，趁机折断了鲁桓公的身躯。鲁桓公惨叫一声死于车上。而鲁国迫于齐襄公淫威，居然都不敢声讨齐国。太子同即位为鲁庄公，母亲文姜掌握朝政。齐襄公算是将鲁国控制在了手心。

齐襄公还不过瘾，同年又在首止之会上处死了郑国君主郑子亹（wěi）及其卿士高渠弥。原来郑庄公去世后，郑昭公（即太子忽）即位。长期被郑国霸凌的宋国，忽然找到了扬眉吐气的机会，趁机绑架了郑国执政祭足，逼他立宋国雍氏女所生的公子突为君。于是公子突即位为郑厉公，而郑昭公出奔到了卫国。郑厉公想除去祭足，事泄后反被祭足驱逐。祭足重新迎接郑昭公为君，但大夫高渠弥为谋权弑杀了郑昭公，又立公子亹为君。所以，齐襄公杀了公子亹，相当于征服了郑国。

公元前690年，齐襄公如愿以偿吞掉纪国；两年之后，齐襄公又攻打卫国，并将逃到齐国的卫惠公送了回去。此时看来，齐国俨然中原第一霸主。然而祸起萧墙，公元前686年，荒淫无道的齐襄公被连称、管至父所杀，公孙无知被拥立上位。但就在次年，公孙无知又被仇敌雍廪所杀。但此时齐国已经没有合适的人继位，因为齐襄公本人没有儿子，加之因他生性暴虐，弟弟们都跑到他国避难，比如公子小白逃到莒国（都城为今山东莒县），而公子纠逃到鲁国。

齐襄公一死，最兴奋的就是鲁庄公。

鲁庄公生于公元前706年，当年是二十二岁。鲁庄公长得高大俊美，双目清朗，继承了母亲的美貌；而且又孔武有力，箭不虚发，比父亲更加英勇，连齐国人都唱歌赞美他。但鲁庄公在位九年，在内受到母亲的摆布，在外又受到舅舅的控制，这让他非常憋屈，待他可以开始亲政，便有些迫不及待了。此时，齐襄公的弟弟公子纠正好在鲁国避难，与鲁庄公关系融洽；于是鲁庄公决定趁此机会，将这位舅舅扶立为国君，借此来反操纵齐国。

此时齐国上下一片慌乱，正是鲁庄公搞事的最好时机。但鲁庄公却有所犹豫，如果此时将公子纠送回去，是否一定就有胜算呢？公子纠的母亲是鲁国女子，但在齐国人缘很差，以致公子纠的口碑也不怎么好。如果强行将公子纠武力送回，很有可能受到齐国人的反抗，未必能让他如愿。那该怎么办呢？不如先联系齐国人会盟，如果得到他们的同意，将公子纠送回去不就水到渠成了吗？

鲁庄公的计划似乎进行得很顺利，公元前685年春天，鲁庄公与齐国大夫在蔇地会盟。但鲁庄公又打起了小算盘，看来齐国很听自己的，要不要趁机勒索一下呢？于是他又扣住了公子纠，不让他回国。

万万没想到，夏天就传来齐国背盟的消息。原来，齐国的上卿高傒与公子小白关系非常好，公孙无知去世后，高傒就已暗地里联系了在莒国的小白回国即位，但当时为了稳定齐国，出于权宜才勉强同意迎立公子纠。既然鲁庄公迟迟不肯送回公子纠，那么齐人迎立公子小白回国便成了替代方案。

公子小白从莒国返齐，这一消息如同晴天霹雳，鲁庄公终于知道自己晚了一步，于是赶忙发兵点将，带上公子纠杀往齐国。公子纠当时有师傅管仲、召忽两人，而管仲主动请缨，带领一支小分队在中途截击公子小白。护送小白的莒国军队不敌管仲所率的鲁国军，管仲趁机在战车上张弓搭箭，一箭射中了公子小白，小白大叫一声，一个跟头摔在车上，再也没有起来。管仲认为小白已死，于是鸣金收兵。

得到管仲杀死小白的消息后，鲁庄公内心又开始荡漾了。他料想齐国不会再有其他花样，于是干脆放慢速度，又打算向齐国要价。但没想到的是，管仲原来射出的那一箭，只射中了小白的衣带钩！这衣带钩好比今天的皮带扣，还是青铜材质，恰好为小白挡了这一箭。小白装死了一阵，听到管仲军队已经退去，一个鲤鱼打挺又站了起来，对马车夫说："快！快往齐都进发！"

结果这就是个龟兔赛跑的故事，鲁庄公还在优哉游哉夏游时，公子小白已经马不停蹄地踏入了齐国都城临淄的城门。齐国有高氏、国氏二族，历代担任上卿，族长高傒、国子都表示支持小白，于是小白顺利即位，也就是后来著名的齐桓公。此时齐国上下一心，都以击退鲁庄公、公子纠两个恶人为首要目标。于是，齐桓公任命师傅鲍叔牙统率大军，车辚辚、马萧萧，浩浩荡荡迎战鲁庄公。

秋季，齐、鲁两军在乾时（今山东淄博临淄区西南）相遇。齐国实力本来就强于鲁国，此时君臣又已经齐心协力；而鲁庄公再三勒索，在道义上本来就不占上风，又以为小白已死，放松了警惕。此时两军强弱悬殊在，但鲁庄公不愿就此认输，自己好不容易出一趟门，难道就这样空手回去？性格高傲的他当然不愿意就此罢休。面对数倍于己的齐军，鲁庄公没有丝毫畏惧，下令军士挥旗击鼓，自己身先士卒，冲杀在阵前。

鲁庄公武艺高强、箭法高明，自恋的他还为自己的箭取了名字"金仆姑"。只见鲁庄公俊朗的身躯屹立在战车上，挽弓如满月，一支金仆姑射死一位齐国士兵。受到国君的鼓舞，鲁国军士的士气空前高涨，誓要杀败齐军，一雪当年鲁桓公被杀的耻辱。双方交战一阵，鲁军很快感到气力不支。齐国军队本来就是身经百战的劲旅，如今又拥有数量级的碾压，鲁国军队很快出现大量死伤，更危险的是，鲁庄公所在的战车队也被齐军团团包围了！

饶是鲁庄公艺高人胆大，现在也终于有些慌张了。他的御戎（驾驶员）是秦子，车右（陪乘的大力士）是梁子，两人忙劝庄公逃跑，由于目标太明显，逃跑的话还得丢掉战车，但庄公形象包袱太重，不愿意那么狼狈。秦子、梁子大喊："君上，这个时候还顾虑什么呢？我们可以牺牲，但您要为社稷考虑啊！"话已至此，庄公也只好放下身段。当时的战车都是四匹马，但是还有接应用的辒车，这种车只有两匹马，行走更为便捷。于是庄公咬咬牙，拦住了一辆辒车，让辒车带自己撤退。

秦子、梁子挥舞着庄公的旗号，吸引齐国军队往小路走，这才掩护住了鲁庄公。但秦子、梁子两名忠臣却被齐军俘虏。这次齐鲁乾时之战，鲁国本来占尽先机，却以大败告终。

鲍叔牙率领军队一路追杀，在临近鲁国国境时，鲍叔牙给鲁庄公写信："公子纠是我们国君的亲人，希望君王代表我国裁决；管仲、召忽这两位，却是我们国君的仇人，得把他们交给我们才行！"

初生牛犊不怕虎的鲁庄公，在被齐桓公好一顿教训后，完全丧失了斗志，麻木地摆摆手，让手下照办。于是，公子纠在生窦被处死。至于管仲、召忽，齐桓公并不想杀他们。其实管仲、召忽和鲍叔牙本来就是老友，当初就约定分别辅佐公子小白和公子纠，不将鸡蛋放在同一个篮子里，是为了未来可以互相帮助。所以在小白入主齐国后，鲍叔牙即大力推荐管仲。而鲁国大夫施伯看出了鲍叔牙的真正用意，他预料管仲将来会成为鲁国心腹大患，便劝鲁庄公杀掉管仲，把尸体交给鲍叔牙了事。

但惊魂丧胆的鲁庄公并不想惹事，只下令收押管仲、召忽。召忽不愿侍奉新主，为公子纠殉节自杀；管仲则被交给了鲍叔牙。果然一回到齐国堂阜，鲍叔牙就将管仲释放出来，并为他沐浴驱灾。鲍叔牙又再次向齐桓公举荐管仲，称其治国之才甚至强于高傒。于是管仲被任命为下卿，虽然在级别上低于高、国两位上卿，但实际上却成为执政大臣，与鲍叔牙共同成为齐桓公最信赖的臣子。齐桓公能不计前嫌任用旧敌，也正是齐国"尊贤尚功"的体现。

曹刿论兵：长勺之战

杀了公子纠，送走管仲后，鲁庄公松了口气，觉得自己需要休息一下。

但没想到的是，齐桓公步步紧逼，开始历数鲁庄公的罪状。这也可以理解，毕竟齐桓公与齐襄公的目的不一样，不仅仅是为了报私仇，更是为了征服鲁国。于是在乾时之战的第二年春季，齐国刚整顿好，就立即发兵来攻打鲁国。鲁庄公虽然在乾时之战中败于齐国，但也不愿意就此直接举起白旗；他考虑到齐国军队远道而来，而鲁国多少可以以逸待劳，鹿死谁手，还未可知呢。于是鲁庄公也开始厉兵秣马，准备迎战。

正当鲁庄公在宫中彷徨之际，身边侍卫报告说有一人要求面见庄公，庄公应允。来人名叫曹刿（guì），是鲁国的乡人。乡是国都中比较偏的地区，所以曹刿是地位比较低下的国人。他在家中听说齐国要来攻打鲁国，就对族人说准备面君。但他的同乡人却很不屑，说："自然有那些吃肉的贵族在庙堂上谋划，你一介平民又去搅和个什么劲？"曹刿说："唉！那些吃肉的人都鄙陋不堪，没什么长远的洞见，我不能不去献策啊！"于是就进宫求见鲁庄公。

虽然曹刿的社会地位不高，但鲁国本身不算大国，国人又有执干戈以卫社稷的义务，所以曹刿见鲁庄公也没遇到多少阻碍。鲁庄公知道曹刿的来意，他倒也能礼贤下士，吩咐左右设下宴席。鲁庄公请曹刿坐下，曹刿也不客气，大大咧咧往地上一坐。他用匕首刺了一块盛放在鼎中的牛腱肉，张嘴咬了一口，又举起酒杯，小酌了一口。满足了口腹之欲后，曹刿歪着头，不紧不慢地问鲁庄公："君上要与齐国作战，那么臣请问您，到底凭借什么来作战呢？"

鲁庄公看了看曹刿手中的酒肉，说："有吃有穿，寡人不会独自享用，一定会和大家一起分享！"曹刿将餐具放下，认真地说："这不过是小恩小惠而已，根本不能施及每个人，百姓又怎么会服从呢？"

庄公略加思索，说："祭祀用的牛羊玉帛，寡人不敢擅自虚报数量，在祈祷时一定会反映真实情况。"曹刿又摆了摆手："君上这点诚心也不能代表一切啊，难道还指望神明降福给我们吗？"确实，齐国军队都要杀到家门口了，难道指望天兵天将下凡助阵吗？

鲁庄公沉思一会儿，说："大大小小的案件，虽然不能完全洞彻明察，但必定合情合理去办！"曹刿一拊掌，终于面露喜色，说："君上这才是为百姓尽力的表现啊！凭这点的话，这一仗完全可以打，就请让我随同您作战吧！"为什么曹刿会这样说呢？"百姓"就是各姓家族，也就是当时的国人，正是一个国家务农与作战的基础力量。曹刿认为鲁庄公能得到国人的支持，那么大家自然会齐心协力作战了。

鲁庄公本身就是硬着头皮上，现在来了个高深莫测的曹刿，也是病急乱投医。根据齐强鲁弱的形势，鲁庄公与曹刿谋划，决定以逸待劳，御敌于鲁国都城之外。鲁庄公请曹刿坐上了自己的战车，前往都城曲阜以北的长勺迎敌。长勺这个地方，是鲁国建国时国人长勺氏的居住地。鲁国也算是背水一战，养精蓄锐，只待一举杀退进犯的齐国军。齐国军队一路畅通无阻，来到了长勺附近，于是两军在长勺布下了阵形。

双方布阵完毕，按照军礼，这个时候就要击鼓作战了。对面齐国人已经开始击鼓，鲁庄公也下令鼓手击槌，但曹刿却连说不可。庄公疑惑地看着曹刿，曹刿却露出一副狡黠的笑容，庄公实在搞不懂他葫芦里卖什么药。齐国军队当然也不知道这是怎么回事，眼看第一通鼓已经打完了，鲁国军队却纹丝不动。如果是后世，没那么多讲究，直接杀上去也行，但春秋时代毕竟还讲军礼，所以齐国军队也就按兵不动，但齐军士兵们已经一头雾水，开始交头接耳了。

齐国鼓手打完第一通鼓，也不知道对面什么情况，只好来个单曲循环，打了第二通鼓。但是鲁国军队仍然没有什么反应。此时齐国士兵就有些心浮气躁了，这鲁国人到底搞什么名堂，这仗到底打还是不打？第二通鼓很快也打完了，又开始了第三通，不料鲁国军队依然不动如山。有些齐国士兵就站不下去了，看来这仗打不成了，大家还是打道回府吧？而他们的神情动态，完全落入了对面曹刿的眼中。这时曹刿对鲁庄公说："君上，现在可以击鼓作战了！"

鲁庄公似懂非懂，下令击鼓出击。鲁国军队休息了很久，这时纷纷拿起干戈，朝对面的齐国军队冲杀过去。齐国人还没搞清楚什么情况，就眼睁睁看着鲁国人杀到眼前了，连忙击鼓应战。但齐国军队的士气已经消磨殆尽，无法再与鲁国军队正面对决，很快被鲁国军队冲散。鲁庄公让战车冲到前列，张弓搭箭，箭无虚发。乾时之战失败的耻辱终于被洗刷，金仆姑也找回了昔日的风采！

齐军大败，只好鸣金退兵。鲁庄公杀得兴起，准备下令追杀齐军，但曹刿又举手挡住了庄公，说："万万不可！"然后曹刿跳下车去，仔细观察了一会儿齐军战车压过路面的痕迹；又重新上车，登上车前横木眺望了一阵子，才说："可以追了！"于是庄公下令追杀齐军，齐军被打得溃不成军，无数将士成为鲁庄公的箭下亡魂。

鲁国大获全胜，缴获了齐军的车马、辎重无数，取得了自从齐、鲁关系破裂以来，对齐战争的首个大胜利。鲁庄公喜上眉梢，他下令设下宏大宴席，要为大功臣曹刿庆功。

鲁庄公向曹刿敬了一杯，问道："您到底是如何取胜的呢？"曹刿说："其实作战最重要的就是勇气啊！第一通鼓一鼓作气，到第二通鼓时勇气就衰弱下去了，到第三通鼓时勇气就彻底没有了。而我们的勇气却刚刚被鼓声调动，所以不就战胜他们了吗？但是齐国毕竟是大国，情况很难捉摸，臣怕他们还设有埋伏，所以不敢轻举妄动。当我发现他们留在地面上的车辙确实已经散乱，从远处也能看到他们的旗帜倒下，知道他们是真的溃散了，这才决定追击的！"

这一席话，说得庄公心悦诚服，连连点头称是，又下令给曹刿斟酒。曹刿这位曾经嫌弃"肉食者鄙"的人物，现在也和"肉食者"们坐在一起大口吃肉、大杯喝酒了。

长勺之战是历史上一场有名的以少胜多、以弱胜强的战争。这场战争有不少可圈可点之处。"一鼓作气，再而衰，三而竭"，这样的理论其实并不复杂，当然不会只有曹刿能想到，却只有曹刿利用这点来作战。

这当然是对礼法的破坏，但在"春秋无义战"的时代，这又是现实有效的战术。整个春秋时代的战争，就是一个传统军礼解体、新型作战体系形成的过程。但如果不是郑庄公这样的枭雄开了先河，一般贵族是不敢轻易做出这类尝试的，他们宁愿维持原有的模式。曹刿虽然也受到国礼家法的约束，但他毕竟只是一个底层人物，这方面的负担要比贵族小得多。而且曹刿本人也有跻身上层的雄心，不打破常规是很难实现的。

当然，曹刿不仅仅有胆识，他也同样很有智谋。比如对战场的选择，比如对齐军的观察，这些都体现出曹刿并非一介不守礼法的武夫，而是文武双全的能臣。之后会有越来越多曹刿这样的人物登上政治舞台，战争也会变得更加诡诈、复杂，而循规蹈矩的周礼将不复存在。

但鲁庄公和曹刿都没想到的是，齐军的第二波攻击会来得如此之快。

马蒙虎皮：乘丘之战

公元前684年春季，长勺之战落幕，鲁国大败齐国，但就在同年夏季，齐桓公又重新发兵攻打鲁国。

曹刿承认齐国是"大国"，可见鲁国实力确实不如，这一战很大程度是曹刿投机取巧，而且并没有损伤齐国的元气。齐桓公也是非凡之主，怎甘愿就此认输？曹刿相同的花样又能耍几次呢，齐国人再迟钝，也不会反复上当了。不过，齐国新败，士气不振，于是齐桓公邀请了宋闵公入伙，一起出兵进攻鲁国。宋闵公派遣南宫长万带兵作战，南宫长万是宋国有名的大力士，宋闵公本人对他非常敬重，认为只要南宫长万去了，宋国军队就一定能获胜。

六月，齐、宋大军在鲁国城西近郊的郎地会和。齐桓公选择这个地方，其实也是有深意的。原来，早在鲁桓公时，齐僖公就联合郑、卫在郎地打败过鲁国，如今齐桓公又将战场选择在这里，当然是认为这里对齐军更加吉利。

此时鲁庄公又与曹刿商量如何迎战，老方法肯定是不管用了；齐国卷土重来不说，还捎上了宋国的一名猛将，看来是铆足劲要收拾鲁国不可。鲁国军队如果贸然出击，只能是以卵击石；就此认输，鲁庄公当然又不愿意。

这时候，左右传公子偃来见。公子偃是鲁国大夫，身份大概是鲁庄公的叔父或哥哥。长勺之战中，鲁国因曹刿而胜利，举国上下一片欢庆，但对于王公贵族来说，多少有点儿觉得脸上无光。公子偃就是这样一个代表人物。他身为鲁庄公的近亲，应该是得力的左膀右臂，却被草根曹刿抢去风头。这让他非常不痛快，于是他派出侦察部队，暗中巡视齐宋联军的情况。很快他得到了线报，齐国军队倒是斗志昂扬，但宋国军队却疲疲沓沓、军容不整。

公子偃向鲁庄公建议："宋国的军容不整齐，可以抢先打败他们。宋军一撤退，必然会影响到齐国，这样不就取得胜利了吗？请君上下令攻击宋军！"而此时曹刿没有表态，所以对曹刿产生了依赖感的鲁庄公也不敢贸然下令。公子偃的计策其实是可行的，被裹挟参战的部队虽然能提高兵力，但往往也会因士气不振而拖后腿。当年繻葛之战中，郑庄公就拿军心不振的陈国军队所在的周军左军开刀，然后再针对较弱的卫、蔡军队所在的周军右军，果然整个周军大乱。

公子偃已考虑至此，却见鲁庄公犹豫不决。公子偃把牙一咬，下令私属和亲信部队出击。春秋时期，君权不如后世这样集中，例如早在鲁隐公时期，就分别有"亲郑派"公子豫和"仇郑派"公子翚的存在。公子偃当然也有本人的势力，如果再这样拖延下去，自己就难有立功的机会，即使鲁国最终能战胜齐国，鲁庄公也会归功于曹刿的决断。所以公子偃亲自带领军队，从鲁国城西的雩门悄悄杀出，直奔驻扎在郎地的宋国军队。

公子偃确实也有两把刷子，虽然不如乡巴佬曹刿的鬼点子多，但他一堂堂公子爷，倒也不是个软柿子。他知道鲁国军队实力不如齐宋联军，尤其宋国那个南宫长万更不是善茬。他灵机一动，让士兵们把马匹蒙上虎皮。春秋时期，中原地区森林密布，老虎这种大型猛兽横行无忌，经常走出山林叼走人口，人们对其非常恐惧。公子偃以前收藏了些老虎皮，现在果断拿出来让战车的马匹蒙上。你南宫长万再厉害，敢和老虎对峙吗？

南宫长万正在等待鲁军应战，手下不少军士却怨声载道。他们认为，齐国攻打鲁国，赢了他们更是一家独大，对我们宋国有啥好处呢？留着鲁国去牵制齐国不好吗？南宫长万也觉得有点儿道理，但自己好歹是宋国知名勇士，出来一趟，总不能空手而归吧！鲁国那个曹刿诡计多端，我们可不能轻敌！正想着，忽然侦察兵报告，前方有一群老虎，正朝我方军营迅速冲过来了！饶是南宫长万艺高人胆大，也有点儿慌了，独行的老虎就够可怕了，一群老虎，那得有多恐怖？

南宫长万还没做出决定，宋军就有不少人开始哗变。南宫长万管不住他们，只好下令宋军撤退。等到公子偃杀到面前时，宋军已经惊魂丧胆、溃不成军，公子偃趁机攻杀了一阵。此时鲁庄公也听到公子偃小胜的消息，急忙亲自率领大军来窃取胜利果实。宋军被公子偃一路追杀到乘丘（今山东兖州）时，南宫长万总算反应过来是怎么一回事。他毕竟是宋国第一勇士，怎能就此认输？冷静下来后，他下令军士重整队形，在乘丘与鲁军决战。

此时，鲁庄公的大部队也已经到达。之前鲁庄公的御戎和车右分别是秦子和梁子，但两人在乾时之战时为掩护鲁庄公撤退，皆殒命于齐军之手。后来鲁庄公换上县贲父作为御戎，卜国作为车右。受到公子偃胜利的刺激，鲁庄公对南宫长万志在必得，下令县贲父加紧驱动马车。此时南宫长万的怒火也被点燃，命令宋军与鲁军决一死战。正当鲁庄公准备张弓搭箭之时，忽听自己的马匹长嘶一声，收紧后蹄，县贲父刹车不住，战车翻了！

鲁庄公一下就被摔倒在地上，好在当时有个备用的副车，副车的御戎赶紧把车绳递给庄公。庄公抓住绳梢，纵身一跃跨上了副车，总算是有惊无险。但县贲父却非常羞愧，他说："以前作战我从来没失手过，现在却翻车了，是我无能啊！"说罢，驾驶马车冲入宋军。南宫长万一看，有个傻子不要命地冲来，下令万箭齐发，把县贲父射成了筛子。

鲁庄公眼看着县贲父冲入敌阵，却无法阻挡。他知道县贲父重视名誉大于生命，以自杀的形式来成全礼节。县贲父虽然有过错，但毕竟是自己的亲随，鲁庄公眼角不禁有些湿润。但他很快反应过来，战场上不是哀悼的地方，应该化仇恨为力量！于是鲁庄公下令攻打宋军，鲁国将士也被县贲父舍生取义的精神感染，纷纷呐喊着直奔宋军。公子偃自然也不甘落后，继续攻杀他的手下败将。鲁庄公远远望见南宫长万的旗帜，张开他的宝弓，搭上他的神箭，呼喊着朝南宫长万冲杀过去。此时，南宫长万也发现了鲁庄公，他也久闻鲁庄公英武之名，决定教训一下这个无知后辈。

鲁庄公和南宫长万两人均摆好射姿，箭在弦上，就等双方战车的距离缩短至射程中。鲁庄公的副车车右名叫歂孙，他抄起长戈肃穆以待，就等着战车相邻时，给对方车右致命一击。歂孙正在等待之时，就听身边"嗖"的一声，金仆姑破空而出。歂孙抬头，他惊喜地发现，长箭飞速划破天空，穿入了宋军军队，射中了南宫长万的肩膀！南宫长万的肩膀就这么废了，双手再也举不起弓箭，但他明显还想负隅顽抗，故作镇定继续指挥宋军迎敌。

主公威武！歂孙的内心跟随鲁军一片欢呼。庄公的战车很快就与南宫长万相遇，歂孙挥舞起长戈，大喝一声，直接砸中南宫长万的车右。反应敏捷的歂孙趁此机会，一把钩住南宫长万的战车，再一跃，直接跳到了南宫长万车上！能担任鲁庄公的副车车右，歂孙当然也不是吃素的，还没等南宫长万反应过来，他的大戈就瞄准了南宫长万的咽喉。这下南宫长万气势顿萎，受伤后再也无法与身手灵活的歂孙近身肉搏，只能一屁股坐在战车上，豪气的豹眼失去了光彩。

南宫长万被活捉，宋国军队马上如鸟兽散，而此时齐国军队甚至还没反应过来。等到宋军大败的消息传来，齐国将士纷纷交头接耳：南宫长万不是很厉害吗？居然被鲁国那小子活捉去了？鲁国人到底还藏有多少杀招呢？他们越想越觉得，自己很快会重蹈长勺之战的覆辙。于是齐军主帅决定收兵，不再坚持这场没有胜算的战争。就这样，鲁国在乘丘之战中大败宋国，而来势汹汹的齐国甚至不敢正面交战，也跟着宋国仓促撤军，鲁国大获全胜。

鲁庄公战败宋军，找到了县贲父的尸体，马匹倒是还活着。后来掌管养马的圉人洗马时，发现一支飞箭的箭头嵌在了马腿的肌肉深处。鲁庄公这时才明白，原来马匹受伤才是翻车的缘由，他大哭道："翻车不是县贲父的过错啊！"还亲自为县贲父作悼词。县贲父是士而不是大夫，按礼法是没有资格享有悼词的。但鲁庄公却打破了这一先例，从此以后士去世后也可享有悼词。

至于成为阶下囚的南宫长万，鲁庄公倒是英雄惜英雄，亲自释放了他，并允许他自由出入宫中。宋闵公却又气又怒，次年再度发兵来攻打鲁国。但他此番一没有齐军的策应，二没有南宫长万的指挥，宋军如何能与鲁军掰手腕呢？连一向头脑单纯的鲁庄公，如今也变得狡诈，鲁宋两军在两国之间的鄑地相遇时，宋国的军队还没摆好阵形，鲁庄公就下令大军冲杀过去，宋军被杀得落花流水。宋闵公没辙，只好与鲁庄公议和。之后，鲁庄公允许南宫长万回归宋国。

但是，南宫长万已经深深被鲁庄公折服，回国后在宋闵公面前一直吹嘘，说鲁庄公又仁义又美好，是天下诸侯的楷模。宋闵公的姬妾都在场，这让宋闵公觉得很没面子，就指着南宫长万对姬妾们说："这个人是鲁侯的俘虏，所以一直把鲁侯吹上天，鲁侯哪有他说的那么好？"南宫长万的心早偏向了鲁庄公，此时又被宋闵公羞辱自己的俘虏经历，气从中来，挥拳击向宋闵公。宋闵公哪里是他的对手，一下就被南宫长万扭断了脖子。

被弱小的鲁国两度以巧战胜，齐桓公也不禁反思自己的失误。于是他改变穷兵黩武的战略，任用管仲推动改革，整理内政。齐国的实力迅速增强，最后鲁国再也无法对抗，连曹刿都屡战屡败。

公元前681年，南宫长万之乱被平定，宋闵公的弟弟宋桓公上台，于是齐桓公顺势号召诸侯在北杏开会，其中被邀请的就有鲁庄公；同年，齐桓公又在柯地主持盟会，邀请鲁庄公到场，意思是让鲁庄公出来承认自己的霸主大哥身份。

鲁庄公犹豫不决，曹刿进见说："您的心意是什么呢？"鲁庄公说："之前的仇不能报，寡人生不如死啊！"曹刿说："这个容易，君上来对付他的国君，臣来对付他的臣子。"

柯之盟上，鲁庄公登上盟台时，在旁边随从的曹刿忽然跃到齐桓公身边，抽出利剑指向齐桓公咽喉。齐桓公身边的管仲忙问："您有什么要求？"曹刿大喝："齐国屡次进犯我国，攻城略地、毁坏城郭，但咱们两国就只隔着一道城墙，你们是不是该仔细考虑考虑？"管仲又问："那您想怎么样？"曹刿说："请求归还汶水北边的田土！"管仲回头对齐桓公说："君上您就答应吧！"齐桓公无法，答应了。之后，曹刿还逼齐桓公与自己盟誓，齐桓公受制于人，也只能答应。曹刿扔掉匕首，回到座位就座。

齐桓公非常愤怒，想要背弃盟约，却被管仲阻止了。管仲认为："不能为了小的利益而图一时之快，这样会在诸侯面前丧失信用，也会失去天下人的支持！不如还是还了吧。"

曹刿的勇武为鲁庄公赢来一时的筹码；而管仲教导齐桓公守信于诸侯，却为齐国获取了更大的美名。当然，这并不能说曹刿目光短浅，实际上，后人讲述曹刿（一作曹沫）结盟的故事，更多是为了歌颂曹刿勇武。曹刿与管仲的做法不同，体现的无非是小国与大国的生存之道不同。但是无可奈何花落去，鲁国在国力上始终无法与齐国抗衡，所以鲁庄公与曹刿的故事，在这里也就画上了句号。

第三章 尊王攘夷

公元前683年，齐国都城临淄。

街坊里传来一阵阵女子的嬉笑，而道旁的店铺外也站满了妖冶的女子，将路过的男子往店铺内拉拽。这片脂粉香弥漫的空气中，一辆由四匹马拉着的大车缓缓从中穿过。车中坐着一位披头散发的男子，戏谑浪荡，左拥右抱，软玉温香。这男子虽然没有着冠，但衣饰矜贵、通身气派，可见地位不凡。

这位男子不是别人，正是这个地方的主人——齐桓公。齐桓公虽然是春秋第一位名副其实的霸主，但他也是个贪玩好色的男人。他在宫中开设了两处街坊，并且在街坊内开设了两百处"女闾"——也就是后世所说的妓院；为了帮这些女闾招揽生意，他甚至亲身游览集市，公开代言。后人认为中国最早的妓院，正是齐桓公时期出现的。但他贪欢贪得非常心安理得，因为齐国的各项内政外交工作都已经托付给了管仲、鲍叔牙他们。

就这样妥妥一副昏君形象，齐桓公怎么会成为春秋第一霸主呢？

老马识途：齐伐山戎救燕之战

当年，齐桓公从莒国入主齐国时，路上遭到公子纠的师傅管仲的截击，险些丧命。即位后在乾时之战中打败鲁国，齐桓公本想杀管仲来报一箭之仇，但在师傅鲍叔牙的力谏下，齐桓公亲自到国郊迎接管仲。他用厚礼聘请管仲出仕，但管仲却认为，自己虽然受宠却地位低下，于是齐桓公让管仲执政，居于国、高之上；管仲又说，自己虽然尊贵却贫穷，于是齐桓公就赐了他三处采邑；管仲又说，自己虽然富裕却与桓公关系疏远，于是齐桓公就拜管仲为"仲父"。

管仲之所以这般矫情地向齐桓公讨要富贵与名分，当然是为了更好地进行治国改革。管仲的改革在历史上很出名，其中包括政治改革、经济改革、军事改革等方面，核心内容是强化君权。进行军事改革时，管仲大力推进"寓兵于民"的制度。即在居民组织中设置军事组织，行政长官同时又是军事长官，兵民合一，耕战兼备，在发展经济的同时加强军备，避免了齐襄公时代与齐桓公在位初期的穷兵黩武，使得底子原本就比较雄厚的齐国迅速富强起来。

管仲还请齐桓公任命了五官，即：以隰朋为大行，主外交；以甯（nìng）戚为大司田，主农业；以王子成父为大司马，主军事；以宾胥无为大司理，主司法；以东郭牙为大谏，主监察。这五人均非上卿国、高之族，身份并不显贵，尤其甯戚本是卫国人，在投奔齐桓公之前，一度因困苦而贩牛；王子成父倒是赫赫有名，后世就有托名他的《王孙》一书。总之，管仲在用人时不看出身地位，而注重发挥其才能。

正因如此，齐桓公才可以高枕无忧、寻欢作乐；反正国家有管仲、鲍叔牙这些贤臣打理，至于上卿高傒、国子，当然也没有被冷落，两人作为仅次于齐桓公的军事统帅，管仲将国都划分为二十一乡，其中十五个为士乡，桓公与高傒、国子各率五个。齐桓公的个人手段虽然不如郑庄公，但齐国朝廷可谓人才济济、众正盈朝；加上齐国本来就具备西周以来通工商之业、便鱼盐之利的基础，所以齐桓公能成为春秋首霸，实在是众望所归。

柯地之盟两年后，即公元前679年，齐桓公与宋桓公、陈宣公、卫惠公、郑厉公在鄄地开会，标志着齐桓公霸业的开始。想当初郑庄公时代，郑国还与宋、卫、陈、蔡反复交兵，然而到了齐桓公时代，这几个国家都不得不归附了齐国。

公元前668年，周惠王赐齐桓公为侯伯，变相承认了齐桓公的霸主地位。同年，齐桓公为周天子进攻卫国，因为当年卫惠公曾经驱逐周惠王，而立王子颓。齐国大军压境，卫国不堪一击，齐桓公很快取得捷报。至此，齐桓公在中原再无敌手，成了名副其实的诸侯霸主。不过，他很快就面临新的挑战。

公元前664年，齐桓公迎接了一位燕国使者。这个燕国并非春秋初年在中原活跃的南燕国，而是僻处北疆的北燕国（都城为今北京西南），他们的始祖召公奭（shì）是西周初年与周公旦齐名的重臣，也是姬周的宗室。春秋初期，华夏大地诸侯混战，北方戎人伺机窥探中原；而地处北方的北燕国，则已处于戎人的海洋之中，可谓是危若累卵了。

既然已是诸侯霸主，那么不但要"尊王"（尊崇周天子，然后再以周天子的名义去征伐那些不服从齐国的诸侯），也要"攘夷"，捍卫华夏正统！于是，齐桓公毅然决定北上援助燕庄公，他邀请鲁庄公在鲁济开会商议救燕一事。但当齐国准备充分后，鲁庄公却出尔反尔，不肯出兵。原来鲁国群臣认为，燕国处在少数民族之地，如果贸然进兵长途跋涉，那么这支部队一定有去无回。齐桓公被放了鸽子，知道没有诸侯愿意同去，但自己作为诸侯霸主，还是应该不惜一切代价，把尊王攘夷作为首要任务。

于是，齐桓公带上管仲、隰朋等人，大冬天里率大军北上救燕。北国的冬天特别寒冷，凛冽的冬风像刀一样刮在脸上，鹅毛大雪将这个世界裹上白色，也将交通大道掩埋。齐军在白雪中迷失了方向，幸得管仲建议："我们可以借助老马的智慧（成语'老马识途'出处）！"于是放开一匹老马，让它自己走，大家跟着它，很快又找到了道路。

越过大山时没了水，隰朋提议："蚂蚁冬天住在山南，夏天住在山北，看到蚂蚁洞口的土堆高一寸，那么下面七八尺深的地方就有水了！"按照他的说法，齐军果然找到了水源。

如此一看，管仲、隰朋果然都是人杰！倘若没有他们，齐军不要说救助燕国了，说不定自身都难保。齐桓公微抚长须：寡人有此贤臣在，何愁大事不成？

齐军很快抵达燕国都城附近，远远看到黑压压的一片，戎人正在围攻燕都。戎人悍勇善战，齐僖公就吃过不少苦头，还靠郑庄公来帮助解围。但齐桓公却毫不畏惧，因为在管仲的内政治理与王子成父的军事训练下，齐国军队已经被打造成一支能征善战的钢铁部队。齐桓公下令挥舞大旗，迅速掩杀对方。而戎人那头，他们并未注意到齐军，还在用方言喊着口号，各自挥舞着长剑，梦想一口吞掉燕国，杀光里面的男子，抢走钱财和女人。

不料，戎人南侧突然开始溃散。紧张的戎人往南一看，竟然发现一支天降雄兵。对方穿着交领右衽——标准的华夏衣冠，为首的部队则是一辆辆战车。每辆战车上面乘着三个甲士，左边的神箭手，称"车左"，抬手间便是一片箭雨；中间的驾驶员，称"御戎"，握准车辔朝戎人碾压；右边的大力士，称"车右"，手持三四米长的矛戈，对准戎人的身躯直戳或斜钩；更可怕的是，战车前端还插着尖锐的青铜軎（wèi），像一把把刺刀一样扎向近身的戎人。

戎人本来以机动灵活的步兵为主，尤其是太行山、燕山一带的山戎，在燕山地区对付燕国战车占尽了优势，以为华夏车兵不堪一击。注意到华夏国家陷入混战后，他们便乘虚而入，相信这次一定能灭亡燕国。怎料华夏国家不仅杀到背后，其车兵还非常凶猛。戎人没有统一的政权，组织较为涣散，面对齐国军队的突然来袭，完全乱了手脚，不知所措，又无法重新集结阵形。戎人被杀得哭爹叫娘，地上布满横七竖八的尸体，鲜血染红了大地。

齐桓公打败山戎，解除了燕庄公的围困。燕庄公笑得合不拢嘴，迎接齐军入城，大摆宴席庆祝。齐桓公率领部队入城驻扎。两人觥筹交错，从祖上齐太公与燕召公开始叙旧。当说到山戎的事情时，燕庄公又皱起了眉头。原来北方基本都为戎人所占据，曾经有两个西周古国孤竹、令支，此时都已沦为戎人地盘。如果齐军撤走，那么山戎肯定还会卷土重来。到时候没有齐国支持，燕国还能支撑下去吗？

齐桓公知道燕庄公的意思，是希望自己能帮忙彻底摧毁山戎势力。考虑到此时已入寒冬，燕山道路难走，而且戎人新败警惕性高，所以齐桓公决定暂作休整。

公元前663年春季，一株株梅花含苞欲放，地面的冰冻也开始融化。齐桓公调兵遣将，离开燕都，北上燕山。山戎在去年冬天被齐军击败后，逃奔回老巢燕山准备作战。得知齐国军队没有追来，山戎喘了一口气，以为齐桓公已经打道回府。在他们看来，齐国完全没有必要为鞭长莫及的燕国付出太多。但没想到一开春，齐国军队竟然直奔燕山而来。上次他们吃了车兵的亏，但这次齐军主力竟然是步兵。

西周时期的战争是贵族的战争，所以车兵的地位比步兵高，步兵只是车兵的从属。郑庄公开始重视步兵的机动性，在繻葛之战中设下"鱼丽之阵"，以步兵的机动灵活来填补战车的欠缺，大大提高了步兵的战术作用，一举击败了周天子。齐桓公在郑庄公之后也训练了步兵，发现在山地地形中果然功效显著。步兵们手持殳（shū）和剑，往山戎人身上招呼过去。殳是一种打击型兵器，顶端也会装置带有尖刺的铜箍，既可刺杀也可捶击，威力非常强大。

山戎人哪里见过如此组织严密、装备精良、战力强悍的华夏部队？他们被杀得屁滚尿流，纷纷往盟友孤竹、令支处逃亡，而这其实正中齐桓公下怀。齐桓公早就盘算着，要把助纣为虐的孤竹、令支一网打尽，彻底拔除燕国的隐患。齐国的车兵与步兵集结，共同杀往孤竹、令支，这两个小国怎是百战百胜的齐国大军对手？很快，两国都被齐军攻破，两个国主都被砍了头。

救燕之战，齐桓公大获全胜，初战告捷后又扩大了战果，最终攻灭了长期困扰燕国的山戎、孤竹、令支三大势力。后人尉缭子在评价齐桓公时，赞叹道：有提十万之众而天下莫当者，谁？曰桓公也！

燕庄公非常感动，亲自护送齐桓公离境，不知不觉竟然走进了齐国的领土，这是一种严重违背周礼的行为。燕庄公战战兢兢之际，齐桓公却慷慨表示，愿意将这片土地赠送给燕庄公，如此，燕庄公的行为就合乎礼法了。燕庄公感激涕零，没想到不仅得了救兵还捡了土地。齐桓公却非常客气，让他保持对周天子的朝贡，并且劝勉他继续推行燕召公的仁政。只要加强了自己的实力，又何愁敌人来进攻呢？从此，燕国对齐桓公也心悦诚服。

好鹤失国：荧泽之战

尽管齐桓公扫除了燕国面临的威胁，但实际上，华夏国家面临的威胁却有增无减。

当时活跃在华夏国家西方、北方的少数民族，有的甚至可能还与周人有亲戚关系，但与华夏诸侯政治立场不同，对周王朝时降时叛，也不接受周文化的熏陶。其中活跃在华北地区的主要有山戎、北戎和长狄、赤狄。北戎、长狄活跃在黄河下游北岸，山戎活跃在燕山、太行山一带。长狄早在春秋初年被宋武公打击之后就一蹶不振，北戎、山戎势力也基本被郑庄公和齐桓公扫清。现在，对中原威胁最大的就是赤狄。

赤狄隗（wěi）姓，又写作鬼姓，从姓氏看就很恐怖了，据说是商代鬼方的后代，本来盘踞在山西高原的东部、东南部一带，分为东山皋（gāo）落氏、廧（qiáng）咎如、潞国、甲氏、留吁、铎辰六部。随着晋西南的晋国崛起，赤狄被压缩了生存空间，不得不越过王屋山、太行山去寻找出路。公元前661年，狄人进攻邢国（今河北邢台）。邢国也是周公之子的封国，在西周时期非常重要，春秋初年邢侯也曾大败北戎。但这一次，赤狄来势汹汹，邢国只能求救于齐国。

齐国虽然北伐山戎成功，但毕竟深入不毛之地，齐国自己的损伤也不小；面对邢国的求救，齐桓公有点儿犹豫了，但管仲还是劝他予以援救。管仲说："戎人、狄人好像豺狼一样，是不会满足的；而中原各国互相亲近，是不能抛弃的。安逸等于鸩毒，是不能眷恋的啊！"齐桓公同意了，不过齐国军队还没赶到邢国，狄人就闻风撤退了。当然，狄人并不会就此干脆放弃的，他们很快锁定了下一个目标。这次他们瞄准的是黄河北边另一个国家——卫国。

卫国当年在西周也是大国，不管是初年的卫康叔，还是末年的卫武公，都是响当当的英雄人物。但进入春秋时期后，卫国渐渐落入颓势，卫桓公挑起对郑庄公的战争，结果没打赢，反而被公子州吁杀了。后来卫国人又立了卫桓公的弟弟卫宣公，但这个卫宣公也是个昏聩之人，他原本打算为自己的儿子，也就是太子急子娶妻，定了齐国公主宣姜。这个宣姜大概是文姜的姐姐，也生得天姿国色，卫宣公一看色心顿起，便自己笑纳了，后来还生了两个儿子，大的是公子寿，小的是公子朔。

宣姜看着两个儿子长大，想让他们取代太子急子的位置，于是和公子朔一起诬陷急子。卫宣公听信了，打算杀掉急子。但善良的公子寿听说后，灌醉了急子，自己代替他被杀。急子醒来后知道真相，又请求杀手杀死自己。最后，公子朔捡了个大便宜，即位后就是卫惠公。卫惠公比起他的父亲卫宣公更为糊涂，居然撺掇南燕一起攻打周惠王，扶王叔王子颓即位。后来，郑厉公联合虢公攻杀了王子颓，周惠王复位，而卫惠公的名声也因此败坏了。

再下来，便是卫惠公之子卫懿公。这位卫懿公的荒诞，比起父祖有过之而无不及，他特别喜欢一种动物——仙鹤。他让仙鹤乘坐大夫的车子，还让仙鹤享受官职和俸禄。凡有好处，优先考虑仙鹤！然而仙鹤真的能占有官爵吗？不过是昏君趁机敛财的幌子罢了！这样一来，大夫们被得罪了个遍。

公元前660年，赤狄的留吁部大举进攻卫国。卫懿公组织作战，甲士们却纷纷抱怨："您怎么不让鹤去打呢？鹤既有官职也有俸禄，我们哪会打仗呀！"士兵分为甲士和徒兵。甲士即身穿甲胄的战士，春秋时期的甲胄有皮甲和青铜甲两种，其中又以皮甲为主，有资格穿上甲胄的，都是地位较高的国人，不少就是大夫的族人。国人们不愿意打仗，可见国中大家族已经抛弃了卫懿公。

卫懿公无可奈何，把象征权力的玉珏交给石祁子、箭交给甯庄子，让他们两人守卫卫国都城；又把绣衣丢给了夫人，算作离婚，让夫人听从石祁子、甯庄子，自己则决定与赤狄背水一战。

卫懿公虽然无道，但在国难当头之际，还是燃起了作战的斗志；或许卫懿公本身并非表面那么荒唐，无非是刻意打压贵族而已。他自己坐镇中军，任命渠孔担任自己的御戎，子伯担任自己的车右；命黄夷带领前军打先锋，孔婴齐带领后军去压阵。可见，卫懿公还是有几分好汉气概，所以多少也有几位卿大夫支持他。当然，贵族们也知道覆巢之下无完卵，即使不支持他个人，也要支持这场抵抗。于是卫国军队出动，与留吁狄在黄河以北的荥泽相遇。

卫懿公指挥黄夷发动前军冲击。不过，卫国缺乏郑庄公、齐桓公这样英明的领导，卫国的步兵完全是车兵的辅助。准备充分的赤狄人像潮水一般涌来，黄夷指挥战车碾压，但灵活的赤狄人却引着战车兜圈子，甲士们几下就被狄人绕晕了。荥泽这个地方，既然叫"泽"，应该有不少水和水草积聚的湿地，这实际上给车兵作战带来很大的不便。而卫懿公似乎只有一腔热血，对这些情况完全没有考虑。

这时狄人向卫军发动进攻，这些甲士本来就各自心怀鬼胎，此时完全不是赤狄的对手，一触即溃。赤狄人趁机围攻卫国的战车，不少甲士死于刀剑之下，徒兵们也没有起到作用，纷纷拔腿狂奔。这一下就退到了卫懿公所在的中军，马上又把卫国中军的阵形冲散。卫懿公知道情况不妙，但卫康叔、卫武公等英雄先祖在上，卫懿公作为卫家儿郎，岂能轻易对赤狄认输？他不肯撤军，反而一咬牙，下令中军往前冲杀：前军若有逃亡者，一律处死！

赤狄人很快杀到，卫懿公凭借勇气加成，一时倒与赤狄杀了个难解难分。但甲士们却没有与社稷共存亡的士气，杀了一会儿，眼见难以取胜，就有些气馁了。赤狄人趁机加强攻势，发挥机动性围攻卫军的战车，有时还伺机跃上战车。在短兵相接的情况下，车兵完全没有优势，不少甲士纷纷被刺杀。

眼看包围圈越来越小，卫懿公的情况也越来越紧急，渠孔、子伯连忙让卫懿公拔去插在战车后部的国君战旗，大呼道："君上，先保住性命要紧吧！"当年鲁庄公与齐桓公乾时之战，连战车都不要了狼狈逃跑，后来才有了长勺和乘丘的胜利。但卫懿公却不肯去掉旗帜，他大喝道："寡人生是卫国国君，死也是卫国的鬼，怎么能做有辱祖宗的事呢！"或许他也不是不怕，只是觉得战败羞于面对国人，还不如战死沙场！渠孔与子伯大哭，拼命杀敌。然而寡不敌众，卫懿公的旗帜又显眼，凶狠的狄人很快赶到卫懿公车前，为首的狄人一剑穿透卫懿公的铠甲，带血的短剑从卫懿公背部穿出。

卫懿公战死，浴血奋战的卫国士兵再也没了斗志，纷纷扔下兵器，争先恐后逃跑。狄人杀得兴起，围住卫懿公的尸体，竟然将他连血带肉一口口吞食！大概他们也认为卫懿公是高贵的勇士，吃卫懿公的肉能够使自己获得力量，唯独禁忌吃肝脏。卫懿公享乐一生，竟然死无全尸，只剩下一颗孤肝，血淋淋地落在坠落的旗帜旁。而狄人们也没有就此离去，而是对卫国士兵进行了疯狂追杀。

参与作战的还有史官华龙滑和礼孔，这两个人也一起被狄人抓了。这两人可不像卫懿公那样心系社稷，他们大哭大闹，请求狄人放了自己，还说："我们是太史之官，掌管卫国的祭祀；如果不放我们回去，你们是无法得到国都的！"当时职官还文武不分，史官也要参战。国家大事，唯祀与戎。太史是与神对话的人，他们的话大家都信。于是狄人就将这两个厌包放了回去。

他们回到卫国都城后，告诉守卫的石祁子和甯庄子，说："君上已经战死，尸体都被吃了！敌人来势汹汹，无法抵挡！"石祁子、甯庄子大吃一惊，他们对这些吃人的野蛮人大感恐惧，于是大夫们一商量，决定放弃祖宗基业，连夜组织国人撤退。狄人就这样兵不血刃地得到了经营三百多年的卫国都城。但战争并未结束，他们紧接着又追杀了过去。卫国人正缓慢地南渡黄河，没想到狄人不肯放过自己，在黄河边就被赶上了。来不及渡河的卫人纷纷被杀，流出的鲜血染红了河水。

堂堂西周大国，竟然被少数民族攻破国都，这在周朝历史上大概还是第一次。消息传来，中原诸侯非常震惊，唇亡齿寒的道理众人都懂，纷纷展开援助。原来在卫宣公去世后，宣姜又嫁给了庶子卫昭伯，生下了齐子、公子申、公子辟疆和两个女儿，齐子早死，两个女儿分别嫁给宋桓公与许穆公做夫人，公子辟疆也就是公子启方，之前逃到齐国，成为齐桓公的宠臣。所以齐国、宋国、许国都立即展开援救，不过已经来不及了。

卫国在黄河以北的地区全部沦陷，除了卫国国都逃出的七百三十人外，还有共、滕两座城池的国人，一共也就五千人左右幸存。卫人在曹（今河南滑县西南）立公子申为国君，是为卫戴公。此时齐桓公派遣的公子无亏也已经赶到，无亏带领战车三百辆、甲士三千人镇守曹邑。卫国人终于松了一口气。

而出使的卫国使者弘演坚持复命，他在荧泽战场卫懿公的旗帜旁找到了肝脏。弘演向面君一样汇报了自己出使的情况，之后大哭一场，剖开自己腹部，将懿公的肝脏放了进去。弘演之死传到齐桓公耳中，齐桓公也非常感慨："卫国灭亡是因为君主无道，但有臣如此，又岂能不存呢？"于是帮助卫国人在曹之东的楚丘新建都城。

不过，狄人没有南渡黄河，而是在次年转而进攻邢国。齐桓公、宋桓公、曹昭公去救，仍然迟了一步，邢国都城已被攻破，邢国人纷纷逃到诸侯军队里避难。眼见黄河以北已经是危机重重，齐桓公不得不帮助邢国迁徙到夷仪（今山东聊城）；次年，又将卫国迁徙到楚丘（今河南滑县东）。

齐桓公没有与赤狄正面交战，但也保护了邢国、卫国遗民，并且帮助他们重建家园。不过，在诸侯联军撤退后，邢国又受到狄人裹挟，进攻卫国，但最终，公元前635年，卫文公（即公子辟疆）灭亡了邢国。

马牛不及：齐攻蔡伐楚之战

齐桓公救下了燕、卫、邢三国，也消灭了几个少数民族国家。当时少数民族的生产力、组织力远不如华夏，所以暂时不能对中原构成太大的威胁。

但南方的楚国就不一样了。楚国以火神祝融为始祖，据说先祖鬻（yù）熊做过周文王的老师，也有说是周文王的臣子；鬻熊的曾孙熊绎在周成王时被封于楚（今河南淅川），是楚国立国之始。之后，楚国就向南发展到达江汉一带，开始蚕食南蛮小国。到周厉王时，楚国国君熊渠子竟然分封三个儿子为王，公然向周天子寻衅。

西周曾经在江汉北边分封了一系列诸侯国，号称"汉阳诸姬"，作为周朝在南方的前线。但实际上，汉阳诸姬完全阻挡不住楚国的北上。

春秋初期，楚武王开始向北进攻中原。公元前701年，春秋小霸郑庄公尚还活跃，他也曾与蔡桓侯盟会，商量如何防御楚国。

到楚武王之子楚文王时，楚国即在莘之战中击败了中原的蔡国，连蔡哀侯都做了俘虏。

到楚文王之子楚成王时，不可一世的楚国更是直接把触手伸到了中原之中的郑国。公元前666年，楚国令尹（相当于宰相）子元攻打郑国，郑文公差点儿放弃都城逃跑。好在齐桓公率军来救，而令尹子元闻风撤退了。

此时齐桓公的主要目标是北方的少数族群，没有太在意南方的楚国。所以公元前659年，楚成王又开始攻打郑国。此时邢国已经安顿好新都，齐桓公连忙召集诸侯，商量攻打楚国事宜，但楚成王也非常狡诈，看到齐桓公准备动手，便立即撤走。而齐桓公和诸侯一散，次年楚成王马上又发兵攻打郑国，这一战郑国大败，楚国大夫捉拿了郑国聃伯。郑文公甚至打算干脆投降吧，好在被大夫孔叔劝阻了。孔叔认为，齐桓公正在保护我们，为什么要背叛他呢？

此时齐桓公已经安顿好了卫国，北方的戎人暂时无法对华夏构成威胁。于是齐桓公再度召集诸侯，在阳谷（今山东阳谷北）开会商讨如何攻打楚国。齐桓公的行动，当然也传到了楚成王的耳朵里。楚成王虽然是南方小霸，但对齐桓公还是存有三分畏惧，所以楚军每次不敢在郑国待太久。但如果是在自己的主场作战，他还未必就会输给齐国。于是楚成王厉兵秣马，准备迎接诸侯联军的南攻。

阳谷之会后，齐桓公有次与妃子蔡姬在园林里坐船游玩。蔡姬是个顽皮的姑娘，她故意晃动船只，让齐桓公也随之摇晃，但是小白的脸色瞬间大白，双手紧紧扣住船舷，连连阻止她继续。但蔡姬有心逗他，越看到齐桓公害怕，她摇得越厉害。等到她闹够了停手，齐桓公已是大怒，直接把她赶回了娘家蔡国，不过没有正式离婚。当时蔡国国君是蔡穆侯，觉得齐桓公太不给面子，便仗着有楚成王做靠山，直接把蔡姬又许配给了他人。

这下齐桓公彻底怒了：怎么说也是寡人的女人，怎么能随便送给别人？公元前656年，齐桓公联合鲁僖公（鲁庄公之子）、宋桓公、陈宣公、卫文公、郑文公、许穆公、曹昭公，大举进攻蔡国——为了收拾一个蕞尔蔡国，居然出动了中原八国联军，要知道蔡国也就和陈国一个量级。楚成王不是傻子，知道齐桓公这次不过是借题发挥，表面上是要教训蔡国，实际上是要趁机对付楚国。不过，这次八国联军的声势浩大，楚成王也没有胜利的把握。

八国联军一进入蔡国，蔡国军队哪里看过这种阵势，直接不战而溃了。齐桓公果然将令旗一转，下令继续进攻楚国。而此时，传令兵却带来楚国的使者。楚国使者见到齐桓公，当头就是一拜，问道："君上您住在北方，鄙国国王住在南方，就像牛马发情也搞不到一起一样（成语'风马牛不相及'出处）。没想到君上您居然不顾道路险远，来到我国的土地上，请问这是什么原因呢？"楚成王派出使者，实际上就是在示弱了，而齐桓公当然要思索如何应对。

这时，齐桓公身边的管仲拱拱手，说："从前召公奭辅佐周成王时，对我们的先君齐太公说，五侯九伯，你都可以征伐，襄助王室。所赐给我们先君的征伐范围，东到大海，西到黄河，南到穆陵，北到无棣。至于你们的罪名，贵国不进贡包茅给王室，让天子滤酒缺乏材料，以致不能祭祀请神，我等特为此来向你们问罪；另外，周昭王南征到楚国却没有回去，我也为此来向你们问责！你倒说说，这是怎么回事呢？"

使者微笑还礼，说："贡品没有送来，是寡君罪过，今后哪敢不给呢？至于昭王没有回来，我想您还是去问问水边的人吧！"

其实，管仲的问法也是耐人寻味。说楚国朝贡的贡品不齐，那楚国给补上不就行了；至于周昭王之死，那都是两百多年前的事了，谋杀昭王的荆楚是否就是现在的楚国，也没人说得清。其实，管仲大可问罪楚国消灭汉阳诸姬、侵略郑蔡，之所以避重就轻，是因为齐桓公和管仲自己也没有把握能战胜楚国，所以先给楚国一个台阶下。但他们也不能轻易放过楚国，于是诸侯联军继续前进，驻扎在楚国的北塞陉地。

这下楚成王真的有点儿慌了，他派大臣屈完带了一支精兵到陉地，表示愿意继续与齐桓公商谈。齐桓公为表示友好，将联军撤退驻扎在召陵（今河南漯河召陵区）。齐桓公命令所有军队列成战阵，再请屈完到自己车上阅兵。

看着浩浩荡荡的诸侯联军，齐桓公露出了得意的笑容，他转头对着屈完说："屈大夫，我们这次出兵，难道是为了寡人一人？其实为的是保持与先君的友好关系啊。我们两国继续合作如何？"他这话是表示愿意接受楚国的议和。

屈完立即说："君上惠临鄙国，承蒙安抚寡君，那正是寡君的愿望呢！"

齐桓公一伸广袖，遥指军队，说："用这样的军队来作战，谁能抵御他们呢？用这样的军队来攻城，哪座城市又不会被攻破呢？"

屈完笑了，不卑不亢道："君上如果用德行安抚诸侯，谁敢不服呢？但您如果用武力的话，鄙国有方城山作为城墙，有汉水作为护城河，君上您的军队再多，只怕也没有用处呢！"

很明显，齐楚两国各怀鬼胎，都不敢开战，但又不肯输了面子，就在口头上打机锋。

当然，楚国最后还是输了一筹，屈完在召陵与诸侯签订盟约，表示愿意服从齐国的领导。这场伐楚之战，最终没有打起来。但齐国能够不战而胜，本身就是实力强大的体现。至此，齐桓公的霸业达到了顶峰。当时华夏的情况是"南夷与北狄交，中国不绝若线"，就是说在南方的楚国和北方的外族夹攻之下，中间的华夏像一条线一样危急。而正是有齐桓公、管子等人的存在，华夏文明才得以保全，孔子就说："微管仲，吾其被发左衽矣！"（要是没有管仲，恐怕我们都要受到外族的侵略和奴役，不得不按照他们的风俗披头散

发、穿左衽的衣服了）

遗憾的是，齐桓公的霸业却虎头蛇尾。随着管仲、隰朋、鲍叔牙等一干贤臣去世，齐桓公开始亲近易牙、竖刁、常之巫等奸佞小人。易牙听说齐桓公好奇人肉的味道，居然将自己儿子烹杀给桓公吃；竖刁为了更好地伺候齐桓公，居然自宫成了齐桓公贴身宦官。几人谄媚的功夫可谓登峰造极。管仲在临终之际就提醒桓公注意这三人，管仲去世后，齐桓公刚开始确实赶走了他们，但很快又召了回来。而他们趁机结党营私，扩大自己的权势。（至于公子启方，那会儿他早就回卫国即位去了）

公元前643年，齐桓公病重，易牙、竖刁、常之巫假传齐桓公命令，将宫殿围困起来，不让外人进入。齐桓公的五子分别在他们的支持下，互相攻打争夺君位，却没有人去照料齐桓公。某日一个宫女翻墙进入，齐桓公向她讨要食物和水，她说自己也弄不到，并告诉桓公易牙、竖刁、常之巫三人叛乱的事。齐桓公这时才悔恨没有听从管仲的话，用衣袖遮盖着脸，自感无颜面见地下仲父。

齐桓公病饿交加，死在床上，三个月都没人收尸，尸体上的蛆虫都爬到了门外。春秋首霸就以这样悲惨的方式，结束了自己的一生。

第四章
最危险的时刻

公元前675年，楚国都城郢（yǐng）都。

宫中一位美妇端坐，她生得唇红齿白，面若桃花。虽有天仙之貌，却神情木然，无喜无怒。一名男子落座在她身旁，口中轻唤着，眼中投射出爱怜又痛苦的目光，美妇却依旧低眉敛目，不发一语。

这时宫人将两个幼童抱来，大些的已经能围着美妇叫"阿母阿母"。美妇抚摸着儿子的头，嘴角终于露出淡淡的一丝微笑。

男子声音略带苦涩地问道："三年来你不肯对我说一句话，你……这是为何呢？"

美妇终于开了口："我作为一个女人，伺候两个丈夫，又不能死，还能做什么呢？"

她如死水一般平静。

这位男子是楚国国君楚文王，而美妇则是他的妻子——陈国公主陈妫。陈国是帝舜之后，国君为妫姓，但陈妫初嫁的是息国国君，所以历史上一般也叫她息妫。公元前680年，楚文王灭亡息国，却被这息侯夫人的美貌所折服，于是娶她为正室夫人。很快过了三年，息妫为楚文王生下囏（jiān）和恽（yùn）两位王子。但息妫却自始至终没主动同楚文王说过一句话，她忘不了她过去的丈夫，而他正是死于她现任丈夫的剑下，如今她又有何颜面去面对楚文王呢？

一千多年后，大诗人王维作诗歌颂这位传奇女子："莫以今时宠，难忘旧日恩。看花满眼泪，不共楚王言。"

楚子称王：速杞之战

公元前710年，郑庄公与蔡桓公在邓（今河南漯河郾城区）举行盟会，不可一世的郑庄公居然愁容满面，因为这次盟会商量的是如何应对南方日益增长的势力——楚国。

此时楚国的活动区域仍在汉水一带，楚国要进入中原腹地，至少要穿透两道防线，第一道是汉水北边、淮水南边的诸侯国与少数民族小国，诸侯国以姬姓为主，号称"汉阳诸姬"，其中实力最强的是随国（今湖北随州）；第二道是淮水—桐柏山一线的诸侯国，包括申（今河南南阳）、息（今河南息县）、江（今河南正阳南）、黄（今河南潢川）；再往北就到达汝水一带的蔡国（今河南上蔡），便是中原腹地的南侧。郑庄公与蔡桓公专门为此进行盟会，说明楚国实力已经不可小觑了。

当时的楚国国君是楚武王。公元前741年，楚公子通弑杀侄子篡位，也就是楚武王，并且把都城从宵迁徙到勉，开始图谋中原。公元前706年，年富力强的楚武王果然开始拿随国开刀。但是，随国毕竟是汉东第一大国，楚武王不敢掉以轻心。他派大夫薳（wěi）章假意求和，驻扎在随国南部的瑕地等待结果。随国则派少师来洽谈。

此时，楚国大夫斗伯比对楚武王说："大王！我国在汉水以东达不到目的，是我们自己的原因！我们扩大军队，整顿战备，用武力去胁迫他们，导致他们因害怕而联合，就很难离间了！汉东的国家里，最强的是随国。如果能让随国自高自大，小国离心，就对我们楚国有利了。楚国的少师这人骄傲自大，大王不如隐藏我国的精锐，只让他看到疲惫的士兵，好助长他们的骄傲。"斗伯比的计策说穿了很简单，也就是扮猪吃虎，让随国放松警惕。

此时，又有一个人站出来发言了，他叫熊率且比，也是楚国公族。熊率且比对斗伯比的计策表示将信将疑，他说："随国有贤臣季梁在，这样做能瞒得过他吗？"斗伯比却表示无所谓，他说："这是为以后打算呢，少师能取得随侯信任就行了！"楚武王最终拍板，认可了斗伯比的计策。

之后少师来到楚军大营，映入眼帘的就是一群疲惫懒散的楚军，仔细一看，尽是老弱病残。少师心里不禁偷着乐，楚国就这点儿实力，也好意思来攻打我们？怪不得临阵退缩想求和呢！

等少师回到随国，立马向随侯建议攻打楚军，但季梁果然出来劝阻随侯。他目光犀利，看穿了楚武王的计略，分析出楚强随弱的形势，并劝说随侯对内修明政治，对外团结姬姓邻居，以此来抵御楚国的攻击。随侯一下茅塞顿开，放弃了攻打楚军的计划。之后楚武王也回国了。

但正如斗伯比所料，随侯宠幸少师，愈发疏远季梁，导致国内政治乱成一团。公元前704年，楚武王在沈鹿（今湖北钟祥）会盟诸侯，同年他自称为王，公然与天子叫板。

楚武王当时召集了一些国家，其中就有随国与黄国，而随国、黄国都不愿参与。楚武王一边派薳章去指责较远的黄国，一边亲自统军进攻较近的随国，将军队驻扎在汉水、淮水之间。消息传到随国，季梁审时度势，提议先向楚国投降，说："如果他们不同意，我们再作战也不迟；到时候我军士气高涨，而对方则会有所懈怠！"如果放在两年前，随侯可能会听从季梁，但现在，他的眼中心里只有少师了。

少师正是随国当红的权臣，人也变得飘飘然了。两年前进攻楚国的提议被否决，让他一直耿耿于怀，此时他觉得必须反驳一下季梁，便白了季梁一眼，然后对随侯说："必须速战速决，否则将错失良机！"随侯对少师言听计从，他心底里其实也认为应该尝试与楚国较量一番。毕竟楚国都已经自称为王了，作为天子在南边的屏障，怎么能一直没骨气地做缩头乌龟呢？于是随侯带兵点将，发兵抵御楚军，命季梁、少师协同作战。

两军在速杞（今湖北应山西）相遇。季梁远远眺望楚军，发现楚军分成左、右两支军队，于是对随侯说："楚人一直以左为尊，所以他们的国君一定在左军。我们不能与左军正面作战，不如抢先攻打他们的右军。右军没有好将领，一定会战败，这样全军也就溃散了！"华夏国家一般以右为尊，而楚国恰恰相反。季梁指出楚军的软肋，建议从此进行突破。

应该说季梁的策略是正确的，之前繻葛之战时，郑庄公也是先对战斗力最弱的陈国下手。可惜的是，季梁没有拍板的权力，而少师偏喜欢和他唱反调。只听少师缓缓说道："你让君上不和楚王正面作战，有何居心？表示我们和他们不对等吗！"随侯一听，好像也是这么个道理。寡人可是汉阳诸姬之首，怎么能在小小楚蛮面前丢份呢？季梁还想出言驳斥，但随侯一抬手，阻止他再说下去。季梁只能发出一声长叹。

两军对阵，随侯大骂楚武王谋逆称王。楚武王轻抚长须，淡定地回话说："我们先祖鬻熊，当年还是周文王的老师，去世得比较早。后来成王提拔我先公熊绎，以子男爵位分封于楚国，南方族群都争率归附。但天子却一直不给我们加爵，所以寡人不得已才自封为王啊！"

随侯仰天大笑，你楚国本是什么地位，怎么能跟其他平起平坐，想什么好事儿啊？不给你点儿教训，还当我们姬姓是吃素的！于是随侯亲自擂鼓，随军呼喊着杀向楚国左军。

楚武王敢称王，自然非泛泛之辈，他从容指挥部队抵御。两军一交锋，随侯才发现楚军比他想象的坚韧，任凭他如何咬牙擂鼓，随军始终冲不破楚军的防线。这时，随军的侧翼受到袭击，原来楚国右军包抄了过来。而不动如山的楚国左军，此时也趁势对随军发起攻击。随侯大惊失色，这才感受到了楚军的可怕。

忽然，楚军一辆战车疾奔到阵前，万军丛中如入无人之境，车上主将正是楚国斗氏族人斗丹。斗丹豹头环眼，威风凛凛，张弓搭箭，箭无虚发。随军本来就陷入两面夹击的窘境，没想到敌方还有这么强大的勇士。眼看对面那位都要杀到眼前了，随侯才反应过来，匆匆忙忙下令撤军。但是已经来不及了，随军被楚军切断，随侯陷入包围圈。随侯当机立断，像当年乾时之战的鲁庄公一样，直接跳下自己的战车，随便找了个车子脱身。

而少师就没这么幸运了，作为车右，他必须一直在车上吸引敌火。但他生性胆小，举戈的双手都在颤抖。就在这时，对面一支箭破空而出，少师早已被吓得六神无主，竟手一松，戈掉落在地上，下一刻，他感觉到自己的皮肤被撕裂，低头一看，这支箭已经插在自己胸膛上。少师惨叫一声，缓缓咽气。

此时斗丹的战车驶了过来，随侯的御戎只能投降。斗丹检查车上，只发现少师的尸体，才发现随侯已经跑了。楚军大获全胜，俘虏辎重无数，而随侯张皇失措逃回国都，与撤退的季梁会合。

此时随侯已经没了主见，只能接受季梁的建议，与楚国讲和。楚武王本来不想同意，坚持要灭了随国了事。但斗伯比却认为，上天已经铲除了少师，那么随国现在由季梁主政，上下一心，更加难以战胜。于是楚武王接受了随侯的议和，随国从此成了楚国的依附。

不过，楚国在汉阳一带并没有压倒性优势，当时还有不少小国根本不买楚国的账，比如邓国（今湖北襄阳）就是其中的一个。

邓国算起来也是楚国的亲戚，楚武王夫人邓曼正是邓国公主。当时，与楚国同盟的巴国想与邓国建交，楚武王就派大夫道朔带领巴国的使者韩服一起去邓国。但到达邓国南边鄾（yōu）地的时候，道朔和韩服都被杀害，财物也被洗劫一空。楚武王又派薳章去指责邓国，而邓国却不肯接纳薳章。楚武王大怒：亲家就可以肆意妄为了？于是派斗氏的斗廉率领楚、巴联军攻打鄾地。而邓国的大夫养甥、聃甥来救。养甥、聃甥两人的母系分别来自养、聃二国，所以二人称"甥"。

要说这斗氏也是英才辈出，既有出谋划策的斗伯比，又有冲锋陷阵的斗丹，还有独当一面的斗廉。斗廉知道邓国以逸待劳，此时不宜与邓国硬拼。于是他命令楚、巴联军严阵以待，不得擅自出击。养甥、聃甥赶到鄾地，正是一鼓作气之时，两人发动邓军大力攻向楚、巴联军。斗廉镇定自若，指挥联军加强防守，以箭雨挡住了养甥、聃甥的一次次攻击。邓军攻击三次，都没有取胜，军心便开始涣散了。

就在此时，楚军的旗帜一转，开始掉头往后撤退。居中指挥的养甥、聃甥大喜，以为楚军终于坚持不住，于是下令追击。正当邓军追杀而去时，楚军忽然再次掉转了头，生龙活虎地与邓军作战。

邓军三次攻打楚军没有取胜，原本在气力上就弱了很多，但养甥、聃甥还是要坚持一战。但没多久他们就发现，自己的前方部队还在浴血奋战，后方却已经乱了阵脚！原来斗廉只让楚军撤退，而巴军则分散在两旁隐蔽。邓军急于追逐楚军，没料到两侧还有巴军埋伏！

这样一来，邓军又被包了饺子，关键是养甥、聃甥之前根本没有防备这招，他们的后方比较虚弱，被巴军追上来砍死不少士兵；而前方，斗廉亲自杀到阵前指挥作战，楚军自然更是勇猛。养甥、聃甥难以兼顾头尾，被楚军、巴军杀得大败，只能放弃鄾地，逃回邓国都城。

鄾地长官一看邓军撤退，知道再守下去也是无益，连忙放弃鄾地逃跑。楚军就这样迅速拿下了鄾地。

莫敖之死：楚国伐罗之战

楚武王先后大败随国与邓国，楚国声势空前壮大，贰国（今湖北应山）、轸国（今湖北应城西）等小国都愿意臣服。此时，楚武王年事已高，国事由王子瑕处理。王子瑕被封屈地，也叫屈瑕，是楚国屈氏的祖先，后世大名鼎鼎的屈原正是屈瑕的后人。屈瑕的官职是"莫敖"，楚武王称王之前，不少楚君都称"敖"，而莫敖则是仅次于国君的军政一把手，可见屈瑕地位之尊崇。

公元前701年，楚国的莫敖屈瑕准备与贰国、轸国会盟，正式收服这两个国家，便带领部队离开了郢都。而此时，郧（yún）国（今湖北京山）却蠢蠢欲动，在蒲骚（今湖北应山北）一带驻军，并且联络了随国、绞国（今湖北郧阳西北）、州国（今湖北监利东）和蓼国（今河南唐河南），打算趁机攻打屈瑕。屈瑕得到线报后，非常忧虑，如果确实遭到五国联军围攻，他没有把握能赢。

此时斗廉正好也在军中，他面见屈瑕，说："鄖人在国都郊外驻军，他们日夜盼望另外四国军队到来，一定会缺乏戒备。不如您也驻守在郢都郊外，等候四国联军。而我则率领军队，前往偷袭鄖国！鄖人仗着城池坚固，又盼望四国到来，此时根本没有斗志。而如果能够击败鄖军，四国就合拢不到一起了，将会马上溃散！"

屈瑕听罢没有直接回答，而是问："我们为什么不找大王要求增援呢？"

斗廉确实有胆有识，他说："军队获胜在于上下一心，而不在于人数多寡，所以商纣王的大军抵挡不住周武王的军队。我的部队已经够了，无须更多！"

屈瑕毕竟第一次做统帅，仍然有些犹豫不决，他又问："何不占卜一下，寻求神的旨意呢？"

斗廉的回答更为铿锵："有疑问的时候才用占卜决断，没有疑问的情况下，为什么还要占卜呢？"斗廉的这个回答，还反映出春秋时期的战争中，人本意识变强了。

于是，斗廉带领一支小分队，趁着夜色悄悄逼近蒲骚。等军队到齐，斗廉一声令下，楚军开始冲向鄖军的营帐。果然如他所料，鄖人还在翘首盼望四国军队到来，哪里想到楚军会突然从天而降？而且以往的战争，大家都是公开布阵，光明磊落地作战。楚军这种夜袭战术，鄖人根本闻所未闻。鄖国军队血溅蒲骚，就此溃败，四国军队自然也就不再前来会合。之后，屈瑕成功与贰国、轸国结盟。

公元前700年，楚国进攻之前鄖国联络过的绞国，楚武王亲自挂帅，楚军驻扎在绞国的南门。屈瑕也在阵中，献策道："绞国狭小不易进攻，却轻敌而缺少谋划，不如用砍柴的人引诱他们出来。"

楚武王应允，派出三十个农夫去绞国都城门口砍柴，以引诱绞国人出战。绞国人果然按捺不住，出动一支小分队抓获了这些农夫。但俘虏农夫也没什么用，便将他们一路驱逐到山谷之中。就在此时，埋伏在山下的楚军突然出动。楚武王亲自指挥，屈瑕奋勇杀敌，绞国这支小分队很快被击败。

这下没见过世面的绞国人开始慌了，他们不知道楚国人还有多少人马，只得表示愿意投降楚国，在绞国城下签订了盟约。成语"城下之盟"就来源于此，形容敌方兵临城下时被迫签订屈辱的和约。

原本蒲骚之战，屈瑕并没有直接指挥，但他作为主帅，还是被记上了一功，这让他不禁有些飘然。而这一仗，主意是他本人想出来的，又立了一功。屈瑕大喜，原来不按套路出牌就行，斗廉会，我也会啊。

此时楚武王又接到线报，楚军在渡过彭水时，罗国（今湖北宜城西）原本想偷袭楚军，当时罗国大夫伯嘉三次前来侦察楚军的人数，或许是对楚军数量有所忌惮，罗国最终放弃了袭击的计划。但这种行为毫无疑问是一种挑衅，于是屈瑕主动请缨，愿意回去之后挂帅攻打罗国，楚武王也同意了。

公元前699年，屈瑕带领楚国精锐出兵罗国，斗伯比为他送行。在归途中，斗伯比对自己的御戎叹气道："莫敖一定会失败啊！他走路把脚抬这么高，一脸傲慢（成语'趾高气扬'出处），意志又怎么会坚定呢？"于是，斗伯比面见楚武王，要求给屈瑕增援。楚武王却认为，屈瑕的军队已经够多了，拿下一个小小罗国，很难吗？于是拒绝了他的建议。回到后宫，楚武王还将此事当作笑话告诉了夫人邓曼。

春秋时期，不靠谱的夫人比比皆是，前面我们就讲了武姜夫人、文姜夫人、宣姜夫人……但邓曼夫人却堪称楚武王的贤内助。她一听就知道斗伯比是什么意思。邓曼说："斗伯比并非议论军队数量多少，而是说大王要用信义安抚百姓，用美德训诫百官，用刑罚来让莫敖有所畏惧。莫敖现在沉迷在郧国与绞国的胜利中不能自拔，将会自以为是地轻视罗国。如果大王不对莫敖有所镇抚，那么莫敖肯定不会戒备。斗大夫正是这个意思吧！"

楚武王恍然大悟，但此时屈瑕已经离开楚都，于是派使者前往赖国（今湖北随州北），让赖国人追赶屈瑕，但屈瑕也已经走远了。

此时屈瑕对拿下罗国是志在必得，听不得反话，他对全军道："谁敢进谏，谁受刑罚！"我自己知道该怎么做，你们都得听我的命令！军令一下，无人敢发声。于是屈瑕继续趾高气扬地杀往罗国，但他根本没有多少带兵经验。在路过鄢水时部队就乱了，不能按照次序和行列渡河，且过程中还不设防备。不少作战经验丰富的楚军将士看在眼里，急在心里，却又不敢进言，而屈瑕却跟没事一样，带着一群散兵游勇继续行军。

之前罗国人就曾侦察过楚军，可见罗国对情报还是很重视。眼见屈瑕如此带兵，罗国人就乐了：这些邋邋遢遢的楚国人，能打仗吗？不过楚国人一向狡猾，谁知道是不是扮猪吃虎呢？无论如何，先伏击他们一把再说！罗国还联系了卢戎（今湖北南漳东北），邀请卢戎人与罗国人里应外合，共同阻击楚军。

卢戎人虽然文化程度不高，但唇亡齿寒的道理还是懂，二话不说答应了罗国。而这背后的一切谋划，屈瑕作为楚军统帅，居然一无所知。他果然如斗伯比、邓曼所料，还沉浸在两场战争胜利的喜悦中，趾高气扬要拿下罗国。

不久，楚军抵达罗国城外，屈瑕在城下叫阵，罗国人坚守不出。于是屈瑕就驻扎在城外，而楚军此时的阵形可谓毫无章法。这自然也落到了罗国人眼中，于是罗国人暗中联络卢戎出兵。

就在屈瑕想好好休整一下再攻城时，罗国人与卢戎人却出其不意地出现了。只见罗国城门一开，一辆辆兵车和一队队步兵从中快速有序地列出，与此同时，卢戎人也高声怪叫着从后方冒了出来。罗国位于汉水、鄢水之间，水网密布，正适合卢戎步兵机动作战。楚军虽然与少数民族交战不少，但每次都是严阵以待，哪像这次一般无序散乱。很快楚军就被罗国人与卢戎人包抄了，屈瑕完全来不及集结布阵，由于缺少指挥，楚军被冲得七零八落。

但楚军毕竟兵力摆在这里，所以屈瑕觉得仍有资本与罗国、卢戎一战。再说了，楚武王自从出兵以来，什么时候战败过？莫敖身份仅次于武王，当然也不能言败！在这份信念下，屈瑕镇静了下来，他开始组织楚军将士抵抗。但不幸的是，楚军原本就失去了先机，再加上地理优势不如卢戎，战车在密布的水网上调配起来十分费劲，已然没了胜算。他们的士气也不如罗国人，罗国人知己知彼，以逸待劳，在国门口喊打喊杀，要消灭来犯的敌人。

屈瑕一会儿击鼓号令，一会儿射箭杀敌，但阻止不了楚军的牺牲越来越大。手下将士屈服于他的淫威，也不敢提出意见。等到屈瑕身边的将士一个个被箭射倒、被戈刺穿时，屈瑕终于认识到，这场战争的失败是不可挽回了，再勉力支撑下去，将会把楚国的精锐耗尽，而自己的小命也难保。于是，他低下了高傲的头颅，下令撤军回国都！楚军终于有了点儿盼头，纷纷咬牙杀敌逃命。这是有史可载的楚国的第一次大败，损失非常惨重。

失去头盔、满脸血污的屈瑕在将士的保护下终于逃出生天，楚军陆陆续续撤回到安全地带。但在路过郢都附近的荒谷时，屈瑕长叹一声，他无法接受自己大败的事实，找来一根绳子，在一棵树上结束了自己的生命。其余将士到达冶父会合，纷纷将自己捆起来，等候接受制裁。

此时，楚武王终于赶到，他长叹道："这是寡人的罪过啊！"之后下令赦免将士，厚葬屈瑕，并宣布屈瑕子孙可世袭莫敖。但他认为莫敖一职权力过大，于是又在莫敖之上设立了令尹。

蠢猪仁义：泓水之战

公元前690年，距离伐罗之战的惨败已经过了九年，楚国得以恢复元气和发展国力。此时楚武王在位已经五十一年，虽已老迈，但仍决定再次征伐随国。毕竟楚国多年没有大战，汉阳小国又蠢蠢欲动，所以还是要先制服随国。出征之前，楚武王亲自把戟发放给士兵。戟是结合了矛、戈特征的兵器，兼具直刺和斜钩的功能，这是楚国最早将戟运用于军事的记录。

然而楚武王斋戒时，他自觉心跳得厉害，便告诉了夫人邓曼。邓曼哀叹道："大王的福禄已享尽了！"果然，楚武王出征还没到随国，就在一棵樠树之下去世了。

此时，随行最高级别的官员是令尹斗祁和莫敖屈重。斗祁是斗氏族人，屈重大概是屈瑕之子。他们决定秘不发丧，在溠水上筑造桥梁，并在靠近随国的地方修建堡垒，做出准备长期作战的样子。随国人很恐慌，提出与楚国修和。于是屈重以楚武王名义进入随都结盟，并且邀请随侯在汉水转弯处会见。直到楚军渡过汉水，才为楚武王发丧。太子赀（zī）即位，是为楚文王。

楚武王在世时，打了许多次胜仗，但史书中却只有一次灭权国（今湖北当阳东南）的记录。当然，不排除楚武王在位时消灭过一些小国，但因为都不太重要，所以就没有记载。不过，楚武王在位期间，楚国国力飞速发展，汉阳诸姬基本也都被征服。所以楚文王上台后，灭国道路轻松很多，他先后发兵灭亡了申国、息国、邓国等，申、息两地，日后成为楚国沟通上国与东国的两个军事重镇，而桃花夫人息妫也是在灭息战争中掳掠到手。

公元前675年，楚文王去世，长子熊囏即位，次子熊恽出奔随国，兄弟二人虽然年龄不大，但彼此矛盾却很深。随侯便抓住这个机会，联系上楚国熊恽一党，三年之后杀死熊囏，由熊恽即位。熊囏被取消王号，称"堵敖"。熊恽即位，也就是楚成王。

此时楚国的令尹是已故楚文王的弟弟子元，子元也被寡嫂息妫美色所动，于是在她宫旁建造房舍，在里面摇铃铎跳万舞想勾搭她。夫人哭着说："先君创造这个舞蹈是为演习备战，令尹却用来演给寡妇！"

侍者把话传给子元，子元也非常不好意思，于是干脆率领六百辆战车进攻郑国。前军由子元、斗御强、斗梧、耿之不比率领，后军由斗班、王孙游、王孙喜率领，车队一路畅行无阻，竟然从郑国国都外门进入到内门。而郑国却一个兵都看不到，子元内心起疑，夜里连忙退兵。原来郑国直接放弃了抵抗，准备逃亡等待诸侯救援，便演了这么一出空城计。而子元却以为郑国还留有杀招，反正自己目的也达到了，于是撤兵而走。

想当年郑庄公在世时，郑国打遍中原无敌手，谁想仅仅过了几十年，楚国令尹一次意气用事，就差点把郑国给灭了，可见楚国实力之雄厚。这很快招致齐桓公的忌惮，后者纠集八国联军伐楚，楚国自知不是齐国对手，赶紧认怂，暂时放弃了图谋中原的战略，转而进军淮水一带的小国。

且说令尹子元回国后，强行与息夫人同居，被申公斗班杀死。斗伯比的儿子斗谷於菟被推举为令尹，即后世常说的令尹子文。在斗谷於菟的主政下，楚国接连攻灭弦国（今河南光山西北）和黄国（今河南潢川西北）。

公元643年，齐桓公病逝，五子争位导致内乱，齐国霸业就此告一段落。不过，齐桓公在去世前，曾嘱咐宋国国君宋襄公，要保护公子昭为太子。宋襄公果然没辜负齐桓公，统率宋、曹、卫、邾等小国，两次进入齐国，平定内乱，立公子昭为齐孝公，俨然成为齐桓公之后的新一代中原霸主。

然而，宋国毕竟只是二三流国家，实力甚至还略不如郑国。但宋襄公在立齐孝公为君后，就被霸主梦冲昏了头。他召集诸侯会盟时，鄫国（今山东兰陵）国君仅因迟到，就被他下令杀了祭神。

公元前639年，宋襄公又在孟地召集楚成王、陈穆公、蔡庄公、郑文公、许僖公、曹共公开会，想要楚国在中原的盟友转而尊崇他。在他看来，楚成王是齐桓公的手下败将，现在自然要接受他的领导。没想到，楚成王居然直接动手，派兵在盟会上抓住了宋襄公。

楚成王抓住宋襄公后，本想乘势攻打宋国。不过，宋襄公的庶兄、担任司马的公子目夷很有先见之明，早看出宋襄公狂妄自大，容易惹事，所以事先就准备好了防御，楚成王没有占到便宜。此时鲁僖公（鲁庄公之子）出来调停，楚成王只能放了宋襄公。宋襄公回到国家，却不思量发展国力，而是痛恨楚国不守信用。此时，郑文公（郑厉公之子）也倒向了楚国。宋襄公大怒，决定进军郑国。目夷苦劝无果，只能仰天长叹："祸乱马上就要到来了！"

既然郑国已经依附了楚国，楚成王就不能对宋襄公伐郑一事置之不理，于是发兵攻打宋国，以此缓解郑国的压力。在前线的宋襄公听说楚国来袭，连忙调转车头回国。

此时，担任司马的目夷又劝谏说："上天舍弃商朝很久了，国君却准备复兴它，这是违背天意的，恐怕上天不会宽恕我们。"这句话的背景是，宋国原是纣王庶兄微子启、微仲的封国，算是保留了商朝的社稷，但商朝毕竟失去天下共主之位三百多年了。当然，这只是目夷规劝时采用的说辞，根本原因还是宋国当时并不具备称霸的实力。

宋襄公又气又恼，根本听不进任何人的话，他觉得楚成王根本不是自己的对手，无非依靠耍诈，绑票了自己一回，要是正面对决，自己在中原可从来没输过！于是宋襄公决定迎战楚成王，并亲自带兵，由公子目夷随同作战。宋军南下至泓水（今河南柘城北）北，与楚军隔着泓水相望。此时宋军已经排布好阵列，准备在河北迎战楚军。既然宋军不再南下，那么只能由楚军北上，在河北与宋军一决胜负。

此时楚军就面临了一个问题，那就是渡过泓水时可能产生的混乱。渡河肯定不像陆地行军一样井然有序，当时河水上没有石桥，必须砍树搭桥或者拼造小舟才行，这样一来队伍肯定会散乱。之前屈瑕伐罗的时候，就犯下了渡河之后没有重新布阵的错误。但要过河之后再布阵，又存在另一个问题，那就是布阵需要时间。如今宋军就在河对面，理论上具备趁势压制楚军的优势。目夷一针见血地指出了这个关键点，他建议宋襄公道："君上，楚军人多，我军人少，不如趁着他们还没全部过河，赶紧攻打他们！"

宋襄公虽然对楚成王恨之入骨，但这个时候却果断拒绝了，他挥挥手说："不行！"目夷一下愣了，不明白国君心中究竟有何打算。但宋襄公也并非气定神闲，反而咬牙切齿地看着楚军慢慢渡河。

又过了一会儿，侦察兵来报，说楚军已经全部渡河北上，但还未布阵完毕。目夷迟疑了一下，还是继续请示宋襄公，要求趁机攻打楚军。但宋襄公仍然拒绝了，他对目夷说："不行！等他们布阵完毕，我们再决一死战！"

目夷也不清楚宋襄公另有什么计较，他急得直跺脚，宋襄公却仍然不肯行动。眼看着河对岸的楚军已经集结完毕，一列列战车像树林一样密密麻麻地矗立着，伴随着手持着长戟的徒兵，这便是攻必克、战必胜的大楚锐士！

宋襄公也不由有些发怵，但仇恨之火很快掩盖了畏惧之心，他终于下令向楚军开战，甚至站在战车上亲自擂鼓指挥宋军杀敌。对面楚军主帅也不敢小觑，指挥将士迎战。

双方逼近，宋军仗着以逸待劳和一鼓作气，还是取得了一定优势。宋军勇士呼喊着，一阵阵箭雨射向楚军队伍，一把把矛头戳向敌人身躯。宋襄公也亲自挽起弓箭，往楚军甲士身上招呼。但是，任凭宋军如何奋勇杀敌，却始终不能冲散楚军。要知道，楚军是楚武王、楚文王、楚成王三代锤炼出来的常胜之师，哪能被宋襄公光凭一腔热血就轻易击败？而宋军的战斗力原本就普普通通，无非是齐桓公去世后齐国大乱，宋襄公才捡着当了回小国霸主。

等到宋军气力衰竭，楚军便立即展开了反攻。楚军战士呐喊着，冒着枪林箭雨，疾步奋进，用一杆杆长戟戳向宋军士兵。既可直刺，又可斜砍的长戟比起长矛更为灵便，不少宋军将士都成了楚军长戟下的亡魂。很快，宋军便呈现颓势。宋襄公放下弓箭，又开始击鼓，但即使鼓声震天也没用了，因为以前宋军都只是作为齐军的辅助出战，缺少实战历练。更重要的是，宋军在数量上原就不如楚军，简直毫无优势。

在这样悬殊的对比下，宋军被楚军杀得死伤遍地，眼看着士兵们在染满鲜血的大地上翻滚、哀号，宋襄公心里着急，鼓声一阵接一阵，但哪怕他把鼓都快被击破了，也挽回不了宋军的颓势。

忽然，远方一支铜箭"嗖"地一下疾速射了过来，宋襄公还没来得及躲，便被这支箭射中了大腿。宋襄公惨叫一声，倒在战车上，不得不痛苦地承认自己败了，下令鸣金收兵。

当然，楚军可不会就这样放过宋襄公，他们已经看到宋襄公摔倒，更加欢欣雀跃，铆足了劲，奋力击杀前线宋军，誓要擒拿宋襄公。跟随在宋襄公身边的几辆战车，乘坐的都是宋国卿大夫子弟，他们与宋襄公一样有贵族精神，大喊着迎击楚军，同时掩护宋襄公撤退。宋襄公调转车头，经过好一阵拼杀，终于逃到了安全区，这时目夷也杀出重围，赶来与宋襄公会合。但护卫宋襄公的禁卫军们运气就没这么好了，他们统统在泓水之战中为国捐躯。

宋襄公与目夷一前一后回到国都，国都的卿大夫们听说宋军战败，不少子弟丧生，一下就炸开了锅，在朝堂上吵吵嚷嚷。但宋襄公面无愧悔，还说："君子不两次伤害敌人，不擒拿头发花白的敌人。古时候作战，不依靠关塞险阻取胜。寡人是殷商的后裔，所以不愿意攻打没有摆开阵势的敌人！"——寡人并非不能取得胜利，但寡人必须讲究祖宗礼法，所以才被楚军击败的！

卿大夫们闻言惊呆了，但这番说辞，有几位甚至还表示了支持，毕竟过去的战争就是这样打的。亲历过战争的目夷无奈道："君上，您真是不懂战争啊！强大的敌人没摆开阵势，不就是上天帮助我们吗？为什么不能将他们拦截攻击呢？面对强大的敌人，即使是老头子，捉住了也不应该释放，还管什么头发白不白呢？战争的目的就是杀敌，如果爱惜敌人，那一开始就不应该伤害他们，还不如向他们投降呢！只要有利于战争，狭路攻击没有摆开阵势的敌人，有何不可？"

宋襄公与目夷论战，这个情节在历史上非常有名，其本质是两种不同军事思想的较量。宋襄公代表落后的军事思想，讲究堂堂正正的军礼；而目夷代表进步的军事思想，讲究兵不厌诈的战术。宋襄公确实是个懂礼法的人，却不知道与时俱进地变通，所以导致了泓水之战的惨败。其实，春秋战争发展到这个时候，诈术已经是非常普遍的现象了，郑庄公能够在南征北战中无往不利，很大程度上就源于他敢于打破常规，而宋襄公却还要墨守成规，那失败也是必然的了。

泓水之战第二年，宋襄公就因大腿的重伤去世。今人评价宋襄公为"蠢猪式的仁义"，非常中肯。但这一仗的后果，中原损失的不仅仅是一个宋襄公，还是一个能够对抗楚国的盟主。宋国虽然国力平平，但宋襄公毕竟敢站出来振臂一呼，而其他国君就没有这般胆识了。既然如此，楚成王能够如愿以偿地征服中原吗？

第五章 崛起在河东

公元前656年，晋国都城绛都。

一名器宇轩昂的男子进入宫殿，立即就有一位美貌贵妇迎上来，要为远道归来的夫君接风洗尘。男子坐下后，女子笑语盈盈地让侍者端上酒肉，说道："君上，这是太子在宗庙祭祀过他母亲的，现在送过来给您享用，您尝尝！"她的目光精明，却透露出一丝不易察觉的杀机。

男子一听是太子送的，并没有马上食用，而是随手端起酒杯，洒了点儿到地上，只见地面沾染处竟慢慢隆起。男子面色一冷，又把肉切下一块，投给狗食用，便见这条狗立即抽搐而死。

男子黑着脸缓缓转身，又让身边的宦官食用。宦官大哭求情，却无济于事，左右强行将肉塞到他口中。没多久，他也翻了白眼，死了。

这时女子颤抖着大哭起来："这都是太子的阴谋啊！"男子大怒，当即下令追杀太子。

这位男子就是晋国国君晋献公，而女子是他的夫人骊姬。骊姬为了扶自己儿子上位，千方百计陷害太子申生。申生不得已逃亡到新城，晋献公就杀了他的师傅杜原款。有人劝申生申辩或者逃跑，但申生却不愿意丧失孝道，主动在新城上吊而死。

申生死后，骊姬又故技重施，继续诬陷另外两位公子重耳和夷吾，说太子的阴谋他们也有参与。两位公子不得不慌忙逃跑到蒲城与屈地。

嫡庶相争：曲沃代翼之战

　　晋国是周武王次子唐叔虞的封国。据说，这个封国的来历还挺有意思。周成王时灭了古唐国（今山西临汾）。有一天，周成王和弟弟叔虞玩游戏，成王将一片桐树叶剪成玉珪的形状送给弟弟，逗他说："我就用这个来分封你吧。"这时大臣史佚站出来说，成王应当找个黄道吉日，封叔虞为诸侯。成王连忙解释自己是在开玩笑，但史佚却说，天子无戏言。周成王无奈，于是把唐国封给叔虞，之后叔虞就叫唐叔虞。再往后，唐叔虞的儿子燮（xiè）又将都城迁徙到唐附近的晋（今山西曲沃），所以唐国也改名叫晋国。

　　公元前805年，晋国国君晋穆侯在条地作战时，他的长子出生，便取名叫"仇"；三年之后，晋穆侯在千亩作战，这时次子又出生，便取名叫"成师"。晋国人师服当即表示了他的疑虑："仇"是怨侣的意思，而"成师"是成就的意思，为什么给长子取不好的名字，给次子取好的名字，晋国不会从此动乱吗？公元前785年，晋穆侯去世，其弟殇叔篡位，太子仇逃跑。四年后，仇带领部属袭杀了殇叔，成为晋文侯。晋文侯非常有魄力，在两周交替之际，有立周平王之功。

　　但晋文侯死后，师服的预言就开始慢慢变现了。公元前745年，晋文侯的儿子晋昭侯迫于叔叔成师党羽的压力，将成师封到曲沃，由晋靖侯的孙子栾宾辅佐他。此时晋国的都城在翼城，所以晋国实际上被分裂成了曲沃和翼两个国家（三年之后，郑庄公将叔段封到京城，也形成了相同的局面）。此时师服又评述道，国家要根基大、枝蔓小才能稳定，晋国在国都之外又建国家，那它的根本就已经衰弱，国祚也不会长久（更重要的是，晋昭侯没有郑庄公的能力和手段）。

　　成师被封到曲沃，号称曲沃桓叔。曲沃桓叔在翼城疯狂培养内应，六年之后，桓叔一党的潘父杀死晋昭侯，试图迎接桓叔，但翼都人此时上下一心，将来犯的桓叔打退，并将晋昭侯之子晋孝侯立为国君。此时，曲沃桓叔也已缠绵病榻，最终带着满怀不甘离开了人世，将未竟的事业留给他的子孙去完成。

曲沃桓叔的儿子鳝即位，就是曲沃庄伯。曲沃庄伯比父亲更加强势，他自忖曲沃的实力已经超过了翼城，于是发兵翼城，杀死了晋孝侯。不过庄伯在翼城也没有待太久，就被前来救助的公子万打败，还被荀国国君荀叔轸追杀了好一阵。于是，晋国人又立晋孝侯的弟弟晋鄂侯为君。

这回庄伯学聪明了，大概通过行贿的手段，居然取得了周天子的支持。周天子派卿士尹氏、武氏与郑国军队、邢国军队参战。扯上了天子这面旗帜，又有郑庄公的相助，曲沃庄伯如虎添翼，再一次攻打翼城。晋鄂侯逃奔到了随地（今山西介休东），但曲沃庄伯始终啃不下翼城这块骨头，只有暂时放弃退回国内。

晋鄂侯这一逃，居然连家都不敢回了，于是晋国人又立晋鄂侯之子晋哀侯为国君。此时，曲沃庄伯也去世了，即位的是儿子曲沃武公。这一下，晋国出现了三个国君：在翼城的晋哀侯、在随地的晋鄂侯和在曲沃的武公。不过，晋鄂侯姑且不算数，晋哀侯也非明君，他侵占了陉庭地方的田土——陉庭大概属于晋国国外的"野"，并非晋国国土，这让陉庭人非常不满意。

于是，被晋哀侯得罪的陉庭南部人联络了曲沃武公，表示愿意支持武公进攻翼城。武公得到第三方帮助，自然是非常乐意。此时曲沃武公年富力强，算起来他与晋鄂侯平辈，比晋哀侯还高一辈，要对付个晚辈，自然不在话下。

公元前709年，曲沃武公再次发动曲沃精锐，亲自挂帅，由曲沃庄伯的弟弟韩万担任御戎，梁弘作为车右，联合陉庭人共同进攻翼城。此时，在翼城的晋哀侯慌了神，但栾共叔却建议他不必慌张。栾共叔是之前辅佐桓叔的栾宾之子，与父亲不同的是，他十分忠于国君。

曲沃武公与陉庭人到达翼城外，陉庭人大骂晋哀侯抢夺自己的土地，曲沃武公也附和说晋哀侯无道。晋哀侯大怒，但也不敢应战。曲沃武公可不会客气，马上安排士兵攻城。当时诸侯国的都城都很小，城墙也远不如后世高大，尤其是晋国这样的大国，经常出击别人，自身的防御反而十分薄弱，所以翼城多次被曲沃攻破。这次当然也没有例外，翼城城防在曲沃军队面前不堪一击，翼城很快再一次被击破。

晋哀侯立即就想学父亲一样开溜，栾共叔苦苦劝阻无效，只好与晋哀侯一起出走。而此时，晋国军队还在与曲沃军队展开艰苦的巷战。不过，晋国一方士气非常消沉。尽管他们多次打退了曲沃来犯，但从整体来看，曲沃一直是处于攻势，而翼城一直是处于守势，加上曲沃桓叔的后代一个比一个威猛，晋文侯的后代却一个比一个孱弱，面对这样的君王，将士们怨声载道。大家都是晋国人，何必总拼个你死我活呢？

很快，曲沃武公发现晋哀侯开溜了，于是又组织曲沃军出城追击。晋哀侯本来应该已经跑远了，但他运气不好，经过了一片洼地时，战车的马匹被树绊倒了。就在这节骨眼上，韩万稳稳当当地驾着曲沃武公追了过来。晋哀侯大惊失色，但栾共叔却很勇敢，他带领晋哀侯身边的护卫准备保护哀侯，与曲沃军队拼死一战。护卫们个个执好剑戈，撑起血红的双眼瞪着曲沃武公。

眼见晋哀侯已经插翅难逃，曲沃武公便悠悠地坐在车上，不疾不徐地来到栾共叔跟前。当年，栾共叔的父亲曾辅佐过曲沃桓叔，武公对栾共叔早有耳闻。他对栾共叔可谓又爱又恨，恨他是因为他忠于晋君，爱他当然也是因为他忠于晋君，这样的人如果能收为己用，岂不美哉？于是他试图劝降栾共叔，说道："假如您不再为晋侯效忠，转投我帐下，待我有朝一日成为晋君，一定带您去觐见天子，由天子出面，任命您为上卿，掌管晋国的政务！"

高官厚禄的诱惑与近在咫尺的威胁，一点儿没有动摇栾共叔。他挥了挥手上的戈，说："我听说，人生在世，靠的是父亲、师长和国君，应当始终如一侍奉他们。父亲给我生命，师长给我教诲，国君给我食禄，没有父亲就不会来到人世，没有教诲就不知道家史，没有俸禄就不能生存。只要是他们的事情，都应该拼死去办成，这是做人的基本道理。现在您劝我不要效忠晋君，那么我苟且到曲沃侍奉您，也是有二心，您又何必任用怀有二心之人呢？"

栾共叔的话，字字铿锵有力，让曲沃武公也不禁也有些脸红。当然，他不会因此就放过晋哀侯和栾共叔。他不再劝诱，只让所乘战车退了几步，下令诛杀晋哀侯与栾共叔。面对死亡的威胁，栾共叔没有丝毫畏惧，从容指挥部下抵御曲沃军队。洼地行车不便，栾共叔手持铜戈，下车直奔曲沃武公。曲沃军队当然也不是吃素的，他们仗着人多势众，将栾共叔和护卫团团围住，栾共叔再勇武也寡不敌众，被乱枪刺中，血流如注，就此倒下。

栾共叔一死，曲沃武公马上派人把吓得屁滚尿流的晋哀侯拖走。但翼城那边的"保皇派"势力一直存在，他们又立了晋哀侯的儿子小子侯为国君，曲沃武公觉得晋哀侯没什么利用价值了，就让韩万动手杀了他。而对于还未成年的小子侯，武公自然更加不以为意，他直接设下鸿门宴，邀请小子侯赴宴，小子侯本身没什么实力，不敢不去，果然在局上被曲沃武公所杀。次年春季，武公趁着翼城没有立君，又一次攻克了翼城。

正当曲沃武公要庆祝最后的胜利时，意外事件忽然来临：周桓王看不下去了。晋国毕竟是一个大国，现在小宗要取代大宗，这等倒行逆施之举，周天子当然要制止。周桓王派虢国国君虢仲立晋哀侯的弟弟晋侯缗（mín）为国君，之后又派虢仲、芮伯、梁伯、荀侯、贾伯五国联合攻打曲沃。这五个国家中，只有虢国实力稍强，虽然奈何不了武公，但武公多少有些忌惮。于是武公也放慢了图谋翼城的节奏，转而着力发展曲沃的经济。

公元前679年，曲沃武公已经灭亡了荀国等小国，实力大增，于是决定再度对翼城下手。这次战争毫无悬念，武公攻破翼城，杀死了晋侯缗。同时曲沃武公也汲取了教训，把从晋国抢来的宝器全数行贿给了周僖王。于是次年，周僖王便派虢公任命曲沃武公为晋侯，曲沃武公摇身一变成了晋武公。晋武公顺理成章地吞并了整个晋国。至此，长达六十多年、经历五代人的"曲沃代翼"事件终于画上了一个圆满的句号。

假道伐虢：晋伐虢灭虞之战

晋武公入主晋国后第二年就撒手人寰，接替他的是他的儿子诡诸，即晋献公。晋献公上台后面对的第一个问题，倒不是应对外部敌人，而是如何解决内部威胁。因为他是靠父祖三代才有今天位置的，但问题是，桓叔与庄伯的庶出势力同样强劲，谁知道哪天他们会再来一次"曲沃代翼"呢？

这时，士氏家族族长士蒍主动向晋献公献计：一旦除去足智多谋的富子和游氏二子，诸公子就联合不起来了。在献公的授意下，士蒍施了反间计，让公子们自己动手害了富子和游氏二子，之后，他又将公子们迁徙到聚地，然后发起突然袭击，企图一网打尽。大部分公子都在这场突袭中遇害了，不过总归有那么几条漏网之鱼，他们南下逃到了虢国，要求政治避难。

虢国此时的国君叫虢公丑，这也是一位不甘寂寞的主。原来虢国有两片土地，一片叫上阳，也就是国都所在地，位置在黄河以南，所以也被称南虢；另一片是与上阳隔河相望的下阳，与虞国（今山西平陆）毗邻，也被称北虢。虞国、虢国与晋国只隔着一座中条山。随着晋国的扩张，虞国和虢国迟早要遭殃，所以虢公丑决定先下手为强。

公元前668年秋天，虢公丑出兵攻打晋国。晋献公自然有所防备，所以虢公丑没有占到便宜，但到了当年冬天，虢公丑再度进攻晋国，虽然同样没给晋国造成太大影响，但晋献公总觉得像吃了苍蝇一样膈应，准备立即还手进攻虢国。但是士蒍劝道："万万不能！虢公现在正是骄傲自满的时候，必定会丢弃自己的百姓。等他完全失去百姓后我们再进攻，到那时他还抵抗得了吗？虢公小胜了两场就会穷兵黩武，那么他的百姓自然也会慢慢气馁。"

果然如士蒍所料，虢公丑骚扰晋国，见晋献公没有报复，让他更加胆大妄为。公元前664年，周惠王命令虢公丑讨伐叛乱的樊皮，虢公丑不负王恩，迅速攻入樊国俘虏了樊皮。而两年之后，虢国出了一桩奇事，一个神人降临在莘地，还住了六个月之久。虢公丑派遣祝应、宗区、史嚚（yín）去祭祀他，并请求他赐予虢国土地。周惠王也派内史过前往祭祀。但内史过与史嚚都不看好虢公丑，认为虢国听命于神灵而不是百姓，那是灭亡的预兆。

而此时，晋献公也忙着扫荡周边的小国。

公元前 661 年，晋献公将晋国一军扩充为两军，自己担任上军统帅，由赵夙担任御戎，毕万担任车右；太子申生担任下军统帅，连续灭亡了耿国（今山西河津东南）、霍国（今山西霍州西南）、魏国（今山西芮城东北）。当然，灭亡了这么多国家，晋国如何守卫呢？既然不愿意封给公子，那就只能给心腹了。于是耿地被赐给赵夙，魏地被赐给毕万（毕万从此也叫魏万）。

公元前 660 年，晋献公又派太子申生进攻赤狄的东山皋落氏（今山西垣曲）。这一次晋献公没有亲自出战，而是派申生担任上军统帅，另由罕夷担任下军统帅。这一仗，晋军又胜了。

虢国大夫舟之侨前来投奔，因为虢公丑又在渭水入黄河处打败了犬戎。即使虢公屡战屡胜，但舟之侨认为虢公乃失德之人，一反天理地常胜，灾祸恐怕很快将至，所以他尽早跑路了。

晋献公通过舟之侨更进一步地了解到了虢国的情况，得知虢国在本国和晋国之间营建了一道堡垒，如果直接攻打的话很难攻破。此时，晋国大夫荀息献策，请求用屈地所产的马匹和垂棘出产的璧玉进献给虞国国君虞公，以此向虞国借道来攻打虢国。晋献公有点儿不舍，碎碎念道："这都是寡人的宝物啊！"荀息哈哈一笑："如果向虞国借路成功，那这些宝物放在虞国，不就和放在咱宫外的库房里一样吗？"

但晋献公还是有些迟疑，又提出顾虑："虞国还有个贤人宫之奇呢！"荀息立即尖锐地指出了宫之奇的缺点："宫之奇虽然是贤人，但他性格懦弱，不会坚持劝谏。他从小和虞公一起长大，虽然颇受虞公宠幸，但他本人却没有什么威信。"

最后晋献公同意了荀息的建议，让荀息出使虞国。荀息到达虞国后，开口就谈旧情："当年冀国无道，攻打虞国郲邑，多亏敝国攻打冀国为大王解围。现在虢国筑造堡垒攻打晋国南部，所以我们请求向贵国借路，去找虢国问罪！"虞公看到宝贝，稀罕得眼睛都发直了，还客套地打趣道："让寡人充当马前卒吧！"宫之奇当然进行了劝阻，而虞公果然不听。

同年（即公元前658年），晋国由里克、荀息领兵，进攻虢国的下阳城。虢公丑完全没料到虞公会这么干脆地卖了自己，根本来不及抵抗，下阳城就落入晋军的囊中。而失去下阳的虢公丑，还没有认识到晋国近在咫尺的威胁，反而又前往桑田打败了戎人。晋国的卜偃据此认为："虢国一定会灭亡，因为连下阳都被灭掉了它还不知道戒备，反而又去追求战争的胜利，这是上天欲加重他们的罪孽！虢国一定会轻视晋国，同时也不爱惜百姓。"

三年之后，晋国再一次向虞国借路，这次晋国的目的很明显，就是要直捣虢公的老巢上阳城。一听到这消息，宫之奇便连忙找到虞公，劝他莫要借道："虢国是虞国的外围，倘若虢国灭亡，虞国还能生存吗？晋国的野心，我们不能让它开启，您引进外国军队，应当要慎之又慎啊！一次就足够了，还来第二次？唇亡齿寒（成语出处）的道理，君上不明白吗？"

虞公却说："晋国跟我们是姬姓亲戚啊，难道会害我不成？"

宫之奇真是哭笑不得："难道虢国不是姬姓亲戚？何况晋君连桓叔、庄伯家族都下手了呢！"原来虞国是周文王伯父太伯、虞仲的封国，虢国则是周文王弟弟虢仲、虢叔的封国，两国可都是老牌的姬姓国家了。

但虞公还是不相信晋献公会对自己下手，他说："我的祭品丰盛又清洁，神明一定会保佑我的！"显然，虞公和虢公一样，宁愿相信鬼神也不愿意主动保境安民。

宫之奇再次规劝道："鬼神并不会亲近谁，只依从有德行的人。如果虞国被晋国灭亡，我们之前向神明贡献的祭品，难道还会被神明吐回来？"见虞公仍然固执己见，宫之奇长叹一声，带领族人出奔西山了。

虞公果然又借道给晋献公，这次晋献公亲征，荀息、卜偃等重臣随从。八月，晋军经虞国顺利抵达黄河。河对面就是虢国国都上阳城，但上阳城非常坚固，晋献公不禁有点儿想打退堂鼓。当时他端坐于战车之上，侧身不确定地问身边的卜偃："寡人能成功吗？"卜偃本为郭氏，因担任卜人而有此称。他在此之前就已经占卜过，便立即回答道："能够攻下！"晋献公又问："何时呢？"卜偃答："大约在九月底十月初，到时候虢公会出逃呢！"

当时战争还有占卜的习俗，讲究听从神的旨意，所以卜人的意见很重要，而卜偃本人又是晋国最有名的卜官。晋献公得到了他的意见，仿佛吃了颗定心丸，逐渐镇定下来，轻抚长髯，冷笑道："那我们就和虢公慢慢耗着吧！"

当时人们修筑的城防大都非常简单，所以当年郑庄公攻打许国，仅两天就攻克了许国国都。而上阳城城高墙厚，又面对黄河，在当时可算是固若金汤，也许这就是虢公丑一直有恃无恐的原因：晋献公敢过来试试？小心被打到河里喂王八！

面对上阳城这块难啃的骨头，晋献公没有退缩，他决定先令晋军渡河，再攻克上阳城。此时虢公丑也得知晋军来攻，他实在想不通，为什么虞公竟要一再出卖他。当然，这对于他来说也不算太重要，毕竟虢军有着屡战屡胜的战绩。尽管准备得不是太充分，但他还真想和晋献公会会看。于是，看到晋军渡河，虢公丑也采取了类似宋襄公的贵族姿态，等待晋军渡河排阵完毕后再行攻击。倒不是因为他有多遵守礼法，而是他根本没把晋献公放在眼里。

在这样的情况下，晋军成功渡河，晋献公亲自指挥，迅速集结布阵。晋献公自上台以来确实无敌手，但虢公丑这辈子也没输过谁。不过，晋献公对虢国志在必得，因为虢国的地理位置实在太重要了，它位于黄河几字形流域的东南侧，不管是晋国南下中原，还是西边的秦国（都城为雍城，今陕西凤翔）东进中原，虢国都是一个非常重要的枢纽。所以，晋献公硬要吞并虢国，并非单纯是为了报容纳政敌和两次骚扰之仇，而是晋国发展的必然战略图谋。

两军相对，晋献公话不多说，下令全军攻打虢军。虢公丑也不示弱，命将士迎战晋军。晋国的军队虽自远道而来，但毕竟在虞国境内进行了休整和补给，所以面对虢军时，并无多少体力弱势。晋国儿郎打遍河东无敌手，自信不会逊色于其他任何军队，何况他们现在是背水一战！晋献公亲自擂鼓，卜偃、荀息也在各自战车上张弓搭箭。这两人在史书中经常以文臣面目出现，但当时文武不分家，射御是每个贵族男子的必修课程。

虢军的攻击力确实很强，但面对士气冲天的晋军，竟然讨不到半点便宜。虢公丑没能迅速击垮晋军，使得虢国军队的弱势逐渐显露出来。原来虢国一直穷兵黩武，没有好好发展经济，表面上经常打胜仗，但实际上损失的人、财、物却无法补回。虢国军队的兵力与装备实属平平，所仰仗的不过是背后高大的上阳城，相比之下，其士气远不如晋军这样坚韧。很快，虢公丑就发现虢军气力不支，被晋军战车冲得七倒八歪，损伤惨重。

虢公丑仍然不以为意，他们好歹还有上阳城作倚靠嘛，于是下令撤军据城防守，而晋军则将上阳城包围了起来。按照卜偃的预测，上阳城要在九月底十月初才会被攻破，但卜偃说的是晋国的历法，而晋历比周历晚两个月，所以这个时间实际上是十一月底十二月初。持续时间长达四个月的攻城战，这在之前是从未有过的。但对于晋国来说并不太难，毕竟他们国库充盈，还可以抄近路，穿越虞国的国境往来给前线部队补给。

虢公丑守在上阳城内，命令射手站在城墙上，随时射击进犯的晋军；同时也命令战车、步兵守卫几个城门。晋献公所料不错，上阳城确实是一座易守难攻的大城，只凭少量的虢军据守险处，便成功地挡下了晋军一波又一波进攻。晋军处于上阳城和黄河之间的狭窄地段，要完全铺开来也确实不容易。但晋献公已经下定决心要拿下虢国，便一直守在前线督导士兵作战，当然最重要的是，慢慢与虢国消耗，他知道虢国根本耗不过晋国。

这一围城就是四个月，北方已经开始下雪，黄河也逐渐结冰。冬天一到，虢国的粮食库存立即见底，但晋军仍然没有撤退的意思。这时候虢公丑才领悟：晋献公怕是不灭虢国不罢休啊！但事情已经发展到了这一步，说什么都没用了，再打也打不过。于是，虢公丑找了个夜深人静的晚上，带上亲随偷偷溜出上阳，一路逃亡到了京城。至此，晋献公终于拿下了虢国，这也是中国历史上第一个围城消耗战的经典案例。之后，晋献公将虢地分封给大夫虢射。

晋献公起驾回国，军队驻扎在虞国。虞公笑呵呵地为晋献公设宴，觉得晋国一定会加倍酬谢自己。没想到在宴席上，晋献公以摔杯为号，晋军火速逮捕了虞公和大夫井伯、百里奚等官员。外围的军队也迅速出动，抢占了虞国的武库并控制住虞国全境，虞国就此被晋国灭亡。荀息找回了之前行贿给虞公的美玉和名马，晋献公抚着马背大笑："马还是我的马，可惜老了啊！"当时秦国国君秦穆公前来求联姻，以结秦晋之好，晋献公便把长女伯姬嫁了过去，同时还把井伯、百里奚都充作了陪嫁奴隶。

后世"三十六计"里面有一计"假道伐虢"，来源就是这个典故。

秦晋交恶：韩原之战

伐虢灭虞之战的第四年春季，晋献公又命令里克带兵，梁由靡驾驭战车，虢射作为车右，在采桑之战大败狄人。狄人又于当年夏季报复回来，但对于晋国而言，这不过是癣疥之疾。晋献公在位期间，除了灭亡周室诸侯外，也攻打过不少外族政权，之前还灭亡过山西南部的骊戎，得到了骊戎公主骊姬与骊姬妹，后来骊姬为晋献公生了公子奚齐，骊姬妹生了公子卓子。晋献公非常宠爱骊姬姐妹，而骊姬也不是一个善茬，不停在献公面前中伤太子申生。

除了太子申生之外，晋献公其他几个儿子中，历史上最知名的便是大戎狐姬生的公子重耳和小戎子生的公子夷吾。在骊姬的煽风点火之下，晋献公赐太子自杀，并派人追杀重耳和夷吾，于是重耳逃到白狄，夷吾逃到梁国。

公元前651年，晋献公去世，将奚齐托付给荀息。但里克、丕（pī）郑等人不服奚齐，接连杀死奚齐、卓子和骊姬。无法完成托孤使命的荀息无奈，也自杀了。里克就派人去迎接重耳入主，但重耳惧怕里克，不敢前来，于是里克又联系了夷吾。

夷吾的心腹郤芮（xì ruì）给他出主意，让他向秦穆公馈送礼品，请秦国出面护送他回国。秦穆公虽然是夷吾的大舅子，但也不是一点钱财就能打动的。于是夷吾许诺，将把焦、瑕二地割让给秦国，并把汾阳之城赐给里克。

面对夷吾的请求，秦穆公与大臣商量了一下，之前从晋国逃到秦国的公孙枝认为，夷吾这人既猜忌又好强，根本无法安定晋国。秦穆公却坏笑起来："夷吾这样会招致很多怨恨呢，这不正是我国的利益所在吗？"

于是，秦穆公还知会了齐桓公，齐桓公也愿意玉成此事，就派隰朋和周大夫周公忌父、王子党一起，护送夷吾回国即位，是为晋惠公。但让秦穆公和里克都没想到的是，晋惠公即位后竟立马翻脸，先是赐里克自尽，然后又收回了对秦穆公的许诺。当时里克一党的丕郑在秦国，他便联络秦穆公，试图设宴铲除晋惠公的心腹吕甥、郤称、郤芮等人，同时计划在国内驱逐晋惠公，另迎立重耳。没想到他的计谋被郤芮识破，丕郑等人被一窝端，儿子丕豹逃到了秦国。

公元前647年冬季，晋国发生饥荒，便向秦国购买粮食。秦穆公就此事咨询公孙枝，公孙枝表示可以同意，他说："再向他们施一次恩惠，若他们还不报答我们，百姓必然离开，到时候我们再讨伐，一定成功！"此时，百里奚也得到了秦穆公的任用，他赞成公孙枝道："灾难在各国都会发生，周济邻国乃是正道，按正道办事会有福报的！"只有丕豹复仇心切，嚷嚷着要进攻晋国，秦穆公反驳他道："晋君固然可恶，但百姓有何罪呢？"于是，秦国派船队将粟米从秦国雍城一路运送到晋国绛城。

次年冬季，这回轮到秦国遭遇饥荒，于是反过来向晋国求购粮食。但晋国的朝堂上却唇枪舌剑，争论不休。

大臣庆郑直言道："君上背弃恩惠、幸灾乐祸、贪图财物、以邻为壑，将四种道德都丢弃了，以后拿什么来保卫国家呢？"

虢射却冷言冷语："皮都没了，毛往哪里依附（成语'皮之不存，毛将焉附'出处）？我们拿出了借以生存的粮食，国家利益受损，空谈道德有什么用？"

庆郑怒而回道："丢弃信用、背弃邻国，到时候再患难，谁来周济？必然会灭亡啊！"

虢射阴阳怪气地说："给了粮食，怨恨也未必会减少，反而徒增他们的实力！"

庆郑不理他，继续苦口婆心地劝晋惠公："背弃恩惠、幸灾乐祸，这是要遭百姓唾弃的！亲近的人尚且会因此结仇，何况是敌人呢？"但晋惠公不听他的，拒绝向秦国伸出援手。庆郑恨道："国君要后悔的！"

消息传到了秦国，秦穆公大怒：晋君也太不是东西了，一而再再而三地坑人！于是，秦穆公立即计划发兵攻晋，并请来卜徒父占卜。占卜的结果显示，晋军千乘连败三次，秦军渡过黄河，晋国国君战车被毁、人也被俘。秦穆公大为高兴，于是在公元前645年举兵攻晋。

晋惠公听说秦穆公前来攻打，冷笑，他还正求之不得呢，就凭当年一点儿送回国的恩惠，就想妄图控制晋国了？一群缺粮之人，还敢先来动手？于是，晋惠公带兵点将，其中有庆郑、步扬、家仆徒、韩简、郤乞、梁由靡、虢射、石奋等，渡过黄河迎击秦军。

正如秦穆公和公孙枝所料，晋惠公在道义上输了一筹，在国内也不得人心，使得随他出战的庆郑等人也各怀异心。两军在河西地区相遇，秦军三战三胜，晋军退守到河东的韩原（今山西河津），秦军继续追击。

秦军一过河，晋国腹地直接受到威胁，晋惠公连忙召集大臣商议对策。晋惠公问："敌人深入了，我们怎么办？"庆郑接茬讽刺道："这不是您自己让他们来的吗，还能怎么办呢？"晋惠公大怒："放肆！"

当然，这一仗还是得打。晋惠公让人占卜车右的人选，结果是以庆郑为吉。但晋惠公恼恨他无礼，改而任命家仆徒为车右，另任命步扬为御戎，并决定驭使郑国进贡的驷马驾车。这时候庆郑又凉凉地说："古代发生战争都用本国的马，是因为本国的马熟悉水土，服从主人，而外国的马一害怕就不听指挥。君上一定会后悔呢！"晋惠公充耳不闻。

九月，晋惠公准备迎战秦军，先派韩简去侦察。韩简本人是韩原大夫，对这一带比较熟悉，经过一番调查，他发现秦军虽然数量比晋军少，但士气却数倍于晋军。为什么呢？韩简分析："君上当年逃离晋国就有秦国相助，回国也是得了秦国宠爱，遇上饥荒还吃到了秦国粟米，三次恩惠都没报答，这样他们才来晋国的。现在我方懈怠，敌方奋发，斗志又何止差一倍呢？"韩简委婉地表示了晋军内部普遍存在的反战心理。但是开弓没有回头箭，晋惠公让韩简去约战秦穆公。

韩简到达秦军大营，传达了晋惠公的话："寡人不才，集合部下在此；国君您如果不回去，我们也没地方可去了。"秦穆公派公孙枝回答说："晋君没有回国时，寡人为他忧虑；回国后没有安定位置，寡人还为他担心；如今君位已定，寡人敢不接受他的作战命令？"这番话表面谦逊，实则指出晋惠公背信弃义。韩简本身也不愿意作战，听到秦穆公这样说，更是感叹："我如果能在战场被俘，都算是幸运的了！"意思是晋军会败得很难看，死伤无数。

十四日，秦、晋两军在韩原正式开战。之前晋军虽然三战三败，但毕竟底子雄厚，加之秦军都杀到家门口了，还是点燃了将士们保家卫国的斗志。国君再不义，河东也是晋国的地盘，怎可任他人践踏？晋惠公亲自擂鼓，晋军战士士气高昂，纷纷举起武器向秦军进攻过去。而连战连胜的秦军自然也不甘示弱，在秦穆公的指挥下大喊着杀向晋军。两军相接，互有损伤；等临近了就用短剑肉搏，激烈非常。

双方士气可说是势均力敌，但秦军的弱势逐渐显露了出来。原来秦军数量不如晋军，硬碰硬的话，对秦军更为不利。看来还是小看晋军了！秦穆公正感慨着，就见晋军一辆战车长驱而入，车上主将正是地头蛇韩简，韩简拉开长弓，连珠一般发箭，射倒秦穆公身边好些将士。秦穆公连忙下令截击此车，但此车的驾驶路线非常灵活，御戎轻巧地操纵着缰绳，如入无人之境；车右也是个不好惹的猛汉，在御戎的配合下，挥动长戈砸倒不少秦军主将。

该车御戎正是晋国大夫梁由靡，梁由靡在采桑之战就担任过里克的御戎，大败狄人有功，当时他还主张追杀狄人，可以说是有胆有识；车右则是晋国大夫虢射，这个人是晋惠公宠臣，打起仗来毫不手软。

此时，晋惠公的副车也已经赶到附近，副车车右石奋比虢射更加勇猛，一柄长戈舞得虎虎生威，秦穆公的护卫军可都是精挑细选的勇士，但在石奋面前完全不堪一击，纷纷被石奋戳中身体，伤员们哀号满地。

晋国能够笑傲河东，果然不是凭运气！秦穆公突然有点儿后悔自己一时冲动，深入了敌方腹地。他急忙下令撤军，但根本无法传令，原来他所在的战车已经被晋军包围了！秦穆公试图杀出重围，但几次都被韩简、虢射和石奋这三个硬茬挡了回去，尤其是石奋，居然一戈击中了秦穆公的盔甲！秦穆公大惊失色，这时忽然发现车辆也动不了了！原来梁由靡居然从韩简的车上跳下来，一把拉住了秦穆公马车的缰绳。梁由靡果然善于驾驭，马匹在他手下竟被制得一动不动！

秦穆公惊恐异常，想抽箭去射梁由靡，却感到手臂一阵剧痛，低头一看，只见一把戈已经戳中自己，持戈的正是石奋。秦穆公还没反应过来，石奋又连续砸了五下，秦穆公身负六伤，瞬间丧失了战斗力！

没想到自己没能打败晋惠公，反而要被晋军俘虏了！秦穆公叫天天不应，叫地地不灵，他不由闭上了眼睛，绝望地等待灾难降临。

就在这性命攸关的时刻，秦穆公忽然听到了一阵熟悉的秦腔，宛如天籁。

一支小队不知从何处杀入晋军的包围圈，来人甚至并非秦军的甲士，秦穆公睁眼一看，有点儿眼熟，这不是秦国岐山的野人吗！原来之前有一次，秦穆公右边驾辕的马儿丢失，下人找过去后发现，这匹马已经被岐山附近的野人抓获了，他们正兴高采烈地围在一起，准备将马杀掉煮熟了吃。秦穆公不但没有怪罪他们，反而哈哈大笑："有马肉吃，怎么能不喝酒呢？"于是又亲自赏赐了他们酒水。这三百野人是当地受教化程度较低的土著，但也懂得知恩图报，居然跟随在秦军之后来了。

这三百勇士呼喊着，勇敢地朝晋军杀去。晋军精锐可是全副武装，而秦国野人连像样的兵器都没有，拿着镰刀锄头就与晋军对战。这种忘死的斗志也感染了周围的秦军战士——不能就此认输！誓要救出国君！于是，秦军又恢复了斗志，与野人同胞一起奋战，迫使梁由靡与石奋退回了自己的战车。

当然，两军兵力悬殊，秦军的反击只能缓解一时之急，眼看包围圈越来越小，秦军战士与野人纷纷倒在秦穆公身前，形势越发危急。

就在这个时候，事件却发生了戏剧性的反转。晋惠公正追杀秦军时，他所乘的小驷马忽然陷入烂泥之中，果然如同庆郑所料，外国马就是不中用，在这个节骨眼上死活不肯起来。

晋惠公见庆郑就在附近，连忙唤他来搭把手。但庆郑却漠然道："不听劝谏，违抗占卜，不就是自取失败吗，何必还想着逃走？"说完他就离开了，把晋惠公扔在前线。

事情发展至此，若是双方的国君都被俘虏，也算打了个平分秋色。但庆郑有意搅局，他跑到韩简那儿大喊："国君有难！"

韩简虽然也想尽快抓获秦穆公，好争得头功，但若失去了国君，那就得不偿失了，于是下令立即撤兵前往营救晋惠公。或许他心里其实也认同，失去道义的晋国不该取得此战的胜利，便不动声色地放了秦穆公一马。

晋军的包围圈一松，秦军和野人马上就掩护秦穆公逃了出来。另一边，韩简还没来得及找到晋惠公，晋惠公便已经成了秦人的俘虏！战争戛然而止，韩原之战就这样稀里糊涂地以秦国胜利、晋国失败的结局画上了句号。

国君被俘，晋国人自然不肯罢休，前来讨要晋惠公，秦穆夫人伯姬也出面为弟弟求情，还带着两个儿子一个女儿一哭二闹，威胁若不放人就自焚。秦穆公没办法，寻思若杀了晋惠公，只能更激起晋国人众志成城，于是放了晋惠公，但要求让晋惠公的太子圉作人质。不久后，秦穆公把自己的女儿怀嬴嫁给了太子圉。而晋惠公回国后，立即杀死了庆郑，但没多久，他自己也病死了。太子圉一收到消息，立即偷偷赶回晋国即位，是为晋怀公。他跑得太快，连老婆都没捎带上，这让秦穆公气极：你等着！

第六章 流亡半生的霸主

公元前644年，白狄。

两支蜡烛的火光隐隐跳动，映得墙上人影绰绰，昏暗的房间里，一对夫妻促膝而坐。男子握住女子的双手，深情地叹息："你等我二十五年吧，二十五年，我若不回来，你再改嫁！"女子已是泪眼婆娑，只柔声道："我今年已经二十五岁了，再过二十五年，怕是要进棺材了，还谈什么改嫁。我会一直等着您的！"她的声音很轻，很安静。男子喉咙中忽然涌出几声哽咽，他一把搂紧女子，动情地说："你等我，我会回来的！"

这位男子正是晋献公的儿子——公子重耳。由于后娘骊姬的中伤，晋献公逼迫太子申生自杀，公子重耳和夷吾逃跑。其中重耳逃亡到白狄，白狄人还为他娶了廧（qiáng）咎（gáo）如的公主季隗，生下伯倏（shū）、叔刘两个儿子，不知不觉已经过了十二年。但他回国即位的弟弟夷吾却不肯放过自己，迫于压力，重耳决定离开白狄，逃往东方。但东方的情况也不甚明朗，所以决定留下妻小，此刻，他不得不与妻子惆怅道别。

重耳开始了流亡之路，跟随他的有大臣狐偃、赵衰、颠颉、魏犨（chōu）、胥臣、贾佗、介子推等人。

讨逆勤王：晋克温围原之战

重耳的目的地是齐国，但他路过卫国五鹿（今河北大名东）时已经粮绝，饥饿难耐的他被迫向当地野人要饭。野人给了他一把泥土，重耳发怒，作势就要鞭打，狐偃赶紧劝说："这是上天要赐土地给公子的预兆啊！"于是重耳压下火气，把泥土装上车子，叩头离开了。如果当时重耳一冲动，很可能死于野人之手。据说大臣介子推将自己的大腿肉割下来烹饪，重耳吃饱后终于有力气继续赶路，于当年到达齐国。齐桓公接纳了他，并把宗女齐姜嫁给他，但也没有太过理睬。次年齐桓公病逝，五子争位，国家乱成一团。

狐偃等人认为齐国不可再待，但重耳却有些安于现状，不肯离去。齐姜也支持重耳离开，便与狐偃合谋一起灌醉了他。待重耳酒醒，气得操戈要杀狐偃，但也已经于事无补。

公元前642年，重耳到达卫国，此时卫文公正与邢国、狄人作战，无暇理会重耳。大臣甯庄子劝谏卫文公，卫文公不听。

重耳只好又离开卫国，去往曹国。曹共公听说重耳骨骼清奇，肋骨是连起来的，居然偷看重耳洗澡。只有大臣僖负羁比较看重重耳，送了他一盒食品和玉璧，不过重耳退回了玉璧。

接着重耳到达了宋国，此时宋襄公俨然诸侯霸主，没空理会晋国这点儿麻烦事，于是重耳又被晾在一边。大臣公孙固倒是与重耳关系好，劝说襄公善待重耳，于是襄公送给重耳二十乘马，重耳也就没怨恨宋国。

公元前638年，宋襄公败于泓水之战，重耳觉得宋国也没什么指望了，于是又去了郑国。但郑文公对他同样不加礼遇，大臣叔詹劝谏郑文公，郑文公不听。最后重耳只好去了楚国。楚成王倒是答应帮他复位，却向他索要条件。重耳不卑不亢地说："如果托您的福能回到晋国，以后晋楚两国军队若在中原相遇，我一定退避三舍（九十里）！如果还得不到君王的宽宏，那就拿着弓箭较量一番吧！"

楚国令尹成得臣觉得重耳不会听命于楚，留着又没什么用，不如杀了以绝后患。但楚成王却认为，重耳志向远大而生活节俭，文辞华美又合乎礼仪，随从也个个忠诚有能力；而晋惠公却没有亲近的人，国内国外都很讨厌他。晋国是唐叔的后人，天意就是要让重耳回国为君，我们不能违背天意。

不过，楚国对晋国鞭长莫及，正好当时秦国与晋国势同水火，所以楚成王就把重耳送到了秦国。秦穆公怨恨晋怀公逃跑，于是就把怀公的妻子怀嬴和另外四个公族女子一起嫁给重耳为妻妾。有一次，怀嬴捧着水盆伺候重耳洗脸，重耳不用怀嬴准备的巾帕擦手，只挥手甩干。怀嬴斥责重耳不尊重自己，重耳当时正需要秦穆公帮忙，没想到开罪了她，吓得赶紧脱下衣服请罪。这件事反而促进了秦穆公对重耳的好感，决定派三千力士护送晋文公回国。重耳年少时在晋国颇有贤名，所以秦军一路势如破竹，晋国大夫也愿意迎接重耳。公元前636年，重耳即位为晋文公，次日杀死了晋怀公。

晋文公即位后，先是除去了晋惠公的余党吕甥、郤芮等人，接着奖赏了国内拥护自己的人，包括曾奉命追杀自己的寺人勃鞮（dī），也奖赏了当初跟随自己流亡的人，甚至包括半路逃跑的头须。这样一来，大家都知道晋文公是不计前嫌的明君。此外，晋文公还减免赋税、救济贫困、发展农业、宣传德教，使得国内空前上下一心，积极拥戴晋文公。之后，晋文公又把季隗、齐姜、怀嬴等留在各国的妻子和与她们的儿女接回了晋国。晋文公又立另一秦国宗女为夫人，即日后的文嬴。

晋文公位子还没坐热，很快就遇到一件大事。

郑文公曾征服过滑国（今河南偃师），但郑军撤走后，滑国又倒向了卫国，于是郑国又一次进攻滑国。周襄王出来调解，郑文公怨恨天子拉偏架，把两个使者扣押了。周襄王大怒，但鉴于自己不是郑国对手，就派颓叔、桃子向赤狄借兵，攻占了郑国的栎地。周襄王一高兴，竟娶了狄女隗氏做王后。然而隗氏生性放荡，很快勾搭上了周襄王的弟弟甘昭公。周襄王知道后废黜了隗氏。

然而，请神容易送神难。颓叔、桃子两人私下嘀咕，说狄后是咱俩接来的，狄人可能会怨恨我们。既然如此，两人一不做二不休，干脆奉甘昭公作乱，攻打周襄王。周襄王本是心软之人，不愿意杀死弟弟，就自己离开了都城，不过之后又被卿大夫接了回去。而就在这来来回回的时间里，颓叔、桃子又联络上了赤狄，共同进攻成周。周军大败，一干大臣都被俘虏，周襄王不得不躲在郑国的氾地避难，而甘昭公和隗氏公然在温地（今河南温县）同居。

事情很快传遍了诸侯国。公元前635年，秦穆公第一个站出来准备勤王。不过，秦国进入中原要经过虢国故地，这自然是要向晋国借路的。狐偃此时便向晋文公建议："要想得到诸侯的拥护，没有什么事能像为天子尽力一样有效，不但赢得诸侯信任，而且合于道义啊！我们继承当年文侯的事业，同时在诸侯间宣扬信义的机会到了！"

于是，晋文公写信回绝了秦穆公，自己独揽了这个表现机会。当时从晋国到中原，中间还活跃着革中之戎与丽土之狄，晋文公不惜向他们送上财物，好向他们借路东征。三月十九日，晋军渡过黄河进入阳樊（今河南济源西南），然后，晋文公把部队分为左右两支，右翼部队前往甘昭公所在的温地铲除叛逆，左翼部队则前往周襄王所在的氾地保护天子。甘昭公内有周大臣颓叔、桃子支持，外有赤狄的协助，最初得到晋军的消息时，倒也没太把对方当回事，但没想到晋军如风卷残云般，迅速包围了温地。

甘昭公大惊，连忙组织部队抵抗。两军对阵，晋文公大骂甘昭公大逆不道，身为王弟却勾搭王后，谋逆天子；甘昭公也反骂晋文公不是什么好货色，身为晋怀公的伯父，却要抢夺晋怀公的君位，还接盘晋怀公的妻子。两人半斤八两，互相进行道义谴责也没多大意思。于是晋文公指挥部队攻打甘昭公，甘昭公也驱使部队迎战。不过，甘昭公那点儿兵力，也只能和天子菜鸡互啄，一旦遇见正规的诸侯军，完全不是敌手，很快甘昭公的部队就被冲散，甘昭公一看不妙，躲进了温邑。

赤狄果然前来援救，而晋文公也不急着攻城，而是慢慢在城外围点打援。赤狄部落在晋献公时代就多次遭到晋国蹂躏，对晋国本就畏惧三分。而此时的晋国更是上下一心，将士们争先恐后杀往赤狄人，赤狄徒兵毫无优势，被晋国的战车冲撞在地，碾压得血肉模糊，侥幸能站起来的，也被晋人击杀。狄人本身没什么纪律性，很快就作鸟兽散了。于是晋文公继续围攻温邑，十余天后终于攻克。

晋文公抓住甘昭公,在隰城处决了他。这时,周襄王才敢大摇大摆地回到王城。晋文公觐见周襄王,请求享受天子的隧葬礼仪。周襄王拒绝了,但把阳樊、温、原、攒茅的田地赏赐给文公。晋文公无非想过个天子瘾,没想到讨了这么大一个便宜,毕竟田地其实比礼仪实在得多。这样一来,晋国在河内地区拥有了"南阳"之地,从此晋国南下中原就拥有了两条路,一条是往南越过中条山经过虞虢故地,另一条就是往东南越过王屋山经过南阳地区。

不过这几处地方,却也不尽是周天子直属,比如原(今河南济源)实际上是原伯贯的封国。周天子这么做,其实是默许晋文公前去抢夺。晋文公包围了原国,命令手下仅携带三天口粮,如果原国三天不投降,那晋国就主动离开。时至三日,晋国间谍刺探到原国已经准备投降,将官要求晋文公再等待一下。晋文公却认为:"信用是国家的宝贝,百姓的庇护;得到原国却失去信用,损失的东西更多啊!"原伯贯听说后,感动得主动投降,晋文公便把原伯贯迁到冀地,任命赵衰做原地大夫。

大战前奏:晋攻卫克曹之战

晋文公救助周襄王是晋国第一次参与中原事件,这让诸侯国们不禁对晋国侧目。这个偏安河东的内斗大国,怎么突然一下就崛起了?当时中原诸侯,基本都是倒向楚国的。往南一点儿的陈、蔡、许不用说,早就被楚国控制了;中原的郑国连天子都敢得罪,也是因为背后有楚国撑腰;宋国自泓水之战后也被打趴了;鲁国被齐国欺负后,也转而投向楚国,向楚国搬救兵;曹国(今山东菏泽定陶区)亦加入楚国阵营;至于卫国,已经和楚国联姻上了。

所以这时候,楚成王面对的敌人,主要只有北方三个大国:秦、齐和晋。不过,宋成公一看晋文公崛起,便马上倒向晋国,背叛了楚国。其实当年宋成公做太子时便与晋文公相识,他更亲近晋国,也是合情合理的。正好此时鲁国向楚国求救，于是楚军兵分两路，一路由令尹成得臣、司马斗宜申率领，围攻宋国缗地，这两人当年刚灭了夔国，正是士气高昂之时；另一路辅助鲁僖公攻占齐国榖（gǔ）地（今山东东阿），后者由之前叛逃到楚国的齐桓公之子雍驻守。

公元前633年，楚成王准备围攻宋国，派遣斗谷於菟、成得臣分别在睽地、蒍地演习作战，斗谷於菟的演习一早上就完事了，也没有责罚任何一个人；而成得臣却演习了一天，还鞭打了七个人，用箭穿透了三个人的耳朵。

斗谷於菟把令尹一职交给成得臣时，众人前来祝贺他有个好接班人，他也招待大家一起喝酒。当时蒍贾不仅迟到了，也不祝贺斗谷於菟。在他看来，斗谷於菟传位给成得臣，本意是想安定国家，但未来终将导致国家大败：因为成得臣其人刚愎无礼，这场战争怕是回不来了。可是在场没有人听信这个年轻人的话，大家都认为成得臣严肃军纪，有何不对？

当年冬天，楚国会合诸侯包围了宋国，宋国的公孙固赶往晋国求救。要与楚国开战，那可不是小事，于是晋文公赶紧召集大臣商议，先轸道："报答施舍，救援患难，取得威望，成就霸业，就在今日！"狐偃则不建议与楚国硬碰，他说："楚国刚得到曹、卫，不如攻打曹、卫，这样楚国必定救援，那么楚国对齐、宋的攻击自然就会削弱了！"

公元前633年，晋文公在被庐阅兵，将晋献公时的两军扩建为三军，商量元帅的人选。原大夫赵衰当初曾追随晋文公流亡，深得晋文公的宠幸，他提议让郤縠（hú）担任元帅，因为此人知书达礼，可以作为模范。晋文公采纳了赵衰的意见，做出如下任命：

中军将：郤縠，中军佐：郤溱；

上军将：狐毛，上军佐：狐偃；

下军将：栾枝；下军佐：先轸。

其实晋文公本来想任命赵衰统率下军，但赵衰坚持让给栾枝、先轸。另外，荀林父为晋文公御戎，魏犨担任车右。

由于之前晋献公尽杀桓、庄之族，导致晋献公之子如今只剩下晋文公一人在世，晋文公不得不大力提拔姬姓旧族，其中胥、籍、狐、箕、栾、郤、桓、先、羊舌、董、韩等十一族担任近官；其他姬姓之中的贤良之士担任朝廷官员；而异姓之中有才能的，担任边远的地方官。当然，这只是原则，也存在一些例外，比如十一族中的董氏是姒姓而非姬姓，又比如晋文公最信任的赵衰也是嬴姓而非姬姓。

其他重要人物则基本出自姬姓公族：郤縠、郤溱之前没出场过，应当也是迎立晋文公的主要人物。虽然其族人郤芮、郤乞是晋惠公一党，但郤縠、郤溱似乎并未与晋惠公合作过，所以晋文公投桃报李，任命二人统率中军。事实上，郤縠年事已高，所以晋文公也乐于给他一个位置。另外狐毛、狐偃是重耳母亲狐姬的两个弟弟，其中狐偃还与先轸、赵衰、魏犨等人一起，一直追随晋文公流亡。

这次"被庐之蒐（sōu，用田猎活动来组织军队、任命将帅、训练士卒的军事活动）"所确定的三军六卿制，对晋国军事、政治体制影响颇为深远。春秋时期军政合一，军事长官同时也是政务长官，三军六卿实际上就是晋国政府的六大"常委"。日后，晋国也有增加、减少军队编制的情况，卿士最多的时候达到十二人，甚至还有不领军的卿，但大体都保持了三军六卿的模式。三军六卿制原则上实行老人政治，其中一位去世或者退休，后面的依次替补上来。当然，如果国君或正卿权力够大，也可以根据个人喜好越级提拔。

公元前632年正月，整顿充分的晋文公决定先拿曹、卫开刀，一来，曹、卫都是楚国在中原的盟友；二来，当年自己流亡时，曹共公曾偷窥过自己洗澡，而卫文公不愿搭理自己。于公于私，都应该先找他们下手。于是，晋文公先向卫国借路攻曹，卫成公（卫文公之子）当然拒绝了。于是，晋文公便先攻打卫国，占领了当年路过时被野人戏弄的五鹿。二月，中军将郤縠病逝，晋文公没有让郤溱替补，而是直接让下军佐先轸升任中军将，又以一起流亡过的胥臣来替补先轸。

晋文公进入中原，在敛盂（今河南濮阳东南）与齐昭公（齐孝公之弟）会盟，此时卫成公要求加入，被晋文公拒绝了；卫成公只好继续投靠楚国，但卫国的大夫们不乐意了，认为被晋君厌恶的只有卫成公和先君，和他们没关系，于是大家联合起来把卫成公赶跑了。受嫌弃的卫成公只能暂时住在襄牛。楚军果然来救卫国，但被晋军击退。

鲁国公子买也驻守在卫国，鲁僖公一看风头不妙，便派使者去赐死公子买，以此来讨好晋国；同时蒙骗楚国，说公子买自己想回国，所以杀了他。

晋文公的下一个目标便是十恶不赦的曹国。晋文公发动攻城战，但是曹共公据险防守，晋国将士战死不少，曹军还把晋军尸体陈列起来示威。晋文公一时没辙，直到士兵中不知是谁喊了声，要在曹国人的坟墓中宿营。晋文公大喜，下令士兵转移阵地。曹军只是羞辱晋军，而晋军却用这种方式，直接针对曹军的祖宗了。曹国人果然怕了，把晋军的尸体装进棺材运送出来，而晋文公加紧力度攻城，车右魏犨和颠颉等人奋勇杀敌，终于攻破了曹国都城陶丘。

晋文公找到被五花大绑的曹共公，大骂他不任用贤人僖负羁，并且质问他当年为何偷看自己洗澡。晋文公感激僖负羁当年的知遇之恩，下令将士不准进入僖负羁家里抢夺。但魏犨和颠颉两个愣头青不服：僖负羁那算什么恩惠？我们当年跟随您流亡，现在跟随您攻城，还有那些立下汗马功劳的随从，又算什么？两人越想越忿，干脆放火烧了僖负羁家，结果在烧杀过程中，魏犨的胸口也负伤了。

晋文公表面派人慰问魏犨，却暗中嘱咐，若见他伤势很重，索性直接赐死。魏犨虽然冲动，但并不愚蠢，捆紧胸膛来见使者，还多次强行跳高、跳远，以证明自己无碍。晋文公觉得他还是个人才，就释放了他，不过抹了他的车右职务，由虢国的降臣舟之侨替代。至于颠颉，则被杀死示威，严肃军纪。

这时候，宋国的门尹般前来向晋国通报危急情况，原来楚国并未被晋军攻打曹、卫分散注意力，其主力仍然一直围攻宋国，宋军眼看就撑不住了。

晋文公又召集大臣商议。晋文公说："宋国现在报告的危急情况，如果不去救吧，以后宋国不会再亲近我们，但要请求楚国解围吧，楚国肯定不会答应；而我们想直接作战吧，齐国和秦国又不会同意，那要怎么办才好？"其实，齐、秦并非完全不同意，只是没表态而已。但他们不表态，就有联合楚国从背后袭击晋国的可能。齐国、秦国都是大国，如果能拉上他们再好不过。但他们凭什么要加入晋国一方呢？

中军将先轸果然心思缜密，他说："不如建议宋国先撇开我国，去向齐国、秦国送礼，让齐君、秦君出面请求楚国解围。而我们现在抓住了曹国国君，可以把曹、卫部分土地允诺给宋国，让宋国加强抵抗的决心。楚国是曹、卫的盟友，看到他们的地盘被送给宋国，必然更不愿意解围。这样一来，齐、秦会觉得很没面子，还会不加入我们吗？"晋文公非常赞赏，于是就按照先轸的提议做了。齐、秦果然上钩，派兵支援晋军。

南北对决：城濮之战

晋、秦、齐三个大国已经联合，前线还有个小强宋国，而楚国的盟友卫、曹两国已被打趴，狡猾的鲁国更指望不上。楚成王终于发现这场战争根本没有胜算，于是他亲自带兵到达申县，命令申叔从齐国穀地撤回，又命令成得臣从宋国都城撤回，并且特别交代："你可不要追逐晋国军队！晋君得到晋国之前，在外面流亡了十九年，各种艰难险阻都尝过，各种民情真假都知道，上天赐给他寿命，又免除他的祸害，《军志》所说的适可而止、知难而退、有德不可敌，说的就是晋国啊！"

成得臣却将楚成王的劝诫当作耳边风，他派下属斗椒向楚成王请战，还说："不敢说一定要立功，但也要堵塞奸邪小人的嘴！"他暗指的小人，自然就是蒍贾之流了。楚成王很生气，只拨给他西广、东宫和若敖之六卒。西广是楚成王亲卫部队，东宫是太子贴身部队，这些人员虽然是精锐，但大约只有三十乘。若敖之六卒，就是若敖氏的家族部队，大约一百八十乘，若敖氏包括成氏、斗氏两支，从楚武王时开始，斗氏家族就人才辈出，而到楚成王时，成得臣也跃上了政坛。

这里楚成王的做法就颇有些耐人寻味了。他既派遣自己的亲卫军表达自己支持的姿态，但这部分人员却少得可怜，对成得臣来讲只是杯水车薪而已，如果损失殆尽，其实对楚王的影响也不大。而若敖家族的迅速发展，可能比晋文公对楚成王的威胁更大。若敖族担任过令尹的就有斗祁、斗谷於菟、成得臣，担任过司马的还有子良（斗椒之父）和斗宜申，其他担任县公的人就更多了，权尹有斗缗，申公有斗班、斗克，等等。

当然，成得臣不会想到这一点，因为他本身带领的兵力就不比晋军少。不过他内心并非没有丝毫畏惧，考虑再三，他决定尝试与晋军谈和，于是派宛春去晋军大营，说："请求恢复卫国的国君，并且把土地退还给曹国，这样我们就答应解除宋国之围！"

晋文公又召集群臣商议，狐偃说："成得臣这个人很无礼啊！他给我们的只有解宋之围一项，但我们要答应的却是复卫、退曹两项。我们不合算！别放弃这次打仗的机会吧！"

先轸却说："君上不如先答应他们的要求，安定他国叫作礼。楚国人一句话安定三国，而我们一句话反而让他们灭亡。我们无礼，还能怎么作战呢？如果不答应楚国，那就是抛弃宋国，往后还怎么面对诸侯？我有一个建议，不如私下答应恢复曹卫，但表面上却扣押宛春，以此来激怒楚国打仗吧！"晋文公听从了，曹、卫两国感激涕零，果然愿意改投晋国。而成得臣却赔了盟友又折使者，怒火中烧，他决定放弃宋国，北上攻打驻扎在卫国的晋军部队。

晋文公下令全军撤退，将士们表示不理解，有人就说："以国君躲避臣下那是耻辱啊！而且楚军远道而来，疲惫不堪，我们为什么要退走？"之前楚国令尹子元被若敖氏所杀，子元之子王孙启逃到晋国，现在也在晋军之中，王孙启对楚国的情况比较熟悉，即对先轸指出："这次出兵只是成得臣个人想打，他和楚王想法不一致，所以只有东宫和西广两支部队前来参战，被裹挟而来的诸侯也是各怀心思，连若敖氏内部反战心理都这么严重，我们为什么要撤退呢？"

狐偃一锤定音："出兵有正当理由，军队就士气旺盛（成语'师直为壮'出处），无理自然气衰，和驻军时间长短没有关系。如果没有楚国当年的恩惠，我们也到不了今天这里。现在'退避三舍'就是报答。如果背弃恩惠，说话不算数，结果就是我们无理，他们有理，加上他们士气一直饱满，不能认为已经疲惫了！我们此番退走，如果楚军也撤退，我们就不要求什么了。如果他们不回去，我们的国君退走，他们的臣子又进犯，那就是他们无理了啊！"

于是晋军退避三舍九十里。

此时，楚军内部果然也有人表示不要追击晋军，但成得臣此时在气头上，哪能轻易放过晋文公，况且真刀真枪打起来，谁赢谁输还说不准呢。

四月初一，楚军终于赶上了晋军。此时晋文公、宋成公与齐国统帅国归父、崔夭和秦国统帅小子憖（yìn），连带一些归附的群戎，驻扎在城濮（今河南范县）；楚军这边，统帅成得臣、陈军、蔡军，还带上一些归附的少数民族，背靠着险要的地势扎下营帐。

看着楚国大军黑压压的一片，晋文公也不太淡定。这一仗，晋军出动了战车七百乘，加上宋、齐、秦的兵力，大约一千乘；楚军这边，当年子元心血来潮伐郑都能出动六百乘，那么这次有备而来，可能达到千乘，加上陈、蔡，总计大约一千二百乘。从人数上看，晋军对楚军并不占上风。

狐偃连忙为外甥打气，他说："出战吧！战胜了我们就能得到诸侯，如果没战胜，我们还有表里山河（成语出处）为险阻，没什么害处！"

晋文公又问："那么对于楚国当年的恩惠，我们该怎么报答呢？"

上军将栾枝忍不住说："汉水以北的姬姓诸侯国，楚国都把他们全部吞并了！君上想着小恩惠，却忘记大耻辱，不如还是出战吧！"

晋文公又道：“昨夜寡人梦见与楚王搏斗，楚王压在寡人身上，吸食寡人的脑浆，现在想想都害怕啊！”

狐偃却说：“这是吉兆啊！君上面朝天，那是得到上天；楚王面对地，那是表示服罪；楚王吸食君上，那是我们在安抚他们！”狐偃这般伶牙俐齿，哄得晋文公放松下来，坚定了作战的决心。

成得臣其实也做了一个梦。他本来制作了一对镶玉的马冠和马鞅，自己还没来得及使用，便梦见黄河河神向他索要。河神提出，如果成得臣能奉上礼物，它就让他如愿得到宋国东边的孟诸泽。但成得臣爱惜宝物，舍不得祭河。他的儿子成大心和斗宜申听他说起此事，就派荣黄前去劝劝他。荣黄说："只要有利于国家，赴死尚且要去，何况只是舍弃美玉，比起国家，那些不过是粪土罢了！有什么可惜呢？"但成得臣不听。荣黄回来告诉成大心和斗宜申，说令尹是要自取失败了。

成得臣又派遣若敖氏的斗勃到达晋军大营，提出要和晋文公的壮士们来一场角力，晋文公可以靠在战车上观看，斗勃也能陪同一起欣赏。这当然是挑战的文雅说法。于是，晋文公派栾枝回答斗勃，说："我们国君知道您的意思了，楚王当年的恩惠我们不敢忘，所以退守到这里；我们还以为大夫已经退兵了呢，难道臣子还能抵挡国君吗？既然大夫不愿退兵，那么就劳烦大夫对贵军将士说'准备战车，忠于国事'，明早见面吧！"

斗勃告退后，晋文公亲自登上有莘国遗址察看军容，只见部队驻扎在遗址北边，排列井然有序，军队蓄势待发。中军居中，上军居右，下军居左，宋、齐、秦、戎人和狄人部队也分别编入三军序列，由晋军将领统一指挥。晋文公不禁喜上眉梢，先轸果真是帅才啊！有这样组织严谨的部队在，还会畏惧楚军吗？唯一的问题就是军备可能不够用，于是他下令连夜砍伐树木，用以增加兵器的数量。

对面的成得臣也把部队分成三军：令尹成得臣亲自率领中军，以若敖六卒为核心力量；司马斗宜申率领左军，带领申、息两县的兵力；斗勃率领右军，带领陈、蔡两国的兵力。成得臣对拿下晋军志在必得，他放出豪言："今天一定灭掉晋国！"楚国的三军统帅全部是若敖族人，以一家来对抗晋国一国，也无怪楚成王对若敖氏心存警惕了。双方三军相对，成得臣面对先轸、郤溱，斗宜申面对狐毛、狐偃，斗勃面对栾枝、胥臣，战争一触即发。

晋文公从十七岁开始流亡，出逃十九年，回国时已经三十六岁，到现在已经四十岁出头了，算下来，居然有半生在逃亡。四十岁的年龄在当时已不算年轻了，他的弟弟晋惠公在五年前就已经去世。晋文公不禁感慨，自己身体一年年变差，这个年龄也去日无多了。如果不趁早做出点儿名堂来，以后恐怕再也没有这样的机会了。他仍记得自己在白狄与季隗作别时的不舍，在齐国与齐姜分离时的苦闷，这些为自己等待的女人啊，不也盼着自己有这样的一天吗？

晋文公缓缓闭上双眼，对面的令尹成得臣也陷入深思。成得臣其人本身也是帅才，曾因伐陈有功，所以斗谷於菟才将令尹一职让给他。早在晋文公流亡楚国的时候，成得臣也就发现晋文公志向高远，建议楚成王除去他以绝后患，但楚成王却不愿意做这无道之事。如今这个局面，成得臣认为仍应该由自己来收拾。这一仗不但关系楚国的荣誉，更关系他们若敖全族的利益。这一仗他必须胜，这样若敖氏才能在楚国立稳。

按照传统的军礼，双方击鼓之后，各自倾巢出击硬碰硬对打。不过，早从郑庄公时代起，这样的打法就逐渐被抛弃了。繻葛之战中，郑庄公把部队分成三军，但是并没有直接与周桓王率领的中军开战，而是由公子曼伯先攻打周公黑肩率领的左军。为什么要先攻打左军呢？因为随同的陈、蔡两国战斗力最弱，是王师的软肋所在。如今楚军的软肋在哪里呢？晋文公把目光移向先轸，先轸一副胸有成竹的模样，示意一切都在他的掌控之中。

成得臣率领的中军自然不必说，由若敖族兵和楚国主力军组成，乃是精锐中的精锐；斗宜申率领的左军中有申、息驻军，那是两个前线重镇的军队，自然也非同小可。不过斗勃率领的右军里，正好也有陈、蔡两国在场。这两个国家的军队别的不会，拖后腿最行。因此，由下军的栾枝先攻击斗勃的右军，自然是上策。不止如此，先轸早就和栾枝、胥臣二人商议好了，双方以击鼓为号，由晋军的上军率先出击。

胥臣其人足智多谋，他与栾枝商量，既然要运用谋略，那不妨多使些诈。于是，胥臣使出乘丘之战中公子偃的招数，将老虎皮蒙在马匹身上，然后下令驱动战车杀向斗勃。部队里的陈、蔡两军一看晋上军抢先杀至，吓了一跳；再仔细看一眼，竟然还有无数老虎奔腾而来。陈、蔡两军顿时被吓得屁滚尿流，争先恐后地逃跑。斗勃又急又怒，运起弓箭射倒几个逃兵，但根本制止不住已经被吓破胆的陈、蔡军队。

尽管陈、蔡部队在楚军中只占少数，但情绪是会传染的，恐慌导致楚国的右军迅速溃散。斗勃当然不肯就此退缩，他勉力收拢楚军部队，准备与栾枝的下军交战。楚国能够笑傲南方多年，原本实力不俗，就算开局呈现劣势，斗勃最后仍然稳住了军心，组织他们与晋军搏斗。斗勃心里也明白，今天交战之成败，可能全维系在自己身上了。若敖氏的血液开始沸腾，斗勃大喝一声，提振精神，率先冲向晋军，以弓箭射杀了不少晋国将士。

楚军在主将的鼓舞下，也开始奋勇杀敌。楚军原本在人数上占优势，这样一来姑且与晋军拼了个旗鼓相当。就在这时，楚军侧翼忽然遭到突袭，被打了个措手不及。之前楚军的注意力全被蒙着老虎皮的晋国下军吸引，没料到晋军还有另外的杀招。原来上将将狐毛根据先轸的授意，派遣前军两队斜击斗勃的右军。这一下，好不容易稳住的楚军又被冲散了。斗勃本人也大惊失色，难以镇定，只好组织军队撤退。

成得臣听闻晋上军前去支援下军，便下令斗宜申率左军支援右军。斗宜申赶到时，斗勃已经逃跑了。但意外的是，栾枝的上军不但没有乘胜追击斗勃，反而调转车头开始撤退。斗宜申以为之前晋军已遭到斗勃重创，现在快要撑不住了，于是又下令左军追击栾枝，要为斗勃找回场子。斗宜申带领的申、息军队战斗力远比斗勃的部队强，他自觉对付晋国的一支残兵应该不在话下，况且沿途确实斩获了不少撤退得慢的晋军，于是他放开戒备一路追杀。

就在这时，又有一队兵马攻向斗宜申的侧翼，这队兵马战力之强，斗宜申纵横沙场多年从未遇过。原来这竟是先轸、郤溱亲自率领的中军公族部队前来援救，公族部队都是姬姓子弟，也正是晋军的精锐所在。回合间，栾枝的部队也调转了方向，生龙活虎地扑向斗宜申。斗宜申这才明白，原来栾枝乃诈败，正是为了引诱自己深入。这样一来，成得臣鞭长莫及。而这时候狐毛、狐偃也率领上军杀了过来。

斗宜申担任掌管军事的司马，也算是个身经数战的名将，手下的申、息军队也是锐兵。但要同时三线对付晋国的上军、下军与中军精锐的围攻，这对于斗宜申来说，已经不是胜负的问题，而是损失多少的问题了。斗宜申只能尽量控制军队，且战且退。但晋军刚胜了斗勃一场，斗志旺盛，拼命追杀斗宜申。楚军终于被晋军冲垮，曾经战功累累的申息儿郎，也在这里一个个送了人头，或者成了战俘。

左右两军落败的消息传到中军成得臣的耳中，成得臣愣了，原本志在必得的他没想到败得如此之快。这仗接下来还打不打呢？晋军三军完好，士气又正高昂；反观自己只剩下了中军，而且不少将士窃窃私语，开始埋怨成得臣出兵城濮了。成得臣忽然又想到，中军主力正是自己若敖氏的子弟兵啊，如果失去了他们，若敖氏以后如何在楚国坐稳位置？他心底忽然冒出一阵寒意，第一次意识到，楚王可能是要借晋军之手除去若敖氏。

考虑至此，成得臣决定撤军。他以大臣身份败给国君，即使输了也不算太难看。但楚成王却不肯放过他，他派使者对成得臣说："申、息的军队损伤惨重，如果您就这样回国，又如何向申、息的父老交代呢？"成得臣无言以对。想当年，莫敖屈瑕战败后，以自杀谢罪；楚文王征讨巴国失败，守城的鬻拳就不让他进门，直到楚文王另外去打败了黄国。成大心、斗宜申连忙对使者说："令尹本来就要自杀，是我们特意阻挡了他，为的就是继续听命于大王啊！"

楚成王突然想起来，范地巫人矞似曾经预言，自己和成得臣、斗宜申都不得好死。楚成王怕预言落到自己头上，连忙派人去阻止成得臣、斗宜申自杀，但为时已晚。成得臣到达连穀后，深感无颜面对申、息父老，还是自杀了。而斗宜申也试图上吊，却因为绳子断了保住一命。于是，楚成王迅速提拔蒍吕臣为令尹，又将斗宜申调任商公。蒍吕臣是薳章的儿子、蒍贾的父亲，所在的蒍氏也是大族，但为人比较本分平庸。

晋军打败楚军后，在城濮休整了三天，吃光了楚军剩下的军粮，到达衡雍（今河南广武），并在附近的践土为周襄王建造了一座行宫。郑文公一见楚军失败，第一个倒向晋文公，并派人表达自己要参与盟会的强烈愿望，于是晋文公与郑文公在衡雍结盟。之后晋文公亲自前往成周，将这一仗俘获的楚军战车一百乘、步兵一千人，在隆重的献俘仪式上全部进献天子。周襄王则任命晋文公为诸侯霸主，赐给他策书和相应的服饰礼器。

至此，继齐桓公之后，晋文公名正言顺地成为一位诸侯霸主。与齐桓公相比，他在"攘夷"方面无疑更进一步，正面打败了楚国人的进攻，但在"尊王"方面却又比齐桓公退步，早在平定甘昭公叛乱时，晋文公提出了僭越的隧葬请求；同年他召见天子来温地见证盟会，这也不合礼法。这场温地之会场面盛大，参会的有晋文公、齐昭公、宋成公、鲁僖公、蔡庄公、郑文公与陈、莒（今山东莒县）、邾（今山东邹城）等国君和秦国代表。

可见，楚国当年的盟友郑、鲁、陈、蔡全部归顺了晋国。会后，晋国联合这些国家一起把不顺从的许国也打趴下了。至于卫国和曹国，早就是刀俎上的鱼肉，晋文公最终释放了卫成公和曹共公。至此，晋文公在国际上的声誉达到了巅峰。

晋文公本来还担忧成得臣卷土重来，听说成得臣自杀后喜出望外，说："我在国外和他作战，楚王在国内杀了他，这是内外呼应啊！至于那个蒍吕臣又怎么可能毒害到我呢（成语'人莫予毒'出处）？他那人只会保全自己，不会为民做事啊！"

之后，晋文公赏罚分明，对作战有功的将士论功行赏，又处死了两个失职之人：一个是在城濮之战中负责中军掌旗的祁瞒，当时先轸率领的中军进入沼泽地时，前军左边的旗帜曾被大风吹走，让先轸的指挥差点失利，祁瞒被斩杀以后由茅茷（fá）接替；另一个是战后擅自先行回国的车右舟之侨，由士会替代。时人认为，晋文公能赏罚分明，先后杀死颠颉、祁瞒、舟之侨三个罪人，而让百姓安定，诸侯顺服。

城濮之战至此画上了一个句号，这也是南北双方第一次大战，虽然整场战斗一个上午就结束了，但双方确实都动用了主力大军。盘点这次大战，晋国无疑是大赢家，不但赢得了战争，而且赢得了诸侯，由此晋文公也被后世称为"春秋五霸"之一。反观楚成王，他在泓水之战后本来也有机会称霸中原，却最终满盘皆输：对外，所有盟友全部被晋国拉拢，对内，若敖氏的元气并未受损，仅杀了一个成得臣泄愤。这让晋文公好生笑话了一阵。

晋军城濮之战的胜利，是一次将外交与军事、战略与战术完美结合的典型案例，其中最大的功臣是晋国中军将先轸。他先是为晋国争取来齐、秦两大力量，再让楚国断去曹、卫两只臂膀，又让晋文公限度获取诸侯的支持。在战场上，他又能灵活调配三军，从容运用各种战术，使得晋军能够迅速击溃楚国左右两军。如果说晋文公是这个时代最成功的人物，那么先轸就是站在晋文公身后给予他最多支持的帮手。

不过，归顺的诸侯这么多，总有那么个不顺他眼的。谁呢？我们以后再说。

第七章 独霸西戎

公元前645年，秦国都城雍城。

君王喜上眉梢，与身旁随从有说有笑。忽然有个小臣跑了过来，差点儿冲撞到他。君王眉头微蹙，正要发作，却见小臣抬起双手，举起一件白色的丧服，对男子哭道："君上！夫人她……带着三位公子上了高台。她说，'上天降下灾祸，才让秦晋两国国君不是用玉帛相见，而是用干戈相加。若我弟弟死了，我活着也没有意思。要是他早上来到国都，我就晚上自焚；要是晚上来到国都，我就明天早上自焚，请君上您看着办吧！'"

韩原之战，秦国国君秦穆公大败晋惠公，并且俘虏了后者，准备押往雍城。如今他凯旋，夫人却来这么一出。这其实也不奇怪，因为他的夫人伯姬正是晋惠公的姐姐，早年两人结下秦晋之好，本来也是为和平而非为争斗。

秦穆公急匆匆推开来人，三步并作两步来到高台之下，只见爱妻果然带着三个孩子，泪眼盈盈倚靠在高台之上。秦穆公急了，连连跺脚叫道："夫人！你这是何苦，快带孩子下来！寡人答应你，不杀晋君便是了！"

秦穆夫人终于破涕为笑，恩爱夫妻重归于好。

兵不血刃：秦晋攻鄀之战

秦国的始祖可以追溯到上古协助大禹治水的伯益，帝舜因此赐给伯益嬴姓。伯益的后世世代侍奉夏商，到商纣时期是飞廉和恶来父子。武王伐纣时杀了恶来，后来周公东征时又杀了飞廉，飞廉一族也被从奄（今山东曲阜）

迁到秦（今甘肃天水）。到周孝王时，秦非子因为给天子养马有功，得以建立秦国，但此时秦并非独立的诸侯。直到平王东迁时，秦襄公救驾有功，秦国才被立为诸侯国。但秦国此时并没有多幸运，因为宗周故地已全被西戎盘踞。

秦国所要做的就是在西戎之地立足，经过秦襄公、秦文公两代经营，秦国基本上消除了生存方面的威胁。秦宪公时开始反攻外族。公元前713年，秦灭亡亳（bó）、荡社。公元前704年，灭亡荡氏。公元前688年，秦武公又灭亡小虢，并且在杜、郑两地设县管辖，虢、杜、郑都是当年宗周封国，西周覆亡后为西戎占领，可见秦国已经挺进了宗周故地。秦武公弟弟秦德公定都雍城，秦德公有三子，分别是秦宣公、秦成公和秦穆公。

秦穆公名任好，于公元前659年即位。公元前656年，秦穆公向晋献公请求联姻，娶了晋献公长女伯姬为妻。次年，晋国灭虞、虢，晋献公就把百里奚作为陪嫁奴隶送给秦穆公，但百里奚却逃离秦国，跑到楚国宛地（今河南南阳）。秦穆公听说百里奚有才能，又用五张公羊皮把他赎了回来。百里奚回到秦国后，秦穆公马上把国政托付给他。百里奚又推荐了朋友蹇叔，于是秦穆公又聘用蹇叔为上大夫。

此时秦国君臣一堂，其乐融融。秦国也成了河西大国，有能力参与国际事务了。晋献公去世后，秦穆公派百里奚护送公子夷吾回国。但晋惠公即位后却马上与秦国翻脸，以致爆发了公元前645年的韩原之战，秦穆公俘虏了晋惠公，但在夫人的逼迫下又释放了他。公元前640年，秦穆公又灭亡了河西的梁国（今陕西韩城）和芮国（今陕西韩城）。公元前637年，晋惠公去世，身在秦国的晋国质子公子圉抛弃妻子逃回晋国，即位为晋怀公。

秦穆公对晋怀公私自逃离非常愤怒，于是又从楚国迎来了流亡十九年的晋惠公之兄公子重耳。在秦穆公的帮助下，重耳顺利回国即位为晋文公。秦穆公还帮助晋文公铲除了晋怀公余党。晋国作为河东的超级大国，三立国君都离不开秦国的支持，可见秦国的影响力之大。但正如晋惠公上台便与秦穆公翻脸一样，晋文公也不会因为私人恩惠而甘愿受秦穆公的操纵。公元前635

年，周襄王被甘昭公驱逐，秦穆公第一个想救驾，却被晋文公截和了。

秦穆公望着奔腾不息的黄河之水，感叹不已。秦国要进入中原，不管走东方偏北的河东线还是偏南的崤山线，都要经过晋国的领土，难道这辈子就要局限在这一亩三分地的关中平原了吗？不，至少还有一条路，那就是走东南方进入丹江，丹江中游有个国家叫鄀（今河南淅川西南），这个国家目前是楚国的盟友。西周初年时楚国就位于鄀国附近，据说楚国始封君熊绎当年很是穷苦，还偷过鄀国的牛用来祭祀，可见两国交往历史悠久。

于是，秦穆公打算拿下鄀国，以后也能成为挺进中原的一个据点。秦穆公向晋文公借兵：你不让我去救天子，那你帮我打打鄀国，可有意见？晋国离鄀国很遥远，晋文公当然觉得无所谓，而且鄀国算是楚国的势力范围，秦楚两国之前没有交往，若是为了一个鄀国争得你死我活，那再好不过。于是，晋文公就派遣一支小分队跟随秦穆公，秦穆公即统率秦、晋两军，南下攻鄀。

楚成王得知秦、晋南下，忙下令申公斗克和息公屈御寇带领申、息两地的军队去救。斗克是申公斗班之子，屈御寇是莫敖屈瑕之后。楚国的县公并非封君，而是边境地区的军事统帅，楚县中又以申、息两处最为重要。所以两人统领的申、息之师，自然是楚国的精锐部队，足见楚成王对秦穆公的重视。斗克和屈御寇到达鄀国后，驻扎在鄀国都城商密，商密北边还有个析邑（今河南西峡），两城互呈掎角之势。

秦穆公一直扶立晋君，却反过来屡屡被坑，但他本人并不算老实人，相反，他其实很有智谋。楚国的申、息部队素来骁勇善战，他虽然没有见识过，却也听闻了一二。秦国军队远道而来，强攻由楚军精锐屯驻的城池，似乎不会有多大胜算。当然，这一趟既然来了，总不能空着手回去，否则会被晋国人耻笑。不过，不止商密难攻，连析邑也不易得手，很容易遭到这两地人的夹击。秦穆公思忖良久，终于想出了一条计策，不觉喜上眉梢。

秦军临近析邑时，忽然绕过析邑，直取南边的商密。然后，秦穆公找来几个士兵，绑起来假装析邑的俘虏，于黄昏时分突然抵达商密城下。商密守军非常害怕，这秦军什么时候就无声无息地攻占了析邑？这也太可怕了吧！秦军怎么能这样迅速？

这时，又有守军注意到城外有人挖掘土坑，置放牲口，有两伙人在歃血为盟。这些守军偷偷前去察看，发现竟然是秦军与楚军驻屯的斗克、屈御寇在盟誓。鄀国守军大惊失色，楚国居然和秦国联合起来算计我们？但也没辙，秦、楚两个都是大国，随便哪个都能轻易捏死自己，所以还是干脆投降吧。

于是，鄀国守军打开城门，主动向秦穆公投降并引进城中。没想到的是，秦军以第一速度进入鄀城后，马上突袭驻扎的楚军。斗克、屈御寇两人还在睡觉，听到外面吵吵嚷嚷的，打开府邸的门想出去看情况，还没反应过来就被秦军武士按倒，原来整个商密城已经被秦军控制。

真正的斗克、屈御寇根本没和秦穆公盟誓，守军看到的完全是秦穆公自导自演的一出戏，但憨直的商密人却相信了，甚至直接把鄀国交给了秦穆公。秦穆公就这样兵不血刃地得到了鄀国，还俘获了申公和息公两位楚国高干。这么轻易就取胜了，多少也超出秦穆公的预计，但他知道楚成王不会就这么放过自己，不如先把这两个人带回去好了。果然，令尹成得臣得知斗克、屈御寇被俘，急忙统率大军前来攻打秦军，但秦穆公已经先行撤退了。

此次出兵，秦穆公虽然没有占领鄀国，但收获巨大。在韩原之战俘虏晋惠公后，又在商密之战俘虏楚国申、息二公，这样的战果放在谁身上都是值得骄傲的；而且经过这次探路，多少也了解了一些楚国的虚实，未来秦将子蒲、子虎救援楚国，秦将白起攻破郢都，走的都是这条路线。当然，这也使晋文公对秦穆公这个姐夫加岳父更加警惕。

城濮之战后，晋文公在温地大会诸侯，但晋文公却对参会的某个诸侯颇为反感，此人就是郑文公。当年晋文公流亡时，只有曹、卫、郑三国不加礼遇，后来还依附于楚国。城濮之战前，曹、卫两国都受到了军事打击，两国国君都被关了一段时间；只有郑文公首鼠两端却毫发无损，于是在温地之会的次年，晋文公又在成周的翟泉举行盟会，没有叫上郑文公，因为这次讨论的就是打郑国。

作为对秦穆公参战和与会的回报，晋文公决定带上秦穆公一同威风一把，进攻郑国。公元前630年，晋文公、秦穆公以郑国对晋文公无礼，且一直心向着楚国为由，忽然发兵围攻了郑国。晋军驻扎在函陵（今河南新郑北），秦军驻扎在氾南（今河南中牟南）。晋文公拥有城濮之战中战胜楚国的实绩，又有周天子任命的诸侯盟主地位，这样的军队自然无人能敌，更别提还带上了一个精干的秦穆公。郑国完全没有能力硬扛，郑文公不得不盘算怎么用武力之外的方式退敌。

此时，郑国人佚之狐向郑文公推荐了烛之武，说让烛之武去见秦穆公，或许能解郑国之围。郑文公便立即召见，但刚开始烛之武还推辞了一番，说："下臣年壮时，君上尚且地位不如别人，现在老了，那更加无能为力呀。"郑文公放低身段道："那是因为寡人没来得及任用您。现在形势危急，也是寡人的过错。然而郑国灭亡，对您又有什么好处呢？"于是，烛之武答应了郑文公，半夜让人用绳子把自己从城上吊出城，走到秦军大营求见秦穆公。秦穆公就接见了他。

烛之武确实不是一般人，见到秦穆公就开始发表高论。他说："秦、晋两国包围郑国，郑国知道自己要灭亡了。如果灭亡郑国对君上有好处，那确实是值得您来一趟的。但越过其他国家，以远方的土地作为您的边邑，那可是不容易控制的，最终结果可不就是您灭亡了郑国，却增加了其他国家的土地吗！其他国家越强，那君上您就越弱。如果赦免郑国，让郑国作为您东方路上的主人（'东道主'出处），向贵国使者供应缺少的物资，对君上您又有什么坏处呢？"

见秦穆公有所动摇，烛之武又一针见血地指出："而且，当年您给予晋国国君好处时，晋惠公答应给您焦、瑕两地，但他早晨过河回国，晚上就筑城防卫，这您都是知道的。晋国哪有满足的时候呀？既然会向东往郑国掠夺土地，自然也会向西往秦国扩大土地。所以，君上您这是在损害秦国利益来满足晋国，请慎重考虑啊！"这席话如同一桶冷水从秦穆公头上浇下来，秦穆公恍然大悟，确实是这么回事啊！秦国和郑国之间隔了一个晋国，打下郑国来不就为晋文公作嫁衣了吗？

考虑至此，秦穆公决定暗中与郑文公结盟，还派遣秦将杞子、逢孙、杨孙在郑国戍守。郑文公改投秦穆公，秦穆公收服郑文公，二者皆大欢喜，秦穆公就此退兵。

消息传到晋军耳中，晋国不少大臣大怒，狐偃拍案而起，嚷着要追击秦穆公。可是晋文公拒绝了，他说："没有秦君的力量，我不会到今天这个地方；依靠别人的力量，反而损害他，这是不仁；失去了同盟国，这是不智；以动乱来代替和平，那是不勇。我们还是回去吧！"于是晋文公也发兵撤退。

秦、郑之间虽然结盟，但两国表面上仍然尊奉晋文公。晋文公要攻打郑国，姑且还说得过去，但没有理由攻打秦国。尽管晋国军队未必对付不了秦、郑联军，但这样一来，难免会在诸侯中造成不良影响：别人好歹面上是尊奉你的，你却反过来要打他，那谁还会追随晋国呢？话虽如此，晋文公自然是对秦穆公怀恨在心的，自晋文公上台以来两国建立的友好关系开始出现裂痕，并最终导致了一场你死我活的大战。

黑色丧服：崤之战

公元前628年，晋文公去世。十二月初十，晋人把棺材送往曲沃宗庙，离开绛城时，棺材里传出牛叫声。大家都不知道是怎么回事，于是大神卜偃算了一卦，然后让大夫们纷纷跪拜，说："这是国君发布命令，将要有西边的军队来袭击我国，如果我国攻打他们，一定会取得大胜！"这个西边的军队当然只能是秦国。抛开这些历史记载的神秘因素来看，这件事其实说明晋国已经料到两国关系迟早破裂，也做好了对付秦穆公的准备。

碰巧，郑文公也于此时去世，郑国处于一片哀悼中。驻守郑国的秦将杞子连忙派人回国，传话给秦穆公说："郑国人让我掌管北门的钥匙，如果君上您偷偷把兵派过来，我们可以顺利占领他们国都！"

秦穆公十分心动，找来蹇叔、百里奚两人商议，但两人却都表示反对。蹇叔说："让军队跋涉千里去偷袭遥远的地方，我没听说过有这么打仗的。因为，如果偷袭的军队是疲劳而力竭的，而远方的国家却是有所防备的，岂非行不通？我们的行动，郑国也会提前知晓的。行军千里，谁会不知？"

秦穆公不听，在他看来，郑文公刚去世，郑国无力抵抗；晋文公刚去世，晋国无力掣肘。而且新即位的郑穆公是晋国扶立的，上台后自然会亲晋疏秦。于是他任命百里奚之子孟明视为主帅，蹇叔之子西乞术、白乙丙为副帅，让他们在东门外整装出发。

蹇叔哭着对孟明视说："孟子！我能看到军队出去，却看不到它回来了！"

秦穆公大怒，马上要出兵，你说这些不吉利的话作甚？秦穆公的嘴也很损，对蹇叔说："你知道个啥？你要早点死的话，坟上的树都可以双手合抱了！"

蹇叔没有反驳，又对着儿子大哭："晋国人一定会在崤山抵御我军，崤山有南北两座山陵，南陵是夏朝国君夏王皋的坟墓，北陵是周文王曾经躲避风雨的地方。你们一定会死在这两座山陵之间，到时候，你爹我就去那里为你们收尸吧！"崤山是位于华山以东、黄河以南的一条狭长山系，往东可一直通往成周。晋国虢邑就在这条线的中点偏北靠黄河处，而蹇叔说的地方，正在虢邑东南约30公里处。他认为晋军从虢邑出发，在这个位置伏击秦军比较合理。

然而，秦穆公没有耐心听这个老人的絮叨，秦三帅带领三百乘就此出征。当然，他们在路过崤山古道时也留了个心眼，但一路平安无事。公元前627年春季，秦军路过成周王城北门，战车上除了御戎外，车左和车右都跳下战车，脱下头盔向天子致敬，随即又跳上车离开。此时，周襄王的孙子王孙满还年幼，但看到这一情况就对周襄王说："秦军不庄重又没礼貌，一定会失败！不庄重就缺少计谋，不礼貌就会不严肃，进入险地却毫不在乎，又不能出主意，能不失败吗？"

秦国到达成周和郑国之间的滑国时，郑国商人弦高此时正准备去成周做生意，碰到秦军迎面而来，大吃一惊。当年郑桓公东迁时就与商人有盟誓，他们支持郑国的政权，郑国对他们予以保护。弦高虽然并未在朝为官，但郑国灭亡了对他也没好处。

弦高不愧是生意人，应变极快，他马上拿出四张牛皮送给秦军作为见面礼。孟明视不知道这个商人葫芦里卖的什么药，于是提出接见他，此时弦高又拿出十二头牛来犒劳秦军。

弦高对三帅分别敬礼，然后说："寡君听说贵国准备行军经过敝国，特意派我来犒赏您的随从们。敝国没有什么好东西，您的随从如果要停留在此，住下的话我们就预备一天供应，离开的话我们就准备一夜的保卫。"

孟、西、白三帅面面相觑，原来行军计划早被郑国侦破，看来是不能贸然前去了，于是先答谢弦高并让他退下。哪想弦高刚一离开秦军军营，马上派手下乘车紧急回国向郑穆公报告，郑穆公大惊失色，决定先下手为强，派人去察看杞子住处。

不看不知道，一看吓一跳，原来杞子、逢孙、杨孙三人已经在厉兵秣马，整装待发了。郑穆公便派皇武子去送客，说："大夫们一直住在这里，眼下敝国的粮食和牲口都耗尽了。大夫们现在要离去，不如去郑国的原圃打猎，让敝国得以空闲一会儿，怎么样？"杞子、逢孙、杨孙三人也面面相觑，知道阴谋败露，再不走就是死了。但回国也怕秦穆公算账，于是杞子逃到齐国，逢孙、杨孙逃到宋国。秦国彻底失去了对郑国的控制。

就在孟明视进退两难的时候，他听说杞子、逢孙、杨孙已经出逃，于是长叹了一口气："郑国已经有准备了啊！我们不能抱有任何希望了，袭击郑国无法取胜，长期围攻又没有援助，我们还是回国吧！"

不过，秦军远道而来，空着手回去总有些不甘，加上一路上耗费不少，所以需要找个地方补给，于是孟明视顺道就把滑国灭了，原地休整。滑国也是一个姬姓小国，就这样莫名其妙地遭到了灭顶之灾。而这一切，都没有逃过晋国的视线。

晋文公去世后，即位的是他的儿子晋襄公。此时晋国的人事变动值得一说。早在城濮之战后，晋国就在三军之外，另设了三行来抵御狄人。连天子都只能有六军，而这三行的编制相当于三军，晋文公不过是在自欺欺人。其中荀林父率领中行，屠击率领右行，先蔑率领左行，所以晋国当时就有了九个卿。后来在晋文公去世的前一年，上军将狐毛去世，晋国又在清原进行了一次阅兵，并进行了再一次人事安排。

晋文公想借此提拔赵衰为上军将，但赵衰却推辞给先轸之子先且居，说此人在城濮之战时辅佐父亲，立下赫赫军功；另外箕郑、胥婴、先都等人都比自己有资格。晋文公接受了赵衰的提议，让先且居担任上军将。但赵衰再三谦让的作风让晋文公非常感动，晋文公非要为他安排一个位置不可。此时，晋国的军力比城濮之战时又有提升，所以晋文公干脆新设了两军，由赵衰担任新上军将，箕郑担任新上军佐；胥婴担任新下军将，先都担任新下军佐。

此时晋国已有五军，于是晋文公又裁去了三行。不久，上军佐狐偃也去世，先且居请求委派副将，晋文公此时提拔赵衰进入三军，担任四把手上军佐。此时新上军将的位置空了出来，由箕郑、胥婴、先都依次替补他的位置，荀林父则替补先都的位置。即：

中军将：先轸，中军佐：郤溱；

上军将：先且居，中军佐：赵衰；

下军将：栾枝；下军佐：胥臣；

新上军将：箕郑，新上军佐：胥婴；

新下军将：先都；新下军佐：荀林父。

至于屠击、先蔑二人，暂且失去卿位。至此，晋国共有五军十卿。

故事说回来，得知楚军的动向后，晋襄公召集群臣商议。

此时话事的仍然是老将先轸，他说："秦君违背蹇叔的话，贪婪而驱使百姓，这是上天给我们的机会！这样的机会可不能错过，敌人不能放走；放走敌人就会有祸患，违背天意就会不吉利。我们一定要进攻秦军！"

栾枝却表示反对，他说："我们不报答秦国的恩惠反而进攻他们军队，心中还有死去的国君吗？"

先轸反驳道："我国有丧事，秦国却不悲伤，反而攻打我们的同姓国家，这就是无礼！还讲什么恩惠？我们是为子孙后代打算，对先君就这样解释吧！"

晋襄公批准了先轸的提议，并且联系崤山附近的姜戎人。姜戎与另一支允戎以前生活在秦晋之间的瓜州，所以又被称为瓜州之戎。秦穆公曾进攻他们，迫使他们逃亡到晋国，最后被晋惠公安置在黄河以南的山区，又称陆浑之戎。陆浑之戎处于晋、楚、秦、周的中间地带，东可威胁周天子，西可阻挡秦人，南可缓冲楚人，是晋国的一招妙棋。这个时候，晋国决定动用这枚棋子，于是就让姜戎人埋伏在崤地东南的崤山一带，伺机伏击秦军。

同时，晋国决定全军出动。但当时举国上下还在为晋文公服丧，穿着丧服攻打秦军不像样子，而脱去丧服又违礼制。于是晋襄公下令全军将丧服染成黑色，这样看起来更像皮甲的样子。晋襄公亲自率领五军南下，进入虢邑略作休整，就到达崤山与姜戎会合，然后商议由晋军驻扎在崤山之北陵，姜戎驻扎在崤山之南陵，等秦军经过这个位置时，两军同时杀出，全歼秦军。

当时正值夏季，植被丰茂、草长树高，这样的环境对于军队埋伏更加有利。而对于晋军的举动，孟、西、白三帅居然一无所知，以为能像之前一样太平无事。刚刚灭了滑国，缴获了一批礼器和财物，此行也算有功。三帅便有些飘然，一路有说有笑，完全放松了警惕。殊不知，死神正在朝他们逼近。

此时，晋军统帅先轸正登高站在北陵高处，眺望东来的秦军。他已经和姜戎同胞定好作战计划，只等秦军自投罗网。忽然听到一阵急促的马蹄声，先轸一望，原来只是秦军的侦察兵。先轸传令下去：秦军主力快要到了，大家准备兵器作战。等到秦军的探马返程后，先轸便派遣东西两侧的指挥官带领部队从山中进入大道，将秦军东西两侧的道路堵死，让孟、西、白三帅插翅难飞，成为夏王皋的陪葬品。

秦军大部队终于来了，先轸见他们果然懒懒散散、毫无斗志，不禁暗笑孟明视还是太年轻。等到秦军全部进入晋军包围圈，先轸猛然以棒槌对着军鼓一阵重擂。此时，埋伏在北陵和南陵的晋军和姜戎军开始行动，将准备好的滚石和巨木往地面砸下去。孟、西、白一见突生变故，惊慌之下连忙组织军队抵抗。但以逸待劳、居高临下的晋军完全呈碾压之势，秦军不少车马被砸得粉身碎骨，士兵也被砸得血肉模糊。

孟明视赶紧下令军队后撤，但后路也是滚石和巨木，战车在这样的环境下寸步难行，更遑论逃跑乃至杀敌了。孟明视不得不让士兵弃车，徒步迅速撤退。此时又听见两边山上传来密密麻麻的呼喊，北边的晋人步兵与南边的姜戎步兵全部杀了下来。之前晋国为了对付狄人，专门设置了三行，这是专门的步兵队伍，尽管不久之后就裁撤了，但毕竟有过专门的步兵训练，比起秦军这种仍然以车兵为主的作战方式，他们更加灵活。于是在这个山地地形上，晋军开始放手杀敌。

而对于姜戎来说，那更是得心应手了，他们本来就生活在山区，队伍也都是步兵，上山下地犹如家常便饭。当年被秦国人从故乡赶走的仇，以及被晋国人收留的恩，现在正是回报的大好时候！矫捷的姜戎人在山区如履平地，迅速跃到秦军的车旁，抽出短剑拼杀。秦军战车曾在渭水平原碾压了无数戎人，就算面对最强的晋军和楚军也完全不惧，但是在这种地形上遭遇敌人却毫无优势，更可怕的是，晋军还有先轸这样的强将在统一调度。

这时候秦军已经溃散了，士兵各自逃命，根本没人服从三帅的约束。有的人往前跑，有的人往后逃。不过无论是往前跑的还是往后逃的，都只能撞见同样的障碍——全副武装的晋军。对面前排的弓箭手随着号令一齐放箭，秦军不少人死在晋军箭下，剩下的也东倒西歪，不成队形。晋军统帅又是一声号令，马匹驱使着战车冲了过去，车右们挥舞手上的长矛，展开屠戮。秦军散兵纷纷溃逃，又遭到晋军和姜戎步兵以短戈短剑刺杀。地面上堆积的秦军尸体越来越多，呼喊厮杀的声音越来越小。

孟、西、白三人在亲卫军的保护下，企图逃出生天，但四面八方上上下下，晋军和姜戎无处不在。三人终于绝望了，表示愿意投降，但此时秦军将士基本都已被屠杀殆尽。先轸当然还是愿意接受俘虏，于是指挥将士将秦军三帅和剩下残兵绑了起来，秦军没有一个人能逃走。

崤之战，晋军大胜，晋襄公回国穿着黑色的丧服安葬晋文公，从此晋国有了穿黑色丧服的传统。安葬完晋文公，晋文公的嫡夫人文嬴对晋襄公说："不如把秦国三位主帅放回国吧！他们挑拨我们两国作战，秦君如果能抓到他们，吃了他们的肉都不满足，何必劳烦您做恶人呢？让他们回国被杀，来让秦君得意，您看如何呢？"晋襄公是晋文公次妻偪姞之子，但文嬴却是嫡母，她的面子还是要给的，于是晋襄公就放了孟、西、白三人回国。

之后先轸上朝问起秦国囚犯，才知道被襄公释放了。先轸大怒，当着晋襄公的面就往地上直吐唾沫，叫骂道："武人花力气在战场上抓住他们，却被女人说几句谎话就释放了，毁弃战果，助长敌方志气，晋国要灭亡了！"晋襄公赶忙派阳处父去追逐三人，阳处父追到黄河边上，三人正好上船了。阳处父诓骗他们，说晋襄公要送给他们左骖马。孟明视心中明朗，但表面不露，叩头说："承蒙君上恩惠，没用囚臣祭鼓，让我们回去受诛。如果国君杀了我们，我们名声不朽；如果没杀，三年之后再来拜谢恩赐吧！"

此时秦穆公早已穿着素服在郊外等候三帅，见到被释放回来的将士，秦穆公痛哭流涕："寡人没有听从蹇叔的话，使各位受到羞辱，那是寡人的罪过；你们三位有什么罪？我也不能用一次失误来掩盖你们的战绩啊！"左右都要求杀掉孟明视，但穆公却亲自释放了三帅，不仅免除了他们的罪过，还任命孟明视担任执政。孟明视经过这次惨败，开始变得成熟稳重起来，辅佐秦穆公修明政治、操练军事，准备等到三年后去"拜谢"晋襄公的恩赐。

拜赐之师：彭衙之战

公元前 625 年，孟明视率军进攻晋国。此时，晋国发生了一件大事。

之前先轸公然在朝堂上吐口水发怒，事后理智回笼，为自己的无礼行为表示了愧疚。当年白狄攻打晋国箕地，先轸率军前去迎战。部下郤缺是郤芮之子，本来在晋文公上台时被贬为平民，但经过胥臣的推荐被重新任命为卿。郤缺果然不负厚望，英勇奋战，俘虏了白狄国君。但此战中，先轸却没有回来，他脱去头盔，采取了自杀式攻击，身受多处重伤，终于战死沙场。狄人对他都非常敬重，送回了他的头颅。

先轸去世，晋国诸卿的位置又发生调整。此时中军佐郤溱也去世了。先轸名望太高，于是晋襄公任命其子先且居为中军将，其余各位依次替补，即：

中军将：先且居，中军佐：赵衰；

上军将：栾枝，上军佐：胥臣；

下军将：箕郑，下军佐：荀林父；

新上军将：胥婴，新上军佐：先都；

新下军将：屠击，新下军佐：先蔑。

另外，晋襄公的御戎是王官无地，车右是狐鞫（jū）居。

秦军来犯，先且居率领晋国五军抵抗孟明视，两军在河西的彭衙（今陕西白水）相遇。

两军对决，虎父无犬子。先且居知道孟明视已准备三年，不敢掉以轻心，下令严阵以待，观察秦军情况。孟明视经过三年的历练，也已戒骄戒躁、知耻后勇。他知道先且居早在城濮之战就跟随先轸作战，到今天，其将领能力只怕不逊于其父。当年城濮之战，先轸从容指挥三军，孟明视虽然未曾眼见，但也有所耳闻。所以对于先且居，他也不敢贸然攻击，下令加强军队防备，等到先且居有何动作再后发制人。

此时，晋军阵营一队人马忽然冲向秦军，这让先且居和孟明视都很意外。

这支人马兵力并不多，攻击秦军与自杀无异，而且也没有先且居的号令。

这支人马的领头人叫狼瞫（shěn），是晋国有名的勇士。早在崤之战时，晋襄公让车右莱驹去杀秦国俘虏，但莱驹却被俘虏大喝一声吓得把戈掉在地上。此时旁边的狼瞫捡起戈，一把砍下俘虏的头，又抓起莱驹去向襄公复命。晋襄公对他颇为赏识，任命他替代莱驹作为车右。但后来在箕之战时，狼瞫面对白狄却退缩了，于是先轸换下了狼瞫，以狐鞫居作为襄公车右。

狼瞫十分气闷，他的朋友就拿话酸他："受此侮辱，你为何不以死明志？"狼瞫翻了个白眼："我没有找到死的地方！"他的朋友不再玩笑，认真跟他说："我和你一起干掉先轸吧！"狼瞫也正经回答他："杀害在上位的人，死后不能进明堂。死得不合道义，这不是勇敢。为国家所用，才是真勇敢。我因为勇敢得到车右一职，又因为怯弱而被罢免，这并非不合适。先轸是了解我，您姑且等着吧！"

既然不能杀先轸，那就只能以死证明勇敢了。孟明视原是自己手下败军，狼瞫看着他们，忽然来了胆气。他大吼一声，率领所属部队冲杀过去。孟明视原以为这是先且居的诱敌之术，便先派小分队去应战。没想到狼瞫就是个拼命三郎，咬紧牙关冲杀，很快将秦军小分队冲垮，直取孟明视所在的秦军枢纽。孟明视大惊，连忙号令迎战，放出一排排箭，狼瞫则毫无畏惧，还以连珠箭，又射杀了好些秦军。

先且居马上反应过来，下令全军突击追上狼瞫。狼瞫打起仗来不要命，带领的手下一个抵三个，在秦军部队中横冲直撞。孟明视有些傻眼，这次秦军才是来复仇的，本该由他们舍生忘死；如今却好像是自己欠了晋国一样，被这支小分队咬牙切齿地打杀！孟明视连忙下令围歼这群不要命的人。

狼瞫的兵力毕竟不足，很快被秦军弓箭所伤，但他仍然无所畏惧，靠在战车内侧坚持不倒下去，最终被秦军围在中间，和先轸一样，用自杀成全了自己的名节。

无论是先轸这样身居高位的正卿，还是狼瞫这样被打入冷宫的大臣，这些晋国勇士都把自己的生命置之度外。受此精神鼓舞，先且居和晋军将士们群情激奋，个个豪情万丈，争先恐后地与秦军拼杀。孟明视刚剿灭狼瞫小分队，又迎上先且居的大部队，且晋军个个斗志满满，丝毫不逊色于狼瞫！孟明视大感震惊，晋军竟有这般无畏？

说时迟那时快，先且居大军很快杀到阵前，孟明视连忙组织抵抗。但主力部队之前被狼瞫冲散，一时半会儿还没恢复阵形，哪里是先且居的对手？先且居身先士卒，用力击鼓；王官无地驾驶战车，横冲直撞；狐鞫居挥起长戈，横扫千军。晋军战士们受到主帅的刺激，更是斗志昂扬，众志成城。秦军不敌，被杀得落花流水。孟明视一看大势已去，只能组织且战且退。孟明视又被先且居追杀了一阵，好容易才保住了小命，逃出生天。

晋国将士哈哈大笑，纷纷嘲讽秦国的"拜赐之师"未免太过有诚意了！之后，晋军厚葬了狼瞫等烈士，班师回朝。

当年冬天，先且居又带上宋国公子成、陈国辕选、郑国公子归生攻打秦国，占取了汪地（陕西澄城）和彭衙。此时赵衰建议，如果秦国再次发兵，不能与之硬拼。因为秦军虽然战败，但秦穆公仍然信任并重用孟明视，而孟明视也进一步修明政事、爱护百姓。秦国渐渐从两场战斗的惨败中恢复过来。

公元前624年，秦穆公亲征晋国，东渡黄河后焚烧船只，决定背水一战。在秦穆公的豪情感染下，秦军所向披靡，接连攻克晋国的王官和郊地。晋军见秦军来势汹汹，不敢出战。秦军又从茅津南渡黄河，到达崤地，为之前战死的将士们修筑了一个大墓，然后回国。但仅在次年，晋襄公又开始组织反攻，围困了秦国的邧地、新城两地。几个回合下来，双方算是打了个平手。但秦穆公也知道，自己这辈子再想东出是很难了！那么接下来该如何发展才好呢？

崤之战之后，秦穆公充分认识到晋国才是自己最大的敌人，于是主动与楚成王修好，先将斗克放回楚国，之后双方互有联姻。

此时，秦国不能进攻楚国，也打不过晋国，只好继续经略西戎。

彭衙之战后，戎王派由余出使秦国并刺探情况，由余本是晋国人，虽然之前逃亡到西戎，但内心却依然倾向于华夏。秦穆公接待了他，并向他展示积蓄的财宝，由余认为："这些积蓄如果是鬼神营造，鬼神将会劳累；如果是百姓营造，百姓将会受苦！"

秦穆公好奇地问："戎人没有礼乐制度，那是怎么治国的呢？"由余笑了笑，说："君王骄奢淫逸，才需要依靠法律和推行仁义，而戎王却能心怀仁德对待臣民。"

秦穆公观其谈吐，知道由余是贤人，退朝之后，找到内史王廖，商量如何除去由余。王廖认为，不妨将歌舞伎女送给戎王，以此迷惑其心志，并且向戎王请求让由余延期返戎，以此来疏远他们君臣之间的关系；同时扣押由余不让他回国，进一步延误他的归期。秦穆公就答应了。

于是，秦穆公宴请由余，与他联席而坐，互敬酒杯。酒过三盏，秦穆公试探性地向由余询问戎地的地形和兵力，由余知晓秦穆公是可以辅佐的明君，于是一一如实相告。

而戎王果然沉迷于音乐，整整一年不求上进，牛马死了一半，国力急剧衰退。此时，秦穆公才让由余回国，由余也向戎王进谏，但戎王不听。

于是秦穆公暗中邀请由余，此时由余才正式加入秦国。秦穆公以宾客之礼相待，征询他应该在什么情况下进军西戎。

晋襄公围攻了秦国邧地、新成后，秦穆公开始安心发展西戎，采用由余的计策攻杀了戎王，使十二个西戎部落纷纷附属秦国，从此，秦穆公开辟千里疆土，独霸西戎。而周襄王也派人带着钲、鼓等礼器向秦穆公祝贺，秦穆公俨然西方霸主，成为"春秋五霸"之一。相对于齐桓公、晋文公，秦穆公的霸业实际上偏安于西方一隅，被晋国死死压制在黄河以西，只能算区域性霸主，所以也有人认为，秦穆公并没有资格名列"春秋五霸"。

公元前621年，秦穆公去世，秦晋关系又将何去何从？

第八章 夏日之日

公元前607年，晋国都城绛都。

殿堂之上，一位少年身着诸侯衣冠，端坐主位，举起酒杯，频频向身侧一位中年卿大夫敬酒。中年人虽已显出老态，却掩盖不住一身凌厉的杀气，不过三杯酒下肚，人也微醺了。

这时，一位身形健壮的勇士快步登上殿堂，拜倒在地，朗声说："臣下侍奉国君喝酒，超过三杯就不合礼法了！"然后上前扶起中年男子，作势要走下殿堂。

少年不语，向左右侍卫使以眼色，侍卫立马放出一条恶狗，扑向中年男子。不料勇士反应机敏，立即向前一迈步，一拳击中狗头，跟着又暴踢一脚，将狗活活踹死。

这位少年诸侯国君就是晋灵公，而中年卿大夫则是正卿赵盾，杀狗的勇士则是赵盾的车右提弥明。原来赵盾大权独揽，完全将国君晾在一边，让晋国从诸侯时代走向了卿大夫时代。晋灵公只得设下鸿门宴，试图对其下手，但目的显然落空了。

早在这之前，赵盾的副手狐射姑被赵盾逼走，逃亡到潞国。潞国执政官酆（fēng）舒问狐射姑，晋国的赵盾是怎么样一个人？狐射姑想了想，说，其父赵衰是冬日之日，但儿子赵盾却是夏日之日。冬天的阳光让人感觉温暖，而夏天的阳光只能让人感觉酷烈！

出尔反尔：令狐之战

公元前 622 年，这一年对于晋国而言是极不平凡的一年。

这一年，中军佐赵衰、上军将栾枝、中军将先且居、上军佐胥臣四人先后去世，排名前四的卿位一下子全部空了出来，这意味着将有一场很大的权力更迭。于是在公元前 621 年，晋襄公在夷地举行阅兵。晋襄公打算让士縠、梁益耳率领中军，让箕郑、先都率领上军。箕郑、先都是第一批新军统帅，士縠、梁益耳当时大约也是新军统帅。所以这个任命方案大体上还是论资排辈的意思。

但就在这个时候，先克（大概是先且居的儿子）忽然说道："狐氏、赵氏二人辅佐国君的功劳，难道可以废弃吗？"狐偃、赵衰已经去世，但他们儿子狐射姑、赵盾还在；栾枝、胥臣也有儿子栾盾、胥甲。更重要的是，他先克也在。晋襄公一听，知道赵、狐、先三氏不服人事安排，于是只能任命狐射姑、赵盾、先克分别为中军将、中军佐、上军将；其他三个位置由箕郑、荀林父、先蔑依次替补。至于两个新军，晋襄公嫌弃冗余，裁撤了。由此晋国又恢复了三军六卿的编制。

夷地阅兵刚结束，晋襄公的太傅阳处父从温地办事赶回来。阳处父原来是赵衰的下属，所以他更加偏向于赵氏，建议晋襄公更换中军将。同年晋襄公又在董地阅兵，把狐射姑和赵盾两人的位置对调。

夷地阅兵后，晋襄公病逝。但晋襄公的太子夷皋尚且年幼，赵盾想立年长的公子雍即位。狐射姑之前被赵盾换了位置，心中憋气，此时故意和赵盾抬杠，提出立怀嬴之子公子乐即位。

原来晋文公共有十个夫人，分别是文嬴、偪姞（晋襄公母）、季隗、杜祁（公子雍母）、怀嬴（公子乐母）、周女（晋成公母）等人。而晋国自晋献公时起就推行国无公族的制度，所以非储君的公子都要出居外国。此时公子雍在秦国，公子乐在陈国。

赵盾此人手段强硬，根本不听狐射姑的，直接派先蔑、士会两人去秦国接公子雍。狐射姑也自行其是，派人去陈国接公子乐，但没想到，公子乐还在半路上，就被赵盾派人刺杀了。

狐射姑大怒，但现在赵盾是一把手，他不敢动，就找了个人出气，谁呢？太傅阳处父。若没有这个人在晋襄公面前煽风点火，狐射姑也不至于沦落到今天这个位置。于是他派族人狐鞫居刺杀了阳处父。赵盾早就看狐射姑不顺眼，又立马下令逮捕处死狐鞫居。狐射姑自知不能幸免，只好逃到了赤狄潞国。赵盾却也没为难狐射姑家人，让下属臾骈把狐家的人口和钱财打包送到潞国去。臾骈本来与狐射姑有仇隙，但他并未公报私仇，还是将狐家人平安无事地送到了潞国。

而晋襄公夫人穆嬴天天抱着太子在朝廷上哭，说："先君有什么罪？他的继承人又有什么罪？丢开嫡子不立，反而去求外国国君，那你们怎么安置这个孩子？"她出了朝廷又找上赵家去，向赵盾叩头说："先君把儿子托付给您，说孩子如果成材就是您的赐予，如果不成材就会怨恨您。现在国君去世，言犹在耳，您就要忘记了吗？"赵盾被烦得没办法，于是和大夫们商议，最终决定立太子夷皋为君，就是晋灵公。

而此时的秦国，秦穆公死后，秦康公即位。秦康公一听赵盾要立公子雍，当然乐意促成此事，于是他派出一支步兵队伍，大大方方地护送公子雍回国。所谓请神容易送神难，赵盾先接了公子雍，转而又立晋灵公，那怎么解决公子雍的事呢？当然只能杀掉了。但公子雍是由秦军护送，不能随便指挥。于是赵盾咬咬牙，一不做二不休，反正自晋襄公时代，秦晋关系就已经破裂了，他干脆发动晋国军队，准备在半路截击秦军。

这里补充说明一下，狐射姑出逃后，赵盾又将人事做了一次调整，即：

中军将：赵盾，中军佐：先克；

上军将：箕郑，上军佐：荀林父；

下军将：先蔑，下军佐：先都。

赵盾下达偷袭秦军的命令时，先蔑、士会已经返回晋国。先蔑大吃一惊，之前是自己去接公子雍的，现在主帅改变了主意，事后会把自己当替罪羊吗？其实，在先蔑出使之前，荀林父就提醒过他，说夫人和太子都在，这样是行不通的，不如自己装病回避，再派个人代理。不过先蔑急着立功，没把荀林父的话放在心上。现在赵盾突然要发动众卿与秦军开战，先蔑不敢违抗，也只有硬着头皮上了。

赵盾让箕郑留守，自己带领其他四卿共同出发，部队到达堇阴（今山西临猗东）驻防。赵盾对将士们宣布："如果我们接受公子雍回来，秦军就是我们的客人，但现在既然不接受了，他们就已经是敌人。如果缓慢进军，就会被秦人发现。所以我们要争取主动，这才是作战的谋略；驱逐敌人，这才是作战的战术！"

至于袭击秦军的地点，赵盾选在了堇阴以西的令狐（今山西临猗）一带。令狐位于河东晋国腹地，若在这里攻击秦军，能够确保万无一失。于是晋军在堇阴一带频频操练，厉兵秣马，只等秦军前来。

很快，赵盾就收到了秦军准备渡河的线报，并且侦知秦军此行没有车兵，都是步兵，赵盾看了看晋军车兵战队，非常得意。他要用车兵碾压秦军的步兵和公子雍，把令狐变成对方的坟墓。于是，他下令军队前往令狐，注意隐蔽行动，准备在夜里出击。

秦康公派兵护送公子雍，确实会注意提防不测。只是没想到赵盾会做得这么绝，不但要驱逐公子雍，还想对秦军赶尽杀绝，就为了对付这么一支小小的步兵队伍，晋国居然一次出动了三军五卿，都快赶上城濮之战、崤之战、彭衙之战的规模了。这也不奇怪，毕竟赵盾上台第一次对秦用兵，总要确保胜利才行。秦军完全没有意识到危险逼近，优哉游哉渡过了黄河，前面就是晋国令狐了。当天是四月初一，天色很早就暗了下来，秦军打算到达令狐就略作整顿。

夜深人静时分，初夏的微风吹拂，水边的芦苇轻轻摆荡。秦军大营就驻扎在令狐附近，从令狐到晋国都城绛城仅有一百公里左右，零星几个卫士拿着短戈围着营帐巡逻。公子雍望着绛城的方向，心中欢喜：父亲，我回来了！晋国，我回来了！他有些困了，打算睡个好觉，第二天得早点儿起来，到晚上差不多就能赶到国都了。于是，他早早地睡了。但他完全没想到，自己通往家国的路，至此已经断了。

是夜，一阵急促的军鼓声打破静谧，秦军大营四周忽然涌出无数弓箭手，浓密的箭雨直落向秦军营帐，营地里的巡逻兵瞬间被扎成了刺猬。公子雍睡梦中听见厮杀声，迷迷糊糊地爬起来，掀开营帐一看，只见四周都是摇曳的火光，不知道有多少敌人就在附近。秦军乱成一团，许多人连敌人是谁都不知道，就无辜成为箭下亡魂。

秦军主帅倒是不糊涂，在晋国人的地盘上被偷袭，来人还能有谁？当然，他不知道这是赵盾临时变卦，只以为中了晋国人的圈套，但结果都一样。他沉下气来组织军队杀出重围。不过，来袭的晋军竟出动了大股兵力，箭雨射完一轮又是一轮，秦军在突围过程中死伤无数，好容易冲杀至弓箭手附近，却又听到隆隆的马蹄践踏声和车轮滚轧声，转头一望，一排排战车正冲击过来，战车上的勇士抡起了死亡的大戈。可怜秦军步兵再也无法抵御，纷纷倒在车轮下。

就这样，公子雍的护送队伍死伤殆尽，而公子雍本人也不知所踪。只有一小部分人勉强杀出重围，但赵盾却秉着赶尽杀绝的态度，一直追杀到令狐西边的刳首。秦国步兵怎么能跑得过战车，只能四散逃窜以谋生机。晋军驱车一直追到黄河处，眼看秦军少量残兵过了黄河，实在不便再追下去，赵盾才下令鸣金收兵。

赵盾如此冷酷无情，先蔑顿时提心吊胆，生怕回去会被他算账，趁着晋军第二天班师，他偷偷逃往秦国，士会发觉后，连忙也跟着逃走了。

秦国残兵回国后，秦康公大怒，没想到隔壁换了一个这么狡猾又狠辣的正卿。次年，为了报复令狐之恨，秦康公派兵攻克了武城。但赵盾没有做出太大的反应，因为此时晋国内部也是暗潮汹涌。原来在令狐之战前，晋军路过堇阴时，中军佐先克看上了一块肥美的田地，回去就利用职权把它占为己有了。但这块土地的原主人蒯（kuǎi）得并不甘心，但奈何不了先克，于是勾结士縠、梁益耳、箕郑、先都四人起事。

士縠、梁益耳、箕郑、先都四位当初是晋襄公中意的中军统帅和上军统帅人选，但先克出来一搅局，最后箕郑父成为上军佐，先都成了下军佐，士縠和梁益耳甚至被闲置。于是，蒯得把这四个人联络起来，试图铲除先克，但最终目标是推翻专横跋扈的赵盾，因为赵盾也是由先克举荐的，他们都是初代六卿的"官二代"（先都虽然也是先氏，但属于庶系），而士縠等四人的家族地位则相对边缘。

士縠、梁益耳、箕郑、先都、蒯得五人派刺客暗杀了先克，但这一切瞒不过赵盾。赵盾反正看这些人不太顺眼，干脆大开杀戒，把五个人一锅端了。晋国六卿一下又空缺出来三个位子，晋灵公年纪小，也说不上什么话。于是赵盾又主持一轮大洗牌，让荀林父补缺为中军佐；提拔郤缺为上军将，臾骈为上军佐，栾盾为下军将，胥甲为下军佐。

这四位都是第一次担任卿大夫，其中栾盾和胥甲分别是栾枝和胥臣的儿子，与赵盾一样，都是初代六卿的"官二代"。至于郤缺和臾骈，这两位是赵盾特别关照的。郤缺本是郤芮的儿子，晋文公上台时被贬为平民，后来在胥臣的举荐下恢复贵族身份，在箕之战中奋勇杀敌，俘获了白狄首领。他这种人在晋国根基不深，而赵盾有意将其收为心腹；至于臾骈就更值得一说了，因为整段春秋历史中，有典可查的臾氏只此一人，可见其所在家族根本微不足道，完全是作为赵盾私人部属被提拔上来的。之前遣送狐射姑的家眷财帛去潞国，赵盾就是指派他去办的。

由上述诸事可见，赵盾权倾朝野，比国君还像国君。

堂弟捣乱：河曲之战

赵盾平定完内部问题后，才开始找秦康公算账。公元前617年，晋军攻打秦国，占领了少梁。这一举动果然引来秦康公的报复，同年，秦军攻打晋国，占领了北征。不过这些都只是双方互为骚扰，一场更大的战争正在酝酿。

公元前615年，秦康公派西乞术聘问鲁国，向鲁国执政公子遂送上礼物，然后提到攻打晋国的事。公子遂一看，这是要拉鲁国下水吗？可鲁国给晋国塞牙缝都不够呀！这礼物太烫手，根本不敢接。但西乞术非要送，公子遂只好以重礼相还。

秦康公一看没能拉鲁文公下水，只能亲自统率部队攻打晋国。赵盾得知秦军来势汹汹，连忙发兵抵抗，三军六卿一起出动。此时秦军已从黄河转弯处快速渡河，攻占了晋国的羁马（今山西永济南）。而晋军也已到达这个河曲附近，两军开始对峙。

臾骈能从底层被提拔，到底是有两把刷子，他向赵盾献策道："秦军不能持久，请高筑军垒、巩固军营等着他们吧！"确实，秦军远道而来，背后又是黄河，补给很难跟上，实在经不起消耗。

眼见晋军忙着安营扎寨，秦康公果然急了。他找到随军的士会，问他有什么办法。士会本是晋国人，对晋国情况比较了解。他回答秦康公说："赵盾最近提拔了他一个叫臾骈的部下，我看这个主意一定是臾骈出的，他打算用这种方法拖垮我军。但赵氏有个旁支子弟，名叫赵穿，是晋国国君的女婿，既受到宠幸又年少狂妄，不懂得作战还厌恶臾骈。不如派出一些勇敢却不恋战的将士，对晋国上军进行袭击，或许能从赵穿这里突破！"

所谓知己知彼、百战不殆，战前就是要先分析对方的弱点，再加以有针对性的突破。赵穿是赵盾的堂弟，本人也是卿职，因为三军六卿位子不够，只能暂且被编入晋国上军，但他不愿意接受出身低微的臾骈的领导，士会一眼就看出了这个问题。秦康公也采取了士会的意见，并亲自把玉璧投进黄河，向河神祈求战争胜利。

十二月四日这天，秦军不宣而战，一支小分队趁着晋军戒备松懈时，突然袭击晋国上军。郤缺、臾骈两人早有预料，很快组织弓箭手抵御秦军。赵穿此时也在军中，一看秦军杀过来了，非常兴奋，自己也指挥一支从属的队伍冲杀过去。但他稍微一靠近，对方即大喊大骂了几声，突然调转车头全部往回撤了。秦军这支突袭分队其实是专门用来诱敌的，行进往来十分利落，所以不管赵穿在后面怎么拼命追赶，都只能眼睁睁看着他们退去。

赵穿气得捶胸顿足，返回到晋军大营后，他生气地对郤缺、臾骈说："我们准备粮食、身披甲胄，不就是为了寻找敌人作战吗？现在敌人来了却不攻击，请问两位打算等到什么时候？"旁边的军官说："要等到合适的时机才能出动啊！"很明显，郤缺、臾骈都已看出这是秦军的诱敌之计，不愿贸然出击。但赵穿偏偏要与他们唱反调，说："什么计谋我是不懂的，我打算自己出战就好！"于是就在阵前清点了一遍自己的所属将士，然后带领他们全力追逐秦军。

郤缺、臾骈拦不住这位爷，赶紧向他堂兄赵盾汇报。赵盾此时端坐中军帐中，大吃一惊："秦军要是俘虏了赵穿，那就是俘虏了我国一位卿了！要是让秦国带着胜利回去的话，我用什么来回报晋国的父老呢？"于是他命令三军全部出动，全力救回赵穿。臾骈的计谋本来是有效的，却被赵穿一手搅和了。赵盾不想让赵家人受损，不惜动用全军力量也要把赵穿救下来。

秦康公见赵穿果然率小部队赶来，非常高兴，要能抓到这个赵穿，那这一趟也不算白来。于是他下令全军出击，务必生擒这个傻子。眼看秦军前锋就要与之接触，秦康公又注意到赵穿背后不远处还有黑压压的大军。秦康公心下一惊，随即反应过来，竟是赵盾以一己之私发动全军来救赵穿了。士会的计策原本只是图谋赵穿，但没料到赵盾更鲁莽，舍了本也要把赵穿救出来！

赵穿的行动偏离了赵盾的计划，但赵盾的行动又偏离了秦康公的计划。秦康公在阵前思忖，忽然感到有些担心了：自己是远道而来，与晋军硬碰硬，有没有必胜的把握？赵穿这么容易上钩，真的只是年轻气盛吗，或者这根本就是赵盾设下的一个局？秦康公又转头瞄了瞄士会，越发觉得这人也有点儿可疑：他毕竟是晋国来的，真的肯这么老实帮助秦国吗？思及此，秦康公忽然一下没了斗志，心生退意。但直接退兵恐怕会暴露虚实，被对方乘虚而入，还是得假意交上几手才行。

这边厢秦康公一个心思九曲十八弯，其实那边厢赵盾的内心同样纠结。赵盾一听说赵穿被引诱出击，很快就明白秦康公一定是得了高人指点，这个人不是先蔑就是士会。不知这个人还教了秦康公多少东西，又留有多少杀招？既然高筑堡垒就可以拖垮秦军，现在有必要和秦军决战吗？此番下令全军出击支援赵穿，又有多少人口服心不服？正面决战起来，会不会影响士气？赵盾越想越觉得不妥，于是也传令下去，只要把赵穿救下来就行，不要与秦军过多纠缠，返回堡垒之后，再慢慢同他们拖时间。

于是戏剧性的一幕出现了，秦军前锋与赵穿的部队相接后，双方开始攻杀，但秦军留有一丝余地，没有殊死作战。须臾，赵盾率领的三军终于追上，与赵穿的部队会合。接着，秦军前锋和晋军前锋开始交战，但没打几下，双方就都开始呼啦啦撤退，死伤人员寥寥无几。之后秦康公和赵盾分别返回自己的军营。入夜，秦康公派使者来给赵盾下战书，说："我们两国的将士都还没痛痛快快打一仗呢，寡人请求明天与贵国在沙场再见！"

臾骈一直在赵盾身旁，观察着使者的一举一动。等到秦军使者退下，臾骈马上启禀赵盾："我看这位使者的眼神不安、声音失常，这明显是在怕我们呢！我看秦军是准备要逃走了。如果我军趁势追击，把他们逼到黄河边上，一定可以打败他们！"赵盾认可了他的意见，下令全军做好准备。

就在这时，有两个人忽然跳出来，拦住了营帐的大门。其中之一就是赵盾的宝贝堂弟赵穿，另一人则是下军佐胥甲。赵穿被救回来后，既没主动认识到自己违反军纪，也没受到赵盾的任何责罚。他这个时候来，无非又是要和臾骈抬杠。他与胥甲一唱一和："我们的死者还没来得及收敛，伤者还没来得收治，现在是要丢弃他们吗？这未免太不仁慈了！而且对方约定明天上午开战，不到约定的时间就把人逼到险地，这未免太没胆量了！"这两人强调的都是传统的作战方式，赵盾当然不当回事，但他特别护短，不愿人前拂了弟弟面子，赵穿说不追，那就不追吧！不过，他又意味深长地看了胥甲一眼。七年之后，胥甲被放逐卫国。

当天秦康公回到军营，琢磨赵穿这张牌也丢了，还有其他办法吗？想来想去，始终觉得没有胜算，果然连夜率领全军撤退回国了。

但秦康公又憋不下这口气，过一阵又出兵攻打晋国，进入瑕地（今山西芮城南）。虽然也是小打小闹，但让赵盾非常不悦。瑕这个地方处于黄河另一转弯处，战略位置非常重要。于是次年，赵盾派遣詹嘉驻守瑕地，同时守卫桃林要塞（今河南灵宝西）。所谓桃林要塞，即隔着黄河与瑕地相对的一处关卡，也就是后来函谷关的所在地。

瑕地—桃林防御建立之后，算是彻底堵死了秦国东进之路。但秦国不时地骚扰，也让赵盾十分头疼。因为对于晋国来说，最大的敌人仍然是楚国，而不是秦国，但若与秦国开战，则难免会让楚国有机可乘，侵略中原。秦康公去世后，赵盾试图与秦国议和，甚至派赵穿攻打秦国附属的崇国（今河南嵩县），想先吸引秦军过来再和谈，但继任的秦共公并不理睬。因为对于秦国来说，最大的敌人仍是晋国无疑，没什么好谈的。这让晋国一直处于双线作战的威胁中。

一鸣惊人：楚灭庸之战

现在来说说楚国的情况。

城濮之战，楚成王败于晋文公，后来被太子商臣所杀，应了当年巫师的预测。太子商臣即位为楚穆王，虽然残暴，却并非昏君。相反，他继承了武王、文王、成王的基业，趁着秦晋交战和晋国内乱时重新北上。公元前623年，楚国灭了江国（今河南正阳）；公元前621年，楚国灭了六国（今安徽六安北）；公元前618年，楚穆王接连攻打郑国、陈国，并且收服了他们；公元前617年，楚穆王又收服了蔡国、宋国。几乎恢复楚成王当时的盛况。

公元前614年，楚穆王去世，太子旅即位，也就是大名鼎鼎的楚庄王。此时，令尹成嘉（成得臣之子）和太师潘崇准备攻打舒蓼，留公子燮和斗克两人守卫。斗克曾被秦国俘虏多年，回来之后也一直受冷遇。公子燮大概是楚穆王的弟弟，曾经谋求令尹一职，但楚穆王没同意。所以公子燮和斗克都怀恨在心。等成嘉和潘崇离开后，他们就在郢都造反，派人刺杀成嘉，失败后据守郢都，加固城墙进行防御。

成嘉、潘崇得知都城有变，连忙赶回国都。公子燮、斗克虽然留守都城，但并不能指挥都城所有贵族，更多人还是支持成嘉和潘崇的。眼看郢都已摇摇欲坠，公子燮、斗克只好挟持楚庄王，联络了驻守在析邑的析公，打算逃亡到商密割据叛乱。路过庐邑（今湖北南漳东）时，庐邑守将庐戢梨和副将叔麇（jūn）设宴款待，中途忽然以摔杯为号，将两人拿下处死。年少的楚庄王终于保住了一条小命，平安返回郢都。

但自此之后，成嘉看待楚庄王就充满了怀疑，谁知道公子燮和斗克的叛乱，背后是不是大王的授意呢？毕竟他们针对的首要目标是成嘉，成嘉又出身于势力最强的若敖氏。当年成得臣自杀后，楚成王强行提拔了蒍吕臣为令尹，但蒍吕臣根本控制不了若敖氏，仅在一年之后就去世了。之后接任令尹一职的分别是斗勃、成大心（成得臣之子）、成嘉。成嘉在平叛之后不久去世，继任的又是斗般（斗谷於菟之子），可见若敖氏完全把控朝政。

在这样的情况下，年少的楚庄王只能韬光养晦，等待时机。他即位三年，从未向国内发布任何政令，日夜饮酒寻欢作乐，甚至还下了诏令说："有敢进谏的格杀勿论！"

但还真有不怕死的。权贵们乐于楚庄王不问政事，只有小臣伍参敢于挺身而出。伍参见到楚庄王时，楚庄王左手搂着郑姬，右手拥着越女，坐在一群歌舞乐人中间欢笑。伍参拜倒，说："大王！我想请您猜一个谜语。"既然是猜谜而不是进谏，楚庄王有了点儿兴趣。

伍参说："有一只鸟落在土山，三年不飞起、不鸣叫，这是什么鸟呢？"楚庄王愣了一下，然后笑着说："三年不飞，一飞冲天；三年不鸣，一鸣惊人！你下去吧，我知道你的意思！"

但是过了几个月，楚庄王依然我行我素。大夫苏从也入宫进谏，楚庄王威胁道："你没听说过我的诏令？有敢进谏者，格杀勿论！"苏从说："如果我的牺牲能让大王贤明，那便是如了我的毕生之愿了！"楚庄王拍手叫好，从此停止了寻欢作乐，开始亲自处理政务，任用伍参、苏从，惩罚罪人，赏赐功臣。

实际上，楚庄王一直在暗中观察政局。哪些人可靠，哪些人不可靠，他已经摸得一清二楚。当然，他并未直接与若敖氏争权，而是上天正好给了他一个机会。

当时楚地暴发饥荒，连楚国人都渐渐吃不上饭了，更别提周边本就穷困的野人。在山上活动的山夷发动了叛乱，攻打楚国西南部，试图掠夺粮食。山夷人进发到达阜山（今湖北房县），楚军便进入大林（今湖北荆门西北）展开防御。山夷见楚军戒备森严，不敢招惹，就绕到楚国东南的阳丘，进攻訾枝（今湖北枝江）。

此外，附近的庸国（今湖北竹山）、麇国（今湖北郧县）同时叛乱，庸国联络了群蛮，麇国联络了百濮，这样一来，郢都形势告危：其整个西北正发生暴乱，其东南正受到山夷的进攻。申、息二县加紧牢牢把守北门，防止晋人趁机入侵。郢都陷入了一片恐慌之中。

此时，以若敖氏为主的贵族们七嘴八舌地商量着，是否要把都城迁到阪高（今湖北当阳）去。不过，迁都毕竟是一件大事，还是得让国君来表态的。

楚庄王还没说话，他身边的蔿贾先发言了。蔿贾之前预言了成得臣的惨败，父亲蔿子冯又遭到若敖氏的抵制，所以他的立场当然不会站在若敖氏那边。他站出来力排众议道："不行！我们能去，敌人难道不能去吗？还不如去攻打庸国呢！麇国和百濮只是看到我们遭遇了饥荒，无力用兵，才会趁机来占便宜，如果我们出兵，他们必然害怕，自然会散去，谁还有空打我们的主意？"蒍贾认真分析了庸国和麇国的情况，认为麇国只是趁火打劫捞，而庸国才打算趁你病要你命。

楚庄王自然不愿意放弃这个翻盘的机会，于是表示支持蒍贾的出兵意见，当然也有不少大夫表示赞同。若敖氏大夫虽一脸不情愿，但也无可奈何，总不能独自逃跑吧。于是楚庄王亲自指挥军队出击，并且邀请秦国、巴国来助，慢慢悠悠地行进了十五天。百濮人一看情况不妙，果然作鸟兽散，而麇国军队也撤走了。

之后楚军进驻庐戢梨镇守的庐邑。庐戢梨并非出身大族，之前还救过楚庄王。楚庄王对其极力笼络，任命他为主将攻打庸国，自己驻扎在句澨。

庐邑和庸国之间有道防御工事，叫作方城（今湖北竹山），是庸国专门修建来抵御楚军的。庐戢梨虽然是贤臣，但并非良将。他长期镇守庐邑，防守经验有余，但进攻经验不足。庐戢梨带兵到达方城，面对高大的壁垒一筹莫展，不知该从何下手。之后，庐戢梨指挥部队强行攻城，可楚国士兵还在架云梯，就被城墙上射下的箭雨和滚下的巨石打得七零八落，攻城作战失败。

庸国人见庐戢梨能力平平，便打开城门倾巢出动。庐戢梨措手不及，被庸国军队和群蛮抢了先机，楚军本来士气就低落，很快被杀得落花流水。大夫子扬窗乘着战车在前线被庸军和群蛮围住，子扬窗试图突围，但庸军和群蛮非常骁勇，他们丝毫不惧怕楚军，一边大吼大叫冲锋，一边以短戈短剑劈砍。子扬窗不敌，被庸军俘获。庐戢梨一见大势已去，只好组织楚军撤退。

庐戢梨面复楚庄王，陈诉了自己的败绩，楚庄王一时半会儿也没办法。若就这样撤军，以后自己就更难以树立威望了，但如果继续出征，又没有取胜的把握。权衡一番之后，楚庄王下令继续暂驻句澨，以观察后续情况。

过了三天，有个人气喘吁吁地奔回大营。楚庄王一看，竟是子扬窗逃回来了！子扬窗在方城被关了三天，因祸得福，反而了解一些情况，他对庐戢梨说："庸国军队人数非常多，群蛮也聚集在那儿，我们得发动大军，与大王的部队会合，这样进攻才有把握！"

楚庄王一听，越发为难了：庸国人果真不好对付！硬拼的话，未必有胜算。此时他身旁的潘尪（wāng）提出了自己的见解。潘尪是太师潘崇的儿子，潘崇正是当年楚穆王弑君的主谋，所以潘尪也算是楚庄王的心腹。他说："不必！我们姑且先跟他们交战，等到他们骄傲了，我们再奋发，就有可能取胜了！先君蚡冒就是这样攻打陉隰一带的！"楚庄王考虑再三，觉得这样虽然有些冒险，但以弱攻强，也没有更好的方法了。此时秦、巴军队也与楚军会合，于是庄王再派了一支小分队出战。

楚军到达方城外，庸军主帅一看，还是庐戢梨等一众残兵败将，忍不住蹙眉冷笑。但他没有掉以轻心，命令军队严防死守。庐戢梨也没有多做布置，直接下令开始攻城，自然再次被庸军打退。庸军主帅看到楚军抱头鼠窜，不禁哈哈大笑，还以为楚军要使什么新招数呢，结果真只是不死心，非得来送人头啊！没多久，庐戢梨又折回来了，庸军主帅再次下令防守，但庐戢梨还是没有什么新鲜花样，理所当然，又失败了。

如此循环了整整七次，楚军在城下付出了不小伤亡，却丝毫没有动摇方城半分。庸国人连连嗤笑，觉得楚军真是不长记性，跟一群没头苍蝇似的瞎冲刺，便放松了警惕，完全不再设防。群蛮中的裨（pí）、儵（tiáo）、鱼三族更是兴高采烈，争先恐后追杀楚军。

而此时，潘尪终于对楚庄王示意：可以进军了。于是楚庄王驾驶轻车，率领楚国大军倾巢出动，很快到达庐戢梨部。裨、儵、鱼三族追了过来，没想到遇上了龙精虎猛的楚、秦、巴部队。这三支蛮族军队缺乏统一指挥，完全不是楚国精锐的对手，很快就被围住绞杀。

于是，裨、儵、鱼三族人通通投降，并表示愿意说服其他蛮族归顺。然后，楚庄王将部队兵分三路，自己亲自率领楚、秦、巴和群蛮，攻打方城；第二路由若敖氏的斗椒率领，从石溪出发；第三路由子贝率领，从仞地出发。后两路大军直接进攻庸国。此时驻守方城的庸军已经完全不把楚军放在心上了，将守城将士撤走了不少。哪料楚庄王大军忽然从天而降，把庸军守将吓傻了，后者连忙指挥守城，却没想到群蛮早已和裨、鯈、鱼勾结，直接打开城门放楚军入内。

庸军守将下令死守，但方城防御已破，加之群蛮倒戈，庸军兵力优势也不复存在。面对由楚王亲自率领的楚国精锐，庸军完全不是对手，被打得七零八落。庸国主将只能收拢残兵，纷纷逃往庸国。此时斗椒、子贝两路已经绕开方城，直接插往庸国国都，抱头鼠窜的方城残兵立即被他们截住，又是一阵好打。待到楚庄王的大军跟上，方城部队已几乎被全歼。三路军队继续挺进，包抄庸国国都。庸国没余下多少兵力，就这样被灭亡了。

由此，楚庄王借灭庸一战，不但扫清了郢都的外围威胁，而且在很大程度上提升了自己的声望。于是，楚庄王顺理成章开始亲政，并着手北方事务。

当时，陈国、宋国虽然之前被楚国收服了，但不久又倒向了晋国。公元前608年，楚庄王联合郑穆公进军陈、宋，宋军大败，被俘虏战车五百乘。于是赵盾出手为宋国复仇，联合了宋、陈、卫、曹，暂避楚国，先行伐郑，郑穆公向楚庄王告急，楚庄王便派蒍贾带兵相救，晋楚两军在北林（今河南新郑北）相遇。楚军大败晋军，并俘虏晋将解扬。这是楚庄王上台以来第一次与晋国交锋。次年，晋国又联合宋、卫、陈伐郑，楚军再次相救，晋军不敢与楚军正面交锋，于是退走。

同年，晋国还发生了一件大事。晋灵公年岁渐长，不满赵盾专权，派刺客钼麑（xú ní）去刺杀赵盾，钼麑却自杀而死；又设下鸿门宴想杀赵盾，赵盾却在车右提弥明的保护下逃脱，晋灵公的侍卫灵辄也因受过赵盾恩惠而倒戈相向，为赵盾逃跑争取了时间。最后，晋灵公反被赵盾的堂弟赵穿所杀，这个一直被赵盾纵容的纨绔，竟以这种方式实现了回报。之后，赵盾又立晋文公第十个妻子周女之子黑臀为君，也就是晋成公。赵盾依然做他的权臣。

第九章
止戈为武

公元前606年，东周都城洛邑。

周天子压下心中惶乱，以微颤的双手轻扶上洛邑城墙，目光透过十二旒冕的缝隙，射向远方的景象。只见洛邑南边郊外，齐整的军队方阵正旁若无人地进行演习，他们的鼓声响亮如雷贯耳，他们的口号威势直冲云霄。

周天子大吃一惊，一下没站稳，竟差点摔倒在地。他身旁的青年连忙扶住他，镇定地说："大王！不用担心，依臣看，他们未必会攻打我们，请让我去慰劳他们吧！"周天子转头看了看他，气若游丝道："你……去吧。"

当朝周天子是周襄王的孙子周定王，身旁的大夫是他的堂弟王孙满，而在南郊演习的军队，则是楚庄王统率的楚军。这一年楚庄王攻打洛邑西南的陆浑戎（今河南嵩县），之后马上进入洛邑南郊，在这里进行军事演习，赤裸裸地挑衅天子王权。

楚庄王见到王孙满，意有所指地问："周天子的九鼎有多重？"

王孙满听出了他的野心，庄重道："在德不在鼎。"

楚庄王强硬地说："楚国将所有钩戟上的刃尖折下，也足够制成九鼎了呢！"

王孙满直视他，斥道："周德虽衰，天命未改；鼎之轻重，未可问也！"

两人一番言语交锋，楚庄王醍醐灌顶：不光要讲威，也要讲德啊！于是他很快退兵了。

这个故事便是成语"问鼎中原"的典故。

若敖鬼馁：皋浒之战

从周都撤军后，楚国政坛又发生了点儿变动。当时楚国令尹是斗般、司马是斗椒，若敖氏仍然把持了朝政。蒍贾因在北林之战中击败晋军，名声大噪，楚庄王顺势任命他为工正。不久之后，斗般和蒍贾发生了冲突。蒍贾怀恨，便在楚庄王面前指责斗般大逆不道。楚庄王本就护短，加上之前问鼎中原的傲气，不禁暂收对若敖氏的忌惮，顺势公布斗般的罪状，把斗般给处死了。当然，庄王也不敢把若敖氏得罪狠了，于是让斗椒替补了令尹，而蒍贾替补了司马的职位。

自从斗般被拿下后，斗椒一直战战兢兢，其堂兄斗般成为令尹才两年，并未有什么差错，忽然被楚庄王寻个由头就处决了，可见大王欲铲除若敖氏的心思已经很重了，而大王的下一个目标，会不会就是自己？斗椒越想越害怕。

当然，他本人也不是个善茬。据说，当年他的母亲生下他时，大伯斗谷於菟建议父亲杀死他，说他长得形如熊虎、声如豺狼，是一个有着狼子野心的人，如果不趁早杀掉的话，他迟早会导致若敖氏灭亡。

他的父亲司马子良不信，还是把他养大了。斗谷於菟一直为此忧心忡忡，直到他死前，还对族人说："如果斗椒执政了，你们就快点跑吧！不然要遭祸难！"然后又大哭说："做鬼还要吃东西，但我们若敖氏的鬼只能挨饿了（成语'若敖鬼馁'出处）！"也就是说，斗谷於菟认为，斗椒执政会导致灭族，以至于没有后人祭祀先人。这话斗椒从小听到大，他每每嗤之以鼻，只觉得这位伯父在瞎扯淡。

这个时候，斗椒又想起了伯父的话，内心不禁一阵忐忑。自己真要坐以待毙，还是拼死一击？如果起兵另立国君，失败了会交代上全族人的命运，但如果束手待亡，等自己某天莫名被处死后，若敖氏仍然逃脱不了大王的魔掌。那怎么办？还是造反吧！

公元前605年，斗椒以迅雷不及掩耳之势，命若敖氏族人绑架蒍贾，把他带到辽阳给囚禁了起来。之后一不做二不休，干脆把蒍贾给杀了。接着，斗椒在烝野（今河南新野）聚集若敖氏族众，打算进攻郢都。

斗椒是当年曾参加过城濮之战的老将，而那时楚庄王可能都没出生；后来在灭庸之战中，虽然是由楚庄王亲率大军，但斗椒也带领了一支部队立下战功。凭战场资历，他根本没有把楚庄王当回事，誓要把这个毛头小子拉下来，换个听话的工具人上去。

楚庄王也没想到斗椒说反就反，他以安抚为先，提出愿意把楚文王、楚成王、楚穆王三代子孙作为人质，请求斗椒退兵。但斗椒只是冷笑：把这些王室支系送给我，真是好算计，把我当刀使，替你杀人吗？

其实，王族本身就是国王倚重的力量，所以楚庄王确实是放低姿态了。当然，这也确实只是他的缓兵之计，斗椒也看出了这点。开弓没有回头箭，都已经起兵了，就不能随便放下武器，若拖到楚庄王从全国征调来了兵力，届时若敖氏未必还能取胜。于是斗椒带领若敖氏族军浩浩荡荡渡过汉水。

楚庄王一看没能稳住若敖氏，只能亲自率军进入漳水以东的漳澨（今湖北荆门西），在此集结附近的军队来平叛。

七月初九，楚庄王与斗椒两军在皋浒相遇。斗椒大骂楚庄王昏庸无道，听信小人谗言杀害忠臣。斗谷於菟三为令尹，毁家纾难，忠君爱国，他有什么错？他的儿子又有什么错？斗椒说的这些大概真是事实，虽然若敖氏也有斗缗、斗克、斗宜申之流造反，但先后几任令尹却都本本分分。哪怕张扬跋扈如成得臣，楚成王赐他自尽，他也完全不反抗。但若敖氏错就错在权势太盛，已经威胁到国君了。楚庄王想要夺回权力，势必要动到若敖氏的蛋糕，双方各不相让，就只有你死我活了。

这个时候，我们越发能看出楚王与晋君的不同。晋国实行国无公族的制度，因而晋君是真正的孤家寡人，他能使用哪些氏族，还得看这些氏族的忠诚度。所以晋灵公要杀赵盾时，没有可靠的氏族，就只能使用刺客和护卫，结果被赵盾反杀。但楚王却不一样，楚庄王有自己的直属王族，这些人是楚王的根基力量。因为国君拥有实权，所以大夫们也不会像晋国人完全臣服于赵盾一样，对斗椒俯首帖耳。总有一些人会投靠楚王阵营，为楚王挑战大族，借此壮大自己的权势，而蔿氏就是其中的典型代表。

不过此时的情况实在紧迫，楚庄王只能硬着头皮自己上了。好在这些年下来，他树立了不少威信，自己能拉出来的队伍，人数上甚至不比若敖氏的族兵少，勉强可以拼一下。庄王咬咬牙，仗着人数众多，下令全军攻打斗椒。斗椒当然也不怵，凭着经验丰富，下令全军进行反击。若敖氏平日里横行跋扈，不少国人早就对他们心生不满，这时候纷纷举起武器杀过去；而若敖氏则知道自己已经无路可退，也使足了力气进行抵抗。

战场上箭羽、短剑、戈戟交错，你来我往，双方杀了个旗鼓相当。不过没多久，楚庄王的军队似乎力有不支，开始往后撤退，而若敖氏族兵则继续前进。只见一支队伍直接冲破楚军前锋，主将乘战车冲在前方，他每一次拉弓都拉到最满，箭无虚发，支支毙命。而面对楚军的弓箭瞄射，他每次都能在御戎的配合下灵活躲开，紧接着反手一箭又射死对面袭击的楚军将士。此人一路所向披靡，直取楚庄王所在战车。

楚庄王定睛一看，这般勇猛无敌，不是斗椒本人还能是谁。他大吃一惊，忙令左右亲卫军加强防御。斗椒丝毫不惧，手中一支箭破空而出，遥遥直往楚庄王射来！楚庄王没想到斗椒的箭术竟如此精湛，恍惚间甚至产生了自己要葬身于此的悲愤。但就在这千钧一发的时刻，楚庄王的战车忽然偏移了一下，箭擦过车辕，穿过鼓架，射在了铜钲上。原来庄王千挑万选出来的御戎也不是等闲之辈，他算准了斗椒之箭的轨迹，当机立断将战车移位。

楚庄王惊出了一身冷汗，如果御戎稍微偏差一点儿，自己这条命也就玩完了。他看着钉在铜钲上的箭支，忽然觉得有点儿眼熟，拔下来一看，竟然是当初楚文王灭息国获得的三把箭之一。这三把箭可不是普通的箭，也不知道是从什么时代流传下来的，总之，息国曾把它们当作镇国礼器膜拜。楚国得到它们后，依然作为礼器盛放在宗庙中，大家都认为这三支箭有神力。不过后来神箭莫名少了两支，也不知道哪儿去了，如今恍然大悟，原来是被斗椒顺手牵羊拿去了。

斗椒本人是个神箭手，早就垂涎于神箭。他不顾礼法，偷偷顺走了两支，原本只是想用来收藏。但在对付楚庄王之前，他感觉普通的箭不足以成事，所以专门带上了这两件礼器。楚庄王一进入他的射程范围，他二话不说，立马射出了一支。但以他的射技，这支箭居然落空了！难道大王有神庇佑？这念头只在他脑海里闪现了一瞬，下一秒他马上又从箭囊取出另一支，对准楚庄王射了过去。楚庄王惊道：果然还有一支！

不过，电光火石之间，御戎猛拉缰绳，这支箭再一次飞过车辕，差点就贴上楚庄王的胳膊，却往后透过车盖过去了，楚庄王再次躲过一劫！此时，楚军的前锋被斗椒的神威吓得不由主动退却，而大难不死的楚庄王忽然振奋了起来，立即派左右往军中传话："文王攻克息国得到三支神箭，斗椒偷走了两支，但他全部用完了！"

斗椒连射两箭，都没射中楚庄王，他长叹一声，知道今天再取庄王性命很难了。而此时，楚庄王亢奋得亲自擂鼓，下令进军，楚国士兵们则个个精神振奋。古人迷信，一想到斗椒两支神箭都没射中楚庄王，就认为那肯定是上天保佑楚王，要消灭若敖氏。若敖氏族兵个个情绪低落，眼看两箭落空，预感若敖氏即将大难临头。甚至斗椒自己都灰心了，再挽弓，也是箭箭落空。

于是，楚庄王加紧擂鼓，楚军车兵横扫战场，步兵们以一当十，而若敖氏则哀天叫地。若敖族兵本就不占数量优势，面对士气高涨的楚军，完全被碾压。斗椒无力抵抗，也死在乱军之中。若敖氏群龙无首，陷入混乱，楚庄王乘胜杀敌，将若敖氏族众全部歼灭。只有斗椒的儿子贲皇带着一些族人逃到晋国去了，被赵盾封到苗地，从此贲皇又叫苗贲皇。不过，仇恨的种子已在他内心种下了。

当时斗谷於菟的孙子克黄担任箴尹一职，出使齐国后返回楚国，途经宋国时听说了斗椒叛乱失败的消息，左右都劝他不要再回去送死。而克黄却坚持认为:"如果我中途摒弃了国君的任命,以后便没有谁会接纳自己,国君有如上天,上天是不可逃避的!"他回到楚国复命并请罪。楚庄王觉得克黄此人倒是正派,应该树立典型进行表彰;况且如今只剩他一人,根本不足为患,也没必要赶尽杀绝,毕竟斗谷於菟的名声还不错。于是将克黄恢复原职,并将其改名为"生",意思是寡人又给了你一次生命。

看来,斗谷於菟"若敖鬼馁"的预言到底没有成真,他的孙子凭借忠君之心,竟也为斗氏保留了一支火苗。

单车致师:邲之战

清理了若敖氏,楚庄王开始放手任用自己的人手了。当时令尹有副手沈尹,于是楚庄王想提拔沈尹茎担任令尹。但沈尹茎却推辞,认为蔿贾的子嗣蔿敖是圣人,自己颇有不如;楚庄王的夫人樊姬也认为沈尹茎不如蔿敖。实际上,蔿贾作为在若敖之乱中牺牲的烈士,楚庄王本人当然也更垂青他的子嗣。这样一来,蔿敖顺理成章被任命为令尹,蔿敖字孙叔,后世多以"孙叔敖"称之。楚庄王同时又任命弟弟公子婴齐担任左尹,对令尹和沈尹进行限制。

孙叔敖相貌平平,据说他是个秃头,左臂还长于右臂,站起来不到车辆的横木高。这个其貌不扬的贵族宗子,受父亲蔿贾(担任过主管百工的工正)的影响,从小也对工程营造感兴趣。他年轻时住在期思(今河南固始)一带,主持修建过水利工程芍陂(今安徽寿县)。当时他还没有领公职,就把地方经营得有声有色;担任令尹之后,他同样指导百姓春夏取利于水、秋冬取利于山,让百姓能够安居乐业,这样一来,楚国国力得到了进一步发展。

公元前601年,群舒叛乱,楚庄王出兵攻灭舒蓼,征服舒鸠、舒庸,并在滑汭(今安徽巢湖)一带与吴、越两国结盟,楚国算是解决了淮水流域的隐患,可以继续图谋中原了。

公元前 600 年，楚庄王攻打首鼠两端的郑国。此时晋国正卿赵盾刚去世，继任的是郤缺，郤缺也是个能人，马上发兵援助郑国。在晋国的支援下，郑国在柳棼（今河南襄城）打败楚军；次年，楚庄王再度攻打郑国，晋国派士会率军救援郑国，在颍水北边（今河南禹州北）驱逐楚军。

此时，晋国朝政已经慢慢恢复稳定，秦国的骚扰也越来越少，所以能腾出时间来与楚国争夺郑国。郑国处于中原枢纽地带，若能够收服郑国，就能在中原四通八达。所以晋国、楚国都不愿放弃郑国，又没有哪一方能够完全控制它。所以围绕郑国，晋楚两国一直在拉锯作战，轮番驱逐对方。而被夹在巨人之间的郑国也顾不上什么气节了，谁来就跟谁混。不过长此以往，晋楚两国之间必然会有一场大战。

公元前 600 年，晋成公去世，其子晋景公即位。

公元前 597 年，楚庄王又一次进攻郑国，随行的有令尹孙叔敖、沈尹茎、左尹公子婴齐和楚庄王另一个弟弟公子侧，公子侧大约担任司马。这一下，楚国的高干全部出动。原来楚庄王恨极了郑国的反复无常，势必彻底拿下郑国。楚军将郑国牢牢围困十七天，郑国一直坚守抵抗，连楚庄王都有些不耐烦了，于是指挥军队后撤。而他们一动，郑襄公就马上指挥人修建城墙，这下深深刺激了楚庄王。楚军去而复返，历时三月，终于攻克了郑国。郑襄公只好脱去上衣，裸露肢体向楚国请和。之后，潘尫进入郑国结盟。

其实在这之前，围绕救不救郑国的问题，晋国朝堂上争得面红耳赤。

当年河曲之战后，赵盾恼恨下军佐胥甲不听话，将其放逐到卫国，并立其子胥克为下军佐。赵盾去世前，提拔郤缺为自己的继承人；郤缺则投桃报李，在自己执政之初，就以胥克有精神病为由将其拿下，以赵盾之子赵朔替补。但是，郤缺能够重返朝堂，还是得了胥臣的举荐，如今恩将仇报，彻底废除了胥家的卿位。胥克的儿子胥童当时年龄还小，无法与郤缺斗争，只好将一口气憋在心里。

而在楚庄王攻郑之前，郤缺去世了，这使得晋国内部出现了空隙。原来赵盾、郤缺两人都是强硬派，虽然容易引起争斗，但也方便集权。郤缺死后，继任的荀林父却没有这样的魄力。荀林父从城濮之战担任晋文公的御戎开始，已经过去了三十五年，才终于混上了正卿之位，可见此人还是比较忠厚本分的。他虽然军事经验丰富，却不是一个合格的正卿，无法约束其手下。荀林父听说郑国被围，而楚国兵力强盛，就想等晋国朝堂讨论出个一二来，于是一直拖着。

最后荀林父终于决定还是要救郑国，发动三军六卿一起出征。可因为他的优柔寡断，郑国已经坚持了三个月，终于扛不住了，还是降了楚国。此时，荀林父又打起了退堂鼓，他召集其他卿大夫开会，宣布说："现在去郑国也赶不上救急了，又兴师劳民的，此番出兵还有什么用呢？要不等到楚军回去之后，我们再进攻郑国吧，那时也不算晚！"可见，面对蒸蒸日上、上下一心的楚国，荀林父其实是没有多大把握的，郑国既然已经投降了楚国，就意味着晋国要与楚国正面作战了。

当前晋国随征主要将领有中军佐先縠、上军将士会、上军佐郤克、下军将赵朔、下军佐栾书，这些是卿一级的；中军大夫赵括、赵婴齐、上军大夫巩朔、韩穿、下军大夫荀首、赵同以及司马韩厥，这是大夫一级的。其中先縠大约是先克的弟弟；士会是士蒍的后人；郤克是郤缺的儿子；赵朔是赵盾的儿子；栾书是栾盾的儿子；韩穿、韩厥是韩简的后人；荀首是荀林父的弟弟；赵同、赵括、赵婴齐都是赵盾的弟弟；巩朔出身不明，大约是巩国的后人。

士会第一个表示响应。他在令狐之战后逃亡秦国，又在河曲之战中为秦康公献策，赵盾认为他是人才，特意将其召回还提拔为卿。士会性情沉静、多谋善断，他说："用兵之道在于观察敌人的间隙，如果德行、刑罚、政令、事务、典则、礼仪等都呵护到位，那就是不可抵挡的。现在楚国能够树立德行、施行刑罚、成就政令、合时事务、执行典则、顺当礼节，晋国如何抵挡楚国？看到可能就要前进，看到困难就要后退，我等不如回去整顿军队，筹划武备吧！"

士会也反战，但他的分析无疑比荀林父更为透彻，但这些表述始终没能说服一个人，就是中军佐先縠。先縠还沉浸在先轸、先且居等人抗楚破秦的旧日辉煌中，觉得荀林父、士会这些人都是胆小鬼，于是他跳出来大声喊道："这可不行！晋国当年是怎么称霸诸侯的？还不是靠军队勇敢、臣下得力吗？现在失去诸侯就是不得力，不追击敌人就是不勇敢！丢掉霸主的地位，还不如去死呢！听到敌军强大就退却，这算是什么大丈夫？堂堂军队统帅，却不像大丈夫一般作为，你们可以，恕我不行！"先縠说完后头也不回地独自出征了。

荀首为先縠卜了一卦，结果是说军令不严明，有大凶之兆。荀首抬头道："先縠这些军队危险了！一旦和敌人相遇，必定大败，而先縠就是罪魁祸首，即使能免于战死回国，也会有大的灾祸！"

掌管军法的韩厥则对荀林父说："如果先縠部队失陷的话，您的罪过就大了。您作为最高统帅，手下不听号令，这是谁的罪过？失去盟国，丧失军队，这样的罪很重。不如干脆进军，作战失败的话六个人共担责任，不是更好吗？"

韩厥的建议看起来有点儿坑人，可能会让晋国因小失大。但他作为军中司马，从这样的角度看也没错。这个提议果然说服了荀林父，于是荀林父下令全军跟上先縠，渡过黄河。

此时楚庄王率军北上，驻扎在郔（yán）地（今河南郑州北），由沈尹茎率领中军，公子婴齐率领左军，公子侧率领右军，本想借此威慑晋国。但一听说晋军已经渡河，楚庄王心里又"咯噔"一下，忍不住打起了退堂鼓，毕竟晋军三军六卿一起出动，上一次出现这样的场面还是城濮之战，当时楚国败得很惨。

楚庄王身边的宠臣伍参主张积极应战，可孙叔敖不乐意，他说："去年进入陈国，今年进入郑国，又不是没仗可打了，非得再招惹晋国，如果打输的话，吃伍参的肉能弥补吗？"

伍参哈哈大笑："如果作战胜利了，那您就是没谋略；如果作战失败了，我的肉自然由晋军吃，您又从何吃起呢？"

孙叔敖瞪了他一眼，忍下脾气。在他看来，伍参这种小人物不过是想通过战争翻身，但自己不能为了斗气就拿着身家和命运去赌，于是下令回车向南，倒装旌旗，准备撤走。

伍参倒是对晋军的情况非常了解，他说："晋国的执政是新上台的，威望不足以号令众人。他的副手先縠刚愎自用，并不听从他的命令。他们的中上下三军统帅，想要独立行事却又不符军规，想到听从命令却又没有上级，那么大军该受谁的指挥呢？这次晋军一定失败，而且咱们大王作为国君，却要逃避别国的臣子，大王怎么能蒙受这样的耻辱呢！"楚庄王听了，觉得撤退确实很没面子，毕竟寡人不久前才问鼎中原，怎么能转眼就认怂了呢？于是命令孙叔敖将战车改为北向，驻扎在营地等待晋军。

此时，荀林父与先縠已经合兵，大军驻扎在敖、鄗（hào）两山之间。意想不到的是，郑国的大夫皇戌来到军中，对荀林父说："郑国投靠楚国，那是为了保全国家，不得已而为之，但郑国对晋国实在没有二心啊！楚国因为屡战屡胜而骄傲自满，同时楚军在外奔波已久，又不加设防。如果您攻打他们，郑国的军队将作为后继，楚军一定会失败。"先縠听说了，兴奋地说："打败楚军，收服郑国，就在此一举了！主帅一定要答应皇戌的请求啊！"

其实，郑国的意图很明显，就是先谁都不得罪，但挑唆晋楚两国拼个你死我活，最后谁是强者，郑国人就直接投靠谁，当然如果两败俱伤，那就更好了。下军佐栾书看透了他们打的算盘，说："楚国自从战胜庸国以来，楚王没有一天不教训百姓生计不易、祸患不知道何时到来，所以戒备警惕不曾放松；没有一天不告诫军队胜利不能永久保有，商纣王哪怕胜利了一百次，最后依然没有好下场。楚国的潘尫去郑国签订盟约，郑国公子去疾去楚国做人质，他们两国明显是亲近的，郑国人现在说跟我国好的话，不能听信啊！"

栾书的话刚说完，就遭到了两个人的反对。赵盾的两个弟弟赵括、赵同说："我们领兵而来就是为了寻求敌人，战胜这些敌人后自然能得到属国，还在等待什么呢？您一定要听从先縠的话啊！"

当然，还是有很多人表示了反战的意思，荀首就说："赵同、赵括的主意，实在是一条自取祸乱的道路啊！"赵朔也不赞同他两个叔叔，他说："栾伯的话说得好啊！晋国若能实践他的话，国祚一定会长久的！"

楚庄王虽然已经做好了打仗的准备，但他还是抱着议和的想法，因为楚国已经收服了郑国，议和之后双方撤兵，楚国仍是赚的。所以，他就派少宰到晋军中释放信息："寡君年轻时历经忧患，以致不善辞令，恐生误会。听说两位先君还曾在这条路上有来往？其实我们就是来教育和安定郑国的，哪里敢得罪晋国呢？还请您几位不要待太久了！"士会答谢说："郑国不遵循天子命令，寡君也是派下臣来质问郑国，岂敢劳动贵国官吏呢？谨此拜谢大王！"

士会与荀林父一样是反战派，话里话外也透露出议和的意思。先縠一听急了，这是要对楚国委曲求全吗？那这仗还怎么打？此时楚少宰已经退下，先縠便连忙派赵括追上去，说："我方代表说话不恰当！寡君的意图是让下臣把楚军从郑国迁出去，还让我不要躲避敌人！抱歉了，下臣不能违令！"面对这个小插曲，楚庄王非常清醒，他看出了晋国内部意见分裂之严重。他再次试探性地派使者向晋国求和，而荀林父果然爽快答应了，并约定了结盟的日期。

就在荀林父误以为真能议和时，一乘楚国战车前来挑战。明清小说中经常出现主将单挑的情节，其实大多为虚构的。但三代春秋时期确实有挑战的传统，用勇士的举动来鼓舞军心。这位楚军主将叫乐伯，他的御戎叫许伯，车右叫摄叔，都是几个官位不太高的人，最多也就大夫一级。但派这几个人过去挑战，足以表明楚庄王与晋军一决胜负的决心了。

此时，乐伯、许伯、摄叔三人还在阵前放话。许伯说："我听说单车挑战，御戎要疾驰，使得旌旗斜倒，靠近敌营，然后再回来！"乐伯说："我听说单车挑战，车左要用利箭射敌，之后代替御戎执掌马缰，待御戎下车整理好马匹，然后再回来！"摄叔则说："我听说单车挑战，车右要冲入敌营，杀死敌人割下左耳，抓住俘虏再回来！"这三人你一句我一句，把晋国人完全当空气。

之后三人果然一路冲进晋军营帐，并按照自己先前说的，潇洒地完成了任务。

晋国军队当然不愿意放过他们，于是左右两侧分别夹攻。而乐伯左右开弓，左边射马，右边射人，使得两侧晋军都不能前进，但乐伯毕竟只有一个人，很快他的箭囊就只剩一支箭了。晋国的鲍癸冲过去迎战，正赶上乐伯一箭射中一头乱入的麋鹿背部。乐伯让摄叔下车把麋鹿捡起来送给鲍癸，说："今年还不到时令，应当奉献的禽兽没来，姑且把它献给您的随从做膳食吧！"鲍癸也颇有君子风度，对部下说乐伯善射，摄叔善言，就不要再追逐这三人了。

见到乐伯过来耀武扬威了一圈，晋军这边有人坐不住了，魏氏的魏锜也要去单挑。城濮之战前魏犨被罢免了车右一职，魏氏家族就此边缘化。由于晋国没有公族，所以赵盾推行公族大夫制度，由每个家族内推出一个人选做公族大夫。魏锜没能做成公族大夫，一直怀恨在心，就想趁机捣乱。当然，他单车挑战的请求被荀林父拒绝了。不过他转而要求出使楚军时，荀林父答应了，大概荀林父还抱有议和的打算。

魏锜趁机跑到楚军之中请战，然后又撤回军营。潘尪的儿子潘党一路追赶他，魏锜路过荥泽时看到六头麋鹿，于是射死一头献给潘党，说："您有军务在身，打猎的人恐怕不能供给新鲜的野兽吧，谨以此奉献给您的随从！"当时的人颇讲究君子风度，于是潘党和鲍癸一样，下令不要追逐魏锜。

当时晋军里有个刺头，即赵穿的儿子赵旃（zhān），他想做卿没有成功，眼睁睁看着乐伯逃走，也请求单挑，同样被荀林父拒绝，但转而请求前去与楚国人结盟，竟同样被允许了。

魏锜和赵旃两个麻烦人物离开后，上军佐郤克忍不住说："这两个心怀不满的人过去了，我们这头不加强防备，一定会失败啊！"

先縠主张进攻而非防守，他埋怨道："郑国人劝我们作战，你等不愿听从他们；楚国向我们求和，又不真的实行友好。带兵没有什么策略的话，多加防备又有何用？"

士会沉稳道："还是多多防备吧！如果这两位激怒了楚国，楚国人趁机袭击，我们马上会丧失军队。不如先防备着，要是楚国人没有恶意，我们就撤除防备结盟，如果存有恶意，我们有防备也不致失败。即使诸侯相见，也没必要撤除防备，这是警惕啊！"

但好说歹说，先縠就是不同意。士会长叹一声，派遣两个上军大夫巩朔、韩穿率领七队伏兵埋伏在敖山之前；中军大夫赵婴齐则派部下在黄河边准备了船只，预留好了退路。

而此时赵旃连夜到达了楚军军营，铺开席子坐在营外，又派遣部下进入军门。赵旃的无礼刺激了楚庄王，于是楚庄王登上了左广的指挥车，前来追逐赵旃。楚庄王的护卫部队分为左右两广，每广含三十辆战车，右广在上午工作，左广在下午行动。右广指挥车的御戎是许偃，车右是神箭手养由基；左广指挥车的御戎是彭名，车右是屈氏的屈荡。

赵旃逃进一片树林，战车难以驱动，只能弃车步行，便被楚庄王追上。车右屈荡跳下车来，与赵旃贴身肉搏。能做大王车右的，自然本领高强，赵旃被屈荡按在地上暴揍，盔甲都被扒了。赵旃好不容易推开屈荡要逃跑，屈荡便揪住他的裤子，一把也扒掉了。看着赵旃的狼狈模样，屈荡哈哈大笑，也不再追他。

魏锜和赵旃走后，荀林父越想越不放心，怕他俩果真激怒楚军，便派出驻守的兵车接二人回来。不料晋国这边，潘党在前线看见远处飞起的尘土，连忙派部下奔驰报告："晋国的军队来了！"楚军恐庄王被晋军围困，立即出兵迎战。此时令尹孙叔敖已下定了必战的决心，对将士道："前进吧！宁可我们迫近敌人，也不能让敌人迫近我们！"于是楚军全力出击，顷刻间，一辆辆战车、一队队士卒乌压压出现在阵前。

荀林父先前内心尚存和谈的幻想，并且在先縠的要求下，全军根本未作防御。面对这样的场面，荀林父考虑再三，只能宣布撤军。

但糟糕就糟糕在，晋军本来没有布阵，主帅忽然下令撤军，于是士兵们便争先恐后、毫无秩序地撤退。荀林父为了尽量多地保存实力，甚至还在军中击鼓宣布说:"先过河的有赏!"这一下,中军、下军的将士仓促准备的船只越发显得不足,为了逃命领赏,将士们竟然互相争夺起来,先上船的人用刀砍断了后来者攀上船的手指,每条船上的断指竟然多得可以随手捧起一把。只有中军大夫赵婴齐派遣部下事先准备齐了船只,顺利渡河走了。其他中军、下军的将士乱成一团。楚国工尹齐率领右方阵军队,顺势攻杀晋国下军。

由于士会、郤克事先安排了上军埋伏,此时上军的防守作战极为关键。为攻破他们,楚庄王又派遣唐狡和蔡鸠居去见随军的唐国国君唐惠侯,说:"寡人无德而贪功,现在遭遇强大敌人,这是寡人的罪过;如果不能得胜,同样也是您的羞耻。还请借助大王的福佑,来帮助楚军成功吧!"唐惠侯本来就是被楚庄王裹挟来参战的,哪敢不答应。于是楚庄王让潘党率领后备战车四十辆,跟随唐国军队作为左方阵,以此迎战晋国的上军。

潘党军队浩浩荡荡而来,郤克与士会商议如何应对。郤克问:"要不要抵御他们?"士会说:"楚军的士气正旺盛呢,如果楚军集中兵力对付我们上军,我们一定会被消灭,不如收兵离开吧!分担战败的指责,保全士兵的性命,这也是可以的!"于是士会亲自殿后,保护上军井然有序撤退。得益于士会的先见之明,上军成了三军唯一完好无损的部队。而晋军的中军和下军,还在被楚军惨烈追杀中。

话说赵旃狼狈裸奔后,竟再度身陷绝境,因为他把自己的马让给丢了马车的兄长和叔父,自己则用其他马驾车逃走。由于指挥不灵活,又碰到敌人了,赵旃只能扔掉车,再度逃进树林。晋国逢大夫和两个儿子驾车路过,逢大夫忽然面色一凛,对两个儿子说:"千万别回头望!"偏生两个儿子愈发好奇,非要回头看一下,看完还说:"赵老头儿在后面呢!"逢大夫瞪眼,只好让他俩下车,怒道:"我在这里给你们收尸!"然后让赵旃上了车。第二天,逢大夫回去,二子果然葬身于此。

荀首的儿子荀䓨(yīng)被楚将熊负羁俘虏了,荀首听说后,命魏锜驾车杀回,也有不少下军士兵跟随着。魏锜发现荀首每次从箭囊抽箭,如果是利箭就插回袋里，换支钝箭再用。魏锜不太明白，问："你不是要救回儿子吗，怎么这么吝惜蒲柳箭呢，我们晋国的董泽蒲柳多得是，你还怕没有箭可以用？"荀首哼笑一声："不得到别人的儿子，怎么换回我自己儿子？好箭当然要省着用啊！"他的意思是，好钢得用在刀刃上，碰到关键人物的时候，箭必须给力，才能有筹码换回儿子。这时，楚国连尹襄老迎面而来，荀首立即抽出利箭，一箭射死襄老，又一箭将公子谷臣射下车，晋军一拥而上生擒谷臣，并将襄老尸体一并带走。荀首这才罢手：很好，筹码够了。

而楚国这方，有一位将领一直身先士卒，五次击退了楚庄王身前的敌人。这位将领倒是有点儿故事。原来当年楚庄王与群臣夜宴，忽然风吹烛灭，有个大臣兴起暗中拉扯了楚庄王身边美人的衣裳，美人一个激灵，反手拔下这登徒子帽子上的红缨，并偷偷向庄王告发。但楚庄王并未动怒，反而在黑暗中向群臣提议，大家饮酒都要尽欢，不拔去冠缨就不算！结果蜡烛点燃后，大家都没了冠缨，那位一时犯了糊涂的大臣是谁，也就无法查证了。而这位将领正是当年那位唐突了美人的醉臣，因为楚庄王宽宏大量，他决定肝脑涂地誓死相报。

这场厮杀还留下了这样一则典故，或可让我们一窥古代人讲究战场军礼的模样。晋国一乘将士逃跑时，战车陷在土坑里，不能前进，被楚国将士追赶上了。战车上几位晋国将士心一横，准备闭眼等死。但他们没想到的是，楚国将士还教他们应该将车前横木抽出来，放他们逃了。这几位晋国将士正庆幸捡回了一条小命，但没跑多远，马又盘旋着不肯前进，再度被楚国将士追上。后者还是没有杀掉他们，反倒教他们拔掉旗帜，扔掉车辕上的横木。这批晋国将士终于成功逃脱，一边逃还一边回头吐舌头说："我们可不像贵国一样有逃跑经验呀！"

战斗从上午延续到了下午，楚庄王看到右广在附近，准备换乘。左广的车右屈荡此时阻止了他："君王乘坐左广开始作战，也一定要乘坐它结束啊！"楚国以往经历的战争，基本上一个上午或者一个下午就解决了，楚王根本不用考虑换乘的问题。这也可见该战之激烈前所未有。不过到此时，晋军已经无力回天了。此战过后，楚国的战车也由尚右改为尚左。

晋军已经完全溃败，一直到黄昏，连楚军都杀累了，驻扎在邲地休息。而晋军残部在夜里才完全渡过了黄河。十五日，楚军的辎重陆续到达邲地，但这一战早已结束，于是楚军又驻扎到衡雍。

潘党建议说："君王何不把晋军尸体堆起来建立一个京观？下臣听说，战胜了敌人一定要有纪念物留给子孙看，以此表示不忘武功啊！"

楚庄王倒是很会塑造形象，他说："你不懂！从文字构造上讲，止戈两个字合起来就是个武字。武功，是用来禁止强暴、消灭战争、保持强大、巩固功业、安定百姓、调和大众、丰富财物的，所以才要让子孙们不要忘记大功。武功这七种美德，我们对晋军却不占任何一项，有什么可用来昭示子孙后代呢？我们还是为先君修建宗庙，将战胜之事告慰先君在天之灵吧。武功不是我所追求的事业。况且，古代圣君讨伐不敬的国家才修建京观，晋国对我们也没犯下什么罪恶，哪能建造京观呢？"说完，楚庄王就前往黄河边上祭祀河神，并且修建了先王的神庙，禀告战争的胜利，然后率军回国。

顺带一提，楚庄王这番"止戈为武"的说辞其实是有误解的，这个"止"实际上是"趾"的初文，表示走路的样子，这个成语的本意是说：拿着戈走路，这就叫"武"，本质还是要打仗。楚庄王拒绝修京观，其实更多考虑的是京观实际价值不高，还容易引起晋国人同仇敌忾。如果中原还有其他不服的小国，楚庄王仍然倾向于以武力解决。

盘点邲之战，楚庄王能大获全胜，主要还是在于楚国上下一心。先平定庸国之乱，后平定若敖之乱，再与吴越结盟，楚庄王没了后顾之忧，任用的孙叔敖、伍参、潘党、屈荡等人都能够为楚庄王一心效力。在战前的一年，孙叔敖即主持在蔡地建城，保障了后勤供应；楚庄王虽然也存过畏战和反战的心思，但始终保持了军队的备战姿态。在决定作战后，能够继续麻痹晋国，并刺激晋国个别将士擅自行动，扰乱晋军阵营，从而发动全面攻击，最终大败晋军。

反观晋国一方，差的就不只是一星半点儿了。论综合国力，晋国本不在楚国之下。但晋国军队缺乏一个强有力的领导，若没有国君，也没有强势的卿大夫把握国政，那么六卿分权体制就特别容易导致各大家族自说自话。主帅荀林父优柔寡断，明明不主战，还是上了前线。不仅制约不住副手先縠，甚至连小将魏锜、赵旃都能各行其是。在管控如此不力的情况下，因妄想与楚国和谈就不设提防，那么晋军失败也是必然的结局。

易子而食：楚围宋之战

楚庄王在邲之战中大败晋军，从此声名大震，一雪之前柳棼之战、颖北之战败于晋军的耻辱，而大滑头郑襄公当然马上又投向了楚国的怀抱。之后，楚庄王将目光转向了中原的下一个目标——宋国。

在攻打宋国之前，楚庄王先锁定目标萧国（今安徽萧县）。当年宋国公族大心平定南宫长万叛乱，因功被封于萧，后来这里渐渐成为一个半独立国家，同时仍然奉宋国为宗主国。所以楚庄王要打萧国，实际上是削弱宋国的力量。果然，宋国派华椒出战，联合蔡国军队一起救援萧国。此时，楚庄王挟邲之战之余威，一边抵抗宋蔡联军，一边攻打萧国。虽然宋、蔡、萧三国军事力量远不如楚军，但面对这样生死存亡的战争，将士们的斗志还是十分饱满。

正值冬季，南方人到北方不适应寒冬，楚军战斗力有所下降。萧国人凭借誓死抵抗，将楚军前锋熊相宜僚和公子丙双双抓获。楚庄王有点儿慌了，没想到几个蕞尔小国，倒是比晋国更难对付！且对方握有两位重要人质，他也不敢轻举妄动，只能以退兵为条件要求放人。但萧国国君耿直，对楚国人深恶痛绝，命人将人质推到城墙上，一刀一个砍了。楚庄王大怒，誓要攻下萧城。

申公屈巫臣向楚庄王指出了问题的关键："我军将士大多受冷。"但楚军又没有防寒装备，怎么办呢？于是楚庄王亲自巡视三军。将士们受到国君的抚慰，感受到王的温暖，立刻提振了精神。楚军立即加紧了攻城节奏，第二天果然攻破了萧国。

攻克萧国后，楚庄王也为自己的轻率行为颇感后悔。楚军经过邲之战，已经十分疲惫了，略加修整就在同年进攻萧国，却因为天寒地冻，损了不少士兵，又折了两个大臣。如果继续攻打宋国，似乎也没有多大把握，于是收兵回到郢都。

两年之后，楚庄王心生一计，派公子冯出使晋国，让他路过郑国时不要借路；同时派申舟出使齐国，路过宋国时也不要借路。申舟一听，立即指出："郑国明白，宋国糊涂，去晋国的使者不会有危险，但我必然会死啊！"原来，早在楚穆王时代，楚穆王让宋昭公和郑穆公陪自己打猎，宋昭公违背军令，申舟便鞭打他的仆人示众。这事当时在宋国产生的震动可不小，虽然已过去了数年，但宋国人依然记忆犹新。加上经过他国不借路，这是赤裸裸无视主权，申舟如果这么做，可不就是找死？

楚庄王回答说："如果宋国人杀了你，寡人就攻打宋国！"楚庄王的意思也十分明白，就是要借口宋国杀申舟来出兵。话已至此，申舟知道自己是牺牲品了，也不多说什么，把儿子申犀托付给楚庄王就走了。

申舟到了宋国，宋国执政华元果然把他扣下。华元心里明白是怎么回事，但仍然说："经过我国还不借路，这是把我们当作楚国的县，当我们宋国已经亡国了；此番杀了楚国的使者，楚国必然进攻我们，但最多也就是灭亡。反正一样是死，不杀白不杀！"于是下令处死了申舟。而这正是楚庄王想要的结果，他听到这消息时正坐着，兴奋得一甩袖子就跳起来往外奔，随从们追到前院才送上鞋子，追到寝宫门外才送上佩剑，追到蒲胥街市才送上车子。

公元前595年秋季，楚庄王发兵进攻宋国。宋军据守数月，仍然难以打退楚军。次年春季，宋文公只好派乐婴齐到晋国求援，晋景公虽然想救，但晋国大夫伯宗却认为"鞭长莫及"（成语出处），于是晋景公就派解扬去宋国放空头承诺，安慰宋国说晋国军队已经出发，即将到达。他们给予点儿道义上的支持、精神上的鼓舞，至于后面怎么打，晋国就不管了。

但解扬才走到郑国就被抓了，郑国人又把他送给楚国。解扬曾在北林之战中被蒍贾俘获，时隔几年又成了楚国人的俘虏。

楚庄王看着他，笑着说："寡人给你赏金，你就跟宋国人说晋军不来了，如何？"解扬不答应。楚庄王就耐着性子继续跟他磨，如是再三，解扬终于勉为其难答应了。

于是，楚庄王让他登上楼车，向城内的宋国人喊话。解扬站在高高的楼车上，双手握成喇叭状，大声喊道："晋军马上要来了，你们坚持住！"

楚庄王大怒，派人把解扬揪下来，怒斥道："你答应了寡人，现在又出尔反尔，这是为什么？不是寡人不讲信用，而是你丢弃了它，快去受罚吧！"

解扬也不是头一回当俘虏了，早将生死置之度外。他昂首挺胸，坦然地说："臣听说，国君能制定命令就是道义，臣下能接受命令就是信用。但是信用不能接受两种命令，君王您贿赂下臣，就是不懂命令的意义。我受国君之命而出国，那宁可一死也不废弃命令，难道可以受贿变节吗？下臣之所以答应您，那是为了借机完成使命，死而完成使命，那是我的福气。寡君有下臣守信，下臣又死得其所，已经不追求更多了！"楚庄王感慨万分，这样的忠臣值得嘉奖，于是就将他放走了。

被围城的宋国人受到解扬的鼓舞，加紧力度守卫城池。楚军使出浑身解数，仍然打不下宋国。眼看都拖到第二年夏季了，作为一场长达大半年的围城战，这也是前所未有的。楚庄王终于长叹一声，下令收兵放弃宋国。

此时，申舟的儿子申犀拦住楚庄王的马，叩头说："申舟直到死也没违背大王的命令，大王您却违背自己的成命了！"楚庄王语塞，他刚刚才把解扬作为典型表彰，那么被自己派去送死的申舟又算什么呢？

楚庄王的御戎申叔时出了个主意，在宋国国都郊外建造房子，让农夫们来种田，做出要打持久战、慢慢跟宋国耗的样子，宋国人还敢抵抗吗？楚庄王听从了建议。

果然，宋文公怕了，因为此时宋国国都早已惨不忍睹，由于战争的消耗，百姓们已没了粮储，饿殍遍野，为了生存下去，不得不交换孩子杀了吃，死人尸骨都用来当柴烧饭，马上就快坚持不下去了。

但是，宋国已经坚持这么久了，还是被打到投降，岂不是很没面子？宋国执政华元心生一计，趁着夜深人静时一个人溜出城，悄悄潜入楚军大营，找到了公子侧。公子侧是楚庄王的弟弟，为人粗枝大叶，睡梦中被华元摇醒了，吓了好大一跳，刚想叫出声，又被华元一下捂住嘴。华元说："寡君派我将困难情况告诉你，我们已经'易子而食、析骸以爨'（成语出处）了，但即使这样，让我们战败而降，那也是不可能的。这样吧，你们退兵三十里，我们愿意唯命是听！"说完抬了抬另一只手上的匕首。公子侧吓得差点儿失禁，只好私下与华元盟誓，然后报告给楚庄王。

楚庄王哈哈大笑，宋国人真是死要面子活受罪！罢了，给个台阶便是。于是下令全军退兵三十里，然后宋国与楚国讲和，华元亲自入楚做人质。

至此，楚庄王终于征服了宋国，而在这长达大半年的围城战中，晋国人完全不敢掠其锋芒，眼睁睁看着中原最后一个盟友叛变，这也象征着楚庄王的霸业已经达到了顶峰。楚国历经武王、文王、成王、穆王四代，到庄王时终于问鼎中原、饮马黄河了！果真是不鸣则已，一鸣惊人！

公元前591年，楚庄王去世，其子楚共王即位。

后世往往把楚庄王也列为"春秋五霸"之一，但实际上，"霸"本是"伯"字通假，表示"伯主"的地位。楚国是连续五代自封为王，楚庄王没有周天子册封的伯主身份。他不但没有"尊王"的举动，反而严重挑衅了周天子；至于"攘夷"，也只进攻过人畜无害的陆浑戎。可见，相对齐桓公、晋文公，楚庄王的霸业已经失去了初始的内涵，所剩下的只有武力。这也是春秋时期霸权迭兴的一条规律，即霸主"尊王攘夷"成分越来越少，而武力强制的成分越来越多，"霸"成了"横行霸道"之义。

第十章 霸权复兴

公元前592年，齐国都城临淄。

朝堂之上，三位贵族男子缓缓步入殿中。这三个人的外形都有点儿独特：中间一人驼背，左边一人跛脚，右边那位则是个独眼儿。三人迈进去之后，便有三位小臣过来为他们引路，但仔细一打量，这三个小臣有着同样的残疾：驼背带领驼背，跛子带领跛子，独眼儿带领独眼儿。三位贵族发觉后，面面相觑，不知所措。

看到这样滑稽的场景，坐在中央座位的国君心中好笑，面上倒是保持了涵养，强装镇定，但两边的侍从却忍得辛苦，表情都扭曲了，也得憋着。这时，一阵毫不掩饰的大笑声忽然从幕帘之后传出来。国君侧脸望去，也跟着笑出声来。

原来，晋景公派遣中军佐郤克出使齐国，邀请齐顷公参加断道（今河南济源西南）之盟，郤克这个人有点儿跛，同行的鲁国使者季孙行父驼背（也有说法认为是郤克驼，季孙行父跛），卫国使者孙良夫是个独眼儿。齐顷公听说后颇觉可乐，他是个孝子，忍不住想要借此来给老母萧同叔子逗趣。但母亲不能出面，所以用幕帘遮住。他刻意做了一番安排，于是就有了上文的一幕，明显就是要消遣郤克三人。

郤克一怔，气得狠狠一跺脚，让副手栾京庐继续完成任务，自己头也不回地走了。

为姊复仇：晋灭赤狄之战

邲之战后，晋国正卿荀林父回国，作为第一责任人，他请求死罪。晋景公原本打算答应，但大夫士渥浊劝谏道："当年城濮之战，战果辉煌，晋军连续吃了三天楚军留下的粮食，文公却仍然面露忧色，因为成得臣还在。等到楚成王杀了成得臣，文公才喜形于色。现在晋国受了上天的警戒，我们再杀荀林父，也就扩大了楚国的胜利，这恐怕会使晋国好久都不能再强盛了吧？荀林父进则尽忠，退则补过，是国家的支柱，怎么能杀他呢？"晋景公听了劝，将荀林父官复原职。

荀林父一直是个老好人，而且原本也无意打这场仗，所以关键时刻有人肯为他说话。但先縠就不一样了，虽然先縠回国以后暂时没被找麻烦，但他自己却不安分，居然勾结赤狄进攻晋国，使得赤狄到达清地才退兵。本来邲之战的失败，大家多少都有责任，也不好单独去论谁的罪，但这样一来问题就严重了，于是大家联合起来，将邲地失败和清地战争的责任全扣到先縠头上。晋景公下令处死先縠，还诛了他的族人。于是先氏成了狐、胥之后第三个退出晋卿的家族。

先縠虽死，但晋国与赤狄的矛盾到底又重新激化了。春秋时期，晋国附近的赤狄有六部：东山皋落氏、廧咎如、潞国、甲氏、留吁和铎辰。晋太子申生曾进攻东山皋落氏取胜，此后皋落氏一蹶不振；白狄曾进攻廧咎如取胜，俘虏了两个公主叔隗、季隗，把季隗嫁给了公子重耳，生下了伯儵、叔刘，另把叔隗嫁给了赵衰，生下赵盾，而廧咎如从此一蹶不振；留吁一度强盛，灭亡过邢国和卫国，后来也默默无闻了。

此后，众狄之中最强盛的就是潞国，不但是赤狄部落的盟主，而且俨然众狄部落的霸主。潞国虽然是狄人政权，但权力却在执政酆舒手上。酆舒很早就在潞国任职了，当年狐射姑逃到潞国时，就与他有过交流。不过，晋国一直视赤狄为眼中钉，郤缺在执政的时候还曾煽动众狄孤立赤狄；同时，晋国也对潞国加以笼络，潞国国君潞子婴儿就娶了晋景公的姐姐为夫人。

但潞国很多人也对晋国不满，其中酆舒就是个彻头彻尾的仇晋派。酆舒大权独揽，不但杀死了潞子的夫人，还刺伤了潞子的眼睛。晋景公听闻后，决定出兵进攻赤狄。大夫们认为，酆舒能力特别显著，不如等他的继任者上台再攻不迟。而号召"鞭长莫及"不救宋国的伯宗却认为，必须尽快攻打潞国。因为酆舒的罪过太多了，一是不祭祀神灵；二是喜欢喝酒；三是废弃贤臣仲章、夺取黎国的土地；四是杀害晋景公的姐姐伯姬；五是刺伤国君的眼睛。酆舒再有才，也是个失德有罪之人；如果他的继任者是遵行德义、侍奉神明之人，又凭什么要去讨伐呢？

晋景公同意了他的意见，再度派老将荀林父出征。荀林父得到这样戴罪立功的机会，自然是非常感恩戴德。

但此时潞国还有依附的长狄人，以焚如为首，实力强悍，并不好对付。长狄部落本来活跃在黄河中下游一带的长丘，据说他们个个都是巨人，还建立了一个叫鄋(sōu)瞒的国家。早在宋武公时期（公元前765年—前748年），鄋瞒就进攻过宋国。

当时宋武公以皇父充石为主将，耏班为御戎，公子穀甥为车右，司寇牛父为驷乘。一般来说，一个战车的标配是三个人，其中只有一个车右，而在抵御长狄的战斗中，宋国居然出动了配有四人的战车，设置了两个车右，可见长狄人不容小觑。不过，皇父充石没有辜负宋武公的信赖，打退了敌人的进攻，并且一路追杀到长狄的老巢长丘。长丘之战异常惨烈，皇父充石的两个儿子都战死，但皇父充石还是没有退缩，坚持指挥，终于攻克长丘，杀死了长狄酋长缘斯。

之后赤狄南下，长狄就依附于赤狄，没有独立行动。

公元前616年，长狄鄋瞒再次抬头。此时长狄首领有四兄弟，分别叫侨如、荣如、焚如、简如。老大侨如身材高大，练就了一身飞沙走石、刀枪不入的硬本事。侨如蠢蠢欲动，试图往东进攻齐国。但齐国比较强大，侨如碰了钉子，随即往南进攻鲁国。

面对长狄侨如这样凶狠的敌人，大家都不敢出战，鲁文公只好亲自占卜，结果是让大夫叔孙得臣驱逐敌人。于是，叔孙得臣学习宋武公时期的做法，请求鲁文公为自己配置侯叔夏为御戎，绵房甥作为车右，富父终甥作为驷乘。之后，叔孙得臣带领部队浩浩荡荡出发，而长狄侨如则带领三个兄弟以及大将虺（huī）、豹迎战，两军在咸地相遇。

当时高大威猛的侨如一声怒吼，大地似乎都为之颤抖，鲁军战士更是心惊胆战、双腿发抖。这时侨如指挥狄人厮杀了过来，鲁军前锋战士哪里见过这样的巨人兵团，纷纷吓得屁滚尿流，几欲逃走。

叔孙得臣倒是很冷静，他在出征之前就分析过长狄人的弱点。长狄人并非真的刀枪不入，而是由于有很厉害的盔甲，攻击他们的身体无用，突破口应该在面门。考虑至此，叔孙得臣不但没撤退，反而再度击鼓进军。但此时鲁军被长狄吓破了胆，谁还敢上前？叔孙得臣毫不畏惧，他让侯叔夏加速战车，自己冲到前锋作战。虺、豹二人正在追杀鲁军，叔孙得臣迫近，左边一箭右边一箭，分别射中虺、豹的眼睛。

平原地形上，机动的鲁国车兵不占优势，而以步兵为主的长狄人靠着高攻高防碾压鲁军。但叔孙得臣敏锐地发现，这些人最脆弱的部位是眼睛。鲁国车兵抬出弓箭，长狄人的防御优势就将不复存在，再加上进攻不如战车迅速，纷纷落入下风。叔孙得臣带领车队势如破竹，正面遇上侨如后，起手一箭，瞬时射中了侨如的眼睛。侨如惨叫一声，捂着眼睛摔倒。而侯叔夏驱动战车很快冲到他面前，富父终甥则用戈抵住侨如的咽喉，一招刺死了他。

这一战鲁国大获全胜，侨如的三个弟弟荣如、焚如、简如逃之夭夭，而侨如和虺、豹则为鲁军所杀。叔孙得臣后来生了三个儿子，为了纪念这次战争胜利，还分别给他们取名为侨如和虺、豹。

公元前607年，鄋瞒再度进攻齐国，齐惠公派王子成父迎战，攻杀了长狄荣如。从此长狄彻底不振，焚如和简如带领长狄余部投靠了潞国。

听闻晋军前来攻击潞国，酆舒急忙与焚如、简如兄弟商议如何对付晋军。但此时长狄部落式微，不能提供多少援助。事已至此，酆舒只能亲自上阵了。公元前594年，荀林父带领的晋军与酆舒带领的潞国军队在潞国附近的曲梁相遇。荀林父按照伯宗檄文所陈罪状痛斥酆舒。酆舒却破口大骂，潞国与晋国长期无怨，郤缺为何要挑唆众狄背叛赤狄？要说他酆舒专权有伤国君，难道赵盾就没有专权弑杀国君？也不看看逃到潞国的狐射姑是如何评价赵盾的！好你个荀林父，邲之战大败于楚国，为何不引咎自杀，反而还有脸面活在世上？说别人振振有词，好像真是那么回事似的。

荀林父一个老实人，本来就不善言辞，索性也不再与酆舒多加争辩，直接下令军队进攻。潞国国君虽然是赤狄血统，但潞国毕竟是一个"国"，在众狄之中也较为发达，所以也有少量战车部队，并借此称霸于赤狄。但面对荀林父这样经验丰富的大国老将，酆舒终究不是敌手，很快部队被击退，逃回潞国城中，与焚如、简如兄弟共同防守。荀林父自然不会放过，带领军队追杀了上来，下令围城，务必要攻下潞国。

潞国作为一个新兴小国，防守经验同样不足。酆舒死守了八天，潞国国都还是被攻破。酆舒与焚如、简如兄弟连忙逃跑，后来焚如被晋军围住杀死，酆舒和简如好不容易杀出一条血路，逃到卫国。但卫穆公不会因为他们而得罪晋国，将简如直接推出去杀了，又将酆舒五花大绑交给晋国，所以酆舒也被晋人所杀。

部落霸主潞国一灭，其他赤狄部落就好解决了。公元前593年，士会带兵进攻甲氏、留吁和铎辰，将他们一锅端了。公元前588年，晋国郤克、卫国孙良夫又合力攻灭了最后的赤狄部落——廧咎如。

至此，祸害华夏国家近两个世纪的长狄、赤狄相继灭亡。潞国之战取胜后，晋国上下终于从邲之战失败的惨痛中走出来，再度怀揣上了一颗继续与楚国争夺霸主之位的雄心。

结草衔环：辅氏之战

俗话说，落地的凤凰不如鸡。晋国低迷时，不但被赤狄杀了嫁过去的公主，还被一直沉寂的秦国挑衅了。此时秦国国君是秦桓公，即秦共公的儿子。秦桓公祖上三代一直受晋国欺负，见晋国被楚国击败，又被赤狄挑衅，于是他也有些蠢蠢欲动，打算亲自率领大军进攻晋国。本来他是想趁晋军与潞国作战时袭击晋国，没想到潞国迅速被灭，没了机会。之后晋景公又在稷地进行军事演习，扶立被赤狄灭亡的黎国，秦桓公又觉得机会来了，动身进攻晋国，驻扎在辅氏（今陕西大荔东）。

此时晋景公年富力强，对卿大夫专权渐生不满。正好碰到秦军入侵，荀林父又不在场，于是晋景公就派魏颗带兵西进。这个魏颗就是晋文公车右魏犨的儿子，早年魏犨因为触犯军令被免职，魏氏家族从此中落，邲之战中，魏氏有个族人魏锜参战了，但也只是担任下军大夫荀首的御戎。晋景公这一举动，当然是借机扶植低微家族，试图与强大的六卿家族进行对抗。加上魏颗这个人为人品性纯正、骁勇善战，所以晋景公也乐于让他立功。

魏颗带领晋军，浩浩荡荡到达辅氏，与秦军相遇。秦桓公一看，晋军居然派这么一个无名将领前来，不禁哑然失笑。想当年，晋国由先轸、先且居、赵盾执政时，派出与秦军作战的，动辄三军六卿，如今却只剩无名之辈，可见已经寒碜到什么地步了！他再一细想，或许正是秦国利用赤狄之乱发动攻击，晋国来不及调派人手，才让这么一个家伙过来送人头。既然如此，来都来了，那就别回去！秦桓公轻笑，就让辅氏变成晋军的坟墓吧！

两军对决，秦军前锋率先杀出，晋军前锋迎击。实际上，晋军将士久经磨炼，而秦军将士急欲雪耻，所以两军算是势均力敌，双方互有损伤。

两军正杀得难舍难分之际，秦军阵营中忽然爆发出一声巨吼，响如奔雷，便见一位大力士手持短戈，挥舞如风，每每出招，必有一个敌人倒地。更厉害的是，这位大力士居然仅靠徒步而行，而不像车右那样，需要战车助力才能完成击杀。这位徒步的大力士虽然没有车右那么敏捷，但作为步卒，行动上比车兵灵便许多。况且作战时，他也无意闪避，总能先发制人，晋军根本奈何不了他半分，可见其人武艺高强。

这个人就叫杜回，是秦国有名的力士，上战场于他如入无人之境。魏颗不禁皱起了眉头：秦军中居然有这么强悍的勇士，如果连此人都对付不了，又如何打败后面的秦桓公呢？

正当魏颗踌躇之际，杜回已经杀至近前。魏颗大惊，忙令左右上前拦住。杜回却丝毫不理会，大吼一声直取魏颗，左右护卫根本拦他不住。怔忪间，魏颗瞥见一位老人蹲下身，把地上的草连串打成结。杜回正一股脑往前冲，哪里注意到地上杂乱的草结，被狠狠地绊倒在地，摔了个狗啃泥。魏颗再一细瞧，却又不见老人身影。魏颗一愣，又迅速回过神来，下令左右一拥而上，一举将摔蒙了的杜回俘获。

稀里糊涂就抓住了杜回，魏颗也有些晕，莫非这是得了上天襄助？既然如此，他可不能误了时机，连忙组织军队开始反攻。而秦军那边，眼见杜回差点儿得手，忽然莫名绊倒在地，还被晋军俘获。反转来得太突然，秦军也认为蹊跷，不由胆怯了三分。魏颗趁势一举击溃了秦军前锋。

秦桓公原本端坐中军看好戏，完全不明白为什么形势忽然逆转，连猛将杜回也折了。晋国随便一个小贵族都这么难对付？原来让先祖头疼的晋国，竟然这么厉害！秦桓公不知虚实，唯恐有失，于是下令撤退。魏颗当然不肯罢休，组织晋军又凶猛追杀了一路。这一战，秦国国君竟然被晋国一个小小的士大夫杀退，让秦国的恐晋症又犯了好多年。

魏颗成了大赢家，但他自己也有些莫名其妙，直到晚上入梦，再次见到了那位结草的老人。梦中，老人告诉他，原来魏犨生前有个爱妾，年纪轻轻没有生子。魏犨生病后，曾吩咐魏颗说："等我去世之后，你一定要把她嫁出去！"后来魏犨病危，又改了主意，说要让她殉葬。魏犨去世后，魏颗仍然将她改嫁了，还宽慰说："父亲病了就神志不清，我只听他清醒时的话。"而这个老人，就是这位免于殉葬命运的女子的父亲，他感念魏颗的仁慈，便特意前来报恩。

后人就以"结草衔环"这个成语来形容报恩，当然今天看来，鬼魂报恩肯定是无稽之谈，事实更可能是杜回自己跑太快，失足绊倒了。史书这样记载，是因为史官认为魏颗的仁义之举当有善报，故专门记录下来以作表彰。

魏颗班师回朝后，晋景公也对他颇为赞许，将令狐赐给他作封地，后来魏颗这支就改为令狐氏。至于他的亲戚魏锜，也被顺势封了吕（今山西霍州西）、厨（今山西襄汾东）。魏氏虽然尚未步入正卿，但也开始慢慢壮大。

跛帅之怒：鞍之战

消灭了赤狄，教训了秦国，晋景公终于松了一口气。不久中军将荀林父去世，士会接替中军将，郤克替补为中军佐。公元前592年，晋景公为复兴霸权，试图拉拢东方大国齐国，便派遣郤克出使齐国。但不想，齐顷公玩心大发，见郤克、孙良夫和季孙行父三位使者都有些生理缺陷，就戏弄羞辱了一番。郤克离开齐国时，对着黄河发誓道："不报复这次耻辱，此生再不渡黄河！"

郤克回国之后，立即请求晋景公发兵齐国，但晋景公不同意。于是郤克提出带领郤家族兵去攻打，晋景公当然也不答应，毕竟联齐大业怎么能因为一个郤克受辱就放弃？齐顷公并非无意联合，还派了高固、晏弱、蔡朝、南郭偃四人前来参加会盟。不过，齐国正使高固料想郤克一定会借故报复，于是自己一个人偷偷逃走了。但这样一来，更是给郤克落下口实，郤克直接把晏弱、蔡朝、南郭偃三个人都扣押了。

斗椒之子苗贲皇当时担任晋国大夫，他在出使路上正好碰到晏弱被抓，于是回去劝说晋景公释放三人。晋景公也有意放过几人，就让下面人放松监管，这三个人寻机一路小跑回了齐国。但这样一来，郤克更加愤怒了。士会是一根官场老油条，一看就知道大事不好：郤克这回显然非发泄不可，但国君不让他去齐国，那他就早晚会在国内制造动乱；可国君要是放任他去齐国，显然更胡闹，反正自己是不会支持的。于是士会干脆告老还乡，把中军将的位置让给了郤克，你随意吧。

公元前591年，刚上任的中军将郤克果然联合卫国太子臧共同进攻齐国，一直到达阳谷（今山东阳谷），齐顷公能屈能伸，立即表示愿意服输。于是齐晋两国在阳谷境内的缯地结盟，齐国派公子强到晋国担任人质。这下晋景公满意了，郤克也无话可说，只能暂时放过齐国。

不过齐顷公心眼太多，很快又开始打小算盘。考虑到齐国的宿敌鲁国也是晋国的盟国，如果真接受了缯地同盟，就意味着齐国不能图谋鲁国，那齐国还怎么扩张呢？再望望风向，哈，晋国输给了楚国，那就投奔楚国吧！

公元前589年，齐顷公攻打鲁国北部，包围了龙地。齐顷公的宠臣卢蒲就魁在攻打城门时，被龙地人抓获。齐顷公急急向对方表示说："不要杀他，我和你们盟誓退兵！"可龙地人不听，坚持杀了卢蒲就魁。于是，齐顷公重演了当年楚庄王灭萧的一幕，亲自击鼓，指挥士兵爬上城墙，三天就攻下了龙地。

之后，齐军又南下到达巢丘。得知鲁国被攻打，卫国第一个出兵相助——齐顷公当年一次侮辱了三个人，另外两人就是卫国大夫孙良夫和鲁国大夫季孙行父，两国自然同仇敌忾。卫穆公派遣孙良父、石稷、甯相、向禽率军攻打齐国，本来只想进行牵制作战，缓解一下鲁国的压力，没想到迎面就碰到了齐军。

石稷提出要退兵，孙良夫拒绝了，说："我们原本就是要攻打别人，遇到正主了就回去，还怎么向国君交代呢？如果知道不能作战，根本就不应该出兵！现在既然相遇了，还是打一仗吧！"石稷却说："如果战败，导致全军覆没，到时候更没脸向国君交代！您是国家的卿，光是损失了您，就已经是羞耻了。不如您带领大家撤退，我留守在这里吧！"

孙良夫答应了，之后石稷马上通告全军，说援军马上就到。这个消息自然传到齐军耳中，于是齐军也将信将疑，就在鞫居安营扎寨。

孙良夫退到卫国新筑，正要回到国都，又见一支齐军来袭。孙良夫拼死抵抗，靠新筑大夫仲叔于奚以命相搏才免于祸难。卫穆公要把城邑赏赐给仲叔于奚，仲叔于奚却野心勃勃，提出只要诸侯所使用的礼器、乐器和马饰，卫穆公应允了。通过这件事可见，当时礼崩乐坏程度加深。孙良夫虽然逃过一劫，却被气得七窍生烟，干脆不回国都，跑到晋国去搬救兵了。

此时，鲁国大夫臧孙许也赶到晋国求救，两人知道晋国真正管事的是郤克，就找到郤克哭诉齐国无礼。三人共受过齐顷公的侮辱，郤克话不多说，马上拍胸膛答应帮助出兵。由于齐国入侵了晋国的盟国，晋景公也不好反驳，不得不答应出兵。刚开始，晋景公打算划拨七百辆战车给郤克，郤克却说，城濮之战也是这个数，还靠先君明察和先大夫的敏捷才获了胜，我这样的，给先大夫提鞋都不配，请晋景公多发一百辆。晋景公就没见过还有这样讨价还价的，拗不过他，同意郤克带领八百辆战车出战。

此次晋国出兵，三军六卿中只有三卿参战，分别是中军将郤克、上军佐士燮（士会之子）和下军将栾书，此外韩厥继续担任军中司马。臧孙许为晋军引导开路，季孙行父率部与他们会合。

路上发生了一场小风波。刚到达卫国境内时，韩厥要杀一个触犯军令的人，但这个人是郤克比较宠信的部下，于是郤克亲自驱车过去求情，但赶到时人已经被杀了。既然人死不能复生，郤克转而立即表示支持韩厥的决定，并派人将尸首示众，回头还告诉自己的御戎："我这样做，是在替韩厥分担指责。"

晋、鲁、卫三国联军继续前进，到达莘地时，终于赶上了齐军，并且在靡笄山（今山东济南）相遇。齐顷公派人请战，对郤克说："您带领贵国的军队光临敝邑，敝国的士兵虽然不强，也愿意在明天早上决战！"郤克回答道："鲁、卫是晋的兄弟国家，他们前来报告说，某大国不分日夜在他们那儿霸凌。我们晋君不忍心，便派下臣们来向大国讨说法，同时不让我军久留贵国。所以我们只能前进不能后退，您的命令自然会照办！"齐顷公最后回复说："大夫允许，正是敝国的愿望；如果不允许，那也是要兵戎相见的！"

双方态度都很坚决，这一仗势在必行。对于齐国来说，一旦与晋国结盟，就得把自己捆绑在晋国争霸的战车上，不能经略鲁国了；对于晋国来说，要与楚国争霸，当然首先要保证它在北方的霸权；对于郤克、孙林父、季孙行父三个统帅来说，齐顷公给予的羞辱，必然是要还回去的。

此时双方尚未正式宣战，齐国忽然派出一驾战车向晋军致师。战车上的主将不是别人，正是断道之盟中途逃跑的高固。到了公平对决的战场上，高固神气起来，他的车上满载大石，随手搬起一块，见着晋军就砸。晋军哪晓得这是什么路数，毕竟还没准备开战呢，只好左躲右闪。战车路过一位被砸倒在地的晋军将士，高固随手将其拎起并扔上战车，然后把桑树根系在车尾拖着跑，瞬间扬起一片尘埃。高固还挑衅地放话说："我还有勇气没用完呢！谁要，我卖给你们（成语'余勇可贾'出处）！"

十七日一大早，齐、晋两军在靡笄山附近的鞍地摆开阵势。受到高固致师的鼓动，齐顷公此时豪情万丈，说："寡人暂且消灭了他再吃早饭（成语'灭此朝食'出处）！"于是连马匹披甲都没准备好，就带头直接杀向晋军。郤克深恨齐顷公的无礼，决定好好教训一下对方，于是也身先士卒，迎战齐顷公；孙良夫、季孙行父先后跟上。

然而晋军远道而来，体力上比不上以逸待劳的齐军。晋、卫、鲁三国人再多，其中晋军就出动了八百乘，但联军未必占尽优势，毕竟晋军只是来救助鲁、卫的，统一调度上可能有些不太顺畅。齐国自桓公之后，虽然一直没有太亮眼的成就，但毕竟也算大国。而且，之前高固在晋军大营前刺激了一圈，还抓了一个俘虏回来，这也极大地鼓舞了齐军的斗志。一时间，齐军阵营气势高亢，士兵们纷纷高喊杀敌。

两军一接触，齐军比想象的生猛得多，郤克不禁叫苦，看来多少还是有些低估对方了。齐桓公毕竟是春秋第一霸，虽然死后因为五子争位，齐国实力渐衰，但齐顷公到底是齐桓公的孙子，到他执政时国家已经稳定下来了。加上齐国以强有力的经济实力作依托，士兵的装备精良，粮食盈余，在双方兵力相当的情况下，晋楚两国都未必是齐国的对手。等郤克想通这些关节时，发现已经晚了。

对面齐军前锋已经完全压制了晋军前锋，凭借良弓利箭，已让晋军倒下一片，而郤克的战车冲在最前，自然成了被打击的首选靶子。忽听"嗖"的一声，对面一箭射了过来，正中郤克大腿，郤克本来就是跛子，这下更是痛不欲生。他知道，倘若此时下令退军，其实还来得及，可是一旦战败回国，不但要被齐国人嘲笑，他在晋国也将难以立足。于是他咬咬牙，把战鼓擂得更响亮了。

话虽如此，郤克低头看到自己的血滴到鞋面时，仍觉疼痛难耐，忍不住大喊一声："我受伤了！"没想到御戎解张忽然开腔："从一开始交战，对面的箭就射穿了我的手和肘，我折断了箭杆继续赶车，左边的车轮都染成黑红色了，我哪里敢说受伤？您还是忍着点儿吧！"而车右郑丘缓也附和说："解张确实受伤了，所以从一开始交战，如果遇到险情，怕他应付不及，我都下车帮着推车了，您怕是没注意到吧？不过我看，您受伤不轻呀！"郤克一听，才注意到情势真的很紧急了，连自己的主将车上都有两个病号了，战车也屡屡受险，若不是依靠解张奋力驾驶，以及郑丘缓配合推车，说不定他已经被齐军抓获了。

但是，不到最后一刻，岂能认输！郤克勉力咬牙坚持，但鼓声还是渐渐小了下来。此时解张一把夺过郤克手中的鼓槌，朗声道："军队的耳目在于主将的旗帜和鼓声，前进后退都要听从于它。这辆车子由一个人镇守，战争就可以完成。就为了这么一点儿痛苦，至于败坏国君大事？身披盔甲、手执武器，本来就抱着必死的决心，受伤不到死的程度，您还是尽力而为吧！"解张果然勇猛，他一人左手握着马缰，右手击鼓指挥。马车奔跑不止，全军也一直跟随而上。

在这样艰苦的逆境之下，晋军将士见主帅战车一直迎难而上，备受感动，纷纷奋勇迎战齐军。双方僵持了一段时间，齐军的缺点渐渐暴露了出来。原来齐军攻击力强是事实，但耐久性差也是真的。齐军虽有精良的装备和完备的口粮，这让他们前几拨攻击凌厉异常，但正如当年长勺之战曹刿所说，作战应"一鼓作气"。此外，由于齐国人原来的生活条件相当优越，以至于大多数人更加惜命，不愿死磕。交战的时间一长，就"再而衰，三而竭"了。郤克硬拼之后损伤惨重，但到底还是坚持下来了！

此时，由士燮率领的上军、栾书率领的下军和孙林父率领的卫军、季孙行父率领的鲁军，都已到达前线与郤克会合。他们的到来让郤克如虎添翼。郤克斜靠在战车上，竭力支撑着不倒下去；而解张一手持辔，一手击鼓，方向未有一丝偏差，鼓声未有一丝停歇；郑丘缓则手舞大戈，尽力帮助解张摆脱危机，并在解张力弱时帮助他推车。三个人虽形容狼狈，但未见气馁，反而斗志昂扬，几位将领见到后，内心大受触动！

于是，三国联军空前同心，奋勇抵抗齐军的攻击。不久，齐军斗志消散，开始懈怠，不少人甚至开始逃亡。于是解张更加用力击鼓，全军一起前进。原本齐军在数量上不占优势，这样一来，更是完全不敌。最后，连齐顷公自己都开始逃跑了。晋军一路追击齐军，围着华不注山跑了整整三圈。

此时，韩厥发现了落跑的齐顷公，立即策马加速追赶。很快齐顷公也发现了韩厥，他的御戎邴夏对他说："射那位驾车的人，他是车上的贵族！"

本来韩厥作为一车主将，应该坐在车左负责射箭才对。但奇就奇在，韩厥刚好在前一夜里做了一个梦，梦见先父子舆叮嘱自己，第二天作战千万不要站在车左和车右，韩厥听从了。但他即使换到了中间负责驾车，还是被邴夏看出了身份。但齐顷公却不这么想，还对邴夏说："不能想当然认为他是贵族就射他，这样做不合礼！"于是射了车左，果然车左被射死摔落车下；又射车右，车右也中箭而亡倒在车中。

不久之后，綦（qí）毋张丢失了战车，便搭上了韩厥的战车，刚开始他站在韩厥旁边，韩厥知道齐顷公的箭术厉害，一肘将他推到了身后。

而齐顷公这边，眼看就要被韩厥追上了，齐顷公和逢丑父对视一眼，趁着韩厥搭载綦毋张分神，两人很默契地迅速交换了位置。

将要到达华泉时，骖马被树木绊住了，需要人下去推车，这种事一般都是由大力士车右来做。但偏偏前几天逢丑父睡在车中时，有一条蛇爬到他身边，他抬臂驱逐，反被蛇咬了一口，这件事他一直没对齐顷公说。而现在需要推车，他果然就使不上劲了，眼睁睁看着韩厥驾驶战车追了上来。

韩厥倒是很有风度，他下车走过来，拉住齐顷公的马，跪下叩头，并捧着酒杯和玉璧献上，缓缓道："寡君派臣下们替鲁、卫求情，还叮嘱不要让军队进入齐国土地。下臣不幸，正好在军队中服役，也不敢逃走成为两个国君的耻辱。下臣身为一名战士，曾向君王报告过自己的无能，无奈人手缺乏，才勉强承担了现在这个官职。"他说得婉转客套，但简化一下，意思就是你们都坐着别动啊，我是来抓你们的。

逢丑父和齐顷公又对视一眼，齐顷公暗暗以眼神示意，逢丑父心领神会，对齐顷公大喝一声："逢丑父！你帮寡人去华泉取点儿水来！"

齐顷公低头坏笑一下，拿着水壶一溜烟跑了。跑到半路，齐顷公惊喜地看到了自己的副车，御戎郑周父、车右宛茷都在车上，连忙招手示意，于是成功金蝉脱壳。

另一边，当面色发白的郤克忍痛赶上时，韩厥献上逢丑父。郤克是见过齐顷公的，一看就知道韩厥被骗了，于是下令将逢丑父处死，逢丑父高声喊道："从今以后再没有替代国君受难的人了，有一个在这儿，还要被杀吗？"郤克想想，觉得这人不错，说："一个人不惧身死来为国君免忧，杀了不吉利，不如赦免，以此勉励大家吧！"

齐顷公也不是不讲信义之人，他刚成功逃脱与大军会合，就急着通告逢丑父被抓了，完全没了以往的幽默感。之后齐顷公又带了军队去救人，在齐军的护卫下，他在晋军阵中三进三出，却仍然找不到逢丑父。之后，他又深入晋军随从狄人军中，狄人倒是敬重他是英雄，甚至抽出戈盾来护卫他；再后来，他又闯入卫国军中，同样，卫军也未对他施加伤害。

最后，齐顷公从徐关退回都城临淄，看到守军时，十分严肃地说："你们努力吧！齐军战败了！"

齐顷公的战车在城中继续前进，忽被一位女子拦路相问："国君免于祸难此时郤克冷静了不少，觉得自己的条件也确实太严苛了。

孙良夫、季孙行父也劝郤克："我们已经激起齐国的怨恨了，那些死去和溃散的，都是齐国国君亲近的人。您如果不答应，齐国人必然会加深仇恨。但您现在对齐国还有什么额外的诉求吗？您已经收服了齐国国君，我们也找回了失地，荣耀已经够多了。齐、晋都是受上天眷顾的，不会只允许晋国一直胜利吧！"显然，卫、鲁是小国，害怕结怨深重，将来遭到报复。于是郤克答应了他们，并答复齐国国君道："下臣率领兵车来为鲁卫求情，如今可以向寡君复命，已得了君上您的恩惠了！岂敢不从。"

于是，同年七月，郤克与国佐在爰娄（今山东淄博西）举行盟誓，让齐国归还侵占鲁国的汶阳之田。次年，齐顷公亲赴晋国朝见，正式承认晋国的霸主地位；而且齐顷公愈发没脸没皮了，干脆声称要尊晋景公为王，晋景公连忙推辞，但无疑对齐国更有好感。公元前583年，晋景公为了拉拢齐国，反而要求鲁国把收复的汶阳之田又交给齐国。随着晋、齐两个大国的关系进一步稳固，夹在中间的小国竟然遭了殃。

盘点鞍之战，晋国能取胜，一方面在于争取到了主动权，事先收服了鲁、卫两个盟友，也表明与齐国修好的态度，在鲁、卫被攻击时挺身而出，进退有条不紊；另一方面是郤克、解张、郑丘缓三位将领能够忘记生死，迎难而上，尤其是主帅郤克，在受到重伤的情况下，仍然能够坚持不懈，最终取得胜利。另外值得一提的是，韩厥未必真没看穿齐顷公的身份，可能只是不想让他太难堪，这样一来也保全了齐顷公的面子，让齐顷公心服口服。

反观齐国一方，打从一开始，和晋国的矛盾就是一个闹剧引起的，如果齐顷公不羞辱郤克，此时晋国的中军将还是稳重的士会，不会轻易对齐国动用武力；齐国以为投靠楚国能帮助入侵鲁国，事实上鞍之战时楚国根本置齐国于不顾，多年之后，反而是晋国为了维护齐国去抢占鲁国的田地；最关键的是，齐顷公在战场上过于轻敌，连马匹的铠甲都没佩上就匆忙上阵，希望一朝制敌。当然他差点儿就成功了，只是运气在他面前拐了个弯儿，奔对手那边去了。

第十一章 势均力敌

公元前581年，晋国国都新绛。

国君睡在床上，但面容并不平静，他时刻皱着眉头，显然睡得并不安稳。梦中，他见到了宫外一个厉鬼，对方披散着拖地长发，在他面前捶胸跳跃，声色骇人："你杀了我的子孙是不义，我请求为子孙复仇，上帝已经应允了！"

国君连忙躲闪，而厉鬼一路追杀，连续毁坏宫门、寝门、内室门。国君走投无路，心下大惊，在一阵急促的呼吸间骤然醒来。

次日，国君找来巫师询问，巫师神叨叨地喊道："君上吃不到新年的新麦子了！"国君听后不明所以，叫厨师烹煮新麦子。麦粥煮好后端上来，国君又得意地叫来巫师，向他证明自己完全吃得上新麦子，继而冷哼一声，叫人把这个不称职的巫师杀了。

之后，国君优雅地拍拍手，准备进食，但刚坐下，就觉得腹中隐隐作痛，忍不住跑去上茅厕，但一下没站稳，竟然掉进了坑里，沉了下去，一双手冒出来挣扎了几下，然后没了动静。

这位死状窝囊的国君正是晋景公，他梦中所见的乃是赵氏的先人。晋景公生前将晋国大族赵氏灭门，有了历史上著名的"赵氏孤儿"事件。实际上，晋景公既非暴君也非昏君，相反还是一位颇有作为的中兴之主。他虽然在邲之战中败给了楚国，但之后很快又灭亡了赤狄、战胜了秦国、征服了齐国，复又重新进攻楚国。眼看霸业就要重新回归到他手上时，他却病重而亡，将霸主之位拱手让给了楚庄王。摔落进粪坑里，大概正是病情发作所致，"病入膏肓"这个成语，说的就是他。

初入楚境：晋伐蔡攻楚破沈之战

虽然有齐顷公的怂恿，晋景公也没有昏头去称王，但他打着奖励鞍之战功臣的名义，将军队扩建为六军，这采用了天子的军制。旧的三军六卿与之前一致，此外还增加了新三军六卿，即：

中军将：郤克，中军佐：荀首；

上军将：荀庚（荀林父之子），上军佐：士燮；

下军将：栾书，下军佐：赵同；

新中军将：韩厥，新中军佐：赵括；

新上军将：巩朔，新上军佐：韩穿；

新下军将：荀骓，新下军佐：赵旃。

短短几年后，一代跛帅郤克去世，栾书被提拔为中军将，郤克之子郤锜替补下军将一职。

栾书在邲之战时担任下军佐，这么多年来晋升缓慢，是个善于韬光养晦的人物，正因如此被郤克相中，提升为自己的接班人；而栾书也投桃报李，提拔郤锜为下军将。栾书生活节俭、处事谨慎，也深得晋景公的信赖。不过，栾氏家族的实力并不强，要扬名立威，必须还得有一份过硬的战功才行。很快，栾书的机会来了。

在公元前 587 年，郑国的公孙申按照楚国的分配，到许国去划定两国边界。但许国人不乐意，于是出兵打败郑国。之后郑襄公怒而出兵，又攻占了许国土田。

对楚国来说，这本来只是两个附属小国互相掐架，但栾书偏偏借机大做文章，要进攻郑国来救援许国。因为晋国要与楚国争霸，第一步就是要征服郑国。于是，中军将栾书、中军佐荀首、上军佐士燮三人带兵攻打郑国，占领了汜地、祭地。楚国司马公子侧带兵来救，栾书暂时不敢硬碰硬，便先带兵撤回。

见到公子侧后，郑襄公与许灵公就在他那儿争吵起来，互相指责对方的过错，公子侧也不好评判，就让他们去见楚共王。不久郑襄公去世，就由即位的郑悼公去楚国诉讼，这时楚国给出了仲裁结果，判许灵公获胜。

郑悼公得知后大怒：为这事儿我们郑国莫名其妙挨了晋国的打，楚国还要再欺负我们，偏帮许国，这样的楚国还值得跟从个鬼！于是，他索性派公子偃到晋国讲和，晋景公对郑国奉上的这份大礼十分高兴，派赵同为代表，与郑悼公结盟。

同年，晋景公在虫牢召开盟会，鲁成公、齐顷公、宋共公、卫定公、郑悼公、曹宣公、邾国国君、杞桓公参加了大会，同时，伊洛戎、陆浑戎、蛮氏也纷纷归附晋国。至此，北方大部分势力已经重归晋国的怀抱，晋国终于有资本与楚国再度掰一掰手腕了。

公元前585年，郑悼公去世，楚国令尹公子婴齐趁机进攻郑国。栾书连忙带领六军一起去救，与楚军在绕角（今河南鲁山东南）相遇。两军对峙，公子婴齐见晋军来势汹汹，不敢贸然与之交战。而与此同时，栾书也在犹豫不决。之前逃到晋国的原楚国人析公在军中，他向栾书献策道："楚军比较浮躁，如果同时敲打钟鼓，发出很大的声音，再在夜里进攻的话，楚军必然会溃败！"

当晚夜深人静时，晋军的钟鼓忽然齐声作响，声如雷鸣。公子婴齐被惊醒，连忙出营查看，只见黑压压一片晋军杀来。公子婴齐慌了，不知道晋军还有多少兵马，连忙下令撤退。栾书趁机掩杀一阵，才放楚军逃走。

栾书非常高兴，趁机下令进攻楚国的盟友蔡国。公子婴齐逃回楚国本土后，知道晋军势大，连忙抽调公子申、公子成分别带领申县、息县的精锐来救，晋、楚双方又在桑隧（今河南确山东）相遇。

此时晋军这边，赵同、赵括等人都要求开战，但是荀首、士燮、韩厥均表示反对。他们三人认为："晋军的初衷是来救郑国，只因楚军撤退才来了这里，这是要将杀戮转移到蔡国头上，现在不停止杀戮，又激怒楚军，战争一定难以得胜。就算战胜了也不是什么好事！前方不过是楚国两个县的军队，胜了没多大光荣，输了则耻辱大发了。不如回去吧！"但其他人对栾书说："您应该听大多数人的意见，不想作战的仅三人而已！"栾书却说："三人为众，听他们的不也行吗！"于是带兵退走了。

栾书不与楚军交战，实际上是他清醒地认识到，晋军本来只是想救郑国，但现在不但离晋国越来越远，还不断深入楚国本土，这对于长途跋涉而来的晋军非常不利。考虑至此，栾书决定暂且退兵。

不过，战火既然已经点着了，楚国当然不会善罢甘休。公元前584年，公子婴齐再次率领大军进攻郑国，而此时整顿完毕的栾书，则纠集齐、鲁、宋、卫、曹、莒、邾、杞等军队相救。郑国听说诸侯联军来救，底气十足，加大防守力度，要与楚军一拼到底。

公子婴齐同样做了充分准备，当然不会惧怕小小郑国，从容指挥楚军攻城，势必要在晋军赶来之前攻下郑国。在楚军的强力打击下，郑国都城摇摇欲坠。

在这紧要关头，公子婴齐营帐却忽然接到急报，东方的吴国正在进攻楚国的州来（今安徽凤台）。州来是吴楚之间的重镇，疏忽不得。公子婴齐听闻消息，脸色大变，不得不立即放弃郑国赶去援救，于是下令大军撤退，但又不情愿就此放过郑国，于是留下一小部分军队继续围城。

公子婴齐的主力一撤走，郑国更加有了底气，在防守战中连连挫败楚军，使其渐渐退出了包围。楚军的主帅刚离开，接任的副帅调度不力，这时郑国的共仲、侯羽主动出战，竟反过来包围了楚军。楚军大乱，争先恐后逃走。楚国的郧公钟仪此时也在军中，此人在音乐上十分有造诣，但对军事完全不通，连逃跑都比别人慢了一截，被郑军追上俘获。此时晋军携诸侯联军正好赶来，郑军就将钟仪和楚军俘虏献给晋军。

连小小郑国都能击败楚军，这很大程度鼓舞了栾书的信心，楚国虽然强大，但陷于双线作战的形势，公子婴齐必定陷入捉襟见肘的窘境。当然，这原本就是晋国的一招妙棋，即联合吴国进攻楚国，如此一来，楚国侧面不再安宁，也就不能专心北上。

回到晋国后，栾书即向晋景公报告，准备试探性进攻楚国，晋景公批准了。公元前583年，栾书又一次挥师南下，郑成公也派兵支援，郑军在半路还不忘趁机打了许国一把，觉得果然还是跟着晋国好。

晋、郑联军侵袭蔡国，但蔡国并非目标，只是以此为蹲点，打探楚国的虚实；果然，楚国自顾不暇，不能来救。于是栾书迅速离开蔡国，直接南下进攻楚国。要知道，当年齐桓公也不敢进入楚国交战，晋文公大败楚军也是诱敌深入中原，而现在，栾书居然敢带领晋郑联军直接挥师楚国本土！这需要很强的洞察力和魄力。驻守在边境的楚军完全没料到，十多年前在邲之战被打得落花流水的晋军，现在居然敢直接进攻楚国本土！

晋军虽然远道而来，但途经郑国，也得到了一定的补给；郑军之前打败过楚军，刚刚又打败了许国，正是势头最盛的时候。面对晋、郑联合，楚军仓促迎敌。作为一直主动御敌于国门之外的大国，楚国擅长的是攻击，而不是防守。正如析公所说，楚国将士不够沉稳。现在晋军从天而降，楚军被吓了一跳，由于不知道晋军还来了多少人，纷纷溃逃。晋军一路追杀，俘虏了楚国大夫申骊。

此时栾书虽然小胜，但没有就此追逐楚军，毕竟是在楚国本土，轻举妄动将导致危险。于是栾书收兵返回，但在回国路上，又突袭了楚国的另一盟友沈国（今河南平舆），沈国猝不及防，而楚国方才被打败，无法相救，于是沈国国都被晋军攻破，沈国国君沈子揖初也成了晋军的俘虏。

此次晋伐蔡攻楚破沈之战，晋军大获全胜，楚国本土被袭，宣告其霸权告一段落。这场战争就规模而言只算小打小闹，但深入楚国境内的意义非凡，对于栾书个人而言也是不小的荣誉。这都得益于栾书最初正确采取荀首、士燮、韩厥的主张，时人评论栾书善于任用人才，听从好主意像流水一样（成语"从善如流"出处）。

晋景公接连击败赤狄、秦国、晋国、楚国，俨然一个小霸主。在这样的情况下，晋楚双方实际上呈现出势均力敌的局面。尽管看上去对晋国更有利，但无论是晋景公还是栾书，都不敢与楚国正面开战。于是，晋景公尝试与楚国和谈，借此来一窥楚国的态度，并主动将郧公钟仪放回。而楚共王也认为晋国难以争锋，便派公子辰前往晋国。作为回应，晋景公又派籴(dí)茷到楚国。一来二去，晋楚两国关系开始走向缓和。

这期间，赵国国内还发生了一件大事。

当年赵衰娶廧咎如公主叔隗生了赵盾，又娶晋文公女儿赵姬生下赵同、赵括、赵婴齐兄弟。赵盾之子赵朔娶了晋景公的姐姐赵庄姬为妻。赵朔去世得比较早，儿子赵武尚在襁褓，不能替补为卿，于是赵朔这支的人、财、物都落到了赵同手上。原本赵盾的后代占优势，但现在赵同握了大权。

于是，赵庄姬只得带着小赵武寄居在晋景公这里。不过，赵庄姬独守空房，一来二去居然与叔叔赵婴齐勾搭上了。赵同、赵括知道这桩丑事后，下令驱逐赵婴齐。赵婴齐声称，如果自己不在，栾书肯定会趁机作乱，赵同、赵括不听，坚持将他赶到齐国。邲之战时，赵婴齐是唯一事先准备好渡河船只的人，可见赵婴齐的高明之处。但赵婴齐私生活不检，以致被赵同、赵括流放。赵庄姬家产被夺，情人也被驱逐，她怒不可遏，于是找到栾书，请求联合。

尽管赵盾已去世多年，但赵氏势力依然强大，就目前六军的十二卿来看，赵氏一门就占了三席，包括下军佐赵同、新中军佐赵括和新下军佐赵旃，其中赵同是赵氏宗主，赵括还出任公族大夫；赵旃倒是与赵同、赵括来往较少，但至少也是互相支持的。赵同、赵括对外都是强硬派，包括邲之战和桑隧之战，都是主张攻打楚国的，但结局证明他们俩都失算了。从这里也可以看出两人愚笨的一面。所以这样的人，在国内口碑并不好。栾书想要坐稳中军将的位置，自然要想办法除去这两人，于是他又联络了郤锜。

栾书因为郤锜的父亲郤克得到提拔，郤锜又因为栾书得到提拔，两人也算是穿一条裤子的。栾书和郤锜都愿意帮赵庄姬作伪证，在晋景公面前诬陷赵同、赵括叛乱。其实晋景公对赵氏还真没怀多大恶感，毕竟没有赵盾，哪来他父亲晋成公呢？再说赵氏虽然人多，但在十二卿中，排名最高的赵同也才第六。但此时栾书名声很好，晋景公也找不出理由拒绝，于是下令拿下赵同、赵括。得到晋景公手谕的栾书立马组织都城军队，赵同、赵括猝不及防，双双被杀。

获得赵氏的土地后，晋景公刚开始想赏赐给祁奚，但祁奚不敢要；韩厥早年受过赵盾的提拔，所以为赵氏说了话：请晋景公考虑赵衰、赵盾的功绩。于是晋景公立年幼的赵武为赵氏宗主，并归还赵氏的土田。但赵武此时年龄还小，不能继承卿位。

这次事件是赵氏面临的第一次灭顶之灾，最终还是苟存了下去，以后赵氏还要重返政坛，并成为叱咤风云的大家族。

就在这个时候，晋景公溘然离世，太子州蒲即位，是为晋厉公。

吕相绝秦：麻隧之战

晋楚两国关系和好，对夹在中间的小国来说，当然是求之不得的。宋国执政华元本人和栾书、公子婴齐的私交就不错，于是先后前往楚国和晋国，促进晋、楚结盟。

公元前579年，晋国代表士燮在宋国会见了楚国代表公子罢、许偃，约定晋、楚两国不再以兵戎相见，而是同舟共济、祸患与共，如果有人危害楚国，晋国就要攻打他；如果有人危害晋国，楚国也要攻打他。两国使者往来的道路不可阻塞，谁要违背盟约，就请神灵诛杀！

这就是春秋时期晋楚两大个国第一次举行弭兵会盟。事实上，对于这次会盟，双方都没有多大的诚心。晋国虽然在邲之战输给楚国，但之后在南征北战中连连得胜，甚至一度进入楚国本土，说晋国不想打败楚国是不可能的；而楚共王举行蜀之盟（公元前 589 年）的时候，参与国竟然达到 12 个之多，在春秋历史上是空前的，霸业比楚庄王还更进一步，只不过近年东南的吴国异军突起，让楚国吃了不少亏，楚国这才收敛了一些，但终究是不甘与晋国平起平坐的。

期间，晋厉公又将视线投向秦国，秦国位于晋国侧翼，对于晋国南下争霸很不利。如今晋楚两国关系和缓，晋厉公自然也想再争取秦国，于是约定秦桓公在河东的令狐会见。但晋厉公到达后，秦桓公却反悔了，自己留在河西的王城，派史颗到河东与晋厉公会盟，于是晋国又派郤犨到河西与秦桓公会盟。

其实，秦桓公本来就对会盟不太上心，不甘从此受到晋国的摆布。秦桓公回去后，暗地里联系了白狄和楚国，引导他们进攻晋国。但此时楚国与晋国关系回暖，实现了第一次弭兵会盟，自然不会理会秦国的请求。

而白狄受到秦国的挑唆，开始袭击晋国，白狄当然不是晋国的对手，在交刚（今山西隰县）被晋军打败。很快，晋厉公就查清了背后指使者是秦桓公。晋厉公决定出手教训秦桓公。同时，得益于晋楚两国刚刚立下的盟约，保证了楚国不会支援秦国。

由于秦晋两国有盟约在先，于是晋厉公派吕锜（即魏锜）之子吕相去秦国发布绝交书。吕相到达秦国，献上有名的《绝秦书》。

这封信从晋献公与秦穆公时候说起，一直讲到现在，把秦国历代国君个个刻画为反复无常、唯利是图的小人，而晋国历代国君一直为维护两国关系而努力。从外交辞令来说，这些语句当然没有问题。但秦晋关系素来不稳定，大家都习惯了，晋国要攻打秦国，何必要发布这样一封慷慨陈词的《绝秦书》呢？其实，这封信不是给秦国看的，而是给楚国看的。你瞧，我国现在仅仅是因为私怨要攻打秦国，和我国想称霸毫无关系，贵国就在旁边看看热闹吧！

于是，晋厉公纠集齐、鲁、宋、卫、郑、曹、邾、滕八国一起攻打秦国，周天子也派成肃公来参战。之前晋国赵同、赵括被杀，加上荀首等人去世，所以六军又被裁减为四军，统帅也又都有一定调整，即：

中军将：栾书，中军佐：荀庚；

上军将：士燮，上军佐：郤锜；

下军将：韩厥，下军佐：荀䓨（荀首之子）；

新军将：赵旃，新军佐：郤至。

这次晋国的四军八卿也一同出战。

晋国最大的刺头赵同、赵括已经除去，圆滑的栾书既不像赵盾那般专权，又不像荀林父那样软弱，因而此时晋国诸卿之间相对团结，大家也一致将枪口对准秦国。鲁国大夫仲孙蔑观察晋军军容整齐，也不禁感慨道："晋国的将领与甲士上下一致，军队一定会建立大功！"于是，十国联军浩浩荡荡向秦国进发。晋厉公这次纠集这么多部队，目标也很明确，就是要集中兵力迅速打垮秦国，避免其成为西方的忧患，也避免战事拖太久被楚国有机可乘。

秦桓公知道问题的严重性，这下事情闹大了，楚国也指望不上，于是就派主力军队在泾水南北两岸布防。五月四日，诸侯联军与驻扎在泾水以北的秦军在麻隧（今陕西泾阳西北）相遇。

栾书指挥晋军出击，诸侯联军虽然人数众多，但毕竟都是远道而来，长途跋涉进入秦国腹地，在体力上不占优势。而在此久候的秦军将士则一个个精力旺盛，他们知道这是保家卫国的战争，完全不能掉以轻心，一个个高呼战吼，往诸侯联军杀过去。

晋国和楚国国力差不多，都是一流大国；而秦国和齐国差不多，算二流大国。鞌之战时，齐军差点儿就能杀了晋军统帅郤克，可见秦军的战斗力也不弱。秦国这个国家，不如那些东方国家更讲究礼仪，而是更加重视功利性。特别是在生死攸关的情况下，秦人作战尤其勇悍。诸侯联军的人数虽然多，但除了晋国之外，个个心中都有一副小算盘，没几个肯认真作战。所以面对秦军时，一开始十国联军居然讨不到半点儿便宜，只有晋军这边能看，栾书和其他七卿各司其职，指挥四军将士们进退杀敌。

诸侯联军到底人多势众，渐渐获得了优势。秦军背水一战，终究不是诸侯联军的对手，当然主要仰赖晋军的尽力拼杀，秦国大夫成差和不更女父双双被联军俘虏，剩下的秦军纷纷渡过泾水逃命。

拿下这场战争，诸侯联军也颇为不易，曹宣公本来身体就不太好，加上舟车劳顿，竟然猝死军中。此时栾书没有保守撤退，而是渡过泾水，一路攻略秦地，直到侯丽（今陕西礼泉）深入秦国腹地，这才收兵返回。

麻隧之战，晋军大胜，栾书迎接晋厉公亲往秦国的新楚（今陕西大荔）献俘。晋厉公踏上秦国的土地，深深地吸了一口秦国的空气。他知道，秦国算是被征服了，往后一段时间内都不会再对晋国构成威胁。然而，还有更大的敌人在等着自己。晋楚两国虽于去年媾和，但表面上的平静，掩不住底下的暗流涌动，与楚国的关系是不可能通过虚构和平就能解决的。

箭神出手：鄢陵之战

麻隧之战后，郑成公趁着有晋国撑腰，派公子喜进攻许国，可惜战败了；之后郑成公亲自进攻许国，终于得胜，许国愿意割地与郑国讲和。许国一直是楚国的附属，这样一来，当然刺激到了楚国；加上之前麻隧之战秦国大败，楚共王也隐隐约约咂摸出味儿来，越发觉得自己亏了。于是他提出攻打郑国，但弟弟公子贞认为，楚国刚与晋国结盟就背弃，这样不好。而公子侧却认为，只要敌情有利于我们就前进，管他什么结盟呢？申叔时后来听到这句话，忍不住皱眉："公子侧不讲信义，一定不得好死啊！"

公元前576年，楚共王发兵攻打郑国，到达郑国暴隧，之后又趁机攻打卫国，到达首止。楚军退兵后，郑国公子喜不甘示弱，反过来又攻克了楚国的新石（今河南叶县）。消息传到晋国，栾书觉得楚国背信毁约，想趁机攻打楚国，却被韩厥阻止了。韩厥认为："要让楚国自己再加重些罪过，等到他们的百姓都背弃了国君，到时候就没人愿意打仗了。"韩厥的理想很丰满，但现实往往很骨感，楚国不但没有失去人心，反而把郑国给挖过去了。

楚国怎么做的呢？楚国人也很有策略，非但没有报复郑国，反而割地向郑国求和。这让郑成公大为意外，一下就飘飘然了：原来我们郑国还是很有实力的嘛，何苦再继续跟着晋国混，苦哈哈半天，又捞不到什么好处。楚国和晋国都不弱，但是楚国更尊重郑国啊！于是，郑成公派公子騑和楚共王结盟，又把晋国甩到了一边。

得到楚国的支持后，郑成公又派公子喜进攻宋国，被宋国的将鉏、乐惧打败；之后郑国再度伏袭宋国军队，由于后者不设防，导致将鉏、乐惧被抓获，最终郑国获胜。

这时候郑成公已经彻底膨胀了。卫国知道下一个就会轮到自己，干脆主动出兵攻打郑国。既然卫国都上了，这时候晋国再拖着也不像话了，于是晋厉公也决定攻打郑国。但士燮不同意伐郑，他认为："诸侯都背叛的话，晋国的危机还能得到缓和；如果只是一个郑国背叛，那晋国的忧患马上就到了！"栾书则反驳道："怎么能在我们这一辈执政时失去诸侯？一定要进攻郑国啊！"

此时晋国的八卿分别是：

中军将：栾书，中军佐：士燮；

上军将：郤锜，上军佐：荀偃（荀庚之子）；

下军将：韩厥，下军佐：荀䓨；

新军将：郤犨，新军佐：郤锜。

从八卿名单上的变化可见，赵旃去世后，赵氏被彻底排除卿职，而以郤氏的郤犨代替。

栾书安排荀䓨留守，并命令郤犨去卫国、齐国，请求两国出兵，同时让儿子栾黡（yǎn）去鲁国请求出兵。鲁国大夫仲孙蔑看到晋国准备充分、调度有序，预感晋国很可能会取胜。

晋厉公亲自挂帅出征，消息传到郑国，郑成公马上派使者去楚国，姚句耳随行。楚共王早就憋坏了,立即决定救援郑国,派遣司马公子侧率领中军,令尹公子婴齐率领左军,右尹公子壬夫率领右军。本来公子婴齐职务最高,但楚共王更喜欢耿直的公子侧,所以特意将中军将的职位交给他。大军路过申地时,公子侧前去会见退休的老干部申叔时,征询有关这次出兵的建议。申叔时却神色悲悯,他认为楚国内部背弃百姓,外部背弃友好,亵渎神灵盟约,违时发动战争,自己将看不到公子侧回来了。

同样的预言也发生在郑国。姚句耳先于使者返回郑国,公子騑询问他情况,姚句耳说:"楚军行军迅速,但经过险要之处时,行列不整齐、考虑不周、丧失行列,这还怎么打仗呢?恐怕这次不能依靠楚国了吧!"

话虽如此,但对于郑国来说,改换门庭是常事,倒也没有多在意,反正谁赢就跟谁走,觍着脸说几句卑微的话,应付一下就行了。

由此可见,对于这场战争,无论从哪国的视角来看,晋国的赢面都更大,但即使胜算这么高,晋国偏偏有个人就是不想打,这个人就是中军佐士燮。

公元前575年五月,晋军渡过黄河,楚军也即将到达。此时,士燮再度提出自己要回去,他说:"我们假装逃避楚国,这样才能缓解忧患。至于会合诸侯,不是我所能做到的,还是留给更有能耐的人吧!我们群臣和睦侍奉国君,难道还不够吗?"栾书看这位副手一直泼冷水,十分生气,但士会、士燮父子都是纯良君子,平时人缘不错,栾书也不好责罚他,只是冷冷甩他一句:"不可以!"

六月,晋楚两军在鄢陵(今河南鄢陵)相遇。这个时候,士燮又开始抱怨起来。郤至烦道:"韩原之战,惠公败了;箕地之战,先轸自杀;邲之战,荀林父又失败。这些都是晋国的耻辱!您也知道先君时代的情况,现在逃避楚国,不是凭白再添耻辱吗?"士燮却说:"若秦、狄、齐、楚都很强大,我们不尽力求存,就会使得子孙被削弱。但现在敌人只有楚国,只有圣人才能够将内外忧患尽数解决,如果不是圣人,若外部安定了内部忧患反而会更甚,何不留着楚国做外部忧患呢?"士燮一个人唠唠叨叨,但没一个人愿意听他的，能打赢的仗不愿打，这是什么道理？老糊涂了吧！

二十九日这天，楚军一大早逼近晋军，摆开阵势。晋国军吏担心遭到楚军袭击，于是士燮的儿子士匄（gài）走向阵前，安排大家严阵以待，鼓舞道："填平井灶！就在军营摆开阵势，把行列的距离放宽，晋楚两国都受上天眷顾，不必担心！"这话刚一说完，士燮暴跳如雷，挥起大戈追着他打，一边打还一边骂："国家的存亡都是天意，你个小孩子懂个什么！"

栾书根本不理士燮，对其他将领说："楚军浮躁，不如加固营垒等待他们，到了三天一定退军。趁他们退走再追击，一定可以取胜！"他这么安排的用意其实是想等待鲁、卫援军。但郤至却说："楚国当前有六个空子可钻，我们不能失去时机：楚国的公子侧和公子婴齐不和；楚共王亲兵都是老人；郑国虽然摆阵却不整齐；随军蛮人虽有军队却没阵容；楚军摆阵却不按古礼避讳月底；士兵彼此观望却没有斗志。这一样样的，都触犯了天意和兵家大忌！我们一定可以战胜他们！"

此时，楚共王试图了解晋军的情况，他登上楼车，远远眺望晋军。公子婴齐连忙让太宰伯州犁站在楚共王身后。伯州犁是前晋国大夫伯宗之子，伯宗本是郤氏旁支，却被郤锜、郤至、郤犨三人忌恨杀死，伯州犁只能逃到楚国。由于伯州犁来自晋国，所以他比较熟悉晋军军令。

楚共王看见战车向左右驰骋，就问伯州犁："这是在干什么？"伯州犁回答："在召集军官。"

楚共王继续观察："那些人集合到中军了！"伯州犁说："这是他们在一起谋划了！"

楚共王："帐幕揭开了！"伯州犁："这是他们在先君神主前占卜。"

楚共王："帐幕又撤除了！"伯州犁："这是要发布命令了。"

楚共王："喧闹得厉害，尘土飞扬起来了（成语'甚嚣尘上'出处）！"伯州犁："这是准备填井平灶摆开阵势呢。"

楚共王："车左和车右都带着武器下车了！"伯州犁："这是在宣布号令。"

楚共王:"他们要作战吗?"伯州犁:"不知道。"

楚共王:"御戎也下车了!"伯州犁:"这是在进行战前祈祷了。"

伯州犁把自己观察到的有关晋厉公亲兵的情况一一报告给楚共王。而此时,晋厉公身边也有个楚国人,就是前令尹斗椒之子苗贲皇。苗贲皇同样跟随晋厉公站在楼车上,把楚共王亲兵的情况一一向晋厉公报告。

晋厉公亲兵纷纷议论:"他们都是国家杰出的人物,而且军阵厚实难以抵挡!"苗贲皇却说:"楚国的精锐也就在中军王族而已!我请求让精兵分别去攻打他们左右军,再集中三军来攻打楚王亲兵,一定可以打败他们!"

晋厉公让太史占筮(shī),太史把几根筮草摆弄了一番,说:"吉利!来自南方的国家局促,若射它的国王,可正中眼睛!国家局促,国王受伤,不败还等什么呢?"这一番话说得晋厉公大为宽心,于是晋厉公决定出战,不再等待援军。

栾书、士燮率领族兵护卫晋厉公,步毅为晋厉公驾车。军营前面多有泥沼,一个不慎,马车陷入了泥沼里。栾书想把晋厉公带到自己车上,而他儿子栾鍼(qián)是晋厉公车右,猛然对他大喝一声:"书,你退下去!"栾书眉头微挑:这小子是何意?

栾鍼严厉地说:"国家大事难道都要你一个人揽着?侵犯别人的职权是冒犯,丢弃自己职责是怠慢,离开自己的部下是扰乱,这三件罪名,您不能违犯!"栾书回过神,心里暗暗赞叹这个孩子心思通透,不过面上不表,应声退下,让栾鍼自去把晋厉公的战车搬出泥沼。

此时楚军那边,彭名担任楚共王的御戎,潘党担任车右。潘党是老将了,邲之战中就是他建议楚庄王设立京观。此外,同样宝刀未老的养由基也来了。

养由基是楚国有名的神箭手,据说他能够百步穿杨、百发百中。他曾经射中远处的一头犀牛,近看才发现是一块大石,箭身没入石中,只留下箭羽在外,可见其臂力强劲。还有一次,楚王在园林游玩,看到一头白猿,便让大家去射它,这白猿也是成精了,看到人不但不躲,还一边用手撇开箭支一边笑。于是楚王让养由基上，养由基刚拿起弓，那头白猿便抱着树木开始哀号起来，可见其神武非凡。

交战前一天，养由基和潘党两人互不服老，比赛射箭，两个人都射穿了七重皮甲，他们拿给楚共王看："大王有两个下臣在这里，还有什么可害怕的呢？"楚共王倒不是小心眼儿，纯粹看他俩夸海口不惯，就斥责道："真丢人！倘若明早作战你们还射箭，必将会死在这弓箭上！"意思就是不让两人再射箭了。

另一边，楚共王远远看到晋国中军被分到左右两翼，之后又得知晋厉公战车沦陷到泥沼里，他非常兴奋，知道晋军现在中军力量薄弱；如果再拖延下去，鲁、卫援军赶到，晋国实力将更加雄厚，到时候再迎战就难了，必须趁现在速战速决。于是他下令楚中军杀往晋中军，这一下完全打乱了晋军的部署。不过晋军此时斗志正旺，因为以往都是由卿带兵，而此次国君亲临前线，对士兵的提振鼓舞作用是巨大的。

晋军中军虽然兵分两路，但毕竟要保证晋厉公、栾书、士燮的基本安全，所以栾氏、士氏族兵也都集中在中军。面对来袭的楚国中军，他们坚持抵抗，箭来盾挡，以戈对剑。楚军虽然人多势众，但正如郤至所评价，楚共王亲兵都用可靠的老人，这样一来战斗力自然不如年轻人强，潘党、养由基这样的勇将还被楚共王禁止射箭。晋厉公和楚共王都在拼命擂鼓，希望己方能够迅速击败敌人。但一番较量下来，晋楚两军势均力敌，一时难分高下。

这时，一辆晋军战车非常敏捷地避开挡阻，绕到楚共王身前。车上的主将张弓搭箭，向楚共王射去，楚共王迅速闪躲，但这一箭来得迅疾，楚共王直觉眼部一阵剧痛，连忙反射性地捂住痛处，大叫一声，摔倒在战车上。顺着指缝和脸庞，他感觉有粘腻的液体汩汩流了下来，慌忙探出另一只手攥紧战车橡木，强忍住剧痛才没晕过去。

大王受伤了！这可是自从楚武王亲征以来，楚国从来没遭遇过的事！潘党和养由基两人完好无缺，楚共王却成了独眼龙。现在这样子，仗肯定是打不成了，楚共王咬牙，吩咐且战且退。

不过晋军仍有将领驱车而来，正是参加过邲之战的老将魏锜。其实战前魏锜也做了一个怪梦，梦见自己射中了月亮，却在倒退时掉进了泥塘里。他找史官占卜，史官答复说："姬姓是太阳，异姓是月亮，你一定会射中楚王，但你退进泥塘里，那就是会死了！"

见魏锜追来，楚共王便叫了养由基，给他两支箭，让他射魏锜。箭神不愧是箭神，电光石火之间，魏锜惨叫一声，只见一支箭已经插在了他的脖子上，而他的箭还在箭囊中没来得及抽出，人就伏在弓套上死去了。养由基拿着剩下的一支箭去向楚共王复命，楚共王苦笑，养一箭就是养一箭啊，从来不需要第二箭。

此时忽然又听到前方传来马车前进的声音，这次是一位身穿浅红色牛皮铠甲的年轻人。对方没有追杀楚共王，而是下车脱下头盔致敬，然后快步离开。楚共王觉得此人甚有风度，便派工尹襄带上一把弓追上去献给对方，还说："现在战事这么激烈，那位穿红色皮甲的将军是真君子！刚才看到寡人后又快步离开，难道是受伤了吗？"

工尹襄追上去，对方正是晋国新军佐郤至，他脱下头盔接受了弓，并谦虚恭谨地说："贵国君王的外臣郤至跟随寡君作战，托国君的福，穿上甲胄在此，不敢拜谢命令。谨向君王报告，我没有受伤，感谢惠赐！由于战事的缘故，就只向使者敬礼了！"他三次向工尹襄敬礼，而后才离开。由此可见，郤至其人也很讲究贵族风度。他不愿追杀受伤逃跑的楚共王，而是率领新军去支援下军。

之前晋国把中军精锐分配到左右两翼，试图先突破楚军左右两军，再联合对付楚国中军。没想到因为楚共王的轻敌深入，导致楚军中军被迅速击破。那么晋军上下两军对付楚国左右两军已经毫无悬念了，在韩厥的指挥下，晋军连连压制对面楚军。

郑成公也率部行进在楚军序列中，这个人油滑机敏，一看情况不对，立即一溜烟逃跑了。

韩厥的御戎问他："是否要快步赶过去？他们的御戎屡屡回头，注意力都不在马上，我们可以追逐！"韩厥想起了当年齐顷公的事，说："不可再次羞辱一位国君了！"于是停止了追赶。

此时郤至赶来，他的车右也说："不如另外派轻车从小道迎击，待我追上他的战车抓住他！"郤至却瞪了他一眼："伤害一国之君是要受到刑罚的！"于是也停止了追赶。

郑成公的御戎石首赶紧撤下了郑君车头的旗帜，车右唐苟则要石首带国君逃跑，自己下车拦截敌人，终于因寡不敌众而战死。

此时，楚军被晋军追到了险阻的地段，难以逃亡。叔山冉对养由基说："虽然国君命令您不准射箭，但是现在为了国家，您还是好好射箭吧！"养由基应下，果然箭不虚发，箭箭毙命。叔山冉也是个猛汉，直接下车拎起一名晋国步兵，将人朝晋国战车扔过去，咣当一声，车前的横木都被折断了。晋军见这两人如此生猛，只好停下来不再追逐。不过楚国的公子茷逃得慢，战车被围，晋军一拥而上将他生擒了。

晋国的中军开始支援上下两军，栾鍼远远望见公子婴齐的旗帜，对晋厉公说："楚国人说过，这面旌旗是子重（公子婴齐的字）的旗号，子重恐怕就在那儿了吧！当初我出使楚国，子重问起晋国的勇武表现在哪里，下臣说按部就班。子重问还有什么？下臣说从容不迫。现在两国兴兵，不派使者就不是按部就班，不讲信用就不是从容不迫。所以，还请君上派人替我向子重进酒！"晋厉公答应了，于是晋国使者带着美酒到了楚国军营。

使者说："寡君缺乏使者，让栾鍼执戈护卫他左右，因此不能前来辎劳您的从者，就派我来代他送酒！"公子婴齐叹道："他老人家曾经跟我在楚国对过话，现在送酒一定是记得先前的话，他的记忆力还真好啊！"于是接过美酒一饮而尽，也不多留使者，兀自继续击鼓作战。

此时，楚共王带领的中军已经撤退回大营，但公子婴齐和公子壬夫的两支部队仍在坚持，所以当前楚军还不算彻底失败。眼见直到黄昏还没分出胜负，于是双方各自鸣金收兵。

当晚，楚国中军将公子侧传下命令："察看军队伤情，后方补充兵员，修缮武器盔甲，陈列车辆马匹，并通知在鸡叫的时候吃饭，唯主帅的命令是听！"以此做好第二天继续作战的准备。

晋厉公得知后也有点儿担心，毕竟一天下来晋军没有彻底击溃楚军，指不定第二天楚军会反败为胜。于是苗贲皇通告全军备战，并故意放楚国俘虏逃走。俘虏回到营帐，楚共王听说晋军也在备战，知道第二天必有一战，颇为忧虑，就召公子侧一起来商量。

没料到的是，当晚小官谷阳看公子侧战斗辛苦，就献上美酒供他饮用。战事未果，公子婴齐不敢松懈，也就喝了一壶表示礼节，但公子侧心情郁闷，一壶接着一壶，不知不觉就醉了。楚共王等半天见不到他人，就直接去了他的军营里，一看里面酒气熏天，公子侧烂醉如泥。楚共王气恨道："这是上天要让楚国失败！寡人不能再等了。"于是连夜发兵退走。晋军大获全胜，进入楚国军营，连续吃了三天楚国军粮才退兵。

楚军撤退到瑕地，楚共王派人对公子侧说："先大夫全军覆没时，国君并不在军中，所以他有罪，但现在我来了，还是发生了这样的事，您没有过错，都是寡人的罪过！"思及当年屈瑕战败自杀之事，楚共王主动把责任揽了过来。

公子侧叩头哭道："请大王赐下臣去死吧，下臣会死而不朽的！下臣士兵确实败逃，都是下臣的罪过啊！"

此时公子婴齐冷眼旁观，他身为令尹却被公子侧领了中军，也有不满，便毫不留情地对公子侧说："当初让军队覆没的人有什么结果，你听到了吗，何不自己考虑一下？"

公子侧苦笑，说："即使没有先大夫自杀谢罪，现在您命令我去死，我又岂敢贪生不义？我让国君的军队败亡，又岂敢忘记一死？"楚共王听到消息，连忙派人阻止，但公子侧已经自杀了。

就这样，鄢陵之战落下了帷幕，楚庄王好不容易从晋景公处夺回的霸权，又被败家的楚共王输给了对方的儿子晋厉公。唯一值得欣慰的是，郑成公也许是被楚共王为救助自己而负伤所感动了，居然没有见风使舵转投晋国，还顶住了诸侯联军在战后的几拨攻势。

盘点鄢陵之战，楚国一开始就陷入劣势，但双方打了一天竟然都未分出胜负，或许是因为双方心里都清楚彼此实力相当，所以打来打去也没在哪个环节失衡，从而无法决出高下。两国的争端，无非是为争取中原之中的郑国，而郑国最后没改投晋国，所以从战略上看，楚国并没有输。虽然因为公子侧贪酒误事，使得楚国提前撤退认输，但双方整体看来，势均力敌的局面并未改变。这场战争中还有个颇引人注目的细节，便是君子之风和贵族精神的体现，甚至远超以往的城濮之战和邲之战。

鄢陵之战晋军取胜的原因很多，包括充分的战前准备、与楚国和谈释放烟幕弹、进攻秦国削弱楚国盟友。但更多的是，楚共王本人出现了不少失误，包括选用老人担任亲卫军、禁止潘党和养由基射箭，以及轻敌冒进等。第一天交战结束后，连晋厉公都担心楚军次日翻盘，但楚共王偏偏提拔了个不靠谱的二把手率领中军，反而把靠谱的一把手晾在一旁，那么楚国最终失败，也是某种必然了。

战后，晋国举国上下欢庆，却有一个人眉头紧锁。这个人就是中军佐士燮。他站在兵马面前，叹息说："君主年少，下臣不才，怎么能走到这个地步呢？君主还是要多警惕！有德的人才配享有天命啊！"

回国后，士燮居然让巫师祈祷自己早死，还说："国君原本就骄横奢侈，这样都能战胜敌人，这是上天要增加他的毛病！祸难将至啊！爱我的人还请诅咒我，让我快点儿去死，从而免于祸难，这才是我们范氏（士会被封随、范两邑，所以他这支士氏又叫范氏）的福气！"

公元前 574 年六月初九，士燮以近乎自杀的形式结束了自己的生命。士燮究竟在担忧什么呢？

第十二章 年轻的霸主

公元前 573 年，晋国清原。

道路已被扫除得干干净净，贵族大夫们齐齐站成两排，恭敬迎接新君的到来。随着马蹄声和车辄辘声渐近，一队车马缓缓停在他们面前。不一会儿，正中央一辆车的帘幕缓缓掀起，一位十三四岁、脸上稚气未脱的少年被人扶下车。少年颇为老成地对大夫们说："我的志向原本不在于此，但现在既然已经到了这里，难道不是上天的意志？人们拥立国君，是为了让他发号施令，但拥立国君又不听他的，哪里还用得上他？您几位要用我就在今天，不用我也在今天。定下了，将来就须恭敬听命于国君，才会得到神灵保佑！"

大夫们一怔，赶紧跪拜说："这是下臣们的愿望，岂敢不唯命是听呢？"看着臣服跪倒的一片，少年长长吁了一口气。没有人注意到，他后背的内衫因为紧张流汗而湿润了。但他面上不显，依然一副不卑不亢、从容肃穆的样子，与大夫们在清原进行盟誓，然后才徐徐进入国都。刚开始，这位少年国君还在伯子同氏家住了一段时间，后来才正式到武宫登基朝见群臣。

谁都没有想到，这一位新君将带领晋国重新进入一个鼎盛时期，重现晋文公创造的晋国霸业，是为晋悼公。

以宋之乱：彭城之战

鄢陵之战之后，晋厉公内心膨胀到极点，环顾四周，已然没有敌手了。下一步，就是要实现国内集权了。他把目光扫向了底下那些卿大夫，这些人，个个都是他执政的阻碍。他要当一位名副其实的国君，所以压制卿大夫的权力势在必行。此时当权的，同时又是最嚣张的，正是郤氏家族，有郤锜、郤至、郤犨三人担任卿士。至于栾氏、荀氏、士氏，虽然势力也大，但这些人还算懂得韬光养晦，士燮更是敏锐，及时自杀避祸，他的儿子士匄还年轻，没多大气候。所以，郤氏家族自然成了晋厉公的首要打击目标。

其实，对郤氏家族不满的大有人在。之前郤缺为了回报赵盾，污蔑胥克有精神病，将他从卿位上生生拉下去，导致后者的儿子胥童丧失了继承，因此对郤锜一直怀恨在心，依附晋厉公成为宠臣；郤犨夺取过夷阳五、长鱼矫的土田，所以后二者也依附于晋厉公；晋厉公打猎时，郤至抓住的野猪被厉公的宦官孟张夺走，郤至不肯吃亏，一箭射死孟张，所以郤至也被列在晋厉公的黑名单上；鄢陵之战中，郤至反对栾书意见要求速战，被厉公采纳，导致战局胶着，所以栾书同样对他怀恨在心，借机诽谤他想立公孙周为君。

于是，晋厉公发动群臣讨伐三郤。三郤其实并无谋逆之心，完全不抵抗，被长鱼矫一人先后杀死。胥童又立刻带领晋厉公的护卫劫持了栾书和荀偃，长鱼矫劝晋厉公杀死这两人。晋厉公不忍心杀太多，也怕引起卿大夫反弹，于是放了两人，改提拔胥童为卿。长鱼矫闻讯后赶紧逃亡。

栾书、荀偃两人知道晋厉公已经起了杀心，一恢复自由后马上反过来抓了厉公，并试图拉上士匄和韩厥入伙，但这两人都不愿蹚浑水。于是栾书、荀偃先杀死胥童，后又派程滑杀死晋厉公。

晋厉公一死，标志着晋国国君与卿大夫夺权的战争全面失败，而从此以后，晋国将陷入更加剧烈的诸卿倾轧中。栾书诬陷郤至想立公孙周为君，结果最后自己立了公孙周为君。公孙周是晋襄公的曾孙，其祖父桓叔捷从小就被送到周室，父亲孟伯谈一生也在周室度过，公孙周自己也在周室出生。他还有个哥哥，但愚昧无知，连豆子和麦子都分不清（成语"不辨菽麦"出处），当然不能即位。公孙周当年才十四岁，聪明伶俐，在诸侯间也颇有美名，栾书派荀䓨、士鲂去周室迎接他到晋国即位，就是后来的晋悼公。

由于士燮去世、三郤被杀，八卿位置空出了四个，于是晋悼公提拔了一批卿大夫，名单为：

中军将：栾书，中军佐：荀偃；

上军将：韩厥，上军佐：荀罃。

下军将：魏相，下军佐：士鲂；

新军将：魏颉，新军佐：赵武。

前四位是晋厉公时代的老人；后四位都是新提拔上来的，其中赵武正是当年的赵氏孤儿，如今也成年了。此外还有荀家、荀会、栾黡、韩无忌（韩厥之子）做公族大夫，这些人才构成了国家的核心力量。

此外，还有士渥浊担任太傅、右行辛担任司空、弁纠担任御戎、荀宾担任车右、祁奚担任中军尉、羊舌职担任中军尉佐、魏绛担任中军司马、张老担任侯奄、铎遏寇担任上军尉、籍偃担任上军司马、程郑担任乘马御。一眼望去，晋国功臣良相济济一堂，这自然是晋悼公让步的结果。他知道自己无法削弱卿大夫势力，于是反其道而行之，提拔旧族来获取相对平衡的政局，其中典型的就是魏氏和赵氏。这在当时当然是无奈之举，但至少维持了晋国的霸业。

公元前 573 年，即晋厉公被弑、晋悼公即位的那年，郑成公和楚共王趁晋国内乱，联手攻打宋国。要说郑国，这些年可是混得风生水起。它虽然在鄢陵之战败于晋国，却坚持不愿意投降。而在鄢陵之战之后，郑国竟还取得了两次胜利，一次是在汋陵之战中俘虏宋将将钼、乐惧，另一次是顶住了晋、宋、齐、卫四国联军围攻都城，并在之后的颍上之战中大败宋、齐、卫三国部队。连战连胜给了郑成公很大的鼓舞，于是他又联合楚共王来进攻宋国。

宋国是一个非常重要的战略要地，当年周公旦将这个商遗国家分封于此，本身就有让众诸侯监视的意图在。正因如此，宋国是个四通八达的地区，尤其是晋国要联络长江下游的吴国，宋国可以说是必经之路，楚国要切断吴国和晋国的联系，进一步称霸中原，当然也要攻下宋国。而中原地区又以郑、宋最大，自郑庄公以来，这两个国家就一直是世仇，所以郑成公也乐于出兵。

这次楚郑联军兵分两路，并且捎上了鱼石、向为人、鳞朱、向带、鱼府。这五人原本是宋国叛臣。公元前576年，宋共公去世，当时宋国华元做右师、鱼石做左师、荡泽做司马、华喜做司徒、公孙师做司城、向为人做大司寇、鳞朱做少师寇、向带做太宰、鱼府做少宰，其中执政是华元。荡泽想要削弱公室，就杀了公子肥。这引起了华元的不满，他打算独自出奔晋国，但鱼石拦住了他，强行将他召回。华元便趁机提出要攻打荡泽，鱼石只好同意了。于是，华元就派华喜、公孙师带领国人杀了荡泽。

当时宋国的权力也掌握在诸卿手中，华氏是宋戴公后人，公孙师是宋庄公后人，而其他鱼、荡、向、鳞四族都是宋桓公后人，从这层关系来说，鱼石本来与荡泽更为亲近。得知华元真的杀了荡泽，鱼石、向为人、鳞朱、向带、鱼府五人便以此为借口摆脸色，想学华元以退为进，离开都城住在睢水边上。华元出面劝阻他们，他们硬绷着，华元便不再理会他们，回去就关了城门，任他五人吹西北风。五人傻眼了，没想到华元不中套路，这下无路可走，只好逃奔楚国。他们走后，华元也很干脆，转而任命向戌做左师、老佐做司马、乐裔做司寇，彻底将桓族排除了权力圈。

此次楚郑联军分兵两路，一路由郑成公、楚共王率领，攻占宋国朝郏（今河南夏邑）；另一路由楚国的公子壬夫、郑国的皇辰率领，入侵宋国的城郜（今安徽萧县），并攻占附近的幽丘。之后，两军会合一路，直奔宋国的战略要地彭城（今江苏徐州），并将鱼石、向为人、鳞朱、向带、鱼府五人打包送回，再派遣三百辆战车镇守，借此造成宋国的长期分裂，之后楚、郑两军各自回国。

面对敌情，宋平公非常担忧，西鉏吾劝慰他，预言晋国将会前来相救。但是敌人毕竟近在眼前，傻傻等晋国也不行。于是在同年七月，宋平公派司马老佐、司徒华喜进攻彭城。此时彭城城内的鱼石等人正和楚军坚持对抗，老佐在阵前被杀，彭城却始终纹丝不动。战争一直持续到十一月，楚国令尹公子婴齐也发兵前往彭城，结果原本包围了彭城的宋军又被楚军反包围。宋国执政华元见情势恶化，赶紧去晋国告急。

此时恰逢栾书去世，排行第二的荀偃因为有弑君污点，晋悼公大胆提拔韩厥、荀䓨到他之上，荀偃也不敢有异议。新出炉的晋国八卿名单为：

中军将：韩厥，中军佐：荀䓨；

上军将：荀偃，上军佐：士匄；

下军将：栾黡（栾书之子），下军佐：士鲂；

新军将：魏颉，新军佐：赵武。

其中，韩厥、荀䓨都是志在国家的贤臣，这对于晋悼公当然也是好事。

得知晋国危情后，韩厥果然马上表态："想要得到他国的拥护，一定先要付出勤劳。我国成就霸业，安定疆土，必须从宋国开始！"于是，晋悼公派栾黡出兵驻扎在台谷，打算营救宋国，但栾黡在靡角之谷就与楚军相遇，两军爆发了小规模冲突，晋军初战不利。

栾黡见楚军声势浩大，心里发毛，忍不住打起退堂鼓。他正要下令撤军时，郤（chù，今河南温县）大夫雍子却在军中发布命令："让年老的、年幼的、独生子和生病的士兵们回去，兄弟两人都在军中的遣返一人，精选步兵，检阅车兵，吃好饭，喂好马，烧掉营帐，排列阵形，明天与楚军决一死战！"之后迅速实施，并故意放回楚军俘虏。这个雍子本是楚国人，因为被父兄诬陷才逃奔晋国，他对楚国的情况和楚人习性都了解。栾黡见他安排有序，也就收回了打算。

公子婴齐在鄢之战中败于晋军，好容易才在靡角之谷小胜扳回了一局。但一见晋军居然如此破釜沉舟，马上又没有了底气，赶紧带着楚军撤退。楚军撤走之后，栾黡与华元会合，宋军终于长长舒了一口气。

同时，晋悼公又派士鲂等人去诸侯国搬救兵。鲁国、卫国、曹国、莒国、邾国、滕国、薛国代表纷纷赶到，只有齐国未至。在诸侯联军的夹击下，宋国叛臣和楚国驻军终于支持不住，于次年元月投降晋军。晋悼公没有将他们交给宋国，而是下令让栾黡带着鱼石等人回来，将他们安置在晋国的瓠丘（今山西垣曲）。从此鱼石等人成了晋国人，进一步充实了晋国的力量。

对于没有参与彭城之战的齐国，晋悼公自然不客气，直接派兵攻打。齐灵公不敢应战，只好投降，派太子光到晋国做人质。接着，晋悼公又派韩厥、荀偃携诸侯军队进攻郑国，在洧水边上打败了郑国步兵。紧接着，诸侯联军又马不停蹄地南下，入侵了楚国的焦夷（今安徽亳州）和陈国。这是楚国又一次被晋军攻入本土，当然，这对于楚国来说损失不大，因为晋军也不敢深入，意思意思一场就走了。

之后郑国在楚国的支持下，又和宋国过了几次招。公元前571年，郑成公去世，此时郑国当国是公子喜、为政是公子骓、司马是公子发，这三个主政的卿大夫本都有归顺晋国之意，但因为郑成公一直不肯背叛楚国才作罢。之后，鲁国大夫仲孙蔑建议荀䓨在郑国的虎牢关筑城，慢慢与郑国消耗，这时郑国才慌了，提出了与晋国议和。

孔父举门：偪阳之战

晋悼公初步收复了郑国，但郑国反复无常，降而复叛，于是公元前564年，晋国会合鲁、宋、曹、卫、莒、邾、滕、薛、杞、小邾，又一次进攻郑国。此战由荀䓨、士匄带领鲁国的季孙宿、齐国的崔杼、宋国的皇郧，负责攻打鄟（zhuān）门；由荀偃、韩起带领卫国的北宫括、曹国人、邾国人，负责攻打师之梁门；栾黡、士鲂带领滕国人、薛国人，负责攻打北门；赵武、魏绛带领杞国人、小邾国人，负责砍伐路边的栗树来清道。郑国人坚持抵抗，联军一时攻不下来，荀䓨就提议加固虎牢关，慢慢围攻郑国。郑国人得知后，果然害怕，前来讲和。

荀偃恼怒郑国的反复无常，他提出："我们可以先对郑国进行包围，等楚国人来救援，到时候顺势击败楚军。不这样，怎么能和郑国人真正讲和呢？"荀䓨则指出："也可以答应他们结盟就后退，引诱楚军前来进攻郑国，使得楚军劳顿。我们只要把四军分成三部分，再加上诸侯的精锐部队用以迎击楚军，对我们来说是以逸待劳，但楚军却不能持久！这样比直接打仗不是更好吗？暴露白骨是一时之快，但不能用此取胜。君子用智，小人用力，正是先君的训示！"

诸侯也不想打仗，于是允许郑国讲和。而荀罃提出的这个"三驾疲楚"战术，其实不是什么新鲜发明，因为此时吴国对付楚国也是用的这招。但吴国是小国，楚国是大国，吴国只能使用这样的伎俩；而晋国本身也是大国，之前大家都从对等的角度看问题，只考虑与楚国战还是和，谁都没想过用这样的方式来拖垮楚军。

之后，诸侯联军就撤退了。郑国果然首鼠两端，马上又投奔了楚国。不过，晋悼公没有再攻打郑国，因为他有更重要的事情去做。

公元前563年，晋悼公和鲁襄公、宋平公、卫献公、曹成公、莒国国君、邾国国君、滕国国君、薛国国君、杞国国君、小邾国国君、齐国太子光共同在相地（今江苏邳州）会见吴王寿梦。会上有人随意提了一句，偪（fú）阳也和宋国一样，处于晋吴交通线上，要是被楚国利用了怎么办？偪阳为祝融之后妘（yún）姓国，也是一个非常古老的东方小国，人畜无害。但晋悼公听闻之后，立即高度重视，决定立即拿下它。

此时晋国中军将韩厥已告老退休，由荀罃接替正卿之位。荀偃、士匄两人请求攻打偪阳，夺取后将之作为宋国左师向戌的封邑。说起荀氏，荀林父是荀首的哥哥，不过荀林父因为担任过中行而改为中行氏，荀首因为封与知而改为知氏，所以荀林父的孙子荀偃也称中行偃，荀首的儿子荀罃也称知罃。两家虽然分家了，但大体关系还算紧密，能互相扶持。刚开始，荀罃拒绝了这位大侄子和士匄的进攻请求，他说："偪阳城虽然小，但经营多年，非常坚固，攻下来不算勇敢，攻不下还反被人嘲笑呢！"

荀罃的考虑是合理的，偪阳本来谁也没招惹，算是一个中立的国家，也没谁把心思动在它身上。但荀偃、士匄两人坚持请求，荀罃也就只能答应试试。初九，诸侯联军包围偪阳，果然如同荀罃所料，偪阳麻雀虽小五脏俱全，城池非常高大，防守也很严密，诸侯联军进攻了几拨，居然完全占不到什么便宜。荀䓨自己也没什么心情指挥，远远看着偪阳城叹气，难道自己的一世英名要折在这个小小城池上了？

这个时候，有人指挥士兵推着数辆攻城车到达了现场，荀䓨一看，居然是仲孙蔑的家臣秦堇父。鲁国自鲁庄公之后日渐没落，一直跟在大国后面伏低做小，好容易有个欺负小国的机会，还是很想好好表现一次，便铆足劲要收拾收拾偪阳。秦堇父带来的攻城车能够撞击城门和城墙，非常厉害。偪阳人见势也有点儿慌张，于是干脆打开城池的闸门。诸侯军队一看大喜，这是不是意味着可以一口气拿下偪阳了？

没想到的是，偪阳城池虽小，但胆识却不小。等到诸侯联军的前锋部队进入城门，偪阳人忽然又开始放下闸门！待城门紧闭，已经进入城内的士兵就将面临被包饺子的凶险，情况十分危急！这时，忽听有人大喝一声，但见一个身高十尺的中年大汉冲到城门之下，竟以双臂将闸门死死撑住，一张脸因为用力涨得通红。他大声喊道："大家快出来！"于是，进城的诸侯将士们纷纷迅速撤离，待全员安全了，这位大汉也就松开手离开了。这位好汉叫叔梁纥（孔氏，名纥，字叔梁)，十二年后老来得子，取名孔丘，也就是大名鼎鼎的孔子。

这一仗中，鲁国人表现突出，鲁国大夫狄虒弥将大车轮立起，蒙上皮甲当作大盾牌，他左手执盾，右手使戟，带领一支小分队冲杀在最前面。连仲孙蔑都不禁赞叹："这就是《诗》中所说的，像老虎一样有力气的人啊！"

此时，秦堇父也到达城下，指挥攻城车迅速攻城。不过，偪阳城的城墙、城门都很坚固，攻城车一时半会儿也奈何不了。秦堇父在城下不禁有些急躁，连连挠头跺脚。而偪阳守将存心戏弄他，就垂了一块布下去。秦堇父看到有一丝机会，果然不肯放过，抓着布就开始往上爬，等快到城垛上时，守将忽然一刀把布割断，秦堇父便摔了下去。还好他一身铠甲，倒也没摔伤哪里，但也够他龇牙咧嘴好一会儿的。过了会儿，守将又垂了块布下去，秦堇父爬起来，掸掸身上的尘土，照样抓住布条往上爬。如是再三，守将也不得不服，不再挂布。

荀䓨见攻城困难，只能下令暂且退兵，把偪阳守将割下的布做成带子在军中游行三天示众，一是表彰鲁国人作战勇猛，二也是敲打晋国人无甚表现。诸侯军在偪阳城外已经驻扎多时，偪阳城却依然不动如山，荀䓨心中烦闷，见天空阴云密布，越发郁躁。

这时荀偃、士匄两人进入大帐，向荀䓨请示退兵回国，说："快下雨了，怕到时候回不去，请您下令退兵吧！"荀䓨见到这两人就来气，反手就将弩机朝两人砸过去。两人侧身一躲，弩机从两人中间飞过。荀偃、士匄两人惊慌失措、面面相觑，不知道主帅为何如此动怒。

荀䓨大骂："你们把这事办成了再来跟我说话。之前我怕意见不一扰乱军令，所以才同意你们攻打偪阳。你们敦促国君频频发动诸侯军队，又带着我老人家到这里作战。现在既不坚持进攻，还想归罪于我，等到你们回去，就跟大家说：就是荀䓨下令退兵啊，不然早攻下来了。我已经老了，还能再承担罪责？给你们七天时间，攻不下来，我要你们脑袋！"面对主帅的怒火，荀偃、士匄两人不敢再留，连滚带爬地退出了荀䓨的大帐。

荀偃、士匄一合计，攻不下来偪阳肯定死罪，冒死攻打还不一定阵亡，那还是拼一把吧！步兵攻打城池更有优势，于是荀偃、士匄将晋军步兵调出，两人亲自上阵，带领诸侯联军再次攻向偪阳。面对密密麻麻的飞箭、冰雹一样的砸石，荀偃、士匄两人既怕得不行，又不敢就此撤退，只好硬着头皮继续在前线指挥。城下诸侯联军死伤无数，但因晋军卿士身先士卒，大家也不好提出退却。

荀偃、士匄都受了点儿皮肉伤，但不打紧，于是咬牙继续指挥将士登城杀敌。秦堇父、狄虒弥、叔梁纥三人也是各显神通，一个组织攻城车强攻，一个举起大盾抵挡箭石，一个挥舞大戈横扫。晋军背水一战，四天之后竟真的将偪阳城攻破。荀䓨紧锁的眉头终于舒展开来，脸上绽放出了笑容。

战后，仲孙蔑对秦堇父大为赏识，提拔他作为车右。后来仲孙蔑的儿子仲孙何忌、秦堇父的儿子秦丕兹，都拜了孔子为师。

晋悼公得到偪阳后，刚开始打算送给向戌，但向戌却推辞了，他说："承蒙君上恩惠，如果是以偪阳来安抚宋国，扩大寡君的疆土，那下臣们也都安心了，还有什么比得上这样的赐予呢？但如果是专门赐给下臣的话，那就是下臣发动诸侯军队来为自己求封地了，还有什么比这更大的罪过吗？谨以一死来请求收回！"晋悼公无奈，只好将偪阳给了宋平公。

马首是瞻：棫林之战

诸侯联军攻灭偪阳后，马上又折回虎牢筑城，郑国人怕了，于是再次妥协。待楚国令尹公子贞发兵来救时，郑军已经加入了诸侯联军，往南到达阳陵，楚军见状却并不退却。

荀䓨想要退兵，商量说："现在我们避开楚军，楚军一定会骄傲，到时候就可以和他们打仗了！"栾黶虽然是栾书之子，但为人非常张扬，他提出了异议："避开楚军就是晋军的耻辱，被诸侯联军看着，更是增添耻辱，那我不如一死！让我单独率晋军出击吧。"荀䓨怕栾黶出事，只能指挥诸侯联军继续前进，与楚军隔着颍水互相驻扎下来。

此时郑军内部也发生了讨论。公孙虿（chài）说："诸侯联军已经在做退兵准备了，一定不会再战！我们顺从晋国，他们退兵；不顺从晋国，他们也退兵。等到晋国退兵，楚国必然会包围我们，那还不如现在就顺从楚国，让楚国退兵呢！"于是郑军趁夜偷偷渡过颍水，私自和楚军结盟。

此事很快传到荀䓨耳中。栾黶大怒，想攻打郑军，荀䓨却不同意。晋军无力抵抗楚军，也不能保护郑国，郑军才倒向楚国。现在攻打郑军，楚军必然救援。既然胜不了，还会被诸侯看笑话，不如回去吧！于是诸侯联军撤退，楚军当然不敢追逐，于是也撤退回国。

此为"三驾之战"中的"一驾之战"，表面上看来双方谁都不敢打，但实际上这是按照荀䓨的规划走的。因为荀䓨本来就是想通过这种手段来让楚国疲于奔命，还差点儿因栾黡的轻举妄动而搞砸，幸亏楚军本身也不愿轻易开战。荀䓨正是利用了楚国急于救郑这个弱点，才以较少的晋军兵力来调动楚军全力以赴。

而这个问题，郑国人也发现了。其实郑国大夫们厌倦了朝晋暮楚的日子，于是大家商议了一下，普遍认为晋国比楚国强，所以还是依附晋国更可靠。但问题是，晋国争夺郑国的欲望好像没有楚国那么强，所以大家要研究的是，如何让晋军全力攻打郑国，而楚国却不敢抵挡，这样郑国才能顺理成章地再度投靠晋国。公孙舍之说："这样吧，我们挑衅宋国，这样诸侯联军肯定会来，我们就先和晋国结盟，等楚国来了我们又跟楚国结盟，这样就能激怒晋国。如果晋军能反复前来，楚军终将不敢抵挡，最后我们就可以堂而皇之地依附晋国了。"

用这样的自损方式来换取生存，实在是很有创意。然而有意思的是，这恰好与荀䓨的"三驾疲楚"战略不谋而合。于是郑国开始公开挑衅宋国，使得宋国向戌愤而攻打郑国，公孙舍之求之不得，马上起兵报复。果然，荀䓨又一次带领齐国太子光、宋国向戌、卫国孙林父这些人包围郑国，驻扎了整整两个月，专等楚国来救。但楚共王派公子贞去联络秦景公，暂时不发兵，郑国等不到楚国，只好投降。此为"二驾之战"。

楚共王当然不愿意这么轻易放弃郑国。等晋军撤退后，秦景公派右大夫詹联合楚共王北征，郑简公一见楚军来了马上投降。等楚军一走，郑国又主动进攻宋国，果然再度招来诸侯联军。郑简公又派人去楚国哭诉，说自己要对晋国屈服了，如果您能用钱财安抚晋国，或者用武力征服他们，那都是我们期待的。楚共王大怒，将使者扣押，不再出兵交战。此为"三驾之战"，长期劳顿的楚军没有再来争夺，最终将郑国拱手让给了晋国。

公元前562年，晋悼公会合鲁、宋、卫、曹、莒、邾、滕、薛、杞、小邾、郑等国的国君与齐太子光在郑国的萧鱼（今河南原阳）结盟，从此郑国依附于晋国二十多年不再反叛，这代表着晋悼公取得了前任晋景公、晋厉公未达到过的业绩，直追晋文公的践土会盟。而此时的晋悼公，还是个只有二十五岁的年轻人，比晋文公成就霸业时年轻得多。更为难得的是，晋文公时期，对楚作战是硬打下的胜利，而晋悼公时期，不战而屈人之兵，以三驾疲楚的战术直接让楚国军事瘫痪。

有意思的是，楚国虽然不再来了，但其盟友秦国却没放弃。秦景公哪知道郑简公正与晋悼公把酒言欢呢，还派遣庶长鲍、庶长武领兵进攻晋国，救援郑国。庶长鲍进入晋国境内，士鲂带兵抵御。但士鲂却轻敌了，以为秦军不过是做做样子给楚国看，哪敢真的触犯晋国呢？所以一开始，双方对峙，都没先动手。孰料庶长武走迂回路线悄悄渡河，然后发起突袭，与庶长鲍共同夹击晋军。士鲂指挥晋军与秦军在栎地交战，晋军大败。

转眼过年，楚国的公子贞又领兵来犯。此时楚国早已对郑国失去耐心，不过是联合秦国的庶长无地进攻宋国，以此作为报复罢了。晋悼公原本无意与楚国交恶，但秦景公却一而再，再而三地招惹，还在栎地赢了晋国一场。既然楚国已不足为虑，晋悼公决定等候时机，认真讨伐一次秦国。公元前560年，楚共王去世。次年，晋悼公以霸主的身份，号召齐、宋、卫、郑、曹、莒、邾、滕、薛、杞、小邾等国，一起进攻秦国。

这里补充介绍一下晋国的高层人事变动。公元前560年，中军将荀䓨、下军将士鲂去世，于是晋悼公在绵上又举行了一次阅兵。由于荀䓨的儿子荀朔早逝，荀朔的儿子荀盈年岁尚小，于是晋悼公干脆裁撤了新军，所属十个官吏并入下军，从此晋国又恢复了三军六卿的制度，即：

中军将：荀偃，中军佐：士匄；

上军将：赵武，上军佐：韩起（韩厥之子）；

下军将：栾黡；下军佐：魏绛。

公元前559年夏，诸侯军队随晋军进攻秦国，晋悼公在国内等待，三军六卿倾巢出动。但晋国频频举兵已经令诸侯军队产生了厌烦，其中齐国大夫崔杼、宋国大夫华阅、仲江都故意拖拖拉拉。就在到达泾水，快要进入秦国腹地时，诸侯军队都不肯渡河。

于是晋国大夫羊舌肸（xī）和郑国的公孙舍之到处规劝。公孙舍之对卫国的北宫括说："你亲附别人又不坚定，是最让人讨厌的了，你把国家安危置于何地呢？"北宫括想明白利害，打了个哆嗦，于是和公孙舍之一起去劝人。最后，众人屈服于晋国武力威胁，才勉强同意上路。

诸侯联军渡过泾水后暂时驻扎下来，从泾水取水煮饭吃。没想到，狠辣的秦景公在泾水上游投放了毒药，诸侯部队的将士们一个个东倒西歪，不少人病痛躺下，还有的人直接一命呜呼。这使得众人的厌战心理更加严重了。只有郑国新投晋国，反而表现得最为积极。公孙舍之率领郑军出发，其他国家军队见状只好跟上，在一片吵吵嚷嚷声中开始前进。到达棫林（今陕西礼泉）时，秦景公仍然没放出求和的信息，看来这一仗是必须要打了。

于是荀偃下令全军说："等明天鸡叫时大家开始套车，填井平灶，跟着我的马首行动（成语'马首是瞻'出处），我指向哪里，大家就奔向哪里！"这话听着有些专断，高傲的下军将栾黡故意唱反调，说："晋国的命令从来没有这样的，我的马头可是要向东呢！"说完自己就走了，下军佐魏绛连忙带着将士和他一起走。下军左史悄悄问魏绛："咱们不等中行伯（荀偃）了吗？"魏绛说："他老人家命令我们跟从主将，栾黡就是我们下军主将，我当然要跟着栾黡。这也算是合理对待中行伯老人家啊！"

原本诸侯联军就不太配合，现在晋国下军还私自撤退，荀偃甚为尴尬，这仗如果不打就放弃，自己的罪过就大了，但要是硬打起来，恐怕胜算也不大。他不得不说："是我的命令有误，现在检讨还来得及，多留人马只会被秦国俘虏！"于是下令全军撤退。

这场没有打起来的战争又被称作"迁延之役"。"迁延"就是徘徊不前进的意思，我们可以看出诸侯军的厌战心理越来越严重。加上秦国只是晋国的邻国，与东方诸侯相距甚远，利害冲突不大，所以没人有兴趣打这场仗。

栾黡的弟弟栾鍼此时在战车上，他与兄长性格完全不同，是个很有贵族精神的人，他转头对旁边的士匄之子士鞅说："我们这场战争，本来就是为了报复栎地的战败而来。如今出战却没有功劳，实乃晋国的耻辱！我们两人就在这趟出征的兵车上，哪能不感到耻辱？"士鞅当时年龄小，一直视栾鍼为大哥，对方说什么他都附和。于是两人没有跟随大军撤退，而是满腔热血地领着自己的小分队直接去向秦军挑战。结局毫无悬念，栾鍼身中数箭，倒在了战车上。

　　热血上脑的士鞅看着栾鍼倒下，忽然清醒了，这是在玩儿命啊！于是带领部队赶紧撤退，一路跑回晋国。此时诸侯联军已经解散，大家各回各国。

　　栾黡听说弟弟战死，大怒，对士匄说："我的兄弟不想前去，是你儿子怂恿他去的；现在我兄弟死了，你的儿子却回来了，是不是你儿子杀了我兄弟？如果不赶走他，我就要杀死他！"说起来栾黡还娶了士匄的女儿栾祁，士鞅算是他的小舅子，但栾黡完全不讲情面。士鞅没办法，只好逃到秦国去。

　　秦晋棫林之战就这样虎头蛇尾地结束了，本来是诸侯联军对付秦国，没想到连秦军的影子都没见着，就中了秦国的生化武器，最后栾鍼一个人慷慨就义，结局好不惨淡。不过，晋国的霸业到底还是重新树立起来了，一直到春秋之末，秦国也没再敢东出，从战略上来说，震慑的目的还是达到了。

　　正如士燮预料，国无外患必有内忧，晋国诸卿又将进入更惨烈的倾轧之中，其中的导火索正是这次栾氏和士氏的交恶。当然，以晋悼公的能力，原本是可以协调的。可惜天不假年，棫林之战的第二年，年仅二十九岁的晋悼公就去世了，年少的儿子晋平公即位。

　　回顾晋悼公生平，在其即位之前，堂叔晋厉公为卿士所弑，晋悼公年仅十四岁即位，他能够迅速稳定局势，协调各方关系，殊为不易。紧接着他又主导了彭城之战和偪阳之战，保护了"联吴抗楚"的战略通道；并通过"三驾之战"彻底拖垮楚国，收服郑国，使晋国重现晋文公当年的辉煌。短短一生，镇齐、慑秦、疲楚，可谓传奇迭出。

　　可惜继任的晋平公缺少晋悼公的手段，导致晋国公室江河日下。

第十三章 南北弭兵

公元前559年，秦国都城雍城。

宫中，一位中年贵族邀请一位少年贵族就座，中年贵族身着诸侯华服，脸上虽时刻保持笑容，但言行不动声色，令人捉摸不透；少年则面容冷傲，眼神凌厉，令人见之生畏。

中年男子笑问少年："你来说说看，晋国的哪家大夫会先灭亡呢？"

少年表情一敛，嘴角露出一丝冷笑："我看，大概是栾家吧！"

中年男子便问："难道是由于他们做派骄横吗？"

少年点头："对！不过栾黡骄横却可以免祸，祸难恐怕会先落到他儿子栾盈身上！"

中年男子十分好奇："为什么呢？"

少年侃侃而谈："栾武子（栾书）当年的恩德还留在百姓之间。好比周朝人思念召公，连对他的甘棠树也爱护有加。百姓思念栾武子，自然同样如此，何况是他的儿子？但待栾黡一死，栾武子的好处施舍完了，栾盈的好处又不被人知，加上大家对栾黡的怨恨深重，所以灭亡最后要由栾盈来承担了！"——栾黡再坏，却有他父亲栾书的余威荫庇；栾盈再好，反要承受其父栾黡作孽的恶果。

中年男子还是一副笑容，问："那寡人送你回国如何？"

少年看了看他，顿时明白了对方的用意。

这位中年贵族男子便是秦国国君秦景公，少年则是晋国中军佐士匄之子士鞅。而在未来近六十年时间里，士鞅搅动了时代的风云。

晋楚终局：湛阪之战

公元前 558 年冬，晋悼公去世；次年春天，晋平公即位，任命羊舌肸做太傅，张君臣做中军司马，祁奚、韩襄（韩起的侄子）、栾盈（栾黡之子）、士鞅做公族大夫，虞丘书做乘马御。但晋平公从小养尊处优，没有父亲那样的经历和才智。所以这批人事任命，很可能并非出于晋平公本人的意思，大概也是荀偃、士匄这些人安排的。少主幼弱，权臣势强，俨然是山雨欲来风满楼了。

尽管距离晋厉公被杀已经有十六年之久，但此事一直梗在荀偃心里。当年荀偃与栾书合谋弑主，但栾书在晋悼公刚即位时就死了，而荀偃一直作为弑君凶手活着。晋悼公明显一直心怀芥蒂，所以荀偃哪怕身为中军佐，也没能接替栾书，反而被韩厥和荀罃先后超越。晋悼公死后，荀偃终于坐上了执政的位置，但他人也已经老了，时常回忆往昔，愈发忏悔，决定在自己最后的时日里带领晋军好好打几场胜仗，以此来报效国君。

其实，早在晋悼公去世前，诸侯联盟内部就已经开始出现问题了，这个问题的根源在于齐国。齐国本是山东半岛第一强国，实力并不逊于晋国太多，加入晋国联盟，自然阻止了齐国向周边地区的扩张。虽然晋悼公荣登霸主地位，但任谁都看得出来，晋国内部已是危机四伏，难以牢牢控制住诸侯。南北两个大国对峙的局面即将结束，多个区域强国并列的时代即将到来。齐灵公一直不太买晋国的账，之前彭城之战就没有参与出兵。

公元前 558 年夏季，齐灵公下令包围鲁国成地，并在此处建造外城。威逼鲁国；秋季，邾国、莒国都来攻打鲁国的南部，很明显也是有齐国在背后撑腰。当时晋悼公已经准备攻打邾国、莒国，但因为急病去世而中止。

晋平公即位后在温地大会诸侯，齐国代表高厚表现得心不在焉，唱诗与舞蹈不协调，荀偃为此大怒，认为齐国生有异心，下令各国大夫盟誓，要共同讨伐不忠于盟主的国家，高厚见势不妙，连忙从会场逃回齐国。

但之后荀偃会合诸侯，齐灵公又明智地参加了，荀偃气恼，看来暂时不能动齐国了，那还有哪里能打呢？——对了，楚国不是和秦国一起打过宋国吗？既然楚国不肯北上，那我们就南下找他们算账吧！

荀偃踌躇满志，但是没人附和他的提议，大家都对战争有些反感了，反而只有栾黡这个愣头青兴致勃勃地跳出来支持荀偃。好不容易有个人愿陪，荀偃多少有些感动。于是公元前 557 年，晋军中军将荀偃、下军将栾黡两人带兵攻打楚国。

此时楚国这边，楚共王和令尹公子贞都已去世，在位的是楚共王之子楚康王。公子贞在世时虽然屡屡受命北伐，但一直不太主张与晋国相争，就连去世前，他都还在强烈建议在郢都筑城，加强国内防守。这样一来，楚康王也不太想与晋国硬碰硬，于是既没有亲自挂帅，也没有派令尹公子午等高干出征，而是象征性地派出了公子格迎战。公子格此前并未带过兵，并非什么重要将领，这也可见当时楚国并没有真心实意地要与晋国交战。

当然，面对晋军来犯，公子格没有掉以轻心。他带兵出方城山，驻扎在方城以北的湛阪（今河南平顶山北），湛阪是一片易守难攻的高地，公子格在此等候晋军的到来。此时斥候来报，说晋军将要到达，公子格连忙排兵布阵。过了不久，果然见到荀偃、栾黡带领晋军前来，公子格下令迎击。楚军据险而守，晋军很快受到阻碍，前锋乱成一团，无法继续前进。

不过，荀偃毕竟是冒着箭林石雨打下过偪阳城的汉子，对于区区一个湛阪，自然不在话下。荀偃整顿好部队后，指挥步卒们举起盾牌挡在前锋队伍前面和头顶，大部队直接朝湛阪冲过去。公子格也不甘示弱，指挥楚军将士加紧放箭投石，也击倒了不少晋军将士。这当然阻挡不住荀偃前进的热情，他看出对方这支部队并非楚军主力，也看出了楚国不想交战的意思。但话又说回来，如果自己连这支敷衍他的小部队都打不过，又该如何回去面对晋国父老呢？

考虑至此，荀偃站在战车上亲自擂鼓，激励将士。最终，晋军登上了湛阪,踏上平地与楚军展开较量。晋军虽然远道而来,但霸主国家的锐士,作战岂会畏缩?而楚军恰恰相反,他们虽然是主场作战,但由于长期与晋军避战,士气低迷,还未开打就自认为不是晋军的对手。在这样的情况下,晋军勇猛前进,楚军则溃不成军,死伤无数。公子格一看不妙,也不恋战,带着残兵败将马上撤退。荀偃、栾黡不敢乘胜追击,就在方城山之外扫荡了一圈,而楚军也一直不敢再出来迎战。

之后,晋军又进攻了楚国的盟友许国(今河南叶县),打败许国军队之后,荀偃、栾黡才领兵返回。

相对于城濮之战、邲之战、鄢陵之战三大战,湛阪之战的过程可以说是非常平淡,双方都没多少可圈可点的事迹,但其意义却非常不凡。因为,这是晋楚两国最后一次正面作战。晋军第三次进入楚国本土,甚至还在方城山之外扫荡一圈,但楚军却不敢与晋军抗衡;当然,晋军也不敢深入楚国的天险方城山,但好歹是把楚国压制在南方了。晋国的霸主地位从而得以巩固,楚国不再是它最大的敌人。它最大的敌人,如今正是它自己。

火烧齐都:平阴之战

湛阪之战的第二年(公元前556年),齐灵公果然正式发兵攻打鲁国。齐军兵分两路,一路由齐灵公亲自率领,攻打鲁国北部,包围桃地;另一路由高厚率领,将鲁国大夫臧纥包围在防地。

鲁军立即从阳关出发救援臧纥。叔梁纥、臧畴、臧贾三位将领率领甲兵三百人,乘着夜色对围城的高厚进行袭击,齐军溃败,叔梁纥马上将城内的臧纥抢救出来。高厚很快收拢部队,但一看鲁国援军人多势众,自知很难再讨到便宜,于是撤兵而走。

齐灵公那一路则俘虏了鲁国贵族臧坚,齐灵公派宦官夙沙卫去慰问他,并说："你不要求死！"臧坚叩头说："谨拜谢君王之命！但君王既然赐我不死，却又派一个宦官来对士人表示敬意，这是何故呢？"臧坚认为自己受到了侮辱，于是找了个小木条刺进自己的伤口，血涌如注而死。

这一战可以说齐、鲁双方各有胜败，之后邾国又在齐国指示下进攻了一次鲁国，不过也没有讨到多少便宜。

公元前555年，准备充分的齐灵公再次进攻鲁国北部。此时，晋国的荀偃认为该出动了，于是准备带兵进攻齐国。但在出兵之前，他做了一个怪梦。梦中自己和晋厉公诉讼，没有赢，于是晋厉公拿戈砍他，把他的头斩了下来，荀偃便跪下来拾起自己的头颅，把它安回脖子上，并一直用双手托捧着走路，最后见到了梗阳的巫师巫皋，这个梦就醒了。过了几天，他果然在路上碰到巫皋，而巫皋也做了个相同的梦。于是巫皋告诉他："今年您一定会死！另外，如果您在东方有战事，倒是可以得偿所愿。"

晋平公将要出兵攻打齐国，荀偃自知此趟自身难保，变得谨慎虔诚了起来。路过黄河时，他向河神奉上以朱线系着的两对玉，并祷告："齐国的环（齐灵公名环）靠着地形险要、人多势众，就背信弃义、凌虐百姓。现在晋国的彪（晋平公名彪）要率领诸侯讨伐，他的官臣偃在前后辅助。唯愿能够成功，不使神灵受辱，否则偃不敢渡河归来，任神灵加以制裁！"然后把玉沉入黄河，再率军渡河。

此时，素来嚣张的栾黡离奇去世，于是魏绛替补为下军将；栾黡之子栾盈刚刚成年，替补为下军佐。晋平公出动三军六卿，与鲁、宋、卫、郑、曹、莒、邾、滕、薛、杞、小邾等国在鲁国济水之上相会，并准备合兵进攻齐国。

齐灵公见晋国这次要动真格了，连忙发兵到平阴（今山东平阴）抵御，并在平阴的防门之外挖掘了一道一里长的壕沟进行防守。但宦官夙沙卫对此不以为然，他认为如果不宜作战，还不如直接扼守险要之处，没必要专门修一道壕沟来防御。齐灵公不听。

此时诸侯联军已经抵达平阴，开始向防门进攻。果然如夙沙卫所料，齐军仗着有壕沟防御，根本没有用心抵挡。放出的箭没什么气势，纷纷被诸侯联军用盾牌挡住，被联军前锋部队趁势推土填埋壕沟。

眼看壕沟快要填平，齐灵公才慌张起来，击鼓下令加大力度抵御，同时派出主力部队迎敌。但正如之前所述，齐军作战一直有"一鼓作气，再而衰，三而竭"的特性，齐灵公在城外设置防御，这让大家连一鼓作气的士气都没了。等到齐灵公发动全军迎战时，齐军懒懒散散，根本不能与士气高昂的诸侯联军相抗衡。

很快，诸侯联军填平壕沟，杀到了防门之外，齐军与诸侯联军相遇。齐军在兵力方面本来就不占优势，加上莒、邾等墙头草又倒向了晋国，而鲁军咬牙切齿要干掉齐军，齐军果然大败，齐灵公只好下令鸣金收兵。

此时，齐国大夫析归父以私人朋友的名义来访士匄，他在这个节骨眼上出现，显然是为刺探军情而来。士匄将计就计，对析归父说："我了解您，难道敢隐瞒事实吗？鲁国人、莒国人都请求各自带领一千辆战车，一路往西北进攻齐国，一路往东北进攻齐国，我们已经答应了。如果同时攻打过来，齐国必然失陷，您何不趁早考虑后路呢？"鞍之战中，郤克以八百辆战车杀得齐顷公落花流水，现在听说鲁、莒各自出动一千辆战车，析归父心中不由一震。

析归父回到军营后，马上把了解到的情况报告齐灵公，齐灵公听后非常惶恐。此时晏婴侍奉在齐灵公左右，见状心想："国君本来就没有多少勇气，现在还听到这些话，恐怕是活不了多久了！"齐灵公心里忐忑，于是登上平阴最高处——巫山，遥遥观望晋军情况。士匄对析归父说的话当然是骗他的，言下之意，连鲁、莒都能出动两千辆战车，那晋军战车数量该得多庞大呢？当然，他也料到齐灵公一定会侦察，为了证明晋军兵力之强，于是荀偃、士匄还搞了点儿小动作。

荀偃派遣掌管军法的司马分兵，在山林菏泽等军队难以驻扎的险阻处树起大旗，同时稀疏布阵。每一辆战车上，左边是真实的将士，右边则是伪装的草人。又让大旗先行，后面拖着木柴搅得尘土飞扬，仿佛千军万马踏过。齐灵公看后，吓得一个踉跄差点儿摔倒，他也不管手下军队了，连忙带着亲兵逃跑。很快，守城将士就发现国君已经逃跑了，于是连夜组织大军撤退。师旷和羊舌肸一左一右地向晋平公报喜：城上乌鸦愉快地叫着，齐军已经逃走了！

十月二十九日晚齐军撤退，十一月一日，诸侯联军进入平阴，之后一路追逐齐军。齐国的夙沙卫倒是很能干，他主动要求殿后，拉来大车堵住山间小路，让联军难以行进。但殖绰、郭最两人不能接受，他们认为自己才是齐国的勇士，让夙沙卫一个宦官来殿后，这不是齐国的耻辱吗？便强行把夙沙卫赶走了。当时宦官地位都很低，之前臧坚就是因为被夙沙卫慰问反而自杀，其实齐灵公本来并不想侮辱人，他不过是派出了自己最宠幸的人而已。夙沙卫拗不过两位贵族，叹了口气，杀了几匹马堵住狭路，然后头也不回地离开了。

诸侯联军被夙沙卫折腾了半天，但紧赶慢赶，最后还是追了上来。领头的主将是晋国大夫州绰，此人是晋国有名的勇士。殖绰、郭最且战且退，见到晋军追上，连忙迎战。州绰在背后弯弓搭箭，一箭射中殖绰的左肩，殖绰大叫一声，扶住战车才没倒下去；州绰又射一箭，命中殖绰的右肩，殖绰再次惨叫一声，立即掉转车头试图逃跑。州绰大喝道："停下别跑，你还可以被俘虏；不停下来，我下一箭就朝你心口了！"殖绰回过头说："我不信！你发誓！"于是州绰起誓："以太阳为证！"然后殖绰和郭最竟真的停了下来。最后两人被反手绑住，又被推到中军的战鼓下示众。可笑这两人平时以勇武自居，看不起身份卑微的夙沙卫，但在真正的勇武面前毫无抵抗能力，转瞬成了俘虏。

此时诸侯联军已经进入齐国腹地，荀偃本想继续追赶逃兵，但鲁国、卫国苦于齐国久矣，提出迅速进攻险要处，防止齐国驻守防御。荀偃采纳了他们的建议，之后三军六卿分兵三路攻略泰山山脉的战略要地。由荀偃、士匄带领中军攻打京兹（今平阴东南），赵武、韩起带领上军攻打卢地（今长清西南），魏绛、栾盈带领下军攻打邿地（今平阴西）。最后除了赵武、韩起这路一直没有攻克目标外，其余两路都已经攻下，并且顺利在齐都临淄西边的秦周会师。

秦周往东就是临淄的西门——雍门，为了方便布阵，诸侯联军迅速砍伐雍门之外的萩木。士鞅带兵杀至，开始进攻雍门。齐灵公急忙指挥将士抵抗，但因为平阴之战的失败，齐军早已失去了斗志，人心惶惶，一时无法抵抗。临淄作为齐国经营数百年的大都，外城门居然一天就被诸侯联军攻破。齐国将士纷纷作鸟兽散。士鞅的御戎追喜还在门内用戈杀死了一条狗，鲁国大夫中孙速则饶有兴致地砍了一段柞木来制作颂琴，可见诸侯联军的攻城作战非常轻松。

荀偃率领晋军攻入雍门后，放火焚烧雍门以及临淄西面和南面的外城。晋国大夫刘难、士弱则率领诸侯联军往南边进攻，同时为了攻打南门——申门，还烧毁了申门外申池边的树木。之后，晋军又一路扫荡东面和北面的外城，所过之处，一片火海。士鞅一车当先，又打到西北的扬门。晋军第一猛将州绰则攻打东门——闾门，同样也很快攻破。闾门比较狭窄，晋军争先恐后地涌进，州绰的左骖马被挤得无法前进。州绰无奈，等候期间就颇有兴致地慢慢数城门扇上的铜钉。

齐国外城的西、南、东三门全部沦陷，外城则到处都是烧杀抢掠的诸侯联军。齐灵公吓得几乎魂飞魄散，驾着车想要往东逃到邮棠（今山东平度东南）。邮棠以前是莱国故地，公元前567年齐灵公灭莱，占领了整个胶东半岛，齐国国力迅速强大起来，这也是齐灵公敢和晋国公开叫板的原因之一。没想到十二年后，这里就要成为齐灵公的避难场所。

齐灵公正欲逃之夭夭，太子光和大夫郭荣却一左一右牵住了他的马缰，恳切请求道："诸侯军队行动快速迅捷，现在正掠夺物资，等抢完他们就撤退了，君上您害怕什么呢？况且一国之君怎么能随便逃走？逃走就会失去人心，您一定要等着！"但战败的恐惧扰乱了齐灵公的心智，齐灵公就是不听，准备强行冲出去。太子光倒是个决断的人，直接抽剑斩断马缰。齐灵公气得吹胡子瞪眼，但也无可奈何。最后，诸侯联军果然没有继续进攻齐国内城，毕竟困兽犹斗，大家也没有真打算灭亡这么一个大国。

当然，诸侯联军退兵还有一个重要原因，就是楚军又北上了。原来郑国留守公子嘉想趁郑简公出战齐国时，在国内发动政变，除去群大夫。他打算联合楚国背叛晋国，于是楚康王下令令尹公子午出兵郑国，但这个阴谋被另外两个留守郑国的公孙夏和公孙舍之识破。两人加强防守，让公子嘉无法与公子午会合。楚军攻不下郑国都城，又怕晋军来救，只好就此退兵，此时正值严冬，又逢滍水大水，楚军将士被冻死无数。

此时荀偃还在指挥诸侯联军向东边进攻到达潍水，向南边进攻又到达沂水，差不多是在齐国腹地扫荡了一圈。次年，诸侯才从沂水返回，又在督扬再次结盟，并拘捕了助齐攻鲁的邾悼公，强迫邾国退还了侵占鲁国的土田。之后，晋平公先回国，而鲁襄公笑得合不拢嘴，在鲁国设宴招待晋国三军六卿，赐给他们大夫最高等级的三命车服，并赐给其他军尉、司马、司空、舆尉、候奄等人最低等级的一命车服，还特别赐给荀偃锦、璧、马、鼎等礼物。

此时荀偃头部已长了恶疮，回国渡过黄河到达著雍时，荀偃病发，头上一阵剧痛，眼珠都快迸出来了。之前跟随晋平公回去的大夫们听说后，又都赶回来慰问病情。士匄来见荀偃，但荀偃痛楚难耐，不愿相见。于是士匄让侍者传话，问他应立谁为继承人？荀偃回答说郑国的外甥可以。其实就是他的儿子荀吴，母亲是一位郑国女子。

之后荀偃死在军中，双眼却一直圆睁着，嘴巴也紧闭着，不能按照习俗放入珠玉。士匄洗干净手，轻抚他的眼帘，试图让他合目，并说道："将来我侍奉吴，岂敢不像侍奉您一样呢？"但荀偃的眼睛仍然睁得大大的，士匄一时不知所措。

这时，陪同士匄前来的栾盈开口轻声问："是为了齐国的事情还没完成吗？"他也抚上荀偃的眼帘，起誓道："您去世以后，我一定会继续全力对付齐国，有河神为证！"这时荀偃才闭上了双眼，并且张嘴含下了玉。原来让荀偃死不瞑目的并非家事，而是国家。士匄退出，感慨道："作为一个男人，我太浅薄了啊！"而后，他又意味深长地看了栾盈这个外孙一眼。

至于有贼心没贼胆的齐灵公，狠狠受到一顿教训，险而捡回一条命后，他第一个要处理的居然是太子光。原来齐灵公宠幸妾仲子生的公子牙，一直想立他为太子，这次正好寻个由头，将太子光打发到东部边境去，改立牙为太子，又立高厚和夙沙卫为太傅。但就在同年，齐灵公病重，大夫崔杼趁机将光接回朝堂，又趁齐灵公病危篡改诏书，重新立光为太子。等齐灵公去世，太子光即位，便是后来的齐庄公。齐庄公果断杀掉了公子牙。

里应外合：栾盈攻新绛之战

齐庄公比齐灵公更有胆略，也更痛恨晋国，一直想找机会报仇，而就在公元前552年，这个机会来了。荀偃、魏绛先后去世，此时晋国的六卿分别是：

中军将：士匄，中军佐：赵武；

上军将：韩起，上军佐：荀吴；

下军将：栾盈，下军佐：魏舒（魏绛之子）。

栾盈非常年轻，此时还不到二十岁，却与暴躁的父亲不同，他不但聪明伶俐，而且礼贤下士，假以时日，应该能熬成一位非常出色的正卿。

然而最忌惮他的人不是别人，正是他的外公士匄。当年栾黡要杀士鞅，导致士鞅流亡秦国，回国后也与栾黡父子不睦。更严重的是，栾黡死后，其妻栾祁居然与家臣州宾私通，导致栾氏的财产被州宾慢慢侵占，这让栾盈非常不满，栾祁怕儿子长大后对自己和情人不利，干脆向父亲恶人先告状，说儿子认为是士家害死了栾黡，将来会造反攻打士匄。士匄本人也对栾盈颇为忌讳，当时都是政治联姻，大家都只维护自己家族，外亲不算什么。

于是士匄决定对栾盈动手，但又不敢大张旗鼓讨伐，于是先派他去国都外的著地筑城。栾盈虽然聪明，但毕竟还是年轻，对阴谋诡计缺乏防备。栾盈到达著地后，士匄见调虎离山成功，迅速宣布他的罪状，栾盈只好逃亡到楚国。而栾盈在国都的党羽——箕遗、黄渊、嘉父、司空靖、邴豫、董叔、邴师、申书、羊舌虎、叔罴——被士匄一网打尽，尽数杀光。一位不满二十岁的年轻人，能够得到至少十位大夫的支持，可见其本身能力确实非同一般，也可见其锋芒过露。

所谓祸不单行，身单力薄的栾盈路过成周时，又被周室边境的人打劫。栾盈不得已向周室申诉说："天子的陪臣盈，得罪了天子的守臣，打算逃避惩罚，又在天子的郊外得罪。现在无路可去了，只能冒死上言。从前陪臣书为王室效力，天子给予了恩惠，但他的儿子黡不能保住父亲辛劳。如果天子不舍弃书的努力，还请让逃亡在外的陪臣有路可走；如果天子舍弃书的努力而记住黡的罪过，那陪臣就是将遭刑戮之人，这就回国死在尉氏那儿，不敢再来了！我的后果如何，唯有听从天子了！"（天子面前，诸侯称"守臣"，大夫称"陪臣"）

这番话措辞得当，无懈可击。更重要的是，周天子也不太满意晋国卿大夫们横行霸道，于是就让司徒下令归还栾氏的财物，并把栾盈送出了南境的辗辕山。而此时晋国的栾盈余党——知起、中行喜、州绰、邢蒯等人又逃亡齐国，其中知起、中行喜两人是荀氏宗亲，却也依附于栾盈；邢蒯是与州绰齐名的勇士。士匄的心腹乐王鲋曾劝士匄接回州绰、邢蒯，认为如果士匄能够像栾氏一样对待他们，他们自然就会成为士家的勇士，但是士匄没听。

齐庄公好武功，当然也喜欢勇士，他接待这四位后，又指着自己手下的殖绰、郭最自豪地介绍道："他们是我的雄鸡。"州绰抬眼一看，扑哧一声乐了，这不是平阴之战的手下败将吗？殖绰、郭最顿觉尴尬。州绰彬彬有礼地拜倒，说："君上您认为他们是雄鸡，谁敢不这样认为呢？然而下臣不才，在平阴之战中比他二位先打鸣呢！"

后来，齐庄公设置了勇士爵位，殖绰、郭最跃跃欲试，州绰又凉凉地挖苦道："东闾之战，下臣的左骖马被阻塞，盘旋在城门附近进不了，于是连门上铜钉都记下来了。那我是不是也该有一份？"齐庄公便说："您当时是为晋君，怎么能算到我国呢？"州绰也不客气："臣下确实是初来乍到，但如果这两位可以比作禽兽，那么臣下就算是吃过他们的肉，睡过他们的皮了（成语'食肉寝皮'出处）！"齐庄公哈哈大笑，倒也完全不介意，还想收服州绰为己用。

在楚国的栾盈听说州绰等人逃到了齐国，便迅速取得联系，之后自己动身去了齐国，准备伺机而动。

之前商任之会上，齐庄公在与晋平公等诸侯相会时，曾商量过不接纳栾盈一事。但齐庄公当时在会上就表示十分不屑，此时更是大张旗鼓地接纳了栾盈。晏婴问齐庄公："商任之会接受晋国命令，现在怎么又接纳了栾氏？立国不能不讲信用吧！"齐庄公不为所动，晏婴心中一动，预感到齐庄公要进攻晋国。

果不其然，就在公元前550年时，晋平公要嫁女儿到吴国，齐庄公让析归父先送陪嫁的妾媵到晋国。齐庄公心思活络，把栾盈和他的死党们藏在篷车内，一路将他们送回栾氏的封邑曲沃，并商量与栾盈里应外合，共同攻打晋国。

栾盈到达曲沃，夜里偷偷见了死党胥午，把要举兵的打算告诉他。胥午劝道："不能这样做，上天废弃了栾氏，就不会让栾氏再兴起了。当然人终有一死，我也不是爱惜生命，只是认为事情不可能成功！"但栾盈的回答掷地有声："尽管这样，依靠着您死去，我也不后悔。我不受上天的保佑，这不是您的过错！"他不甘心就在齐国了却余生，唯愿拼死一搏。胥午看到少主眼中诚挚的目光，还是答应了。

胥午把栾盈藏起来，然后请曲沃的士大夫们喝酒，酒过三巡，音乐开奏，大家都醉意熏熏。这时胥午开启了灵魂发问："现在要是找到栾孺子，怎么办？"大家都说："找到主人为他而死，虽死犹生啊！"接着有人叹息，有人哭泣。胥午沉声道："主人已经回来了！"众人闻言一激灵，纷纷说："找到主人，还有什么二心呢？"于是栾盈走了出来，对大家一一拜谢。

栾盈准备反攻，当然要联合一些实力派。他首先联系了下军当中掌管战车的七位大夫，合称"七舆大夫"。

紧接着他又联系了魏氏。晋国的下军长期被栾、魏两家把持，栾黡就做过魏绛的上司，魏绛又做过栾盈的上司，栾盈还做过魏舒的上司。当年迁延之役，魏绛就跟栾黡一起退兵。此时，魏舒果然也一口答应了栾盈。

但剩下几位卿大夫，无人支持栾盈，士氏自不用说；赵氏当年被栾书算计得近乎灭门，赵武自然对栾盈没有好感；韩氏与赵氏长期友好，已然有了站队；荀吴恼怒栾黡当年抵触父亲荀偃，又刚和士氏结亲；刚替补为下军佐的程郑，也属于荀氏别族，以荀吴这支大宗为尊。

公元前550年四月，栾盈在魏舒的支持下，一举攻入新绛（晋景公时迁都与此，今山西侯马）。士匄正在朝堂之上，下人报告栾氏来了，士匄大吃一惊，有些慌张。还是乐王鲋点子多，他说："您不如以侍奉国君为名，逃到内宫去，这样就不会受到危害了！栾氏树敌太多，您又主持国政；栾氏远道而来，您有掌权地位，不比他们有利吗？您还掌握着赏罚，有什么值得害怕的？栾氏依靠的只有魏氏，但魏氏并非不能争取过来。平定叛乱的关键就在于有权在手，您一定不要懈怠！"

晋平公正操办一桩丧事，乐王鲋就让士匄穿上丧服，混在吊丧的女人堆里去到晋平公处，这样一来，士匄就不用再一步步经过大臣进宫的程序，迅速到达晋平公身边。有了晋平公这张牌在手，士匄更方便以国君名义讨逆了。

接着，他派儿子士鞅去接魏舒，此时魏舒的军队已经排列乘车，正准备出发去与栾氏会合。士鞅快步前进，大声道："栾氏率领叛军进入国都，鞅的父亲和大夫们都在国君那儿，派鞅来接您，鞅请求作为您的车右！"说着，眼疾手快地拉住车带，一下跳上了魏舒的战车。

魏舒还没反应过来要如何应对，就见士鞅左手抓紧带子，右手抚剑，下令御戎策马离开军队。御戎问去哪里，士鞅说去国君那里。魏舒注意着士鞅的右手动作，生怕士鞅突然翻脸砍人，吓得大气不敢出。到达宫中，士匄早在台阶下等候多时，魏舒一下车，他便紧紧拉着魏舒的手，说要把栾氏的曲沃封赐给他。

魏舒一看这阵势，国君和五卿都到齐了。他也不是傻子，这种情况下，自己犯得着意气用事，为栾盈强出头吗？于是魏舒立即表态，握住士匄的手紧了紧。两只老狐狸对视一眼，各自了然地笑了。

虽然魏舒中途反水，但栾盈也已经走到这一步，不能退了。州绰滞留在齐国没来，但栾盈还有个勇士叫督戎，他已经率先到达了宫外叫阵，晋国人都非常怕他，士匄也头疼如何应对。

此时一个叫斐豹的奴隶站出来说："如果把我的奴隶身份去掉，我愿意去杀掉督戎！"士匄很高兴，说："你要能杀了他，我就请求国君烧掉记录你奴隶身份的竹简，以太阳为证！"于是士匄就让斐豹走出宫门，接着又赶紧战战兢兢地紧闭宫门。

斐豹很可能是一个被贬为奴的贵族，不但有勇有谋，而且急于翻身。他没有选择和督戎硬拼，而是先翻进矮墙引诱督戎，等到督戎跟着翻墙时，躲在墙角的斐豹发起突袭，刺杀了督戎。

此时栾氏一党已经登上了宫门，士匄连忙对士鞅大喝："要是箭射进了国君所在的屋子，你就领死吧！"士鞅只好硬着头皮，拔剑带领步兵作战。士氏毕竟有国君在手，加上栾氏损失了最勇猛的督戎，所以栾氏党羽斗不过士鞅，连连败退。

士鞅此时也来了劲，跳上战车追击栾盈，遇上了栾氏族人栾乐，士鞅向他放话："乐！别攻打我，小心我死了去上天控告你！"栾乐没理他，一箭射去，但射偏了；又把箭搭上弓弦，但车轮却因为碰上槐树根突然翻车。士氏手下赶紧围上前去用戟刺他，栾乐一条手臂被割断，血流如注而死。栾氏另外一个族人栾鲂坚持抵抗，但拼杀不过，也身受重伤。栾盈一见大势已去，只好逃回根据地曲沃。晋军见状马上组织将士，出兵包围了曲沃。

隔岸观火的齐庄公见栾盈这枚棋子已经发动，于是立即出兵进军晋国的同盟卫国。但实际上，栾盈起兵是在夏季四月，而齐庄公发兵时已是秋季，此时栾盈已退回曲沃，齐庄公俨然错过最佳时机了。不过齐庄公的阵势十分强大，他让王孙挥担任第一阵前锋主将，莒恒作为第二阵前锋主将。齐庄公在中阵，此外还有一辆副车，以邢公为主将。中阵设有左翼、右翼，左翼主将为襄罢师，右翼主将为侯朝。此外还有个后阵，主将为夏之御寇。最后，烛庸、之越等四人共乘一车殿后。这个阵势非常豪华，晏婴不禁感慨地说："君上依靠勇力来进攻盟主，不成功反而是国家的福气，没有德行还成功的话，忧患就会降到君上头上呢！"崔杼也说："小国钻大国败坏的空子施加武力，一定会受到灾祸！"齐庄公就是不听。

当然，齐庄公进攻卫国只是顺路，根本目标还是晋国。此时卫国旧都朝歌已属晋国，但此时晋国忙于内乱，国防建设较差。齐庄公大军压境，顺利攻占朝歌，屠杀了一批晋军；然后兵分两路，一路进入孟门（今河南辉县），一路进入太行山口，连战连胜，最后到达晋都以东不到百里的荧庭（今山西翼城东南）。齐庄公派部队驻扎在郫邵（今河南济源），命人在少水（今山西沁水）附近收集晋军尸体，建造了一座京观，终于一雪当年平阴之战的耻辱。

就在此时，齐庄公听说栾盈被困曲沃之事，知道自己错过了最佳时机，现在再进攻晋国，无法再讨到便宜。此时齐军已经深入晋国腹地，形势非常凶险。齐庄公考虑再三，决定收兵回国。

赵穿、赵旃这支赵氏封在邯郸（今河北邯郸），此时赵旃之子赵胜果然率领晋国太行山以东的部队来救，齐庄公便与赵胜交战，晏婴之子晏牦被晋军俘虏。此时鲁襄公也派大夫叔孙豹驻扎在雍榆（今河南浚县西南），准备与晋军合击，齐庄公只好迅速返回。

此时曲沃已经被围城整整三月，城内士大夫们怨声载道，尽管之前酒后放下豪言要为栾盈赴死，但当死亡真的慢慢逼近，这些人又开始觉得生命可贵。于是曲沃士大夫们纷纷叛变，放晋军入城并一起进攻栾氏。栾盈再也无法抵挡，大部分栾氏族人都被屠杀殆尽，只有栾鲂一人逃亡到宋国。栾盈堂堂一介少年英才，本应大有可为，却在外公与母亲的毒害、朋友的背叛中，断送了年轻的生命，实在可悲可叹！

齐庄公的结局也不怎么好。两年之后，即公元前548年，他被最信任的大臣崔杼所弑。此事的直接原因是齐庄公勾引崔杼的妻子棠姜，结果在崔杼家中被杀。究其根本原因，还是以崔杼为代表的卿大夫们大多是亲晋派，不愿意齐庄公将国家带往战争泥淖中。

齐庄公被杀后，崔杼立齐庄公的弟弟杵臼即位，是为齐景公。但齐景公尚且年幼，于是国家大事都听崔杼和另一位大臣庆封的，所以暂时与晋国保持了和平。

同年，士匄、程郑先后去世，晋国的六卿再度更替：

中军将：赵武，中军佐：韩起；

上军将：荀吴（中行吴），上军佐：魏舒；

下军将：士鞅，下军佐：荀盈（知盈）。

经过四轮洗牌，曾经风光一时的狐、先、胥、栾四家先后被清除出晋国政坛，晋国大家族就留下了六家，对应六卿，分别统率三军，这也保持了一个相对稳定的局面。晋国下一次六卿火并，要等到五十年之后了。现在各自忙着巩固家族势力，也没有心思再与楚国竞争了。

就这样，大国趋向和平，之后经过宋国向戌的撮合，公元前546年，晋楚两国又展开了第二次弭兵会盟，参会的国家有晋、楚、齐、秦、宋、鲁、郑、卫、曹、许、陈、蔡、邾、滕共十四国，到场的都是诸侯国大夫，这是春秋时代进入"礼乐征伐自大夫出"的显著标志。大会决定，以晋、楚为共同盟主，中小国家同时对晋、楚两国朝贡，齐、秦两个大国只需分别对各自的盟主朝贡。此后，晋楚之间四十年不再有战争，战事主要集中在南方了。

第十四章 巫臣的诅咒

公元前559年，吴国都城朱方。

宗庙之中，一壮一少两位男子拜祭过先人后，年长者缓缓脱下丧服，对身旁的少年道："弟弟！按照父王生前的意思，应该立你为国君才是！"他生得相貌堂堂、孔武有力，但看着弟弟的眼神却无比慈爱。

少年则剑眉星目、丰神俊朗，他向兄长一拜，推辞道："当年曹宣公去世时，诸侯想立子臧，于是子臧离开曹国，国人才立了曹成公。大王您是合法继承人，谁敢冒犯君位？札虽然没什么才能，但也愿意学习子臧，不失节操啊！"

这位年长者便是吴王诸樊，少年则是他的四弟季札。吴王诸樊欲遵从父亲寿梦的遗愿，在除丧之后要让位给季札。季札推辞王位，诸樊却坚决要立他。两相推让不下，于是季札干脆连家产都不要，逃出国都，去西边的延陵（今江苏常州）种田。至此，诸樊也不好再勉强季札，便先将延陵封给了他，又嘱咐二弟余祭、三弟余昧，未来一定要把君位传给这位幼弟。余祭、余昧都非常诚恳地答应了。

季札就是后世无数文人津津乐道的延陵季子。

噩梦开始：楚攻吴鸠兹衡山之战

据说，吴国始建于周文王的两个伯父泰伯、仲雍。商朝末年，泰伯、仲雍为了让位于小弟季历，离开周原，南下江南，与当地的土著联合建立了吴国。为了争取土著的支持，他们还采用了当地"断发文身"的习俗。后来泰伯去世，仲雍即位，到仲雍的曾孙周章时，周武王灭商，正式承认吴国为诸侯，并将周章的弟弟虞仲分封于河东的虞国。但随着西周对东南经略的衰退，中原与吴国的联系就中断了，以致在春秋前期，史册中都没留下多少关于吴国的可信记录。

但吴国还是渐渐登上了国际舞台。公元前 601 年，楚庄王灭舒蓼，与吴、越两国在滑汭盟会并划定疆界，这表示吴国与越国当时还是楚国属国，但它们实力并不逊色，已经扩张到淮水中游与长江中游之间了。这一片有好些少数民族小国，其中包括徐（今江苏泗洪南）、钟离（今安徽凤阳）、州来（今安徽凤台）、巢（今安徽合肥西北）、桐（今安徽桐城）、群舒（今安徽舒城一带，有舒、舒庸、舒鸠、舒蓼、舒龙、舒鲍、舒龚、宗）、巢（今安徽桐城南）等。

这一片少数民族小国原来以徐国为首，大都为嬴姓、偃姓，春秋前期楚国崛起后，这些小国基本都倒向楚国。公元前 622 年，楚穆王派成大心、仲归灭六（今安徽六安），作为统治这片地区的一个战略要地。但楚国对群舒一带的控制力度仍然有限。公元前 615 年，群舒叛乱，楚国令尹成嘉逮捕了舒国国君舒子平和宗国国君宗子，并且乘机进攻巢地。楚庄王即位后，群舒再度叛乱，成嘉、潘崇进攻舒蓼，但因公子燮、斗克叛乱而作罢。

后来楚庄王重新征服了这些小国，并收服吴、越两国。但让楚庄王没想到的是，会盟时坐在他对面的吴王寿梦，以及他的子孙们，将在未来的一百年里成为楚国的噩梦。但引发这场噩梦的，却是楚国人申公屈巫臣。

公元前 585 年，屈巫臣从晋国到达吴国，怂恿吴王寿梦叛变楚国并与晋国结好；不但如此，还留下三十辆战车，教导吴人驾车和射箭，以及如何安排战阵。虽然之后吴国士兵仍然以步兵为主，但多少了解了一些车兵的作战模式。

屈巫臣作为楚国人，为何投奔晋国，并且帮助吴国对付楚国呢？原来在公元前 599 年，陈国大夫夏征舒的寡母夏姬同时与陈国国君陈灵公、大夫孔宁和仪行父三人私通，夏征舒一恼火，杀了陈灵公，自立为君；孔宁、仪行父逃到楚国，楚庄王发兵攻杀夏征舒，并将夏姬俘虏回国。楚庄王想娶夏姬，屈巫臣认为不祥，楚庄王就放弃了；公子侧也想娶夏姬，屈巫臣又说不吉利，于是公子侧也放弃。最后楚庄王把夏姬赏赐给妻子刚去世的连尹襄老，这下屈巫臣无话可说。

没多久，晋楚邲之战爆发，连尹襄老被晋军荀首一箭射死，这下夏姬又成了寡妇。邲之战后，楚庄王围宋，公子婴齐要求把申、吕二地作为他的赏田，婴齐是楚庄王最信任的弟弟，所以庄王当时就答应了他。但屈巫臣又出来劝阻了，他说因为申、息两地是楚国北境重镇，如果被私人占有，那晋国与郑国就可以轻易到达汉水。所以最后，楚庄王没有把申、息交给婴齐，但婴齐从此愤恨屈巫臣，认为都是他在捣乱。同样，公子侧也很厌恶屈巫臣。

屈巫臣也不是什么清正之人，他劝楚庄王和公子侧不要娶夏姬，打的却是自己收了夏姬的算盘。趁着出使齐国的机会，他带着夏姬一起私奔到晋国，被任命为邢大夫。当时楚庄王已经去世，大权落在公子婴齐和公子侧手上。公子婴齐、公子侧伙同沈尹杀了屈巫臣的族人子阎、子荡和党羽清尹弗忌，以及襄老的儿子黑要，并且瓜分了他们的家产。屈巫臣在晋国得知后，气得七窍生烟，于是写信给公子婴齐、公子侧两个人，威胁道："你们侍奉国君邪恶贪婪，杀了这么多无罪的人，我要让你们疲于奔命而死！"

公子婴齐、公子侧当时完全没当回事，继续在缴获的财宝和女人中花天酒地。屈巫臣也没有和楚军硬碰硬，而是向晋景公提出了"联吴制楚"的战略，策反吴国来进攻楚国。吴国本来就是姬姓诸侯，因为和华夏断了联系，才不得已投靠楚国。一听诸侯霸主晋国居然愿意接纳自己，寿梦当然大喜过望。屈巫臣还把儿子狐庸留在吴国，让他担任吴国外交官，负责联系吴楚两国。

当然，吴国当时国力是远不如楚国的，但以小博大，最好用的自然就是骚扰战术。于是在屈巫臣的策划下，吴王寿梦确定了疲楚战术，也就是用小部队轮番骚扰楚国。这样的战术后来晋国的荀䓕也对楚国用过，实际上最先使用此计的人就是屈巫臣。吴国的实力开始膨胀，开始寻求扩张。但它的实力不足以打败晋国，也不好攻打晋国的北方属国；南方的越国更贫弱，没什么油水；剩下的选择便是掠夺逐渐衰弱的楚国，这是符合吴国自身利益的。于是寿梦当即发动对楚战争。

吴国接连进攻楚国、巢国、徐国等，为了不失去属国，公子婴齐、公子侧只能奉命奔驰相救。正如上文提到过的，公元前584年，公子婴齐伐郑，吴王寿梦突然攻打州来。州来作为吴楚之间的少数民族小国，战略位置非常重要，以致公子婴齐不得不从郑国前线撤出大军，赶往州来救火，而少部分留守的北伐军队被郑国打败。同样的情况还发生过许多次，公子婴齐和公子侧最繁忙的时候，一年甚至七次奉命抵御吴军。如此几番，他们终于开始疲倦了，而这些少数民族小国便慢慢脱离了控制，渐渐归附于吴国，从而使得吴国更加强大。

公元前575年鄢陵之战，楚共王败于晋厉公，公子侧因醉酒耽误了与楚共王商议，被公子婴齐挤兑得自杀，至此，屈巫臣的第一个敌人已经除去。虽然这让屈巫臣高兴了，但公子婴齐同样很开心，因为他感到不再有人掣肘，可以独自好好表现了。于是在公元前570年，公子婴齐向楚共王提出伐吴计划。楚国长期受吴国骚扰，但因一直陷于对晋战争中难以自拔，所以没能及时料理吴国，反而是在鄢陵之战败于晋国后，收缩了对中原战略，同时也能腾出手对付吴国了。

公元前570年，楚国令尹公子婴齐率领一支精兵进攻吴国，这支部队在上阵之前经过了演习和挑选，可见公子婴齐伐吴之决心。公子婴齐派士兵渡过长江，首先攻克了吴国在江南的重镇鸠兹（今安徽芜湖东南），接着又带领将士顺着长江南下，往东北攻克了吴国的衡山城（今安徽当涂东北）。从现代地理区域来看，当涂的东北就是宁镇地区，而当时吴国的都城就在宁镇一带，也就是说，楚军已经打到吴都跟前了！

公子婴齐确实算是一位将才，比起他那醉酒自杀的兄弟公子侧来说，他沉着冷静得多。所以他也能在名相孙叔敖死后，继任楚国令尹这一职务。眺望着不远处的吴国都城，公子婴齐相信，吴王寿梦很快会成为他的俘虏，而楚国兼并吴国，也是唾手可得。

为了抢占先机，公子婴齐任命猛将邓廖为先锋，带领穿着精良铠甲"组甲"的车兵三百人，以及穿着高级装备"被练"的步兵三千人，迅速袭击吴都。之后，公子婴齐坐镇衡山静候佳音。单从策略上看，公子婴齐的突击行动计划是没有什么疏漏的。

另一方，吴王寿梦在得知邓廖袭击吴都朱方（今江苏镇江丹徒区）的消息后，很快地制定了一个迎击计划。朱方所在的宁镇地区一带多山，我们今天仍能见到南京紫金山、牛首山、栖霞山和句容茅山等名山。而楚军在此之前没有到过吴国，对于山多林密这样的地理状况是不太了解的。寿梦决定依靠地势设置包围圈，等待邓廖大军自己走进吴军雄狮之口。

果然，邓廖军团斗志昂扬地迈着大步，伴随身上的组甲和被练哗哗作响，无畏地走进了一片树木茂密、地势崎岖的山路，而这里正是寿梦设置的包围圈。不知不觉中，狮吻已悄悄合上。

"杀！"寿梦一声令下，蓄势待发的彪悍吴地儿郎们挽弓放箭，向包围圈中的敌人身上招呼去。楚军被杀了个措手不及，又见一个个光膀子的吴国步兵战士挥舞着青铜铸造的戈、矛、剑等短兵器从林间涌出，一边用听不明白的语言喊着口号，一边向自己冲杀过来。

邓廖显然没预料到自己这支突袭部队会遭到反偷袭，漫山遍野的吴军让他慌了神。虽然对面的吴军不用战车，但明显很熟悉战车的性能，才选在这样的山地地形中作战，使得楚军战车难以施展，并借助地势非常灵活地包抄楚军战车。更要命的是，楚国一直视吴国为荒蛮之地，从没想到吴国的青铜冶炼技术如此高超，吴军手上的兵器非常锋利，竟然能够穿透楚国精兵的铠甲。可怜楚军还没准备好应战，迅速被包了饺子，大败而退。楚军虽然装备精良，但在这个时候却一点儿用都没有，反而成了撤退的累赘。

此外，吴军士兵一个个断发文身，各式龙形文身随着剑影跳跃，利爪仿佛要撕裂了楚军一般，这样的形象也让楚军感到害怕。这些士兵虽然没有高级的防具，但作战特别勇猛，竞相舍身赴死。

邓廖一个人再勇猛，也指挥不了一盘散沙，只能靠着弓箭手且战且退。吴军倒也死了好些人，但包围圈肉眼可见地越来越小。他们拖住邓廖马车的缰绳，一跃而上，闯进车厢，迅速砍倒邓廖的车右，然后把邓廖本人也从战车上揪下来，绑成了一个大粽子。

这一战，楚国三千步兵、三百车兵，这支精心准备的超级精锐部队最后只逃回三百八十人，被杀或被俘者接近九成，这对坐镇衡山的总指挥公子婴齐而言打击太大了。主力部队既已丧失，吴国也争取到时间加强防备，公子婴齐无法再进一步，于是下令班师回国。从整场战争来说，其实还是楚军胜利了。毕竟楚军连战连捷，深入地方腹地才失败，要教训吴人的目的好歹已经达到了。

公子婴齐回到郢都，在太庙祭告祖先，庆祝胜利。这场庆祝，可能更多是做给楚王和下属看的，看到没，我还是胜利了呀！但他犯了一个错误：尽管楚国胜利了，但最后占优势的却是吴国，吴军抗楚成功，士气高昂着呢。公子婴齐就算收兵不再继续讨伐，但也应该做好防备工作。但显然，公子婴齐只顾着高调喝酒庆功，真以为自己大胜了吴国，而忽略了邓廖的教训。

很快，吴王寿梦乘胜一路收复失地，还攻取了楚国的驾地（今安徽无为）。之前由于楚国在鄢陵之战中大败，公元前573年，舒庸国引导吴军来进攻楚国的巢地、驾地、厘地和虺地，舒庸军仗着有吴军撑腰，自己不设防御，结果被楚国公子橐（tuó）师率兵所灭，吴军也被迫撤走。寿梦受挫后一直念念不忘，最后终于攻克了驾地，也算为舒庸国出了口气。驾地处于群舒核心地段，明显是楚国安插在群舒间用来威胁吴国的钉子，却被吴王寿梦拔去了。

至此，楚国不仅没有捞到一点好处，反而丢掉了一个重镇，丧失了一员猛将。楚国不少臣民本来就对公子婴齐逼死公子侧专权不满，再加上战败失地，纷纷狂骂婴齐无能、丧权辱国。公子婴齐本来就有心脏病，面对反对派们的猛烈舆论攻势，实在没能顶住，两眼一瞪，脖子一伸，捂着心口追随他兄弟公子侧去了。当年巫臣施下的咒语，终于在一二十年间把两大仇人分别送上了西天。

但是，公子侧和公子婴齐到死都不会知道，他们的死，只是楚国噩梦的开始。

反败为胜：皋舟之战

公子婴齐死后，楚共王另一个叔父公子壬夫继任令尹，但公子壬夫屡屡向属国陈国索贿，楚共王为了不失去诸侯国的外交，狠下心来判了壬夫"斩立决"，继任的令尹是楚共王的弟弟公子贞。公子贞是个很有远见的人，在鄢陵之战前，他就认为楚国不应该迎击晋国；继任令尹后，在和晋国争夺中原诸侯时，他也懂得避免和中原霸主晋悼公直接冲突，但私下并不放弃对中原国家的争取。对于吴国来说，这又是怎样一位对手呢？

驾地之战后，寿梦自知吴国比起楚国实力还差很远，战争中只能以巧取胜，硬拼会带来灭顶之灾。要更好地发展吴国，需要先拉拢晋国。在此之前，吴王寿梦对晋国主持的盟会一直不冷不热，直到公元前568年，寿梦才与晋、齐、宋、鲁、陈、卫、郑、曹、莒、邾、滕、薛、鄫在戚地会盟，标志着吴国正式尊奉晋国为霸主。可惜，上天留给寿梦的时间无多了，公元前561年，吴王寿梦去世。他有四个嫡子，长子叫诸樊、次子叫余祭、三子叫余眛、四子叫季札。

寿梦去世前，决定把君位传给自己的小儿子季札。季札虽然年少，但颇有贤名，且从小学习中原礼乐。吴国虽然被承认为姬姓国家，但文化长期落后也是事实。若有这样一位贤君在位，吴国的国际形象将会改善很多。但令人惊讶的是，对于父亲弥留之际的要求，季札居然一口拒绝了。寿梦只能又叫来长子诸樊，盼咐他用兄终弟及的方式，将来传位给小弟季札，诸樊也就同意了。

诸樊即位后风风火火地做了两件大事，第一件事是将都城从宁镇一带的朱方东迁到苏锡一带的姑苏（今江苏苏州），之前邓廖伐吴，楚国人轻易就攻到吴国国都，这严重影响到吴国安全。基于避开楚国锋芒的考虑，诸樊将都城东迁。不过这样一来，又造成了另一个严重影响。苏锡一带本是夹在吴国、越国之间的土著越族之地，国都东迁造成吴国与越国的关系变得敏感起来，尽管当时双方关系暂时还比较和睦。

第二件事就是讨伐楚国。上天正好给了诸樊一个机会。公元前560年，吴王寿梦的宿敌楚共王也去世了。吴王诸樊趁着楚国上下忙着办理丧事，开始举兵讨伐楚国。当然以当时的观念来看，此举显然非常不道义。但吴国毕竟身处华夏之外，受到华夏国家通行的军礼的影响和约束较少。据说诸樊为了让季札早些即位，还轻慢鬼神，祈求早死。这大概也是诸樊无礼的重要原因，只希望自己在位期间，能多为吴国干点儿事吧！

楚共王没有嫡子，只有五个庶子，由庶长子楚康王即位。年轻的楚康王是个颇有能力的君主，听说吴王诸樊来袭，因为要处理楚共王的丧葬事宜及稳定局势，他便让公子贞留在国都，另外派司马公子午和神箭手养由基迎战。养由基参加过邲之战，后来又参加了鄢陵之战，并一箭把将楚共王射成独眼的晋军将领魏锜射死。及至楚康王时代，养由基已经六十岁左右了。

养由基身经百战，他以百步穿杨的箭术广为人知，同时他积累的作战经验也非常丰富。公子午和养由基很快到达长江北岸的庸浦（今安徽无为南），养由基对公子午说："吴国趁我国有丧事便来攻打我们，他们一定会以为我们不能这么快组织起抵抗，这样的话他们也会轻敌，认为我们缺少防备。这样，司马您在这个地方设置三道伏兵等待他们，待末将去把他们都引诱过来！"

当时楚军驻扎在江北，而吴军大概驻扎在江南。按照养由基的想法，如果过江攻打吴军，则可能会陷入半渡的被动局面；如果等吴军全部过江来，硬拼的话未必是对手。所以最好的方法是，在江北设下埋伏，并引诱吴军上套。公子午同意了养由基的策略。

于是养由基带了一支小分队渡江，吴军见到后，以为楚军就这么点儿人，立即就松懈起来。吴军三下五除二，大败楚军养由基小分队，并乘势追过了长江，抵达庸浦。养由基虽然头须皆白，作战却异常勇猛，虽然是败退，却也不见含糊，他乘着战车奔驰，反手随便一射，便有吴国追兵遭殃。吊在身后的吴军被刺激得纷纷冲到阵前，非要生擒活捉这个老头不可。

就这样，吴国军队被慢慢引诱至楚军的包围圈。只听一阵鼓声急响，令尹公子午的三道伏兵便从三个方向冒了出来，与此同时，一路落荒而逃的养由基部忽然调转马头，一改颓势，气势汹汹地冲向吴军。楚军是车兵为主力，步兵为辅助；而吴军仍然以步兵为主力，这在宁镇地区的山地间有优势，但在庸浦这样的河边平原地区，弱势就显现出来了。

当初寿梦率军包围了邓廖所部，如今养由基以牙还牙，同样杀了吴军一个措手不及。吴国步兵普遍手持戈、矛，腰佩短剑；而楚军还有更具杀伤性的长戟队和战车队。这些长戟队作战特别勇猛；战车则利用车速进行冲撞，同时车兵的长戈、长矛也克制了步兵的短戈、短矛。最后，吴军被打得落花流水，落荒而逃，经过一番死斗才突破了包围圈，但也损失惨重。公子党突围失败，被楚军俘虏。这位公子党大概是诸樊的庶弟，也算是吴国高层人士了。

这场战争中，公子午和养由基吸取了当年公子婴齐和邓廖战败的教训，挫败了冒进的吴军，可见楚国战力仍然不俗，特别是在平原地形上，吴军很难与之硬碰。

庸浦之战失败，诸樊受到的打击非常大。第二年，诸樊向晋悼公报告战败情况，想要寻求晋国的帮助，可是却被晋悼公拒绝了，给出的理由是：你趁着他国国君新丧就去讨伐他们，这是非常不道德的国家行为！言外之意更像是，你输了活该，管我们什么事！原本晋国接受吴国的投靠，就是想尽量利用吴国牵制楚国，并不打算被反拉下水去攻打楚国。对于吴国，晋国顶多提供一些战术和技术指导。况且晋悼公作为华夏霸主，也必须保持维护周礼的形象，所以非常利落地拒绝了吴国。军事、外交上的双重失败，使得诸樊的雄心壮志遭受严重打击，对自己能否胜任国君一事产生了深深的怀疑。诸樊过完服丧期，又找到四弟季札，想将王位传给他，而季札再度推辞，干脆丢弃官禄种田去了。

而楚康王大胜吴军，又得知晋国明确表示了不会帮助吴国，更是非常高兴，下令公子贞整装发兵，从棠地（今江苏南京六合区）出发进攻吴国。棠地位于长江以北，渡过长江就可抵达当年的吴国腹地。这样看来，诸樊迁都确实是明智之举。当然，也很可能正是吴国对西方的战略收缩，才让楚国有机会在棠地插上一根钉子。公子贞显然比公子婴齐稳重，他没有采用轻军突击的方法，而是稳扎稳打，大军慢慢推进。

面对楚国大军，再次采用伏兵包围的方法肯定是不管用了。那这个时候该怎么办呢？硬碰硬的话，诸樊实在没有把握，那要去向晋国求救吗？只怕远水救不了近火，何况晋国未必肯帮忙。既然不宜出战，那该怎么样？唯一的方法就是：坚壁清野，坚守不出！宁镇地区长期作为吴国都城所在，朱方固若金汤。公子贞面对诸樊的乌龟战术，一下子还真不知道先往哪儿下嘴。

当然，楚国攻打吴国，本意也只是震慑，还真不指望上来就灭了对方。此外，公子贞也不敢在朱方附近待太久——虽然有个棠邑做后盾，但后勤肯定跟不上；自己人生地不熟的，唯恐夜长梦多。虽然没和吴军较量，但威慑的目的已经达到了，吴蛮连和晋军正面交锋的勇气都没有，那就算是楚军得胜了吧。

公子贞率领楚国大军凯旋，从主帅到士兵，各个都不禁有点儿飘然，当初的斗志也化成了急于回国庆功的心情。骄傲使人落后，这句话在任何时候都没错。楚军走到皋舟这个地方的时候，上一刻众人还在笑话吴国人是缩头乌龟，下一刻就遇上敌情了。

痛定思痛的吴王诸樊并不想永远龟缩城中，他在确认了楚军的班师路线之后，派出一支急行军，先行赶到皋舟一带埋伏起来。皋舟不是一般的地方，而是地势狭窄的险要之处，更有利于吴国的步兵行动。

埋伏在此的吴军等到楚军先行部队晃晃悠悠地经过后，忽然蜂拥而出，将楚军部队冲作两段，使其首尾不能呼应。吴军从天而降，让骄傲自满的楚军大吃一惊，后者反应过来连忙拿起武器抵抗，但在这样的情况下，楚军并没有多少优势。战车在崎岖的地形里无法行走，车兵还在张皇失措之际，就被吴军步兵困住身体，一剑抹了脖子。

公子贞此时身在前军，一见部队遇袭大惊失色，连忙组织前军后退，救援后军。但楚军部队被吴军完整切断，公子贞攻打了几次都无法进去；至于后军那就更惨了，既没有主帅指挥，又被吴军包抄，很快乱作一团。楚国公子宜谷在后军拼命试图指挥队伍突围，但在一片大乱中根本无人听他号令，士兵们纷纷各自逃跑，结果，散兵更是被整齐有素的吴军围歼。公子宜谷无法逃脱，也被吴军包围俘获了。之后，两支吴军联合起来进攻楚国前军，公子贞感受到吴军攻势越发猛烈，知道后军已经难以幸免，长叹一声，下令退军。

吴军自然不肯放过公子贞，于是又利用地形之便追杀了一阵，公子贞好不容易逃脱，队伍却已基本全军覆没，和当年的公子婴齐伐吴时一样，楚军几乎有去无回。公子贞奔逃途中，连盔甲也散乱了。他狼狈地奔回郢都，又气又恨，到这年的冬季旧疾复发，饮恨而亡了。也有说法认为他是因败军自杀而死。临死前，公子贞见到自己的接班人——弟弟司马公子午，用尽最后的力气吐出了几个字："必城郢！"即务必加固郢都的城墙。

此前楚国都城城墙很简陋，其实也不奇怪，因为楚国毕竟是大国，素来只有它攻击他国的份，若完善了自己的城墙，反而阻碍交通。公子贞却主张要为郢都砌墙，可见他在去世前已经预感到未来的不安了。尽管败给了吴国，但他有这样的预见，可见是个有能力的宰辅，毕竟是楚国第一个正视吴国的高层人士。

箭射吴王：巢之战

公子午去世后，楚康王想让孙叔敖之子蒍子冯继任令尹，但此人非常胆小，装病死活不干，楚康王只好任命公子追舒为令尹。公子追舒有一个无功受禄的宠臣，楚康王非常忌讳这种私自拉拢部属的行为，于是就将公子追舒处死，又把装病的蒍子冯拉出来当令尹。蒍子冯就一边谨慎行事，一边糊涂混日子。

公元前550年，晋平公把女儿嫁给吴国王子，以表示晋国对吴国的重视，但要注意的是晋、吴都是姬姓国家，这样做是严重违反同姓不婚制度的。这下子，楚康王抓住了把柄，既然蒍子冯这厮靠不住，于是次年，精力日益旺盛的楚康王决定亲自挂帅调动水师伐吴！

楚国与吴国虽然多次交战，但这却是第一次出动水军。不过这次气势汹汹的军事活动却变成了一个笑话，因为楚国以前根本没训练过水军，楚康王自己更是从未带过兵，这位深居王宫、不懂军规的大王指挥不了这些老兵油子。水兵们在船上乱糟糟地挤来挤去，楚康王自己都看不下去，只好虎头蛇尾收兵回国。而这次楚康王伐吴未遂，让吴王诸樊看穿了楚国国王和令尹的底子，机不可失，他决定让楚国再难堪一些。

吴楚两国的关系很有意思，都喜欢玩拉锯战，你赢我一次，我胜你一次，你逮我一个王子，我抓你一个公子，大家一人一回，公平得很。现在轮到诸樊出手了。公元前549年，诸樊派使者与群舒之间的舒鸠国取得了联系，策动他们背叛楚国。群舒处在吴楚两国的缓冲地带，好比是晋楚之间的郑国，谁来了就跟谁，毫无节操，舒鸠国国君很痛快地同意了吴国大使的提议。

不过，这个消息马上传到了楚康王耳里，于是楚康王出兵，驻扎在舒鸠国附近的荒浦，并派沈尹寿和师祁犁两位大使去责问舒鸠国主。圆滑又无奈的舒鸠国主只好恭恭敬敬地为两位使者接风洗尘，还赔笑说："没有这回事！"

愤怒的楚王想制裁一下舒鸠，这时令尹蒍子冯劝道："我们就暂且回去，如果他真的背叛了大王，等证据确凿了再讨伐他也不迟；如果他不曾背叛大王，那么现在进攻又有什么意义呢？"楚康王一听，好像是这么回事。其实舒鸠距离吴国更近，投靠吴国是必然的。蒍子冯此举实为不想惹事，能拖就拖。

果然，一年后，楚令尹蒍子冯病死，同时舒鸠也公开背叛楚国。蒍子冯倒应该庆幸自己死得及时。接替令尹一职的是屈建，这是一个非常厉害的人物。之前陈哀公被作乱的庆氏赶到楚国，屈建当时担任莫敖，楚康王就是派他护送的陈哀公回国。面对舒鸠的叛乱，屈建新官上任三把火，立马带兵攻打舒鸠，诸樊听闻后带兵来救。吴楚两军在舒鸠附近的离城相遇，一场大战即将开始。

屈建的战术是，面对人数不如己方的敌军，他立马把楚军分成左右两翼，自己带领右翼，让部下子强、息桓、子捷、子骈、子盂五将带领左翼部队迂回到吴军背面，两翼将吴军牢牢地围起来。吴楚交手长达二十多年了，谨慎的屈建深知吴军作战勇猛，不敢过于强硬地收缩包围圈；吴军面对数量比自己多、准备又充分的楚军，自然也不敢先动手。两军就这样僵持着，一直拖了一个星期，双方也没人先动手，都打着后发制人、攻其薄弱的小算盘。

屈建的计划是拖垮吴军，但左翼统帅子强并不这样想，他请示屈建说："这样拖下去，说不定我们自己也要被拖垮的，如果遇上什么意外，那更是不堪设想。还不如速战速决。看这样可否：末将先带着一部分族军冲锋，令尹埋伏在这里等我。如果我胜利了，你们就跟着我冲杀进去；如果我失败了，你们就见机行事！"屈建扫了他一眼，心想好啊，反正要损失也损失的是此人的族兵，于是就点头同意了。

子强和另外四位将军立即带领族兵冲进了包围圈。吴军晒了一个星期的太阳，人都懒散起来，忽然被攻击，一下子懵了，以为楚军开始全军包围了，便赶紧撤退，但撤退到一座小山丘上的时候，吴军统帅放眼眺望，发现对方原来就这么点儿人，嘿，还以为人很多呢！再看看远方，貌似也没有伏兵？

这些楚军怕是饿昏了头，冲动了吧？于是吴军统帅定下心来，下令反攻楚军，当然，这支楚军小分队肯定是打不过吴军的，连忙撤退；吴军便一直追逐，甚至追到了靠近楚军主力所在地，这一下，漫山遍野的楚军忽然全冒出来了！

就这样，吴国人被诱了出来。楚军全军蜂拥而出，不仅人数众多，而且阵法齐整、战备精良，吴军完全不是楚军对手，大部分人都惨死在楚军锐器之下，只有少数人拼死得以逃脱。楚军又乘势追杀了一阵，将吴军一直驱赶出群舒一带。之后，屈建顺手又把随风倒的舒鸠给灭了。

失去舒鸠国后，吴王诸樊异常愤怒。同年冬季，诸樊按捺不住，亲自率领大军伐楚，第一个目标是楚国的边城巢城。吴王诸樊亲临战场，击鼓扬旗指挥第一轮进攻。他们出动了很厉害的轒辒（fén wēn）车，这种车有一个牛皮车篷，用以防御箭击，底部掏空，下有四个轮子，军士在车内推着靠近巢城，一个车子里可以藏十多个军士。此外，壮硕的步兵战士还用一种叫修橹的大盾牌进行掩护，冒着从巢城落下的箭雨步步逼近。

巢城的长官叫牛臣，这人虽然是个小官，却足智多谋。面对城外黑压压一片吴军，牛臣居然想出来一个让人心惊肉跳的办法：打开城门，迎接吴王，然后杀之！这确实是场豪赌，因为巢城兵力本就远不如吴军，现在居然还要直接打开城门放敌人进来，显然形如自杀。但这种方法却有一举翻盘的希望，那就是近身杀死吴王！如果不用这种方式，小小巢城又如何堵住吴王大军呢？

这个计策只有一个问题：打开城门后，谁会最先进城？吴王会抢先进城吗？牛臣精准地捕捉住了诸樊的性格特征：往好处说，他厚道又豪放，但从反面看，他易冲动、不沉稳；其实也不止吴王，吴国将士性格大多如此。牛臣马上找到部将商量："这位吴王虽然勇猛，但一看就是急躁好进之人，如果我们打开城门，他一定会抢先杀进来。到时候我躲在城墙后面射杀他，我们的城就安全了！"面对牛臣这种疯狂的想法，部将也只能同意了。毕竟守不住，就只能置之死地而后生了！

吴王诸樊坐在战车中，眼见吴军即将攻打下巢城，这个勇武的男人因为激动，脸色涨得通红。当他惊喜地看见摇摇欲坠的巢城城门徐徐打开的时候，他没有理由不兴奋，这是他亲自讨楚的第一战，居然这么顺利！他当然要第一个杀进去，他要向那些楚国人展示吴王威仪！而此时此刻，躲在城墙后面的牛臣拉紧了手中的弓弦——

嗖——夺命一箭破空而出，但见吴王一顿，整个人直直跌下去，继而一缕殷红的鲜血从他的脑门上缓缓流了下来。吴王中箭了！诸樊的御戎惊呆了，好不容易缓过神来，连忙掉转车头撤退，而跟在后面的无数吴军将士一下子也乱了阵脚，连大王都中了埋伏，不知道这个看似薄弱的城中还藏有多少强大的敌人！楚军乘势追杀出来，吴军被杀伤、踩踏者不计其数。

这一年是公元前548年，吴王诸樊，即吴国第二十任君主，在位第十三年时，战死沙场。整个吴都上空仿佛都弥漫着血的颜色。而最痛苦的人，自然是诸樊的嫡长子公子光。这个年少的孩子抱着父亲的尸体痛哭了一场，小拳头紧紧攥住，稚嫩的脸上写满了不甘，一双黑漆漆的眼珠迸出仇恨的火焰：迟早有一天，我要踏破郢都，杀光楚国人！

仇恨，使一个人成长，也使一个人疯狂。

第十五章 疯狂的楚灵王

公元前535年，楚国章华台。

新建成的楚王行宫非常巍峨，台高十丈，基广十五丈，放在当时，俨然高楼大厦。中年的君王站在章华台之巅，看着下方拾级而上的贵族大夫们，忍不住嗤笑一声。这座台虽然不算高，但道路甚是曲折，贵族大夫们扶着栏杆慢慢攀登，每走一段路就要休息一次，大约歇三次才能走到顶点。不止如此，这些贵族大夫们个个面容黑瘦，紧束的腰带下面是不堪一握的纤腰。倘若不是这一身的华服，还以为是哪里来的乞丐。

这位君王就是楚灵王，楚灵王好士人细腰，所以士大夫们纷纷投其所好，这样一来每天只能吃一顿饭，站起来还要靠屏住呼吸，束紧腰带，扶墙而起，不少追逐名利的士人还因此被活活饿死。然而楚灵王却对这种风气的兴起完全不以为意。

楚灵王为人跋扈，甚至公然戏弄外国大使。面对矮小的齐国大使晏婴，他居然让人在城墙上设置了一个狗洞，要让晏婴钻，但晏婴非常有智慧，说自己来访的若是狗国，那才钻狗洞，楚国官员无言以对，这才免他受辱。但楚灵王不甘，又故意命人抓了个齐国盗贼示众，以此羞辱齐国人的品行，晏婴则指出，这个人在齐国安居乐业，到楚国才成为盗贼，这就跟长在淮南的柑橘迁到淮北就只能结出苦果一样，分明是因为水土不好。

后人有诗曰："吴王好剑客，百姓多创瘢。楚王好细腰，宫中多饿死。"

齐相末日：朱方之战

　　诸樊去世后，其弟余祭即位，余祭本名戴吴。他与兄长一样，是位非常勇敢的国君，他曾铸造一把青铜剑，铭文是"有勇无勇，不可告人，人其知之"，意思是我到底是不是勇敢的人呢？不需要我告诉别人，别人只要见识我的所作所为，自然知道我是勇敢的人。这个"勇"字，确实是对历届吴王性格的最好诠释。勇，自然就要有将生死置之度外的气质，身先士卒，一身转战三千里，一剑曾当百万师！

　　公元前546年，这位新晋吴王就遇到了他即位后的第一次挑战：楚康王联合秦国人，意图进攻吴国。余祭在为大哥办理丧事的时候，已经积极做好了防御楚国的准备。想当初，诸樊趁着楚共王死讨伐过楚国，如今楚康王以牙还牙，也是很可能的。所以，楚秦联军刚到达雩娄（今河南商城东、安徽金寨北）的时候，楚康王就听说吴国早已戒备森严。楚康王无奈，知道再勉强下去恐怕捞不到多少好处，倘若战败，还会背个趁丧讨伐的名声，那就更不好了，只得下令退兵，转而把郑国打了一顿出气。

　　同年，在宋国执政向戌的斡旋下，晋平公、楚康王在宋国举行第二次弭兵之盟，晋、楚两国从此停战并平分霸权。这对于吴国来说当然不是个好消息，因为从此楚国就可以腾出手来专心对付吴国了。

　　就在弭兵之盟后的第二年，吴王余祭迎接了一位来自齐鲁大地的客人——齐国前左相庆封。这个庆封沉迷玩乐，把国家大事交给儿子庆舍，自己则每天和狐朋狗友卢蒲嫳打猎喝酒，生活十分糜烂。这样的人在位置上自然坐不了多久，果然，齐国的四大家族鲍氏、田氏、高氏、栾氏联合起来要灭除庆氏，庆封落荒而逃，最后来到南方吴国。

　　庆封虽然是乱臣贼子，但毕竟出身文化大国，带来了不少中原事物。余祭对他很感兴趣，让他在吴国过得比在齐国还好，每日吃香喝辣，当个宝伺候着。当然事儿还是要做，余祭将其封在故都朱方，借此窥探楚国的情报。

朱方与棠邑在长江两岸不远处，也算是上前线了。

就在庆封奔吴的同年，吴王余祭得到一个振奋人心消息：楚康王死了！当年年底，令尹屈建也紧随而去。早年楚共王因为忙于双线作战，对付吴王寿梦时略呈下风；至楚康王和屈建执政时，楚国已经扭转了不利的局面，甚至杀死了吴王诸樊，无疑让吴国人忌惮。如今这一对君臣死了，楚国新一轮领导人便十分惹人关注。新晋国君是楚康王的儿子，后人称郏敖——没有王号，熟悉历史的人一眼便知道，这个人显然是不得善终的。而新任楚国令尹公子围是楚康王的弟弟，有着多年政坛资历，经验非常丰富，手段也比较老练，这个人最终将成为吴国的劲敌。两人一就任，顿时让国际舆论掀起了波澜。大家普遍认为国君太弱而令尹太强，国君很难生存，而令尹一定会有异心。余祭在执政初就成功预见并防备了楚秦联军的偷袭，这时他也认识到，楚国出现了内政紊乱的空子。但是最终，余祭并没有进攻楚国，他选择进攻越国。

据说，越国是夏朝国君少康庶子无余的封地，国土位于吴国南边的钱塘江流域，都城会稽在今天浙江绍兴。越国与吴国一样，主体都是断发文身的越人土著，但生活文化水平却比吴国更为落后。针对晋国"联吴制楚"的战略，楚国也有样学样，来了个"联越制吴"，让越国往吴国背后捅刀子。

吴王余祭开始注意到这个问题，所以趁楚国内乱无暇东顾之际，突然攻打越国，俘获了一大批士兵，正好吴国守城门缺人，吴王余祭便安排了这些俘虏去守。没想到就在当年，余祭在城门附近视察船只的时候，某个看门的越国俘虏忽然一跃而起，将早已准备好的尖刀刺入余祭的小腹，鲜血从伤口渗出，船只的一角被染得殷红。在位仅四年的吴王余祭就此毙命。

大哥与二哥的意外身亡到底是天注定，还是他们自己不看重性命？老三余眜在困惑中登台即位，并召回在延陵种田的季札，派他出使北方，进一步加强与华夏国家的联系。季札挂剑、季札观乐的典故均出自于此。

而此时，楚国的令尹公子围也开始着手篡位。楚王体弱多病，无法亲政。

公子围趁机干掉了司马蒍掩，又把弟弟公子黑肱和老臣伯州犁调去郑国前线修筑城墙，将障碍扫除后，以探病为借口，用冠缨生生勒死了楚王，又杀死了楚王两个儿子幕和平夏。公子围的两个弟弟公子比和公子黑肱一看不妙，前后脚分别逃到晋国、郑国去寻求政治避难。而伯州犁跑得慢，就被捉住杀死了。楚王被葬在郏地，不以国君身份礼葬，所以只有"郏敖"的称谓。

吴王余眛三年（公元前539年），公子围正式即位，是为楚灵王。他任用蒍罢为令尹，又派死党伍举出使晋国，要求自己召集诸侯主持盟会，也就是让晋平公让出一半霸主地位。面对这么一个疯子，晋国卿大夫都不主张与之对抗，于是晋平公推脱称自己生病不去盟会，等于将霸主地位拱手相让了。之后，楚灵王在申地会合诸侯，参会的有郑、宋、陈、蔡、许、顿、胡、沈、徐、淮夷等，而鲁、卫、曹、邾等国则推脱了。

楚灵王在会上即逮捕了徐国国君，因为徐君母亲是吴国公主。楚灵王的用意再明显不过，他做了这个霸主，当然就要拿吴国开刀。七月，楚灵王带领会盟的诸侯军队进攻吴国，他的目标是由庆封坐镇的朱方。庆封毕竟是齐国叛逆，现在被吴国收留，自然给诸侯们落下口实。而楚灵王作为诸侯霸主，当然要主持公道了。于是他派遣莫敖屈申率领前锋部队进军吴国。

楚军也不是第一次来朱方，知道这里山地地形不方便车兵行动，于是由步兵开道，掩护车兵前进。而此时，镇守朱方的主要是庆封及其族兵，战斗力本来就不如吴人强，面对楚军更是连战连败，庆封只好退回朱方死守。屈申则继续前进，将朱方城包围得水泄不通。朱方作为吴国早期都城，易守难攻，当年公子贞就不知道从何下手，便知难而退。但屈申背后是暴虐的楚灵王，他知道自己只能进不能退，只好硬着头皮指挥全军出击。

屈申围住朱方城，弓箭手开始往城上射箭，而庆封也不甘示弱，下令弓箭手与楚军对射。吴军在城上，楚军在城下，当然是吴军更有优势。楚军用攻城车来推城，庆封便命士兵举起大石狠狠往车上砸去。屈申一时半会儿也拿吴军没辙，于是放缓了攻城的速度，打算慢慢和庆封耗。诸侯联军虽然远道而来，但仗着人多势众，人马和粮草还是不缺的。这样一来，庆封果然急了，企图杀出重围，但在楚军的铁桶方阵面前无能为力，一次又一次被赶回城中。

一个月后，摇摇欲坠的朱方城终于被楚军攻破，庆封被族兵护卫着企图趁乱逃跑，但在明察秋毫的屈申面前，此时就是一只苍蝇都蒙混不过去。于是庆封和族人们纷纷被俘虏，并被送回诸侯大军处。

楚灵王非常高兴，将庆封族人全部处死，轮到庆封时，楚灵王想在诸侯面前显摆，就让庆封背上大斧头，打算推出去示众，还命令他在示众时宣告："人们不要像齐国庆封那样，杀害他的国君，压制一个孤儿来与大夫会盟！"庆封被绑得像个粽子一样，无奈只好同意了。

伍举连忙制止，说："臣听说没有缺点的人才可以诛杀别人。庆封正因违背君命才落得如今的下场，他岂会甘愿听命于您，一声不吭地引颈就戮？如果他在诸侯中宣扬您的丑事，您又何必这样做？"楚灵王不听，派人将庆封推至军中。结果庆封果然大喊："大家不要像楚共王的庶子围那样，杀死他的国君兄长之子，取而代之与诸侯盟会！"诸侯们听了，强忍笑意，而楚灵王的橘皮老脸则被气得一阵青一阵白，下令赶紧将庆封处死。

楚灵王见目的达到，也没有继续东征吴国，而是带领诸侯返回，在路过赖国（今河南息县）时突袭灭亡了赖国。赖国的国君双手被反绑，嘴里叼着玉璧，而赖国的士人们光着膀子，抬着棺材跟在后面。楚灵王不学无术，看不懂是什么意思，只能问身边的伍举。伍举说当年楚成王攻克许国，许僖公就是这样做的；当时楚成王亲自解除了捆绑，接受了玉璧，烧毁了棺材。于是楚灵王也有样学样，接受了赖国国君的投降，但依然占领了赖地，将赖国人迁往鄢地。

蹶由犒师：鹊岸之战

按照你来我往的套路，现在该轮到吴国出招了。吴王余昧上台已经六年，一直在观察列国的动向。之前诸樊、余祭时代，吴国就对楚国（楚康王）占下风，如今楚灵王当了霸主，楚国更是势大，吴王余眛原本也不敢与之硬拼。但楚灵王已经打上门来了，还把先王赐封的大臣杀死，自己怎么也该会他一会。吴王余眛拔出宝剑，发兵三支，攻入楚国的棘地（今河南永城）、栎地（今河南新蔡）、麻地（今安徽砀山）三地。这三个边城防御较弱，很快就被攻破了。

面对吴军的全面攻击，楚灵王当然不愿意示弱，于是他派遣沈尹射到达夏汭（今安徽凤台西南）进行全面指挥，又派箴尹宜咎、薳启强、然丹分别前往钟离、巢地、州来筑城，企图借此阻止吴军回撤，并加强相应地区的防御。

两军正进入相持阶段，淮水中游莫名发生了大洪水，这在冬季是不可思议的事。但事实就是这样，楚军在建的城池全部被洪水冲垮，大家只能离开前线，而吴军安然无恙返回了都城。于是这一仗算是吴军小胜。

楚灵王万分不痛快，他把怨气发泄在了屈申身上，让人把他拖出去杀了，又任命屈生继任莫敖。屈申是朱方之战活捉庆封的统帅，功劳很大。但楚灵王却认为他亲近吴国，责怪他没有趁胜直捣吴都，擒获余眛。这样的说辞当然十分无理，毕竟屈申也没收到楚灵王继续进攻的命令，楚灵王自己也没有带领诸侯去攻打吴都。杀屈申，纯粹是楚灵王找人泄愤而已。

冬季，楚灵王又一次带领陈、蔡、许、顿、沈、徐、越和东夷的部队进攻吴国，以报复之前的失败。不过这次诸侯联军的组建与上次不同，上次是在会盟之后统一出兵的，而这次却是直接召集各国会师的。这样一来就存在一个问题，即由于各国离吴楚边境远近不一，所以有的国家先到，有的国家后到，而且大家会师的地点也不一样，比如薳射带兵在夏汭会师，而越国大夫常寿过则到琐地与楚灵王会合。这样关键的情报，竟被敏锐的吴王余眛迅速掌握了。

余眛马上召集大军，袭击吴楚边境的鹊岸（今安徽无为南到铜陵北的长江北岸一带）。楚军集结的主力在淮水流域，所以余眛决定偷渡长江，以偏南的鹊岸作为突破口。鹊岸的楚军将领是薳启强，他当时在等友军，不料最后却等到了吴军。虽然楚军在平原地带作战素有优势，但薳启强完全没想到吴军会在这个地方出现，毫无防备的楚军被吴军打得落花流水，薳启强带领残军狼狈逃窜。鹊岸之战以吴军胜利告终。

鹊岸之战的失败并没有阻挡住楚灵王坚决踏平吴地的步伐。楚灵王集结齐诸侯联军后，计划从罗汭（今河南罗山）渡河，扫平吴国。余眛本以为楚灵王会因为鹊岸之战的失败而退兵，没想到楚灵王却咬紧牙关，死活要打吴国一拳。

诸侯联军大军压境，吴军还真的很难与之对敌。于是余眛派了蹶由去楚营犒劳楚灵王，一来是借以刺探联军的消息，二来也暗示自己有所准备。蹶由是余眛的庶弟，楚灵王看到他二话不说，命人把他抓起来杀了，用他的血来祭军鼓，保佑下一战旗开得胜。

楚灵王看着被五花大绑的蹶由，挖苦道："你来这之前，难道没占卜？"

蹶由说："占卜了，吉利呢！寡君听说大王要向敝邑用兵，就用龟甲占卜并致告说：'寡人要派人去犒劳军队，观察楚王生气的轻重程度来做好相应戒备，并请神来指示我吉凶。'而占卜的卦象告诉我们吉利，得胜是可以预知的。

"如果大王能够高高兴兴地接待我，这样就能增加敝邑的懈怠，以致忘记危险，那么我们离灭亡也没有几天了。但现在大王却勃然大怒，逮捕使者进行虐待，还要用鲜血来祭鼓。那么敝邑不就知道如何戒备了吗？敝邑虽然疲弱，但如果早日修筑城墙、准备军事，也许可以阻止贵军进攻。况且，敝邑是为国家占卜，又不是为了我一个人占卜。以我之血来祭祀军鼓，敝邑就知道加强防备，难道还有比这更大的吉利吗？"

这一番巧辩居然说动了楚灵王，于是楚灵王收回成命，没有再杀蹶由，而是把他关了起来，以待处理。其实，余眛知道以楚灵王的脾性，蹶由凶多吉少，此番出使，只是为吴国争取更多的时间。

之后诸侯联军在罗汭渡河，楚国大夫沈尹赤赶来，与诸侯联军在莱山（今湖南醴陵北三十里）会合。楚灵王任命薳射为前锋，率领繁扬的军队进入江淮间的南怀，一路到达汝清。余眛抓紧时间在汝清以东层层设防，严阵以待。蘧射见到吴军势大，不敢前进，而是等待诸侯联军。

楚灵王到达汝清一带后，收到蘧射的汇报，他也开始思量是否要进攻吴国。毕竟之前蹶由来议和，算是对楚国屈服了，这可是吴楚交战几十年来，吴国第一次主动示弱，自己已经在诸侯面前找回了不少面子，毕竟这样的事，兄长楚康王都做不到。再加上如今吴国警惕非常，贸然进攻的话，要是不小心失败了可就不好看了。诸侯联军人数虽多，但论战斗力，这些小国家哪有几斤几两，他们不过是自己叫来助威的，可没真指望他们出多大力。

考虑至此，楚灵王在坻箕之山（今安徽巢湖南）阅兵之后即决定撤退，至于蹶由，暂时也不愿意放还，就直接押送到楚国吧。当然，楚灵王仍对吴国心存戒备，就派沈尹射、蘧启强分别在巢地、雩娄（今安徽金寨北）留守。以往吴楚交战，楚国都是从中央调兵前来援助江淮一带，而这一次，楚灵王却派遣大员镇守，可见吴国对江淮的攻略规模已经扩大，随时可能威胁到楚国腹地。从这一点看，楚灵王还是很有预见的。

鹊岸之战第二年，楚灵王和吴王余眛又杠上了。原来徐国太子仪楚到楚国访问，楚灵王却一直认为徐国怀有二心，于是将徐太子囚禁了。不过这位徐太子也是个人才，居然成功越狱一路跑回了徐国。这样一来，楚灵王倒是清楚，徐国无论如何也是要反了。于是楚灵王迅速派蘧泄带一路部队东进，进攻徐国；吴王余眛得知后，马上发兵去救；楚灵王得知后，又派令尹蘧罢带一路部队进攻吴国。

蘧罢领军从豫章（今安徽六安、霍邱、霍山一带）出发，将部队驻扎在乾谿（今安徽亳州）。其实按照楚灵王的计划，蘧泄这路不过是虚张声势，玩了一手声东击西，而真正的大军正是蘧罢这路。毕竟征服徐国只是手段，攻打吴国才是最终的目标。这样的计划当然还是不错的，不过余眛也不傻，两位兄长意外身死，这让他变得十分谨慎。吴国在淮水一带耳目众多，很快侦知令尹蒍罢率军到场。蒍罢是楚灵王的心腹，又是楚国的最高军事统帅，他和蒍泄究竟是谁带的兵多，似乎并不难猜。

吴王余眛果断派遣大军攻打蒍罢。一个君王如何，往往也决定了他的宠臣大概如何。楚灵王显然不是明君，蒍罢在他手下混得风生水起，可见曲意逢迎的本事很高，而这种人往往不会办实事。蒍罢得知吴军攻打过来，大吃一惊，但他仗着手上兵多将广，倒也不是非常惧怕，迅速带领队伍迎战。

吴楚两军在房钟（今安徽蒙城西南）相遇。这一仗吴军准备充分，所以兵力充足；楚军虽然也出动了精锐，但蒍罢仓促应战，多少有些手忙脚乱。两军交战，吴军虽然仍然以步兵为主，比起楚国的车兵不太占优势，但出于一雪前耻的意念，吴军士气高昂；楚军则相反，楚灵王穷兵黩武、不得人心，原本弭兵之盟后，士兵们都指望可以休息休息了，楚灵王却一而再再而三到处寻衅滋事，再加上他任用奸邪、陷害忠良，楚军的反战情绪十分强烈。

在这样的情况下，两军正面交锋，楚军自然不是吴军的对手，很快被后者冲杀得落花流水。蒍罢一看吴军这么厉害，吓得赶忙带领军队撤兵，根本无心组织抵抗。

斗生之子斗弃疾此时任宫厩尹，是掌管马匹的主官。他倒是能够沉着应对，纠集一部分楚军且战且退。然而他并不是主帅，改变不了溃逃的大势。吴军一路追杀过来，楚军尸首倒了一地，斗弃疾跑得慢，也被俘虏了。

蒍罢败军回到国都，此时蒍泄也回来了。蒍泄这一路倒是顺利，正想请功来着，蒍罢却一口咬定是他牵制不力。楚灵王当然也更信任蒍罢，于是就把蒍泄给杀了。

至此，连续三年，吴楚两国之间经历棘栎麻之战、鹊岸之战、房钟之战，吴王余眛在和楚灵王的对决中，已经是三战三胜。余眛用行动证明，吴军不但能够迅速攻克楚国边城，还能够抵抗联军攻击，更能够正面击败楚军！这标志着吴国的军事实力已经达到准一流强国的水准了。

趁火打劫：豫章之战

三战皆输的楚灵王开始对东边异军突起的吴国产生了恐惧。他不得不暂时放弃对吴的进攻，又忍不住找些乐子来分散注意力，便滥用民力，建造了一个章华台，建好之后邀请诸侯来玩，但只有鲁昭公给他面子，其他诸侯都不搭理。

这个时候，陈国大夫干徵师来报丧，告知陈哀公刚去世，陈国人将立陈哀公次子公子留为新一任君主。楚灵王点头表示知道了。

没想到前脚干徵师刚见过楚灵王，后脚陈国公子胜也来了。这个公子胜是陈哀公的三子，一见到楚灵王就痛哭流涕。原来陈哀公病重时，本是要传位给长子偃师，但哀公的两个弟弟公子招和公子过却杀了偃师，并逼哀公自尽，然后立了公子留为君。

楚灵王正愁没地方发威，立即决定借此机会教训陈国，先把干徵师拉出去砍了，接着马上派弟弟公子弃疾带领大军进攻陈国。陈国果然不堪一击，一下就让楚国灭亡了。但楚灵王却不像祖父楚庄王那样，在消灭乱臣后又帮助陈国复国，而是肆意妄为地把陈国并入楚国的版图。然后封大夫穿封戌做陈公，守卫陈地。

楚灵王吞并陈国后，见晋国没有丝毫反应，于是公元前534年，他又把毒手伸向了蔡国。他先设下鸿门宴，将赴宴的蔡灵侯处死；之后又趁机攻灭蔡国，将蔡太子像牲口一样宰了祭祀山神；然后封公子弃疾做蔡公，守卫蔡地；由于担心晋国出兵干预，还让公子弃疾在陈蔡一线加紧筑城。就这样，陈、蔡以及东不羹（今河南舞阳）、西不羹（今河南襄城）四县成为楚国边城，每个县拥有战车上千辆，足以威慑中原列国。当然，楚灵王不会料到，此举终将反噬自己。

在北方找回点儿成就感后，楚灵王觉得自己又可以进攻东方了。公元前530年，楚灵王率军抵达边城州来，在此处打猎阅兵，之后抵达颖尾（今安徽寿县）驻军，派荡侯、潘子、司马督、嚣尹午、陵尹喜五位大夫进攻徐国。楚灵王又进入乾谿，准备作为五位大夫的接应，防止吴军前来救助。

但楚灵王没想到，吴军的消息没等到，自家后院却先起火了。楚国内部酝酿已久的炸药桶终于爆炸，而点燃这个炸药桶的人，叫作观从。

当年公子追舒的宠臣观起被楚康王杀死，观起之子观从只身逃到蔡国，跟随大夫朝吴。蔡国被灭后，观从又没着落了。公元前529年，观从怂恿朝吴，假借公子弃疾名义召回公子比和公子黑肱。这两位一直在晋国避难，得到召唤后连忙朝蔡县跑去。在朝吴、观从的斡旋下，长期被楚灵王欺压的蒍氏家族、斗氏家族也同时起兵；被灭国的陈国、蔡国遗老自然乐见其成；另外，在盟会上被楚灵王欺负过的越国人、许国人也都派兵相助。

公子弃疾是个聪明人，一看大事不妙，索性顺水推舟，开门放两位老兄进来，从蔡县的封疆大吏摇身一变成了造反先锋。这支鱼龙混杂的队伍很快杀到郢都郊外，陈蔡遗老受够了楚灵王，这下终于扬眉吐气了！他们提出要在郢都外建立壁垒，慢慢和城内的楚军消耗，而公子弃疾则直接派亲信混入郢都，刺杀了楚灵王的太子禄和公子罢敌，联军轻而易举就进入了郢都。然后三兄弟按照年龄排位，将公子比立为国君，公子黑肱为令尹，公子弃疾为司马。

公子弃疾又派观从前往楚灵王处，策反楚灵王的大部队，声称："先回来的将士有重赏！后回来的被惩罚割鼻子！"众人都已知道郢都失陷的事情，也没多少人愿意继续追随楚灵王，大家伙争先恐后地奔回郢都。楚灵王听到两个儿子的死讯时，他终于支撑不住，从战车上摔了下来，而身边的人居然逃得一干二净，这位昔日的盟主，居然成了一名独夫！楚灵王孤家寡人一路逃跑，三天三夜没有吃东西，直到碰到以前的侍人畴，又饿又累的楚灵王才枕着对方的腿睡着了。

楚灵王醒来后，发现侍人畴也不见了，自己枕着的是一个土块。他长叹一口气，又起来继续跑，逃到棘地，然而棘地人不让他入城。之后又逃到芋地，芋尹申亥倒是收留了他。楚灵王吃饱睡好之后，知道自己大势已去，心里承受不了这种落差，于是干脆一尺白绫上吊死了。

此时郢都内，公子比和公子黑肱其实整天担惊受怕，因为这两个月天天晚上有人喊"大王杀回来了"。有一天，大夫斗成然突然冲进殿堂，高呼大王回来了！杀了司马弃疾！两位若是早点自尽，还可免于受侮辱！这兄弟俩离开楚国十几年，完全不懂政治上的钩心斗角，只能抱头痛哭，而后双双自杀而死。

之后斗成然马上迎接公子弃疾即位，就是楚平王。楚平王便任命斗成然为令尹；公子比不以国君之礼被葬在訾，称作訾敖；楚平王还杀了一个囚犯，让他穿上楚灵王衣饰，宣布楚灵王和公子比、公子黑肱都死了，如今平王只能勉为其难即位。为了赢得国际支持，楚平王同意恢复陈国、蔡国，并且把楚灵王当年霸占郑国的土地也给归还了。这一系列举措让他顺利坐稳了王位。

楚国发生了这么剧烈的政变，正在攻打徐国的五位将领自然得赶紧收手，带兵返回郢都。他们谁也不知道重返郢都后，将面临什么样的政治处理，只得张皇失措地赶回去探探情况。但吴王余眛却逮住了这个好机会，他趁楚军溃散时，一路西进到达豫章一带，抄了这五位大夫的后路。五人大惊，慌忙指挥部属将士们进行抵抗。

然而，此时楚军远征劳顿不说，国内政变的消息也让他们斗志全无。而吴军在此以逸待劳，守株待兔。不过吴军并没有牢牢围住楚军，而是有意放开一条生路，这样楚军更加无心战斗，皆争先恐后地挤向生路。吴军顺势掩杀楚军，将孤军损伤大半，荡侯、潘子、司马督、嚣尹午、陵尹喜五人全部成了吴军的阶下囚。

紧接着，吴王余眛又趁楚国内乱之际，下令吴军攻克了吴楚边境重镇州来。面对咄咄逼人的吴国大军，斗成然请求征伐。但楚平王为了稳定国内情势，不想再徒增战事，愿意放弃州来给吴国。

至此，吴王余眛与楚国的最后一战结束了。面对霸主楚灵王及多国联军的攻势，吴王余眛不仅成功扳转了两位兄长接连受楚国压制的局面，而且间接让楚灵王的最后一次出兵后院起火。虽然有楚灵王本人乱政的因素在，但吴王余眛仍不愧为吴国历史上一位杰出的国君。

公元前527年，吴王余眛病重，临终之时召见四弟季札，表示要把王位让给他。而季札却仍然坚持自己的主张，又跑回自己的封地延陵去了。余眛到最后也没有完成父亲的遗愿，遗憾地告别了人世。

由于余眛实在不知道应该把王位再传给谁，他死后，吴国王权一度真空。但因余眛在位十七年间非常得人心，所以大臣们一致推选余眛的儿子州于为王。州于即位，是为吴王僚。然而，有个人却对此结果心生怨怼，深觉不公。此人就是寿梦的嫡长孙，诸樊的长子公子光。

第十六章 扫灭戎狄

公元前530年，晋国都城新绛。

两位国君友好交流，一位年龄较长，一位非常年轻。他俩聊得兴起，便开始了投壶游戏。

年长的东道主先投，负责礼仪的人特意说："今有酒如淮水般清亮，有肉如水中高地般敦实。寡君若将箭投中了壶中，当为诸侯师表！"年长的国君听罢，持箭往青铜壶里一投，果然中了，十分高兴。

接下来轮到年轻的国君投，他拿着箭说："今有酒如渑水般无瑕，有肉如山陵般高厚。寡人若将箭投中了壶中，当与君一同兴盛！"语毕动作，也投中了。于是，场面变得微妙了起来。

这位年长的国君便是晋国国君晋昭公，而年轻的国君则是齐国国君齐景公。

晋昭公投壶之前，负责礼仪的荀吴说的那番话，表达的是晋昭公希望做诸侯霸主的心思，晋昭公如愿中了，但齐景公不服，用"与君一同兴盛"的说辞公然挑战晋国的地位。

晋国大夫士伯瑕眉头微皱，拉住荀吴的袖子，悄悄说："您刚刚说的话不恰当啊，我们本来就是诸侯盟主，何必还要投壶许愿？这样一来，反而会让齐国国君认为我们软弱，恐怕他以后再也不会来了吧！"

荀吴义正词严道："我们的军队强大有力，士兵也能互相勉励，强盛至今，齐国又能怎么样呢？"

齐国大夫公孙傁赶紧走来，说："天色晚了，国君累了，可以回去了！"于是就带着齐景公一起退下了。

毁车为行：太原之战

就在吴国与楚国杀成一团时，晋国也没有闲着。公元前546年弭兵之盟后，晋国暂时解除了楚、齐、秦三大国的威胁，进入了一个相对和平的环境里，晋国六卿的格局也正式形成。这样一来，晋国就有精力对付周边的外族了。

在此之前，势力最大的是赤狄，经过晋景公时期荀林父、士会、郤克三任执政，赤狄以及依附其的长狄都被灭亡，此时围绕在晋国周边的还有北边的白狄、无终和南边的陆浑戎、伊洛之戎等。其中白狄又分为鼓、肥、仇由和鲜虞四部。公元前582年，秦国曾联合白狄一起进攻晋国。虽然在弭兵之盟后，白狄国君朝见了晋平公，但晋国仍然对白狄不放心。对待这种反复无常的异族，最好的办法当然就是直接消灭。至于无终，它是赤狄之后在众少数族群中比较强大的一个部落。公元前569年，无终国君嘉父派使臣来向晋国求和，晋悼公采用魏绛的建议，推行和戎政策。不过现在，晋国终于要对无终下手了。

弭兵会盟之后，晋国的六卿为：

中军将：赵武，中军佐：韩起；

上军将：荀吴，上军佐：魏舒；

下军将：士鞅，下军佐：荀盈。

赵武、韩起两人性情比较温和，也不太懂作战。但荀吴性格比较强硬，同时比较好战；魏舒作为荀吴的部属，与荀吴性情相合，也是好战派，之前就曾想帮栾盈出头。既然暂时不能动各诸侯国，他们便对周边的少数族群有些心痒。于是，攻打少数族群的任务就落到了上军两位统帅荀吴、魏舒身上。

荀吴虽然是个好战派，但大体也是忠心为国的，据说他私人只有皮车十乘，但从不担心自己财产太少，还天天忧心德行不足；相比之下，他的儿子荀寅后来拥有革车十乘，还担心自己财产少，却从不忧心德行不足。拥有这样的品质，荀吴与其他同僚相处也比较和睦。韩起成为中军将后，荀吴多次反对他的外交政策，而韩起对他也颇为包容。正是在这样内部相对融洽的环境下，荀吴终于拥有了攻打少数族群的机会。

公元前541年，荀吴、魏舒出兵，攻打无终与众狄。无终与众狄得知晋军动向后，在太原（今山西太原）集结，与晋军展开作战。太原位于山西高原中部，西、北、东三面环山，中、南部为河谷平原，整片地形算是比较崎岖。这是非常适合少数民族的步兵作战的，却不利于晋国车兵行进。以往晋国与外族交战，多发生在晋国腹地附近，但这次晋国首次开拓北疆，深入少数民族腹地，自然应该更加谨慎了。

所以在阵前魏舒就对荀吴建议："对方是步兵，而我们是车兵，相遇的地方地势又非常险要。他们只要以十个步兵来对付我们一辆战车，就能够胜券在握。如果战车遇到险阻被围困，那我们就更加不利了！请把我的部队全部转化为步兵，就从我开始吧！"过去一般认为，在平坦的地形上，一辆战车和附属的徒兵足以对付八十个步兵；在狭窄的地形里，也能对付四十个步兵。而此时，魏舒竟然认为一辆战车只能对付十个步兵，可见此地确实非常不利于晋军。

荀吴的曾祖父荀林父当年率领过中行，当时晋文公设三行也是以步兵御戎的名目建立，但主要还是为了避开天子六军的名目，晋国当时并未认真发展步兵，所以不久之后三行就被废除。但荀林父却对"中行"这一职务非常有感情，后代也都以"中行"为氏，荀吴的正式称呼应是中行吴。荀吴决定采纳魏舒的建议，将车兵全部废除，打乱编入步兵行列，五乘战车十五个车兵被改为三个伍人队十五个步兵。

这本来是利国利军的好事，但改革力度大，就会触犯某些既得利益者的权益，所以这项政策遭到不少将士的非议。毕竟乘车是贵族的专利，你让这些大爷改成步兵，那得多走多少路？更重要的是，要舍弃贵族的身份象征，与普通兵士没了区别，这对他们来说无疑是难以接受的。反对得最激烈的人之一正是荀吴的宠臣，众人一看有人出头，纷纷附和表示抗议，一致抵制荀吴、魏舒的决策。荀吴大怒，军令如山，何人敢违抗？他下令左右，直接将那位宠臣拿下处死。这一招杀鸡儆猴的震慑力果然惊人，当下各个噤若寒蝉，无人敢再表示抵制。

不过，晋军刚完成兵种改革，尚且不擅长纯步战模式，若就这么去和少数民族的军队硬拼，显然没有任何优势。所以，改革之余，此次作战仍需以智谋取胜。

荀吴很快就想出了对策，他让大部队加紧训练，同时派出一支步兵部队前去诱敌。这支小分队非常有趣，本来人就不多，还要再划分成五个方阵。前阵叫两，其实就是两个五人分队，共计十个人；后阵叫伍，就是五个五人分队，共计二十五个人；左阵叫参，就是三个五人分队，共计十五个人；后阵叫专，只有一个五人分队，共计五个人；最前阵叫偏，含十个五人分队，共计五十个人。全部加起来，总计一百〇五个士兵，就这点儿人还被划分成五份，看上去确实滑稽。

无终与众狄听说晋军前来，连忙备战，但等晋军到了，仔细一看，个个不禁笑得东倒西歪。就这一百来个人，还要组成五个阵形，晋军是真没人了吗？虽然后面很可能还有大部队在，但晋军素来以车兵为主，等后面的车兵来到这里，不适应崎岖地形，照样送死！既然这样，那就先把这股前锋吃掉再说！无终与众狄一边取笑着，一边无畏地冲上来迎击晋军。

晋军这支袖珍小分队刚开始还勇敢地上阵厮杀，但无终与众狄军队在主场特别勇猛，晋军人数又少，完全占不到便宜，没过多久就被对方冲得四散奔逃。无终与众狄部队呼喊着，也分成多支去追逐晋军，自己的阵形一下子也乱了。但他们完全不在意，反正怎样都是碾压晋军。无终与众狄一直追逐，俘获了几十个落单的晋军士兵。但不知不觉间，他们的队伍已经越来越分散，且逐渐进入晋军的主力埋伏地了。

忽然，一声鼓响，晋军主力杀出，先以弓箭兵集火猛射，再出动执短戈的步兵冲杀，无终与众狄士兵猝不及防，不少人被撂倒。但他们早已料到会有晋军埋伏，倒也无所畏惧，仗着个体的体能优势，以短剑朝晋军攻去。无终与众狄部众误以为当前这些步兵和之前的一样，只有一小撮，晋军的主力仍以车兵为主。但万万没想到，晋军步兵越来越多，他们五人一队，彼此呼应，完全以步兵的阵形作战。

这下无终与众狄部队有些不安了，因为他们此时完全不成阵形，无法形成更强的杀伤力和防御力，反观对面的晋军主力，仗着人多势众，很快就扭转了战局。无终与众狄部队的组织纪律性又极差，获胜就拼命追杀掠夺，而失败就各自奔逃互不援救，这样一来，一群散兵游勇四散奔逃，以致很快就被训练有素的晋军分头追上。晋军大获全胜，将势力推进到了山西中部。

之后，毁车为行的军事模式慢慢推广开来，这进一步壮大了晋军步兵的力量。太原之战后，无终不再见于史书记载，大概从此之后便一蹶不振了。剩下比较强大的就是白狄的鲜虞部落。

同年，中军将赵武去世，韩起顺位接替。韩起对荀吴多少还是不太喜欢，于是提拔赵武的儿子赵成担任自己的副手。公元前 533 年，荀盈也去世，其子荀跞替补。至此，晋国的六卿为：

中军将：韩起，中军佐：赵成；

上军将：荀吴，上军佐：魏舒；

下军将：士鞅，下军佐：荀跞。

荀吴没能当上中军佐，有些闷闷不乐，但也只能找找少数民族的麻烦。

公元前 532 年，晋平公去世。晋平公在位二十六年，一生正如其谥号，平平无奇。他没有父亲晋悼公的政治手腕，无法再在卿大夫间形成平衡；更重要的是，当时三军六卿的格局已经奠定，其他家族无法再插足于此，晋国国君也彻底失去了政权。所以晋平公每日花天酒地，放纵享乐，又受到卿大夫们各种批评。荀盈去世后，晋平公想立宠臣继任下军佐，但在卿大夫的反对下作罢。第二年，晋平公郁郁而终，从此晋国完全进入了六卿时代。

围而不攻：昔阳之战

晋平公去世后，即位的是其子晋昭公。荀吴又打算发起对鲜虞的攻击，但晋昭公和韩起都管不了荀吴。鲜虞（今河北石家庄一带）其实就是战国时期的中山国的前身，当时已初具规模，白狄的肥国（今河北石家庄藁城区）与鼓国（今河北晋州）都附属于鲜虞，三国互为掎角。晋国当时在太行山以东有个据点是邯郸，晋军通过邯郸可以到达齐国。而白狄三国在邯郸之北，对晋军东出路线构成威胁，所以荀吴也相当急于消灭白狄。

公元前530年，齐国大夫高偃把北燕国国君燕简公送到燕国唐地。原来在此之前，燕简公想提拔宠臣进大夫队伍，但被大夫们集体抵制，甚至反被驱逐，燕简公只好出奔齐国，齐景公便派高偃带兵护送他。

同年，晋昭公宴请诸侯，当时荀吴在场，作为晋昭公身边负责礼仪的傧相。荀吴得知齐军出兵燕国，灵机一动有了个主意。燕国在晋国东北边，如果晋军去燕国，那么取道白狄，应是比走邯郸更方便的。

于是荀吴派使者到鲜虞，提出借路去与齐军会合，共同护送燕简公回国。鲜虞本来就尊晋国为盟主，和长期游离于诸侯之外的北燕国也没什么瓜葛，就毫不犹豫地同意了。于是荀吴就带领一支晋军翻越太行山，从井陉关东出到达白狄。白狄万万没有想到，荀吴来了后，不但没有继续前进，反而直接攻入鼓国都城昔阳城，鼓国民众四散而逃；荀吴又迅速发兵肥国国都，这肥国与鼓国都是不堪一击的小国，很快也被晋军攻打了下来，连肥国国君肥子绵皋也被抓了。

鼓国国都被攻克后，国君鼓子鸢鞮又收拢余部；而肥国国君被俘虏，算是被晋国灭亡了。荀吴带着肥子绵皋回晋国庆功，继而将目标定为鲜虞。鲜虞国被晋国这样摆了一道，损失了一个盟友，在晋军西返后却不思报仇，反而松了一口气，既不在边境警戒，也不修治武备，妄想晋军会就此罢手。哪知，荀吴灭肥、鼓只是手段，其终极目标还是鲜虞这块大肥肉。荀吴在回国后，立马又带领四千乘战车回头进攻鲜虞。

荀吴率领大军到达著雍驻扎，紧接着又带领他的上军进攻鲜虞。上军经过荀吴、魏舒的改革，以步兵为主，正适合太行山东麓这种崎岖地形。晋军到达鲜虞的中人城（今河北唐县）时，鲜虞人终于仓促应战。

鲜虞作为潞国、无终之后的少数民族之首，还是有两把刷子的。鲜虞军队在丘陵上如履平地、健步如飞，而晋军不熟悉如何在丘陵地形作战，反而被鲜虞人以短剑杀死不少，损失惨重。

荀吴却似乎料到了这一点，他吩咐部队抬出了终极武器——冲车。荀吴针对少数民族步兵的优势，发明了这种杀敌的装备。这种冲车不同于攻城车，主要由突袭部队使用。荀吴让晋军士兵们抬着冲车，直接往鲜虞军队中撞过去。鲜虞人虽然矫捷，但哪有冲车这么迅速，纷纷被撞倒碾轧。晋军趁势追杀，将无组织无纪律的鲜虞部队杀得大败。

不过经此一战，荀吴也认识到，鲜虞国并不容易对付，幸亏出动了新式武器，这才侥幸取胜，但鲜虞人回去后一定会研究破解之道；同时，鼓子鸢鞮已经收拢了余部，重新回到了昔阳城据守；如果贸然攻击鲜虞人，后背还容易受到鼓国的袭击。考虑至此，荀吴决定撤兵回国，暂时停止对鲜虞的攻击，而将精力放在针对鼓国上。上次攻入鼓国都城时，国君鼓子鸢鞮逃跑了，这次务必要将其生擒活捉，彻底灭亡鼓国。

公元前 527 年，荀吴再次出兵攻打鲜虞。等到鲜虞准备充分后，荀吴却虚晃一枪，转而包围了鼓国的都城，鼓子鸢鞮派兵迎战，很快被晋军赶了回去。接着晋军将昔阳包围得水泄不通，鼓子鸢鞮试图突围失败，只能龟缩到昔阳城内。

荀吴这次对昔阳采取了围而不攻的战术，想慢慢耗尽鼓国的存粮。于是没多久，鼓国就有人暗中联络荀吴，表示愿意带着昔阳城内的人叛变，放晋军入城，但荀吴居然不答应。

众人有些不理解，问："兵不血刃就可以得到城邑，您为什么不同意呢？"

荀吴却说："我听叔向说过，若自己的喜好和厌恶都不过分，那么让百姓知道行动的方向，事情就没有不成功的。有人引我们入城，叛变城邑，此等卖国之举，不正是我们最厌恶的吗？我们为什么又要欢迎这样的做法呢？到时候还要奖赏这些令人生厌的事情，那对喜欢的该怎么交代？我们能力达得到，那就进攻，否则就撤退，量力而行即可。我们不可以为得到城邑而接近奸邪，这样反而会失去更多！"

然后荀吴做了一个更加让人匪夷所思的举动，他把叛徒直接交给了鼓子鸢鞮。于是鼓子鸢鞮杀了叛徒，继续修筑防备。

将士们纷纷表示不理解，过去，荀吴为了取胜什么都可以做，改革军制、发明冲车、借道伐鲜虞，怎么这下突然要打造传说中的仁义之师呢？荀吴笑而不言。其实他经过羊舌肸的指点，也开始动了私心，之所以坚持进攻白狄，并且摇身一变化为仁义之师，实际上是想为中行家族的未来谋取更多的根据地。

这样一来，鼓国又被晋军牢牢围困了三个月，此时鼓国又有人请求投降。荀吴接见了他们派来的代表，却说："看你们的脸色，还可以坚持嘛，回去继续修缮你们的城墙吧！"鼓国人这下要抓狂了，还有自愿投降却不被接纳的？将士们也议论纷纷："得到城邑而不占领，辛苦百姓而磨损武器，将来还用什么来侍奉国君呢？"他们没想到的是，随着晋国国君君权流失，荀吴已经有了自己的小算盘，他考虑得更多的是自己家族的利益。

荀吴道貌岸然地回答他们说："我正是用这样的做法来侍奉国君啊！得到一个城邑却让这里的百姓们懈怠，这样的城邑又有什么用呢？得到城邑换来懈怠，还不如让大家保持一贯的勤快呢！懈怠不会有好结果，丢掉勤快也不吉利。鼓国人能侍奉他们的国君，我也能够侍奉我们的国君。合理就不会出错，喜好厌恶都不过分，这样在得到城邑的同时，也让百姓懂得道义所在，肯为国家拼命，不怀二心，这不也是可以的吗？"荀吴振振有词，说得大家无法反驳。

之后晋军又继续围城，此时鼓国存粮终于耗尽，军力也疲惫了。荀吴终于命令军吏向城中大喊:"我们要进攻了!"鼓子鸢鞮这几个月早被弄得精神崩溃了,闻言马上下令开城投降。

就这样,荀吴兵不血刃地攻克了昔阳城,且进城后也没杀一个鼓国人,反而让他们回到各自的住处和岗位,只抓住鼓子鸢鞮带回晋国,还下令除国君的侍从外,其他人等不得跟随。但偏偏有个叫夙沙厘的臣子却拖家带口地跟着,被军吏发现,扭送至荀吴面前。

夙沙厘说:"我是侍奉我的国君,并不是侍奉国土。只有国君的臣,难道有国土的臣吗?现在国君都迁徙了,我还待在鼓国干什么呢?"

荀吴对他说:"鼓国会立新的国君,你一心侍奉新君就好,我来安排你俸禄和爵位。"

夙沙厘却说:"我是狄人鼓君的臣子,不是晋国鼓君的臣子,向君主称臣就不能有二心,必须效忠到死;我怎么敢追求私利来扰乱旧法,还得劳烦法官给我定罪呢?如果到处都这样,那若晋国遇到点意外祸患,又该怎么办呢?"

这话说得荀吴也连连感叹:"我该如何修德,才能得到这样的臣子?"终于同意夙沙厘随行。

荀吴回到晋国宗庙举行献俘仪式后,此时晋昭公已经去世,即位的是子晋顷公。在荀吴的建议下,晋顷公同意将鼓子鸢鞮释放回国,并且将黄河以南一带的田地赐给对方,还让夙沙厘去辅佐他。

这场战争中,荀吴把仁义道德演得淋漓尽致,日后他的儿子荀寅叛变时,在白狄这里明显有较好的群众基础。

伪装商贾:灭鼓之战

公元前 525 年,晋国大夫屠蒯出使东周,请求周天子允许晋顷公在洛水与三涂（今河南嵩县西南）举行祭祀活动。当时周室权力掌握在卿士刘国国君刘献公手上，晋国要跑到洛水来祭祀，着实让刘献公颇感诧异，因为洛水与三涂不在晋国境内，这种越境祭祀的行为非常反常。刘献公正看着屠蒯发憷时，他的智囊苌弘悄悄对他耳语道："这位客人面色凶恶，不是为了祭祀，恐怕是为了进攻戎人吧！陆浑氏与楚国友好，一定是因为这个缘故。您还是做好防备，以免祸及己身！"

陆浑戎分为姜姓与允姓两支，之前生活在瓜州，被秦穆公驱逐到晋国，晋惠公又将他们安排在黄河以南豫西群山中。在秦晋崤之战中，姜戎与晋军统帅先轸配合，全歼秦军，俘虏三帅。但陆浑戎毕竟夹在晋楚两个大国之间，尽管长期臣服于晋国，有时候也不得不对楚国示好，楚庄王问鼎中原那次就攻打过陆浑戎。士匄执政时，还责问姜戎是否泄露过晋国机密，以致诸侯都不尊敬晋国。现在陆浑戎又与楚国眉来眼去，所以晋国有意讨伐。

说来也巧，中军将韩起那天正好做了一个梦，梦见晋文公拉住荀吴的手，说把陆浑戎人交给他。行军打仗的事韩起自己做不了，而荀吴却很热衷，于是韩起命荀吴继续带兵。接到打仗命令的荀吴意气风发地带领步兵出发了。

九月二十四日，晋军从棘津（今河南孟津）涉水，过了黄河后就让祭史用牲口祭祀洛水。这一切陆浑戎也有所耳闻，但根本没多想；而荀吴在祭祀完黄河之后，马上又以祭祀三涂的名义继续前进。

等到了陆浑部落附近，荀吴马上指挥晋军突袭。陆浑戎生活在群山之间，属于易守难攻的地带，但晋国毁车为行的改革已经实施了十六年之久，并经过长期与少数民族的作战实践，将士们早已熟悉了步兵战法。晋军将士们迅速挽弓、挥戈、拔剑，向陆浑戎人冲杀过去。陆浑戎一直奉晋国为宗主，哪里想到晋国人会突然对自己动手，仓促之下应战，完全不是训练有素的晋军对手，无数陆浑戎人被屠杀在自己的乡土上，鲜血染红了大地。

九月二十七日，距离晋军渡河仅仅三天，晋国就成功捣毁了陆浑部落。直到灭亡他们时，荀吴才对他们的俘虏宣布罪名是与楚国勾结。从他此次表现来看，哪有昔阳之战时仁义之师的半点风范？陆浑戎酋长陆浑子逃亡楚国，其余部落族人逃亡到甘鹿（今河南嵩县西北）。而经过苌弘点拨的刘献公，早已派遣部队驻守此地。于是长期被欺凌的周室也趁火打劫一把，俘虏了大批陆浑戎人。

攻灭了陆浑，晋国的南境也安定了。大约在这个时间，中军佐赵成去世，于是荀吴、魏舒、士鞅、荀跞各自进补一位，由赵成之子赵鞅替补下军佐。至此，荀吴又离最高权力近了一步：

中军将：韩起，中军佐：荀吴；

上军将：魏舒，上军佐：士鞅；

下军将：荀跞，下军佐：赵鞅。

不过，坏消息很快传来。公元前521年，鼓子鸢鞮大张旗鼓反叛晋国，再次依附于老伙伴鲜虞。

在荀吴姑息纵容的政策下，鼓国屡屡死而复生。公元前530年，它被荀吴攻克过一次国都；公元前527年，它被荀吴再次攻克国都，连国君都被抓了；此时，它好了伤疤忘了痛，直接反叛晋国。当然这事还得交给荀吴处理。荀吴在白狄一带已经颇有美名，而鼓国国君做出忘恩负义之举，荀吴可以名正言顺地灭亡鼓国。

公元前520年六月，荀吴出兵，决定彻底摧毁这个小国。这次荀吴也不搞什么仁义之战了，他打着巡视东阳（太行山以东河北、河南之地）的名义，带领部队东出太行山。鼓国虽然注意到了荀吴的动作，但也不至于全面戒备，只是派斥候盯住晋军。而荀吴当然准备好了麻痹对手的策略。他让一支分队伪装成买卖大米的商人，将皮甲藏在衣服内背着，一路做着生意，慢慢靠近昔阳城。鼓国人果然疏于戒备。这些假冒商人的晋军将士顺利到达昔阳城外，并假装在此扎营休息。

等到昔阳城城门大开时，原本懒懒散散晒着太阳的商人们忽然一跃而起。他们迅速把皮甲解下来穿戴在身上,并从行囊中掏出兵器,呼喊着往昔阳城内杀去。昔阳城已经被晋军连续攻破过两次,不少人根本就不想抵抗,反而怨恨国君无端毁约,招惹晋国人。如此一来,这支小分队很快就打败了鼓国国君的亲卫军,控制了宫殿和武库。鼓子鸢鞮一见情况不妙,拔腿就跑。可是已经来不及了,荀吴大军已经赶到,将鼓子鸢鞮五花大绑地捆了起来。

这次荀吴没有再放过鼓国了,他正式将鼓国吞并为晋国一部分,当然,实际上是收入中行家的领地,并派遣死党晋大夫涉佗来镇守。

通过这几次战争,荀吴先后消灭了肥国、陆浑戎和鼓国,极度扩张了晋国版图,同时也壮大了中行氏的实力。荀吴作战能够不落窠臼,敢于革新,巧施策略,无愧为一位杰出的军事家。只是他实在熬不过上司韩起,灭亡鼓国后不久,荀吴就去世了,终究没能等到成为中军将的那一天。此后,中军佐位置空缺,由魏舒、士鞅、荀跞、赵鞅依次进补,荀吴之子荀寅则替补下军佐。

当然,晋国与白狄的战争尚未结束,除了虎视眈眈的鲜虞外,还有一个未知深浅的仇由在。

第十七章 血染吴宫

公元前515年，吴都姑苏。

一位身穿三重铠甲的王者端坐大殿中央。从大门到台阶，到里门，到座席，处处分布着手持短剑长戈、身着精锐铠甲的卫士。王者的年岁已步入中年，他身体肥胖，眼神有些呆滞，此时无甚乐趣地举杯缓慢啜饮。

过了一会儿，门外来了一位身材瘦削的侍从，躬身端举着一盘烤鱼。来人在入门前按照护卫的要求，搁下鱼盘，把全身的衣服都换掉，然后才再次端起鱼盘，缓缓膝行至殿中。瘦削的侍从低眉顺目，恭谨地将烤鱼端上王者面前的案几。鱼肉喷香，先前王者一直瞥着侍从，现在也不禁将注意力放在了烤鱼身上。

忽然，侍从以迅雷之势从鱼腹中抽出短剑，一剑刺向王者。王者猝不及防，三重铠甲被穿透，剑尖直抵胸膛。

两边亲兵一见不好，连忙冲上来，一左一右双剑扎入了刺客的胸膛，后者立即毙命。亲兵赶紧扶起王者，却见王者也气若游丝，眼看是活不成了。

这时忽然一阵喧哗，一群披坚执锐的武士纷纷从殿堂地下室里冒出，将王者的卫士们包围了起来。领头的是一位相貌堂堂的中年贵族，他向卫士们大喝道："无道昏君已死，尔等何不速降？"

此人正是这里的主人公子光，被他设局所杀的乃是吴王僚。卫士们纷纷放下兵器，表示愿意归顺公子光。事毕，公子光长叹一声，让人收敛刺客专诸的尸体。

这就是刺客专诸用"鱼肠剑"刺杀吴王僚的故事。

夺回余皇：长岸之战

本来，吴国这个王位应该传给公子光的，但兜兜转转，居然传给了王僚。公子光当然是极不服气，但也无可奈何。他的父亲诸樊已经去世二十多年了，诸樊在其任期内，并无太大建树，且进行的对楚作战，战绩也很一般。诸樊的影响已慢慢淡出吴国政坛，所以也没什么人拥戴公子光。至于吴王僚，虽然脑满肠肥，但毕竟有父亲余眜的光环护体，还有两个弟弟掩余、烛庸的力挺，此外还有个争气的儿子庆忌，乃是一等一的壮士。反观公子光，光杆司令一个，乍看起来，今生怕是要与王位绝缘了。

不过也正是如此，王僚对这位堂兄还比较信任，知道他颇有能力，于是让他掌管军政大权。公子光不愿就此碌碌一生，唯一一条路就是通过战争来建立威信；当然，战争的风险也不小，要么死在沙场，要么战败被处死，甚至战胜了也可能被嫉害，但公子光仍然义无反顾地选择了战争。

公元前523年，公子光怂恿吴王僚伐楚，此时吴王僚刚即位，也想树立威信，于是任命公子光为统帅。公子光这次走的是水路，溯长江而上。虽然吴国的战车技术还得靠从晋国引进，但它的造船业却是非常发达。这得益于吴国处在水网密布的长江下游的地理环境影响。当时吴国的军舰有很多名目，比如大翼（相当于陆战的重型战车）、小翼（相当于陆战的轻型战车）、桥船（相当于后来的轻骑兵）、突冒（相当于陆战的突袭队）以及楼船（相当于陆战的楼车）。公子光乘坐的船更是做工精细、质地优美的豪华母舰，这艘船是先王余眜的宝船，有个名头唤作"余皇"。

这个时候的楚国，斗成然的令尹位子还没坐热，就被楚平王处死了，理由是与养氏家族关系太近。比起楚灵王，楚平王更善于韬光养晦，所以能一举夺得王位，而其凶残程度，却是有过而无不及，这么快就把头号功臣干掉了。楚平王又提拔楚庄王的侄孙阳匄担任令尹，任命公子鲂担任司马。阳氏家族之前一直默默无闻，扶助他当然也是楚平王有意抑制老牌大族的举措。

一听说吴军进攻，阳匄就找了个大神先来占卜一下，但没想到，龟壳裂纹显示的占卜结果是不吉利。这时，旁边的公子鲂急了，心说："我们处在吴人的上游，水战应该是我们占优势，怎么会不吉利呢？"但是聪明的公子鲂没有直接反对这项占卜结果，而是对占卜的程序提出了异议："按照本国的传统惯例，主持占卜的应该是司马而不是令尹，所以我请求重新占卜一次。"阳匄也觉得自己手气太臭，于是改让公子鲂主持占卜。

公子鲂振振有词地祈祷道："鲂率领部属在前方拼死力战，令尹率领大军在后面紧紧相随，希望能取得大胜！"火焰一烧，龟壳裂开了，这次显示的卦象是吉利。其实这一仗本来就非打不可，阳匄无非是想鼓舞一下士气，这样的结果还不错，那么大家就按照公子鲂的计划实施吧。

公子鲂奉命先带领一支小分队顺着长江东进，阳匄则指挥主力军队在后面紧紧跟上。结果，公子鲂和公子光在长岸（今安徽当涂西南）相遇。

虽说吴国战船厉害，但楚国也是生活在大江大泽边儿的，地大物博、有钱有材料，造船技术不弱于吴国，其船只更为精良。公子鲂是个拼命三郎，命令楚军舰队顺流而下，借助顺水优势，撞翻了不少吴军小船，同时也以射箭、投枪、砸石的方式，对吴军造成大量死伤。公子鲂发现了公子光所在的旗舰，立即下令船只集中杀往公子光。

公子光是初次指挥战争，见状不由得慌了神。之前他一直认为楚国不是吴国的对手，没想到正面交战，楚军水战竟也如此勇猛。眼看公子鲂所部舰船强势直取"余皇"号所在，公子光不得不以保命要紧，在部属的拼死掩护下，乘上一只小船指挥撤退。

吴军的殿后舰船进行了拼死抵抗。其中吴军的楼船非常厉害，它分为上下两层，下层的士兵负责划桨；上层的士兵负责作战，站得高也攻得更远。

吴军到底还是勇猛，虽然初战不利，但在撤退时能殊死抵抗，竟然以乱箭将冲在最前方的公子鲂射死在船上。形势陡然扭转，楚军失去了统帅，一时乱成一团。公子光大喜，他立即下令部队攻击楚军，迅速夺回"余皇"。但没多久，令尹阳匄率领主力大军到了，楚军又恢复了士气，开始反杀。这下吴军完全抵挡不住，公子光率领大军撤走。这次长岸之战，吴军惨败，连主帅的战船"余皇"都被楚军俘获了。

阳匄战胜公子光后，带着公子鲂的尸体回郢都告捷，并试图带回战利品"余皇"献给楚王。不过这玩意儿是个巨无霸，阳匄绞尽脑汁，仍然想不出该如何通过陆路将"余皇"运到郢都，要不，还是先回去请示大王吧！但就这样摆着，好像也不安全，于是阳匄下令环绕这艘船挖了一圈深沟，这样一来，船只一旦被拖动，船边就会掉进深沟里；此外，他还派人在深沟里填满木炭，若有吴国人接近，可以放火阻挡；当然，还得有人守着，于是又派了楚军和随国部队驻扎在此。

而战败的公子光此时也是心慌意乱，小命虽然保住了，同时还折损敌军一员高干，但抵不住先王的宝船被夺，这可不是一个小罪！公子光是要成大事的人，他深知不能就这样回去，也不甘心就此认栽，他仍在努力寻求反败为胜的契机。打探到"余皇"号当前的情况后，公子光决定铤而走险，夺回"余皇"号。

吴军战败后，士气衰弱了不少，公子光便激他们说："把先王的战船丢了，难道是我一个人的责任吗？大家都是有罪的！不如我们一起想办法把战船抢回来，这样才能免去一死！"他巧妙地把众人的责任都绑在了一块儿。将士们一听，也有道理，虽然公子光是主帅，但毕竟是王僚的堂兄，谁知道到时候会让谁背锅呢？更重要的是，吴地儿郎的尊严不容羞辱！

之后，公子光和部下们一起商议，楚军战胜之后斗志正旺，硬拼肯定是不行的。至于偷袭，阳匄早防着吴军一手，已经布下三道防线。那还有其他什么办法吗？

还是公子光点子多，他很快想到了计策。他挑选了三名长胡须的勇士，对他们如此这般地交代了一番。三壮士知道此去凶险，但还是义无反顾地出发了。

这三名壮士悄悄潜入楚军营帐附近，偷袭了三名落单的楚国巡逻士兵，捂嘴、捅剑、换衣、弃尸，一系列动作行云流水，最后成功混到了"余皇"附近，彼此间隔了一定距离。夜幕降临后，江上只有几点零星的渔火，几只白鹭在江面乍起乍落。两岸的天门山像两头巨兽一样高耸矗立，江畔湿地的芦苇荡则被晚风吹得瑟瑟作响。与此同时，吴国的突袭部队悄悄地逼近楚军。

快接近楚军时，公子光忽然放大嗓门高喊了一声："余皇！"划破了寂静的夜空。第一名壮士听到主帅的信号，马上接着高喊："余皇！"接着第二名、第三名大汉也依次各喊了一遍"余皇！"之后，此起彼伏的喊话又进行了两轮。

进入睡梦的楚国战士们被吵醒，以为吴军杀近，慌忙开始准备武器。但仔细一寻思，不对呀，"余皇"的周围也出现了吴军的喊声，但之前这里无声无息，他们又是怎么靠近的呢？我们是不是被里外包抄了？

楚军内部开始吵闹起来，当然也有人发现了其中蹊跷，查出三名装扮成楚人的吴国人。原来就是这三个人在恶作剧，楚军便把他们拖出去砍了。楚军将士们刚松了一口气，就在这时，公子光忽然率领吴军发起全面进攻。这一下虚虚实实，楚军将士刚松懈下来的斗志还没来得及聚集，一下子被吴军冲了个人仰马翻。至于被叫来守卫的随国军队，那更是比谁都逃得快。楚军到底没有镇得住场面的主帅在场指挥，很快乱成一团，只好舍弃"余皇"，大败而逃。

公子光在乱军之中终于找到了朝思暮想的"余皇"宝船，他连忙指挥士兵上前填平壕沟，并用大绳子扣住船舷，将"余皇"号拖入了长江。公子光又打起十二分精神，时刻防备楚军掉头袭击，最终连人带船平安返回吴都。就这样，因为公子光的卓越指挥，吴楚长岸之战以吴国反败为胜告终。

这是公子光指挥的第一仗，这一仗不仅大大提高了他的声望，更加强化了他处于劣势必须逆袭的信念。当然，与此同时得到提升的，是他篡位的野心与称霸的雄心。

伍鸡立功：鸡父之战

长岸之战由胜到败，楚平王并没有归罪于阳匄，也没有找吴国复仇，相反，他还释放蹶由回国，表面上看竟像是在对吴国示好。当然，他并非什么仁君，做出这样的举动，无非是认识到吴国并不容易对付，只能改为长线战略。

在国内，楚平王本人的虚伪本质很快暴露了。原来他在担任蔡公时，与原蔡国郲（jú）阳（今河南新蔡）长官千金蔡姬私通，生下了太子建。楚平王以前只是个小小县公，娶蔡国一个小官女儿也算凑合，但他如今摇身一变成为大国国王，而蔡姬的身份却不足以被立为王后了。

不过，楚平王还是立了建做太子，又任命伍举的儿子伍奢为太傅，费无极为少傅，共同辅佐太子建。太子建品行纯正，和同样是君子的伍奢走得更近，便冷落了善于钻营的费无极。费无极心有不满，他揣摩到楚平王心里对太子母系多少有些介意，于是决定设计太子，把他拉下马。

费无极主动请缨为太子去秦国求婚，等到秦哀公把公主孟嬴送上路时，费无极马上又向楚平王吹嘘，说孟嬴多么美貌，配大王才正好。楚平王正好还没有王后，就立孟嬴为后，相当于抢了儿子的未婚妻。

接下来，费无极又劝说楚平王让太子出镇城父（今安徽亳州），修筑城墙抵御晋国。楚平王抢了儿子未婚妻，多少有点不想跟他见面，于是就答应了，并派伍奢作为辅佐一同前去。

而就在太子出镇的第二年，费无极即诬告太子建和伍奢谋反。楚平王派使者连夜捉拿伍奢回来审讯，伍奢自然不肯招认，楚平王反而越发生疑，下令城父司马奋扬诛杀太子建。奋扬经常和太子往来，对太子的品性心知肚明，于是把太子给放走了。太子建无法，只能出奔到宋国，但这样一来，反而使其谋反一事更显板上钉钉。

至于伍奢，他有三个儿子，伍尚、伍员（字子胥，根据通俗惯例，下文皆作伍子胥)、伍鸡,其中伍尚担任棠君,守卫在吴楚边境第一线,而伍子胥、伍鸡还年轻,目前跟随兄长做事。于是费无极怂恿楚平王以赦免伍奢的名义,将他们全部召回,再一网打尽。三兄弟聚在一起商量,猜出会有诈,但长子伍尚愿意为父亲尽孝,还是义无反顾地回去了,之后果然与父亲一起被杀死,但他临行前却让伍子胥、伍鸡两人出逃,以便未来能够为父报仇,于是伍子胥、伍鸡渡江去了吴国,被吴王僚收留。

对着吴王,伍子胥、伍鸡一直劝说进攻楚国的好处,公子光垂目在旁边听着,心中暗暗震惊:这伍子胥乃是奇才,如被吴王僚重用,那吴王僚的位置将会更加牢固。于是他趁着吴王僚还没表态,赶紧说:"伍氏不过是父兄被杀戮而想报仇,我们何必为了他进攻楚国?"伍子胥看了一眼公子光,迅速明白了情况;他也没有再坚持己见,而是离开朝堂去边境上种田,还物色到一位勇士专诸,推荐给了公子光。

与伍子胥同年逃奔吴国的还有宋国大夫华登,原来华氏在宋国作乱被击败。第二年,在华登的请求下,吴王僚派兵协助华登回国,但在鸿口之战中被齐、宋联军击败。这是吴国第一次对北方用兵,而失败也来得非常迅速。

吴王僚经此一仗,觉得还是楚国更好对付。于是公元前519年,吴王僚派伍鸡带兵进攻州来。淮水以北的州来与淮水以南的钟离相距一百七十多公里,长期处在吴楚两国的拉锯中。

楚平王见到吴军前来,统军的还是被冤杀的伍奢之子伍鸡,对楚国知根知底,他当然不敢掉以轻心,于是命令司马薳越集结胡、沈、陈、顿、许、蔡等六国军队救援州来,令尹阳匄此时病重,也被强迫出兵跟上薳越。吴王僚得知诸侯联军来势汹汹,于是叫上公子光和公子掩余,自己亲率大军前往援助伍鸡。

伍鸡年轻气盛,很快带领先行部队到达州来,开始了对州来的第一波攻击。但楚国城防水平不低,伍鸡又是第一次带兵,一时难以攻克。正在此时,司马薳越带领的诸侯联军即将到达,于是伍鸡向钟离撤退。驻守州来的楚军一见吴军这么快就退缩了，连忙率兵追赶。但没想到的是，伍鸡虽然年轻，但非常聪明。之前他在围攻州来的同时，便吩咐部下在淮水修筑大堤，拦截淮水的水流。等到楚军渡河追杀吴军时，伍鸡忽然下令挖开大堤，当时正值夏季，奔腾的大水汹涌而下，楚军猝不及防，很快被冲得落花流水。这样的战术之前谁也没见识过，楚军狼狈而去，而伍鸡则在对岸仰天大笑。当然，伍鸡并不敢在此就留，继续带兵东进钟离，与吴王僚的大部队会师。后人为了纪念伍鸡，把该战的决胜地称为鸡父，这场战争也就叫鸡父之战。

此时阳匄与蘧越已经会合，但还没等见到吴人，带病挂帅的令尹阳匄就病逝前线，司马蘧越一下就成了全军最高指挥官。阳匄之前曾战败于公子光，加上蘧越没有与吴军斗争的经验，现在对面吴王僚都亲自到了，于是联军一下子人心躁动起来。各国将士窃窃私语，纷纷质疑这位司马的能力。

当时吴军分三军，吴王僚率中军，掩余率右军，公子光率左军。面对数量远远超过己方的七国联军，公子光非常冷静，在阵前向王僚逐一分析局面。

公子光一针见血地指出："虽然列国部队浩浩荡荡不可一世，但各国基本都是被楚国裹挟而来的。这样一来他们肯定各自心怀鬼胎，人心不齐！"然后，他开始逐个分析列国统帅："胡国国君胡子髡和沈国国君沈子逞，乳臭未干，非常浮躁，这两支队伍不打紧；陈国主将夏啮，空有一大把胡子，为人刚愎自用；顿国、许国和蔡国呢？恨楚国得不得了，不添乱就不错了；而楚国本身，由于令尹刚死，司马又没威望，以致人心惶惶。所以我认为，我们可以很轻松地击败他们！"

从公子光的分析可以看出，他先把七国联军分成了两类：一类是比较好战的胡国、沈国、陈国，另一类是比较消极的顿国、许国、蔡国、楚国。公子光又据此向吴王僚提出了针对性的战术："先让战斗力差一点儿的囚犯在前头引诱胡子髡、沈子逞和夏啮，这三位主将急于立功，肯定会追杀上来；这时我们三军精兵在后面跟上，打他们个措手不及！这三国军队一败，楚国和其他三国的部队肯定就会大乱阵脚！"

七月二十九日，吴军与七国联军在鸡父相遇。这一天是农历的"晦日"，过去认为在这一天用兵作战是大忌，但吴军出其不意，偏偏选择此日进攻。薳越得知后，只能仓促迎战。

吴军果然派出了三千囚犯打头阵。这些人混乱无序地冲向胡国、沈国、陈国部队，他们毕竟不如正规军队训练有素，有的人跑到一半不敢跑了，掉头就走；有的人跑到一半犹豫不决，还停留在原地；当然也有人冲向了三国军队，但战斗力极差，被三国军队轻松打败。

胡子髡、沈子逞、夏啮一看，误以为吴军居然如此不堪一击，纷纷放心大胆地去捕获杂乱无章的吴军囚犯。但这些囚犯毫无秩序，实在过于散乱，三国军队也因追逐他们而渐渐分散。就在此时，吴国的精锐部队出动了！

吴军精锐部队如潮水般涌上，而分散的三国军队明显并未防范，一下子混乱起来。这三国军队的战斗力远不如吴军，迅速遭到全面压制，接近崩溃。胡子髡、沈子逞、夏啮全部被俘。一场战斗俘获两个国君，这可是春秋军事史上前所未有之事。不过此时战争还未结束，公子光便故意在军中宣传胡子髡、沈子逞已被杀的消息，接着再将两国俘虏放到许、蔡、顿三国军队中去。

俘虏们逃回去后，将两位国君已经被吴军杀掉的消息广而告之；为了掩盖自己的无能，可能还吹嘘了一下吴军的神武。许、蔡、顿三国将士面面相觑，他们本来就不太想来，现在更是担惊受怕；同时楚军也得知了胡、沈、陈基本全军覆没的消息，一时人心惶惶。

就在这时，吴王僚果断将许、蔡、顿三国军队作为突破口，指挥吴国三军攻过去。陈、蔡两国在战场上素来扮演拖后腿的角色，这次也不意外。听着吴军擂鼓呐喊，许、蔡、顿军队很快溃散。

眼见盟友们不是被灭了就是逃跑了，薳越也没了斗志，于是指挥楚军撤退，由此吴军大获全胜。以往吴国虽然常有战胜诸侯联军的情况，但大多是通过旁敲侧击，并未与联军正面较量。而鸡父之战的大胜，不但昭示吴国的军事实力上了一个新台阶，也使公子光成为一颗如日中天的政治明星。

同年冬季，公子光又立一功——去蔡国郧城迎接蔡姬。

原来在太子建出奔后，母亲蔡姬也被赶回娘家蔡国郧城（今河南新蔡），而不甘受辱的蔡姬便投了吴国。

太子建到宋国后，因为华氏之乱，转而去了郑国，但因勾结晋国预谋颠覆郑国，被郑国执政公孙侨识破处死。他的两个儿子王孙胜和王孙燕则在伍子胥、伍鸡的帮助下，辗转到了吴国。蔡姬被驱逐回国，一不做二不休，也投靠了楚国的敌人吴国，与自己的两个孙子团聚。吴王僚乐得接受，毕竟蔡姬长期是楚平王枕边人，知道不少楚国的情报，于是就派公子光去迎接。公子光率领军队进入郧城，顺利接上蔡姬急行回国。

楚平王一直被蒙在鼓中，此时才知晓情况，简直怒不可遏。自己的大臣投敌，自己的孙子投敌，现在连自己的妻子竟然也投敌！他连忙命令薳越迅速追击公子光，夺回蔡姬。但公子光此行神速，薳越追到薳澨（今湖北京山）时，连公子光的影子都看不见。这时薳越的部下向他建议："现在只能攻打吴国试试，运气好的话还能取胜，这样也能功过相抵了吧！"薳越则苦笑道："国家丢了夫人，我已经是死罪了！如果我再败的话，那就是死了都不够啊！"

薳越明白，按照楚国败将自杀的传统，几个月前鸡父之战后他就该以死谢罪了，这次楚平王给他戴罪立功的机会，他没能把握住，怪不得别人。于是，这个血性的南方汉子也跟前辈屈瑕、公子侧、公子贞一样，上吊自杀而死。

就这样，公元前519年，楚国遭到鸡父之战的惨败，令尹和司马两位高级官员一病死一自杀，更丢人的是连国母都投敌了，真是赔了夫人又折兵啊。

采桑之争：吴克楚巢、钟离之战

本着不让大族执政的原则，楚平王又扶植了小族的囊瓦担任令尹。囊瓦是前令尹公子贞的孙子。他没有忘记祖父"必城郢"的遗言，一上台就风风火火地加固郢都的城墙。而左司马（此时楚国司马分为左司马与右司马）沈尹戌却不以为然。

沈尹戌也是楚庄王的曾孙，年轻时可能做过战俘或人质，在公子光手下干了一段时间，后来才被放回楚国。所以他是比较熟悉吴国情况的，他认为囊瓦守不住城池，加高城墙也没用，一定会丢掉国都。当然，楚平王非常信任囊瓦，所以也没有听沈尹戌的。

公元前 518 年，楚平王看到楚国局势已经稳定，决定亲自挂帅，带领楚国舟师入侵吴国，并约越国一起参战。沈尹戌进言劝谏，说楚平王不安抚百姓反而让他们疲惫，吴国没有动静而去挑衅他们作战，楚军边境又不设防，城邑能不丢掉吗？楚平王仍然不听。

楚平王到达豫章，与越国大夫胥犴、公子仓会合。胥犴在江边犒劳楚军，公子仓还进献了一艘越国豪华舰船给楚平王。于是，楚越联军顺流南下，计划从围阳（今安徽巢湖南）南下长江。但到达围阳后，探子报告说吴军已经在长江下游严密布防，这一下楚平王又犹豫了，毕竟他搞阴谋有一手，但论行军打仗，实在没多少经验。考虑到很难捞到便宜，楚平王决定还是退军。

这场战争看似就这样虚张声势地结束了，但正如沈尹戌所料，吴军习惯这种你来我守、你退我进的作战方式，一见楚平王撤军，吴军马上就跟着出发。

而就在这个时候，两国边境上发生了一件事，这事本来也不是什么大事，不过是两国边境的女子争夺桑叶而已。吴楚边境的卑梁、钟离一带盛产桑叶，由于桑叶喂蚕吐丝可以制作丝织品，所以桑叶也成了当地人争夺的经济资源。由于吴楚两国连年开战，从钟离到州来这一线，今年属于我、明年属于你，归属权一直在转手，导致这些桑树的所有权也一直没有辦扯明白。

于是就有一次，楚国钟离城的女子和吴国卑梁城的女子在边境采桑时争吵起来。我说这棵树是我的，你说这棵树是你的，谁也不服谁，双方吵着吵着就开始打了起来。两个女人打架，无非是互相揪头发、用指甲掐脸，但这一打，双方家族也卷入了纠纷，抓扯升级为家族斗殴。楚国这家人打架比较厉害，吴国这家人打不过，便向卑梁长官求助，而楚国这家人一看情况不妙，也回去向钟离长官求助。于是，这场纠纷又扩大成两国边境冲突。钟离的军队更强一点儿，不但打败了卑梁的军队，还顺势在卑梁扫荡了一圈才回家。

此时吴军正好已经出发，得知卑梁城被攻击后，吴王僚迅速指挥军队北上攻打钟离。而楚平王大军已经撤退，一时半会儿也集结不了。随着吴军大军压境，钟离一个蕞尔小城很快就被制服了。但吴王僚仍觉得不过瘾，又指挥部队继续攻打边城巢。巢城没了牛臣这样优秀的指挥官，同样阻挡不了吴军的碾压，也很快被打了下来。

此时楚平王才刚收兵回到郢都，得知两座边城被吴军攻下，气得吹胡子瞪眼，但也无可奈何。考虑到吴军实在太难缠，所以楚平王派薳射在州屈和丘皇筑城，又派熊相禖、季然分别到巢地、卷地筑外城。筑外城当然需要大量的人力、财力和物力，还要迁徙几个城的人口到东方开发，弄得百姓苦不堪言。

公元前516年，楚平王撒手人寰，临死之前他把自己和孟嬴生的太子壬托付给囊瓦。囊瓦作为楚平王最信任的人，却在楚平王死后提出立楚平王庶子公子申为国君，但公子申不干，最后还是由太子壬即位，是为楚昭王。

听闻楚平王去世，楚国国无长君，这下吴王僚又激动了。大概是公子光在鸡父之战中立功太大，这次吴王僚有意不让公子光带兵，而是派两个弟弟掩余、烛庸出兵围攻潜地（今安徽霍山），同时派叔父季札到中原访问，观察各国对吴国趁丧伐楚的态度。

就在此时，在民间的伍子胥也听说了楚平王的死讯，他得知仇人已死，无法再报仇雪恨，竟然放声大哭。不过，楚国毕竟还在那里，仇人虽然死了，但仇人的儿子还在，现在不正是将公子光扶上王位的好机会吗？

公子光当然也注意到了，国内声望最高的叔父季札不在，吴王僚最信赖的两个弟弟也走了，现在不起事，又待何时？于是他找来专诸，提出让他行刺吴王僚。专诸六年来一直被公子光以国士相待，吴家儿郎的本色是重信义、轻性命，所以专诸愿意以命相报。于是公子光宴请吴王僚赴宴吃鱼，吴王僚到场，被专诸用藏在鱼腹中的短剑所杀。公子光顺利登上王位，是为吴王阖闾，他任命专诸之子为卿，并提拔伍子胥担任太宰辅政。

这时候，季札从中原回来了，阖闾假装要让位，季札当然不会接受，他认为只要吴国社稷还在，谁做国君对他来说都一样，哀悼死者、侍奉生者才是准则，然后跑到王僚墓前大哭了一场。季札的支持让阖闾大为满意，这也表示他的执政变得合法化。至于王僚那个儿子庆忌，且战且退，慌忙逃到卫国去了。后来伍子胥又向阖闾推荐了另一名刺客要离。要离使出苦肉计，请阖闾杀了他的妻儿，他顺势逃到庆忌那里，假意投靠，然后趁机刺杀了庆忌。

至于包围潜地的掩馀、烛庸，两人更是不好过。原来楚国派遣左尹郤宛和工尹寿进驻潜地，又派莠尹然、工尹麇调兵救援潜地，囊瓦亲自率领水军包抄吴军的后背，沈尹戌则在郢都戒备。为了对付这两个能力平平的吴国公子，楚国居然出动三路大军和一路后备，可见楚国对吴国忌惮至深。但这仗终究没打起来，因为掩馀、烛庸很快得知王僚被杀的消息，两人杀出一条血路，掩馀投奔徐国，烛庸投奔钟吾国（今江苏新沂）去了。就这样，吴王阖闾政权的国内隐患彻底消除。

伍子胥在乡野这几年，人也没闲着，除了发掘专诸、要离这类死士外，他还结交了一位叫孙武的隐士。这位孙武据说出自齐国田氏，因躲避战乱逃到江南，著有兵法十三篇。伍子胥对他颇为赏识，将其引荐给吴王阖闾。

其实伍子胥本人也擅长兵法，跟阖闾讲解过水战理论，其三弟伍鸡就曾因水攻一战成名。而伍子胥都竭力推荐的人，到底有多厉害呢？见阖闾面露狐疑，伍子胥便把早已准备好的一沓竹简捧给阖闾："这是孙武的作品，请大王看看吧。"

阖闾将信将疑地捧起手中竹简开始阅读。看到开头"兵者，国之大事，死生之地，存亡之道，不可不察也"，要想决胜千里，必先运筹帷幄，阖闾不禁点点头；看到"兵贵胜，不贵久""因粮于敌"，阖闾更是露出了笑容，确实啊，兵源和粮草的短缺正符合吴国的现状，作战应该速战速决，甚至抢夺敌军经济补给；当看到"上兵伐谋，其次伐交，其下攻城，攻城之法，为不得已"的时候，阖闾更是不禁由衷赞叹道："好！好！"

以上这些，都还是对战略层次的分析，接着阖闾又阅读到有关战术的论述。当阖闾看到"先胜而后求战""知己知彼，百战不殆"，不禁拊掌大笑；看到"兵道诡道""兵以诈立""攻其不备，出其不意""兵因敌而制胜"的时候，更是拍案叫绝。西周的军礼讲究正大光明，双方都布好阵势再战，但事实上周礼早不符合春秋时代的作战潮流，阖闾本人也具备敏锐的军事洞察力，所以深以为然。他还没看完这十三篇，就对伍子胥说："赶紧把这个孙武替寡人找过来！"

这个高大的年轻小伙子一出现，阖闾就笑着对他说："您的兵书我都看过了，请问可以帮助我小规模试着练兵吗？"阖闾不需要只会纸上谈兵的理论派，孙武答应了。接着阖闾居然突发奇想，问："那您能不能用寡人后宫嫔妃做实验呢？"没想到孙武同样非常爽快地答应了。于是阖闾叫出了后妃和宫女，一共一百八十位，孙武把她们分成了两队，选了阖闾的两个宠妾分别担任队长，发给她们每人一把戟，为她们讲明了军令和军法。

可这群深居后宫的女子还以为是大王和她们玩游戏，等到孙武发号施令时，她们不但不听从，甚至还捂着小口，笑得花枝乱颤。而孙武的表情却非常严肃，他说："军队的指令没有交代清楚，是我这位将领的过错！"于是又再三给宫女们申明军令和军法。可等到孙武又一次指令宫女们走成队形时，宫女们依然笑成一团。这次孙武生气了，他严肃地喝道："交代清楚还没被听从，就是士兵的过错了！刀斧手，替我把两个队长捉下斩了！"

阖闾当时正看得津津有味，这下见到孙武动真格了，连忙让侍从跑过去跟孙武说："寡人已经知道您善于用兵了！只是这两位队长都是寡人的宠妾，寡人没有这两个宠妾，那可会茶不思、饭不想啊！"大家都知道阖闾颇有威仪，他的命令有谁敢违抗呢？但孙武就敢！他义正词严地说："将在军，君命有所不受！"坚持要杀两个队长示众。刀斧手大钺一扬，两颗头颅鲜血淋漓地掉了下来，见状，后宫佳丽们一个个被吓得腿脚发软。

孙武不为所动，又选了两个队长出来，这次不论让宫女们向左向右、向前向后、站起跪倒，她们都做得有模有样，一支队伍很快就训练好了。孙武便报告阖闾，说："这支女兵已经训练有素，请大王察看她们的演习，她们甚至可以上战场了！"

但阖闾已经怒不可遏了，他冷冷地说了句："您回去休息吧！寡人不想看了！"孙武却憨直得很，他直接顶撞了阖闾一句："原来大王只是喜欢我的书，却不喜欢我实战指挥啊！"这话让阖闾脸色一变。

这时伍子胥连忙出来打圆场，对阖闾说："大王！练兵打仗本身就一件严肃的事情，怎么能试着玩呢？现在大王礼贤下士，想发动战争讨伐暴虐的楚国。那么除了孙武，还有谁有这个能力担任将军？"阖闾对伍子胥特别信任，同时自己也不傻，知道好歹，不过着实是被孙武的耿直无忌给气上头了。等他冷静下来后，还是在练兵台前正式任命孙武为将军。

就这样，阖闾将《孙子兵法》的作者孙武收入麾下，再加上一个经天纬地的相国伍子胥，成就霸业似乎指日可待。

第十八章 哀郢

公元前506年，秦国都城雍城。

殿堂院中，一位外来的中年大夫靠着白墙痛苦哽咽，他大哭了许久，现在已没了眼泪，也只剩气声，整个人皱缩着，已经严重脱水。

这时国君走过来，扶住他，慷慨激昂唱道："岂曰无衣？与子同袍。王于兴师，修我戈矛，与子同仇！岂曰无衣，与子同泽，王于兴师，修我矛戟，与子偕作……"谁说没有战衣？与君同穿一件衣袍。大王他兴兵起师，我开始整治戈矛，与你同仇敌忾！谁说没有战衣？与君同穿一件衫衣。大王他征师作战，我开始修整矛戟，与你上阵杀敌……

大夫终于停止了干号，失神的瞳孔出现神采，他回望国君，继而扶着墙壁缓缓跪下，对着国君叩首九次。他的体力早已严重透支，此刻一放松，立即晕倒过去。

这位大夫就是楚国的申包胥，公元前506年，吴王阖闾攻入楚国郢都，楚昭王逃跑；申包胥前往秦国搬救兵，陈述利害，认为楚国若是被吴国灭亡，终将祸及秦国。但秦哀公畏惧吴军，犹豫不决，让申包胥暂且退下。

申包胥知道拖的时间越久，楚国军民遭受的屠戮更重，于是他在秦庭大哭了七天七夜，滴水未进。秦哀公终于被他感动，为他唱了秦国流行歌曲《无衣》。《无衣》原本是秦国大兵阵前互相勉励而创作的军歌，所以秦哀公言下之意，自然是同意出兵了。

秦哀公长叹，有申包胥这样的臣民在，楚国又怎么会灭亡呢？

将计就计：豫章之战

公元前512年，吴王阖闾慢慢坐稳王位后，他又想到了两位堂弟——逃到徐国的掩余和逃到钟吾国的烛庸，不知道他们可好？于是遣使敦促徐君和钟吾君交人。但楚国也曾派出使者，要求徐国和钟吾国扶植这两支反吴势力。徐君和钟吾君十分为难，不交出两人的话，肯定会得罪吴国，但要交出两人，势必又得罪楚国。于是徐君与钟吾君碰头商量了一阵，决定把这烫手的山芋直接扔给楚国，便放掩余和烛庸去了楚国。

楚昭王倒是非常高兴，命人迎接两位流亡公子，让他们住在养地（今安徽临泉），并让左司马沈尹戌和莠尹然帮他们筑城。但公子申劝谏道："阖闾爱民如子，这是准备利用民众了！我们即使与吴国边境的人交好，也仍然难以杜绝被吴军攻打的忧患；现在反而还要培植他们的仇人，不会刺激阖闾生气吗？"楚昭王摆摆手，没有听从庶兄。吴楚已经是世仇了，还指望什么睦邻友好。吴国能收留楚国逃过去的伍子胥和伯嚭（pǐ），我们为什么不能利用掩余和烛庸呢？

吴王阖闾得知这一消息，自然是非常恼火。但伍子胥和孙武劝他，现在还不是进攻楚国的时候，不如先剪除徐国和钟吾国两根墙头草，这样不仅能扩大自己的势力，也能防止背后被人捅刀。阖闾觉得有理，于是在当年十二月率领一支装备精良、训练有素的吴国儿郎北上渡过淮水。阖闾久战沙场，又有伍子胥和孙武襄助，吴军以迅雷不及掩耳之势突击钟吾国都，一仗生擒钟吾君。这一仗，正应了孙武"兵之情主速，乘人之不及"的战术思想。

接下来是徐国了。徐国实力比钟吾国强很多，当年楚灵王包围了半年，硬是没能打下来。而且徐国都城所处的地势比较高，居高临下，易守难攻。好在徐国都城附近有一条大河，阖闾便指挥吴国士兵挑来泥土沙石，堵住河水。河水越涨越高，终于越过了大堤，朝徐都反灌过去。很快，徐国都城内水漫金山，徐君等不到楚军来救，只好剪断头发投降，被阖闾迁徙到夷地安置。这一仗，又应了孙武"兵无常势，水无常形"的战术思想。

一个月的时间内，吴国连灭两个千年古国，吴军士气旺盛，野心勃勃的阖闾想乘胜攻向郢都，但还是被孙武劝阻了。孙武的理由是，接连攻打钟吾、徐国，兵众已经很辛苦了；而且楚国如今实力还是很强大，不适合孤军深入。伍子胥则提出，楚国的囊瓦与其他高级官员关系不好，都不愿意承担失败责任。所以吴军不如分三支军队，轮番进攻楚国，吸引他们全力来救；等到他们疲惫不堪时再合兵进攻，就能战胜他们了。这种战术并不陌生，之前屈巫臣、荀䓨都对楚国使用过。

公元前511年，吴军攻打楚国潜、六两地，楚国沈尹戌来救，吴军马上撤退；之后吴军又攻弦，沈尹戌和右司马稽来救，吴军马上又撤退。

次年，吴王阖闾忽然发动大军攻越，这是他第一次对越国用兵。为了防止背后被捅刀子，阖闾先拔除了北方墙头草徐国和钟吾国，现在又要铲除南方墙头草越国。越国国君允常听说吴人来攻，吓得魂飞魄散，便派使者去向阖闾求和："吴国怎能不信守当年的盟约，抛弃您的附属国，让我们的亲密关系破裂呢？"

越国近几年表面上对吴国进贡称臣，但阖闾很清楚，自从吴王诸樊将国都东迁至太湖流域后，地缘关系决定了两国必须你死我活。越国边城檇李（今浙江桐乡）很快就被攻破，算是给越国杀了个下马威。

之后，阖闾依旧跟楚国玩疲楚游戏，楚国将士们被弄得精神高度紧张。同时伍子胥派间谍去楚国散播消息："楚国若是任命公子结为统帅，吴人便会毫无畏惧迎击；若是任用囊瓦的话，吴人就逃跑了！"这一招反间计，使得楚昭王加深了对囊瓦的信任，而不重用贤明的公子结。

公元前508年，国际形势发生了一点儿微妙的变化，阖闾据此决定试探性地和楚国正面交锋一次。这个变化就是桐国背叛了楚国。桐国也是棵吴楚之间的墙头草，原本依附于楚国，如今一看形势不妙，转而投向吴国。经过伍子胥、孙武的谋划，决定让舒鸠国出头，打着进攻桐国的名义引诱楚军前来送死。舒鸠国早年就因为随风两边倒而被楚国灭亡过一次，但其子民没迁走，所以渐渐又得以复国，这也说明楚国对江淮小国的控制力非常薄弱。

于是，舒鸠国君就派使者对楚国说："请贵国军队假装来攻打我国，我国军队趁机逃到桐国去，他们一定不会想到我国的目的，我国就能趁机消灭他们了！"囊瓦答应了，许诺亲自发兵前往舒鸠。

当然，囊瓦也不是笨蛋，平白无故的，舒鸠为何要去攻打同气连枝的桐国？这背后肯定有吴国指使。囊瓦算准了舒鸠附近一定有吴国部队，打算将计就计，摸清吴军的位置后再突袭一把。通过斥候侦察，囊瓦已得知吴军有一些战船停留在豫章一带。

囊瓦颔首，下令大军前往豫章附近的巢地驻扎，然后再调动水军，以攻打豫章的吴军舰队。囊瓦自以为识破了吴军的计谋，可是他没想到，吴军的反侦察意识更高，已经做好了迎战楚军的充分准备。

吴国水军发展很早，经过伍子胥的理论改造后，更上了一个台阶。所造大翼楼船，已经有一丈半长、十丈宽，一共能容纳九十一人，其中上层扛着长矛、大斧、弯钩、强弩的士兵共二十六人，非常威武。

两国水师在豫章的大河中相遇，囊瓦还以为吴军没做好准备，优哉游哉地想去偷袭一把，没想到楚军的船只还没来得及接近，吴军船只就已经冲杀过来了！囊瓦大吃一惊，只见对面几支小翼打前锋，一排箭镞哗啦啦地朝楚军身上招呼，楚军防备不及，最前一排将士纷纷被射伤射死。

紧接着，吴军的桥船也靠近过来，并趁楚军前锋已乱，迅速逼近后方的楚国大船。吴军战士用钩子扣住楚国的船舷，然后一拥而上，跃入楚国战船，随即抽出青铜宝剑，与楚军近身肉搏，楚军哪里是吴军的对手，要么被俘，要么被杀，要么跳水而逃。

最后，吴军的超级豪华大翼楼船也靠了过来，囊瓦没想到吴军还有如此庞然大物，斗志尽失，只好下令全军撤回巢地。更令人走投无路的是，吴军还有部队集结在巢地附近，截住囊瓦又是穷追猛打。于是这回囊瓦连巢地也不要了，屁滚尿流逃回国都。之后，豫章的水师和巢地的步卒合作，很快攻下了巢地，俘虏了守将公子繁。

豫章之战的胜利，极大程度鼓舞了阖闾。他当前需要重点对付的是，楚国在江淮以西的大别山区一线布设的重兵。要怎样才能攻过去呢？阖闾一时拿不定主意。也是上天要眷顾阖闾，就在豫章之战的第三年，便出现了一个千载难逢的机会。这事还得从豫章之战的两年前说起。

九战九胜：吴入郢之战

公元前 510 年，蔡国国君蔡昭侯去觐见楚昭王，他带有两块精美的玉佩和两件精致的皮衣，将其中一份送给了楚昭王。但囊瓦也相中了宝玉和皮衣，就直接伸手向蔡侯索要另一份。蔡昭侯倒是有点儿骨气，不肯给，囊瓦大怒，把蔡昭侯囚禁了。没多久，唐成公也牵着两匹骕骦马来了，同样也是献给昭王一匹，而囊瓦索要另外一匹遭拒，于是囊瓦故技重施，把唐成公也关了起来。他并不动手抢，单以武力威逼，要他们自己献上。没想到这两个人都是硬骨头，坚决不屈服。

囊瓦一直不肯放人，居然一拖就拖了三年，而唐、蔡两国也就这样忍了三年。终于有一天，唐国人请求为陪同唐成公的侍从换班。囊瓦似乎意识到了什么，也就点头答应了。几个人进去，请被关了三年的弟兄喝酒，一杯接一杯，把他们全灌醉了。然后进去的人把骕骦马给偷了出来，并以唐成公的名义献给囊瓦。囊瓦收到礼物后，马上挥手放人。蔡国人听说这件事，也马上派人到了楚国，苦口婆心地劝说蔡昭侯献出美玉、皮衣，蔡昭侯无奈，勉为其难答应了。

囊瓦自然也把蔡昭侯放了，但临了还要吓唬蔡国人一下，说："为什么我国关你们国君这么久？那是因为你们的礼物不完备！如果明年还这样，我就杀了你们！"蔡昭侯气得七窍生烟，路过汉水时，把玉投进汉水里祭祀河神，恨声道："河神在上，寡人永远不再渡过汉水朝见楚王！"回国后，蔡昭侯马上把儿子公子元送到晋国做人质，要求主持公道。

公元前506年，晋国在召陵会盟诸侯，当时晋国的代表是中军将士鞅和上军佐荀寅。荀寅仗着自己是大国上卿，恬不知耻向蔡昭侯索贿。蔡昭侯火了，我要愿意贿赂巴结，还用得着找你们？荀寅见他不上道，就懒洋洋地对士鞅说："现在正值雨季，疾病到处传播，何况我国背后还有中山国在虎视眈眈，咱们何必在这个时候撕毁与楚国的盟约？这仗打起来，对我国没有好处，不如辞谢蔡侯吧！"士鞅与荀寅乃是一丘之貉，同样贪得无厌，也就答应了，而且还摆出盟主的姿态，派蔡昭侯去攻打没来参会的沈国（今安徽临泉）。蔡昭侯回去后一肚子怒气没地方发泄，当年就派兵攻入沈国都城，活捉了沈国国君沈子嘉，还一刀将沈子嘉咔嚓了。

沈国之所以不来开会，背后当然是有楚国撑腰。囊瓦听闻消息后果然震怒，于是派兵包围蔡国，蔡昭侯只好采取乌龟战术坚守不出，囊瓦看一时半会儿打不下，这才撤退。

这个消息很快传到了伍子胥耳里，他连忙联系蔡昭侯，提出合作意向。蔡昭侯眼前一亮，虽然以前一直不太看得上吴国，但只要能出气，合作就合作。他马上又把自己的儿子公子乾送到吴国当人质，接着又主动把同样愤懑的唐成公给拉了进来。阖闾投桃报李，把女儿嫁给了蔡昭侯。

要论唐、蔡两国的军事实力，那是相当平庸，阖闾为何要拉拢他们呢？实际上，阖闾需要的并不是唐蔡的军事协助，而是他们的地理位置！因为从蔡国国境穿过，可以绕过由楚国重兵守卫的大别山一线！之后阖闾率领舟师沿淮水逆流而上，与蔡军在蔡国附近的淮汭（汝水和淮水交界处）会合。然后吴军果断放弃船只，连看守的士兵也不留，三万大军急行军往西南向桐柏山进发，当真是做好了破釜沉舟的准备。此时，唐国军队也赶来会合。

桐柏山和大别山相连的地方，由西往东依次有三个关口，分别叫冥阨（今平靖关）、直辕（今武胜关）、大隧（今九里关），是崎岖的两座山脉之中相对平坦的三条隧道。如果能顺利穿过这三个关口，等于走曲线穿过大别山—桐柏山一线，进入楚国腹地的江汉平原地区。而唐国正好对这片地理环境再熟悉不过。吴军步兵在孙武的训练下，各方面素质已经有了较大的提升。此时他们健步如飞，一路披荆斩棘，日夜兼程，一两天就越过了桐柏山，正所谓"兵之情主速，乘人之不及"。

这时，摆在阖闾面前的又有两条路：一条是往西穿过随枣走廊到达清发水上游的唐国境内，这样能得到一些补给，然后再往南到达汉水；另一条是往南继续急行，到清发水下游注入汉水的地方驻扎。而汉水以西就是楚国郢都的所在地。一般来说，有补给当然更好，但难免惊动唐国南边的随国，而随国是楚国的忠实附属，发觉吴军动向后势必添乱。阖闾与伍子胥、孙武谋划，决定速战速决，往南急行穿过清发水下游。这一片正好是楚军的薄弱地带，只要避开中游的郧县就行了。

而郢都这边，楚国贵族们反应再迟钝，也该陆续察觉到吴军的动静了。但楚昭王和囊瓦怎么也想不明白，远在大别山以东的吴国人是怎么从北边的桐柏山—大别山一线冒出来的，更别提已经抵达了汉水以东？

不过，他们倒是根本不怕吴军，因为长期以来，吴军只是在江淮地区翻腾，也没掀起过多大浪花，如今胆敢进入楚国腹地，那可是自己上门送死来了。随即囊瓦调集郢都的中央大军，浩浩荡荡奔赴汉水以西，隔着汉水与吴军相望。楚军大约有十二万人，而吴军只有三万人。

沈尹戍此时也在楚国大军中，他是个颇有才干的将领，楚平王在位时就曾做出过不少精准预测，此时自然也没轻视吴军。他在阵前向囊瓦建议，由他向北召集在方城一带的兵马，先焚烧吴军留在淮水的船只，然后沿着吴军进桐柏的道路出三关，接着把三关封死，最后抄往吴军的背后；届时囊瓦再带兵渡过汉水，东西夹击，必然可以让大别山以西、桐柏山以南、长江以北、清发水以东这片土地变成吴军的坟墓。

沈尹戌的计策确实非常高妙，吴军区区三万人，根本拿不出足量人手来守卫船只和关口，只能一路向前，背水一战。如果沈尹戌真能调来方城的驻军，对吴军进行前后夹击，那后果简直不堪设想，后续历史也将被改写。当然，孙武之所以被后世尊为"兵圣"，也正是因为他考虑到了这个问题。正所谓"知己知彼，百战不殆"，吴军与囊瓦数次交手后，孙武已经摸清了囊瓦急躁的性子，"投之亡地而后存，陷之死地然后生。"

果然，沈尹戌刚出发，囊瓦就拖了后腿。原来天公不作美，开始下雨了。囊瓦部下武城黑对囊瓦说："吴国人用木头做甲盾，而我们用的却是皮革，下雨天对我们更不利啊！不如速战速决！"皮革做的甲盾原本比木制的坚固，但有个致命的缺陷，就是浸水后受潮反而容易被穿透，这样楚国装备的优势反而成了劣势。

囊瓦犹豫了，一方面武城黑说得确实有理，另一方面沈尹戌的计划也确实很好，现在贸然进攻，不就打乱了全盘计划了吗？

正在这个时候，他的另外一个部下史皇直言道："令尹难道不觉得，我国君臣都更喜欢左司马，而不喜欢您吗？如果左司马在淮水边摧毁了吴军战船并且堵塞了三道关口，岂不是让他一个人独享歼灭吴军的功劳？到时候拥戴他的人更多，大人您的位置还能坐稳么？"

史皇这番话一说，囊瓦不再犹豫了，决定立即出兵。很明显，大家都一致认可沈尹戌的策略，但是如此轻松的胜利方法，还是被利欲熏心的囊瓦给抛弃了。而后，囊瓦准备从汉水与清发水交界处渡河，与吴军作战。

得知囊瓦要东进后，阖闾又与伍子胥、孙武谋划，结论是一定不能在楚军东渡时半渡击之，这样即使歼灭了他们的先头部队，也会惊动后面的大部队，到时候这批人退回郢都自保，他们要再攻克郢都就很麻烦了。不如等他们全部过河摆好阵形，再一举歼之。

就这样，囊瓦昏聩地放弃了汉水与清发水这两道天然屏障。不过他还是很自信，觉得自己稳操胜券，毕竟吴军只有三万人，而楚军有十二万人之多，出动的中央军也都是千锤百炼的英武之师，完全呈压倒性优势。

最了解楚国地形的莫过于伍子胥。吴军以步兵为主，那么最好的战斗方式无疑是把楚军引到山地。囊瓦渡河的地方是小别山，吴人沿着山头列好了阵形。而迎接楚军的，是一支只有区区三千五百人的先锋部队，当然，这也是吴军最精英的一部分，由五百强壮的短剑兵和三千迅捷的弓箭手组成。他们的目的自然是引楚军上山而战。果然囊瓦一声令下，楚军前锋部队开始登山，三千五百位吴国勇士且战且退，很快把楚军引入了包围圈。

忽听一阵鼓响，埋伏的吴军从南北两侧骤出，纷纷向楚军放箭，接着三千五百位锐士也不再撤退，返身与楚军肉搏。而楚国的战车在山地完全失去了优势，有的车轮牢牢陷入坑中，有的在颠簸中失了方向，很快乱成一团；原本楚国的长戟兵对吴国的短剑兵有一定优势，但在茂密的丛林里，受大树枝干的磕绊，长戟施展不开。很快，楚军前锋部队就被吴军消灭了几千人。

囊瓦准备下令前军撤退，却发现吴军已经先于己方开始撤退：原来吴国人的战斗持久力不行！囊瓦咬牙，指挥大军追逐吴军，一路追到小别山与大别山交界处。不料刚才还在逃跑的吴军突然不跑了，掉头又拼命攻击楚军，山地中发挥不出优势的楚军又一次被打败，但是不久，明明占上风的吴军又莫名其妙往东边撤走了。囊瓦不愿意放弃追杀的机会，继续带领楚军跑上大别山，结果毫无意外地，楚军第三次被吴军打败。

三战下来，楚军损失了差不多一两万人。囊瓦这才明白，原来吴军是在利用地形巧妙消耗楚军，难怪每胜一次反而退一次。他心中有些打鼓，尽管他的大军还未伤到根本，身后还有十万人左右。但他有个不好的预感，吴军可能还准备了些更厉害的手段。

囊瓦有些气馁，居然想放弃全军，自己逃亡国外。部下史皇多少还心存国家大义，就劝阻道："国家太平的时候您忙着争权夺利，现在国家有了危难，您还想去哪里呢？您一定要好好打这一仗，打胜的话，以前所有的罪过都可以免除了！"囊瓦只好硬着头皮答应留下来，但斗志已经全无。由这样的人当统帅，楚国失败仿佛已是天意。

十一月十八日，楚军往西北退下大别山，到达柏举（今湖北麻城西北）。吴军也跟着退下大别山。两军在柏举摆出阵势，真正决战的时候到了。阖闾预感己方可能会被包抄，产生了见好就收的想法，但被伍子胥劝阻了。伍子胥认为，只喂一口水，是呛不死楚国人的，要喂就必须喂得让他肚子里灌满水。

但毕竟敌众我寡，吴军也不敢轻举妄动，两军僵持了一番。不过，有人实在按捺不住了。此人是阖闾的弟弟夫概，夫概一直跟在阖闾身边，阖闾经历的每一件事情，他也一并参与过。所以他一直在想，为什么大哥能得到王位，自己却不能？而大哥能够得到王位，又与建立战功、树立威望分不开，于是他主动请缨出战。但是，有伍子胥和孙武在，夫概的请求并未通过，这让他很窝火。明明是扬名立功的大好时机，怎能就此错过？

夫概不服，于是又向阖闾主动请战："大王，楚国统帅囊瓦不仁不义，其属下一定没有必死的决心。我们抢先进攻，他们一定会逃跑。等我们大部队全面进攻，就一定可以打败他们！"阖闾摇头，也没有同意，毕竟双方兵力过于悬殊，同时他也不希望这位弟弟表现太好。

可是夫概气性上来，他让一个属下去转告阖闾："我认为能成功的事自己就会去做，难道一定要听从命令？看我今天拼死作战，一定可以攻破郢都！"同时私自带领自己的五千兵马，气势汹汹地朝囊瓦军攻杀过去。

事实证明，阖闾和孙武还是保守了一点儿，根本没想到在囊瓦的折腾下，楚国最精锐的部队早已士气涣散。夫概一车当先，亲自擂起战鼓，举起军旗，而他的五千人像风暴一样汹涌地卷向数十倍于他们的楚军部队。这是一场赌博，居然取得了意外的成效，楚国的先锋部队很快被冲垮，大部队则立即转身就逃。

十万楚军居然被五千吴军追着跑，辎重和武器丢得满地都是，这也是千古奇闻了。而囊瓦果然还是无耻地放弃了这十万部队，跳下了自己的指挥车，随意乘上一辆小车，往北一路逃到郑国去了。这时反倒是史皇临危不乱，跳上了囊瓦的主帅车，指挥部队有序撤退。但三战三败的结果早影响了整个军心，加上连主帅都逃跑了，楚军溃败如山倒。

阖闾得知夫概取得优势后，马上亲自指挥全军朝楚军攻打过去。此时楚军还有一部分人马仍然在史皇和老将蒍射的指挥下英勇作战，他们深知此次战败的严重后果，便是国都濒临失陷。很快，吴楚两军短兵相接、双方贴身厮杀，剑砍戟刺间，柏举的天空被军鼓声和呐喊声震碎，大地则流淌着鲜血。

阖闾、伍子胥、孙武都乘车当先；史皇和蒍射也不甘示弱，亲自擂鼓。忽地，远方一支飞箭射中了史皇额头，史皇倒了下去。至此，楚军彻底没有人指挥，成了一群乌合之众，争先恐后地逃跑；蒍射拦也拦不住，反而被几个吴军战士围住了战车，御戎和车右被杀，蒍射被生擒。败军急于渡河赶回郢都，吴军则一路追逐，再往西就到清发水了。

阖闾准备指挥部队跟上，趁对方没有过河时将其全部歼灭。但夫概却说："困兽犹斗，何况人呢？如果不给他们逃跑的机会，他们一定会拼死抵抗的。不如等他们先头部队渡到河中间的时候再攻击，这样不是更好吗？"果不其然，吴军等到楚军的前锋部队已经离岸、后续部队还在陆续上船时，突然对岸上余部发动攻击。这个时候，河上的想着赶紧逃开，岸上的想着赶紧上船，楚军根本没有斗志，在这过程中被吴军杀死的、互相踩踏而死的、落水淹死的不计其数，鲜血染红了清发水。

吴军跟着渡过清发水后，楚军的先头部队还在地上野炊做饭。这些人已经饿得快不行了，但看到吴军赶来，还是吓得扔了饭碗赶紧逃跑。这下吴军倒是捡了便宜，饱餐一顿后，恢复了力气，以更大的干劲继续追逐楚军。

在清发水到汉水之间的雍澨一带，楚军再度被吴军追上，楚军却没有反抗的想法，他们还是只想着先过河走人；到了渡汉水的时候，吴军又故技重施，楚军再度损失良多；等到渡过汉水，前方就是郢都了，没来得及进城的后方部队又被追杀掉几千人。

至此，吴军九战九胜，到达郢都城外时，囊瓦十二万军队基本被全歼，郢都城内差不多无兵可守。十一月二十八日，柏举之战的十天后，楚昭王见到大势已去，知道郢都无法坚守，于是带领官僚、贵族一起逃出郢都。随行人员包括楚昭王的庶兄公子结、妹妹季芈畀我，以及大臣鍼尹固、王孙由于、钟建等人。其中，为了让大王能吃上羊肉，居然还有个叫屠羊说的羊肉贩子也一直跟着；此外还有个大夫蒙谷，发现法律《鸡次之典》没拿，还马上返回宫中带走。

楚昭王出奔第二天，吴军就攻破了郢都。沈尹戌的预言又应验了，不施政爱民的话，城墙砌得再高又有什么用呢？囊瓦拼命地筑城，最后还是不能在自己心里筑起一道清廉的壁垒，以致全军覆没。吴军攻入郢都后，城中军士早已逃得一干二净，只有民众还以锄头、镰刀抵抗了一番，但如何敌得过训练有素、武器精良且士气高昂的吴军士兵？少数郢都人奋起反抗，但更多百姓遭吴军屠戮，整个郢都血流漂杵。

很快，阖闾得知了楚昭王的逃跑路线，下令轻装部队追杀楚昭王。楚昭王正准备上船，一见吴军追杀过来，吓得赶紧让部下划船逃跑。这时鍼尹固站了出来，原来他有项绝活——训象。只见他把负重用的大象牵出来，在它们尾巴上点上火，驱使他们冲向吴军。大象们的尾巴被烧灼，一头头像疯了一样往吴军阵营里冲过去。吴军再见多识广，也没见过这种疯狂又庞然的袭击者，纷纷被大象撞倒在地，踩成了肉饼。

这样，楚昭王得以逃出吴军追击，一路沿着睢水逃到长江，又逃到了长江南岸的云梦泽中。而阖闾踏着血泊、挥舞着长剑，施施然走进了楚昭王的王宫，坐上了楚昭王的宝座。占领郢都后，从阖闾、夫概、伍子胥、伯嚭到吴国士兵，在这一刻，野性均得到了最大释放。于是，阖闾时代也是整个吴国历史时代最不光彩的一幕出现了：阖闾占领了楚昭王的后宫，还下令夫概、伍子胥、伯嚭等人按照官位高低顺序，分别进入楚国大臣的家里，霸占了他们的家产。

可怜聪慧却单纯的孙武，他最初的想法不过是想帮助吴国强大，使其称霸于诸侯。但是没想到，吴国人在攻进郢都后，居然会变成这个样子！爱民如子、礼贤下士的阖闾，文能经天、武能纬地的伍子胥，驰骋沙场、训练有素的吴国士兵，在这一刻全成了恶魔。几十年的仇恨，在这一刻完全释放了出来，他们践踏着楚国的土地，残杀着楚国的孩子，糟蹋着楚国的女人……整个郢都成了一个恐怖的世界。这一刻让孙武感到很恐惧，但他无法阻止。

伍子胥没有抓住楚昭王，却找到了楚平王的坟墓，于是他鞭打王坟以进行发泄。伍子胥的楚国朋友申包胥逃到山中，得知吴军的兽行，让人带信给伍子胥："你这样报仇是不是太过分了呢？再怎么说，你也曾是先王的臣子，现在到了侮辱先王的地步，这不是伤天害理到了极点吗？我听说，人可以胜天，但是天也是能毁灭人的！"伍子胥却回信说："我现在已经日暮途穷，所以才倒行逆施啊！"饱经风霜的伍子胥反正去日无多了，还害怕什么报应呢？

后来也有说法，认为伍子胥鞭打的是楚平王的尸体，但楚平王已经去世十年之久，尸体早该腐烂了，所以不太可信。但无论如何，伍子胥的大仇终于得报。

夫概和公子山又闹起来了。公子山自恃是吴王的儿子，大摇大摆地住进了囊瓦的家里；而夫概却认为自己在柏举之战中的功劳是决定性的，理当由他住进囊瓦家里，于是提起剑就追赶侄子；公子山吓坏了，快步跑到父王这里告状。阖闾倒是公正，认为这次战争弟弟确实功劳很大，也就默许了夫概的做法。但是，这也助长了夫概个人野心的膨胀。

所为"兵贵胜，不贵久""夫兵久而国利得，未之有也"，孙武肯定认识到，吴国军队在楚国待的时间越久，遇到的危险就越大。毕竟楚国不是只有郢都一个城，北面还有申、息两大重镇，东面还有大别山一带的精兵，而且郢都人民的殊死反抗，也让孙武认识到楚国凝聚力非常强大。但没办法，吴国君臣当前都已经沉浸在占有欲和破坏欲中，他们烧毁了郢都的粮仓，销毁了象征王权的九龙之钟。没有人理会孙武，郢都已然变成人间地狱。

就在此时，北上刚到息县的沈尹戌听说了郢都沦陷的消息。他已来不及去堵吴军的退路，风急火燎地带着自己和息县的部队向郢都进发。阖闾听说沈尹戌带兵赶到，倒是不敢小觑。于是留一部分士兵守卫郢都，其他人出兵迎击。吴军与沈尹戌军又在汉水和清发水之间的雍澨相遇。沈尹戌在息县大概能征调四万人左右；而吴军这边，开始是三万人左右，三战下来大约损失了三千人，把留在郢都的算成七千人，那么出战的就是两万人左右。

沈尹戌年轻时曾报效于还是公子光的阖闾，都是老熟人了，他对阖闾的性格与吴军的阵势了如指掌。此外，沈尹戌为人忠直坦荡，将士都愿意为他卖命。两军相遇，沈尹戌亲自在战车上擂鼓，勇猛的楚军呼喊着杀向吴军。他们要为自己的祖国报仇、为自己的父老雪恨。楚军的大戟朝吴军钩刺过去，而吴军这些日子被淫靡的生活消磨了战斗力，纷纷被楚军大戟击杀，一时处于劣势。

但是，吴军毕竟受过孙武的训练。如今往西就是汉水，根本没有退路，面对两至三倍于己的楚军，吴军求生欲暴涨，又一次激发了斗志和血性，与楚军杀成一团。青铜剑和青铜戟交错在一起，迸发出清脆的金属声，车轮滚动，伴随着长矛的挥舞、弓弦的张弛。终于，楚军还是敌不过身经百战的吴军，沈尹戌拼死苦战，亲自指挥三次战斗，但三次都被吴军打败，最后沈尹戌自己身受重创，奄奄一息。

吴军的包围圈渐渐缩小，沈尹戌知道自己跑不了了。正因为他熟悉阖闾，所以更不愿意成为阖闾的俘虏。于是他对身边的护卫说："谁能够杀了我，不让吴国人得到我的头呢？"沈尹戌抱了必死之心，但属下没有人忍心动手。只有部将吴句卑跪下："下臣不才，愿意担当！"沈尹戌笑了笑："以前没有重视您，关键时刻还得靠您啊！"吴句卑割下沈尹戌的头，用布包好，再藏好尸体，之后就逃跑了。楚国最优秀的将星就此陨落。沈尹戌虽然没能歼灭吴军，但对对方造成了不小伤亡。更重要的是，他以死来激励了楚国军民继续抗争的勇气。

而差不多同一时刻，逃跑的楚昭王也碰到了悲剧。原来他从睢水渡过长江后，就在江南的云梦泽一带歇脚。这一片虽然是楚国的领土，却非常蛮荒，政府控制力度有限，属于国王的天然捕猎区。又累又冷的楚昭王很快就睡着了。没想到刚睡不久，就被斗殴声吵醒了，一群披发文身的土著蛮人包围了他们。

这些蛮人看楚昭王君臣衣着华丽、人数稀少，就试图杀人越货。护卫军马上和蛮人打了起来，但这群强盗非常彪悍，接连杀死了好些个护卫。有个蛮人看到衣着最为光鲜的楚昭王爬起来了，挥起铜戈就往他脖子上砸去。大夫王孙由于一看不妙，连忙跳到两个人中间挡住，大喊一声："大王快跑！"强盗一戈砸中他后背，顿时血流如注。王孙由于眼前一黑，栽倒在地。楚昭王趁蛮人被拖住，急忙和众大臣驱赶马车逃跑。

可是在云梦泽这样的湿地地区，马车非常不方便，轮子经常会陷入泥坑。于是众人连车子也不要了，慌慌张张地徒步奔跑。强盗们一看这些人死的死，跑的跑，双方没什么深仇大恨，也不再追杀了，只带着掠夺到的钱财返回部落，放任倒地的楚国大臣曝尸荒野。人散尽后，过了一会儿，尸体堆中竟爬出个人来，原来王孙由于只是昏过去了，现在醒了过来，忙顺着泥泞土地中的脚印，加大马力去追赶昭王一行。

当时正值十二月严寒天，在这寒冷刺骨的南方冬季，养尊处优的楚国君臣徒步在云梦泽中，踏着冰冷的泥水蹒跚奔逃，一路担惊受怕，提防无处不在的吴军和蛮人。慢慢地，王孙由于也跟上来了。众人聚在一起商量，下一步到底该往哪里走呢？国不可一日无君，老在外面游荡也不行。于是就有人提议，不如沿着长江走到汉水下游去，然后再沿着汉水支流清发水北上去郧县，这是最近的一个重镇了。

决定好目的地，便是继续艰涩前行，然而楚昭王的小妹季芈体力透支，停了下来，小女孩子体力有限，怎么也走不了了。怎么办呢？大臣们一个个自己也都累得气喘吁吁了，正在犹豫要不要站出来背这位公主之时，老实的钟建想也没想就喊:"下臣来吧!"已嫁人的女子尚不能让丈夫之外的男子碰,未出阁的公主当然更不宜接触外男。但此时此刻哪里管得了这么多,楚昭王就点头批准了。于是季芈就趴到了钟建背上,大伙儿继续赶路。

好容易到达了郧城,郧公斗辛立刻亲自迎接国君,为他接风洗尘。流浪了好多天的楚昭王终于看到了楚国旗帜,一时悲喜交加,思绪万千。然而楚昭王没想到,才出狼穴,又入虎口,刚躲过云梦泽的强盗,又差点儿在自己的地盘上殒命。想杀他的人正是斗辛的弟弟斗怀。原来斗氏兄弟的父亲不是别人,正是被楚平王杀害的前令尹斗成然。所以斗怀也与伍子胥一样,想要为父亲报仇,杀死楚平王的儿子。

斗辛知道弟弟的计划后,吓得魂飞魄丧,马上劝阻说:"国君就是上天,国君要杀臣子,这难道不是天意?你欺负弱小,是不勇敢;乘人之危,是不仁慈;断了先王子嗣,是不孝顺;没有正当的理由杀人,是不聪明;如果你非要这样,那我就先杀了你!"斗怀被哥哥唬住了,只好说不干了。但斗辛仍然不放心,决定加紧护送楚昭王离开郧县,于是斗辛和另一个弟弟斗巢带上楚昭王,沿着清发水继续北上,打算前往随国避难。

楚昭王一行人匆匆忙忙跑出郧城,恰巧看见蓝尹亹(wěi)携全家在清发水上准备逃难,而且空船还真不少。楚昭王很高兴,连忙让蓝尹亹停船接人。但没想到蓝尹亹哈哈大笑,潇洒地回绝了:"我大楚自从建国以来,还没听说过哪位国君丢了都城,而大王您遇上了,显然完全是您的罪过!请恕我难从命啊!"说完让手下人扬着棹和橹就走了,徒留楚昭王在河岸上气得直跺脚。后来还是多亏了斗辛,他让人从郧城又找了几艘船,终于护送楚昭王平安到达了随国。

与沈尹戍的一战,阖闾大梦初醒,加上郢都人民的反抗运动风起云涌,有一天阖闾竟被迫辗转换了五个住所。阖闾终于意识到,不能继续待在郢都享乐了,宜将剩勇追穷寇,当务之急应是早点儿找出楚昭王并将之杀死。他得知楚昭王行踪后,派兵到达随国都城南门,向随君要人,并放话说:"汉水北边的姬姓国基本都被楚国灭了。现在上天惩罚楚国，贵国为何又把楚王藏起来？那些被灭的国家有罪吗？贵国国君如果要报答周室，就让我国来完成天意，我国愿与贵国以汉水为界，平分楚国！"

这时楚庄王的兄长公子结勇敢地站出来了，他与弟弟长相酷似，于是自发要求冒名顶替，他愿意穿上楚王的服饰，任由吴国人处置。随侯有些犹豫，要不要交出公子结呢？他想不出答案，就去求问上天，然而占卜得出的结果是不吉利。随侯一想，吴国人不傻，公子结十有八九会被认出是冒牌，到时候阖闾只会更加愤怒。但至于要不要交出楚昭王，随侯清楚，这是绝对不行的。随国早已是楚国的国中国了，交出楚王等于置随国于险地。至于什么汉阳诸姬的情谊，那都多少年前的亲戚了！

于是随君派使者辞谢吴国使者，说："随国这么狭小的土地，楚国一直保护着我们，两国世代盟约，一直没有改变。如果有了危险就抛弃他们，这等卑劣品行，又怎么能来侍奉大王您呢？您该担心的不应仅仅是楚王一个人。如果大王您能够完全平定楚国，我国又怎会不听命于您呢？"

此时楚国腹地确实相当不稳定，阖闾没有把握以强攻取胜，只好暂时撤退到郢都。楚昭王对随君感激涕零，保证一定不再欺负随国，还用刀子往公子结的胸膛上割了一下，用他的血来进行盟誓。

火攻吴军：楚复国之战

此时的楚昭王，经历过吴军追杀、蛮人抢劫、斗辛阴谋、蓝尹不渡、吴国索人五道大关，终于走出灰暗的岁月，开始安定了下来。但很多楚国人不知道楚昭王的下落，如果吴国人谎称昭王死了怎么办？公子申辗转到达脾泄（楚国的临时国都），伪造了一套昭王的专车和服饰，对外宣称大王在此。幸亏他的大力宣传，楚国军民一直没有松懈对吴军的抗争。北方、东方各县的部队也在当地长官的带领下，一批又一批地朝郢都杀来，坚决要把吴军赶走。

申包胥在山里劝阻伍子胥无效后，果断沿着汉水北上，千里跋涉、日夜奔走，去秦国求救兵。经过七天七夜哭秦廷，秦哀公终于答应救助楚国，派出大夫子蒲和子虎，带着五百辆战车，不辞劳顿地朝着楚国进发。公元前505年六月，秦国虎狼之师终于抵达楚国。

阖闾听说秦军一向彪悍好斗，得知秦国发兵，阖闾不敢轻慢，派夫概前往迎战。两军在桐柏山北部的稷地（今河南桐柏）相遇。子蒲很狡猾，让楚军先与吴军消耗，他乘机观察吴军战法。

夫概的战法也不高级，单单只是横冲直撞，然而楚军一冲即垮，秦楚联军便退到沂地（今河南正阳）。沂地与稷地不同，是一片较开阔的平原地区。夫概此时已沉浸在胜利的喜悦中，指挥军队继续追杀楚军，哪想联军是故意把他引到这儿来。到达沂地后，楚军继续往后撤退，但秦军却不退了，而是布好装甲战车阵，等待吴军。

吴军毕竟是步兵作战，冲锋和追击得消耗不少体力，更重要的是夫概骄傲自大，以为秦军与楚军一样无能，没想到子蒲把吴军的战法琢磨得一清二楚。很快，子蒲、子虎指挥着秦军迎头痛击夫概军。在平原上，步兵完全打不过战车，吴军被秦军杀死若干。这下，原本逃跑的楚军也在申包胥的指挥下掉头杀回，夫概兵力太少，硬拼不过，无奈指挥吴军撤退。

打败了夫概的秦楚联军越过了桐柏山，挺进到清发水的上游，和随国出来的公子结一起，南北夹击，消灭了吴国的盟友唐国，这样就断了吴国的补给。几乎是同时，公子申也成功地纠集了附近一些溃散的将士，在军祥（今湖北随州）开始对吴军进行反攻。

偏偏这时，吴国的后院起了火。还不止一把，有两把。

第一把火倒没什么。几个月前，越王允常为了救援楚昭王，派兵攻打吴国，想让阖闾退兵。但因为之前阖闾攻破了越国槜李，吴军守住了这个重镇，越国没能攻破这道防线。

而第二把火才叫可怕。原来夫概在沂地被秦楚联军打败后，看到形势不对，就动起了歪心思，索性带领自己的部队迅速溜回姑苏，一进城立马让部属控制了城门和留守官员，之后自己登上了吴王的宝座。威胁到自己的王权，这是阖闾不能容忍的，如果时间一长，估计大臣们都会屈服在夫概的淫威之下，必须赶紧回去！

如果是半年前，阖闾随时可以回家；而现在却不是那么容易了。原来秦楚联军消灭唐国后，沿着汉水以东南下，与公子申、沈尹戌之子沈诸梁、斗辛等人的部队会合。此时吴军放弃郢都，往东回撤。两军在汉水以东的雍澨相遇。狡猾的子蒲又故技重施，让倒霉的楚军打前锋当炮灰。

楚军眼看就要收复郢都，也是士气大增，作为前阵向吴军冲锋过去。而阖闾指挥的部队毕竟是百战之师，也非常骁勇，只见短剑和长戟交错，喧嚣过后，吴军以背水一战的勇气突破了楚军的围攻，阖闾指挥全军继续往东前进。

楚军溃散后，秦军马上捡漏。没走多远，阖闾又见到一支陌生的队伍，数百乘整齐的战车和上万名步兵，齐齐整整地等候着吴国大军。没办法，只好继续突围！此时吴军连番消耗，已经是非常疲惫，子虎和子蒲两人指挥的虎狼之师猛兽出笼，高大的装甲车碾进吴军的队伍里，战车上的甲士用长戈狠狠挥刺。吴军纵有阖闾、伍子胥、孙武这些军事天才也无济于事，在秦军的猛烈攻击下，吴军很快溃败，多场战斗下来，也损失了不少人，估摸只剩一万五千人左右。而秦军原本就有多达一万五千人，加上楚军，至少又有了数万人，从后方追击而来。

尽管兵力悬殊，但吴军还是突破了重重包围，一路前进到了麇地，筑起篱笆、搭起帐篷、休整队伍。秦楚联军自然不会轻易放过阖闾，继续追杀至麇地。吴军虽然人员不多，但皆是精兵强将，再凭借求生的动力，建立起了相当严密的防御战线，约一万名士兵在阖闾的指挥下，以小小的麇地大营为依托，用箭雨和剑网打退了联军一波又一波进攻，阵营之前尸横遍野。

公子结没想到，吴军直到此时还如此顽强，为了争取己方最小伤亡，他要求公子申暂时停止进攻。时值秋季天干物燥，糜地一带杂草丛生。他仔细观察了糜地一带的地形和吴军布置的阵营，脑中冒出一个大胆的想法：火攻！在当时，火攻其实是非常前卫的一种战术，此前根本没人使用过，倒是《孙子兵法》中提到"发火有时，起火有日""火发于内，则军应之于外"。上天似乎开了个玩笑，最早应用这个战术的并不是孙武，而是孙武面对的敌人！

但如此强力的战术，公子申却试图阻止，他的意思是："我们不少父老乡亲的尸体还暴露在他们阵营前，现在不但不收敛，还用大火烧掉，这怎么行呢？"古代人觉得肉体应该完整下葬，用火烧简直有违天理，但是公子结却认为："国家就要灭亡了啊！如果死去的人地下有知，也会高兴国家复兴后就能恢复对他们的祭祀了，哪里会害怕焚毁尸骨呢？"公子申觉得有理，也就批准了。

公子结马上布置好兵士，在吴军大营上风向的位置堆积好干草，火把一扔，再借风势一煽，火势迅速蔓延到吴军大营。吴军忽见大火烧营，纷纷乱成一团。很快，军营里里外外都漫布着火光，而吴军战士的装甲和盾牌以木制为主，也被轻易引燃，营内传出连天惨叫。阖闾、伍子胥、孙武连忙爬上专车，在部属的保护下撤退。公子申和公子结不放弃追杀的机会，一直追到吴楚边境的公婿之溪，最后又打了吴军一场才作罢。

阖闾终于平安返回自己的国家，夫概根本没想到阖闾还能活着回来，等到他急急忙忙抽调兵力时，大夫们无人奉命，早就作鸟兽散了。夫概这时才知道自己比兄长还是差得太远，长叹一声，急忙赶着车子叛逃楚国。楚昭王自然非常高兴，把他安排在棠溪落户。

之后，阖闾对功臣伍子胥、孙武、伯嚭等人都给予了奖赏。但在此之后，史书中不再出现有关兵圣的记载，也许是吴军在郢都的烧杀淫掠，让他心寒归隐了。尽管如此，孙武也以其军事论著名垂千古。伟哉，兵圣！

公元前505年十月，楚昭王终于回到郢都，结束了将近一年的流亡生涯，登上了久违的国王宝座。从楚文王开始，楚国十代国君经营的国际大都市郢，现在却是满目疮痍，楚昭王流下了眼泪。但是，挫折也让这个年轻的国王变得成熟起来，他决定要让楚国重新振作，回归楚庄王时代的辉煌。

首先，他对下属论功行赏。这一仗令尹囊瓦逃了，左司马沈尹戌捐躯。于是两大功臣公子申接任令尹，公子结担任司马。此外，斗辛、斗巢、王孙由于、沈诸梁、王孙圉、王孙贾、宋木、钟建等人都受了奖赏。季芈自愿嫁给了钟建。轮到申包胥受赏时，他拒绝了。他说："我是为了国家，不是为了自己！现在国君已经安定，我还要追求什么？难道要像斗成然一样贪得无厌？"至于斗怀和蓝尹亹两个得罪过楚昭王的家伙，楚昭王居然也给了他们奖赏，表示和斗怀的怨恨一笔勾销，感谢蓝尹亹警惕自己的过失。两个犯上的家伙死里逃生，自然也是对楚昭王感激涕零。

盘点吴入郢之战与楚复国之战，这一系列战争虽然以吴军最后被狼狈退回老家作为结局，但过程中，吴国仅以三万大军便横扫老牌霸主楚国都城，震惊了整个华夏大地，算是中国军事史上的一大奇迹。吴国胜利的原因，一方面在于阖闾励精图治，重用贤才，孙武、伍子胥等人的卓越练兵和战场指挥，使得吴国君臣上下一心，这是人和；另一方面在于结交了唐、蔡两个关键盟友，使得出兵占据天时地利；而楚国战败，一方面是奸臣当道，失去诸侯，当年楚平王滥杀忠臣也留下后遗症，再一方面就是楚昭王年纪小，政治经验远不能比肩老练的吴王阖闾。

最后吴国为什么没有吞并楚国呢？其实，不是它不想吞，而是吞不掉。吴国虽然是军事大国，但因为人力、财力、物力的限制，面对楚国这么一个庞然大物，要完全吞并它需要长期的运作，而吴军在郢都倒行逆施，极大程度激起了楚国军民的反感，再加上越国的偷袭、夫概的叛乱、唐国的灭亡等干扰因素，使得吞并越发难以实现。其实，就算没有申包胥大哭乞秦师，吴军也不可能成功，因为楚国经过数百年的奋斗，军民具有很强的国家认同感与凝聚力，况且楚国在方城山、大别山两条防线还有超过十万兵力，待周转过来，消灭吴军仍然是绰绰有余。这一点随侯就看得很清楚，所以不会因为一时的紧急就站错了队。

这场持续一年的大战，实在太累人了。阖闾回到姑苏后，也觉得自己白发增添了不少。但被秦楚联军追着打的经历一直让他愤懑不已。于是他在回国后的第二年，又命太子终累为统帅，带领大军进攻楚国番地（今河南固始）。终累也是位颇有父亲之风的将才，首先走淮水水路，这一仗吴国水军部队大获全胜，俘虏了楚国潘子臣、小惟子等九大夫；接着又登陆上岸，步兵又在繁扬（今河南新蔡北）击败了公子结。阖闾这才挽回一些面子。

楚国接连经历这两场大败，朝廷上下恐慌不断。为了避免重蹈都城被破的悲剧，加上郢都也千疮百孔百废待举，于是在公子申的主持下，楚国在鄀（ruò，今湖北宜城东南）建立临时首都。

而这个时候，阖闾又把目光投向南方的越国了。

第十九章 八年内战

公元前505年，吴国都城姑苏。

王座上的吴王阖闾已是老态龙钟，而阶下的孙武年轻而温雅。

阖闾问孙武："现在，晋国权力分属六卿，你认为，他们谁先灭亡？谁能强盛？"

孙武答曰："六卿中，一定是范氏与中行氏先灭亡！"

阖闾又问："那么接下来是谁呢？"

孙武又答："接下来是知氏，然后是韩氏和魏氏，晋国终将会归于赵氏！"

阖闾破楚归来，意欲再称霸中原，便向孙武问了上述问题。孙武回答后，阖闾又打破砂锅问到底："为什么要这样排序？"

孙武说："六卿中，范氏、中行氏亩制最小，一百六十步为一亩，民众地少就贫困，但养兵设官却不少！知氏以一百八十步为一亩，韩氏、魏氏以二百步为一亩，所以比范氏、中行氏要好一些；唯独赵氏以二百四十步为一亩，但他们的税赋却跟其他人是一样的，所以赵氏民众最为富庶，同时他们养兵设官最少，所以晋国将会归于赵氏！"

当然，孙武的预言有一半没实现，因为晋国后来是被韩、赵、魏三家瓜分了；不过，孙武的另一半预言则应验了，晋国六卿中，范氏、中行氏果然最早灭亡。

齐景争霸：夷仪之战

齐景公在晋国玩了一场投壶游戏，公然宣布要挑战晋昭公的霸主地位，之后他回到国内，果然开始运作起来。公元前 526 年，在位已二十二年的齐景公年富力强，不愿再甘居晋国之下，于是出兵徐国的蒲隧。徐国求和，并与郯国人、莒国人一起在蒲隧与齐国结盟，奉齐国为霸主。当年，晋昭公去世，年少的晋顷公即位，齐景公更加肆无忌惮起来。

公元前 514 年，晋国中军将韩起去世，魏舒接替；公元前 512 年，晋顷公去世，年少的晋定公即位；公元前 509 年，魏舒去世，士鞅接替。士鞅为人贪婪自私，上位后与诸卿关系愈发恶化，并使得诸侯进一步分崩离析，公元前 506 年召陵之会中，蔡昭侯便被他气得投靠了吴国。

齐景公此时仍然健在，越发不把晋国放在眼里。公元前 503 年，齐景公邀请郑献公在盐地会盟，并向卫国征会，卫灵公便与齐景公在琐地结盟。同年，齐国卿士国夏又攻打鲁国，想让鲁国也屈服。鲁定公不服，于次年两度反攻齐国，自然又引来齐军的报复。这时晋国终于出兵援救鲁国，齐国退兵。同时为了报复背叛了晋国的卫灵公，晋军又攻打卫国。

公元前 501 年，士鞅去世，由荀跞接替。荀跞为人低调沉稳、过度保守，当然挽救不了江河日下的晋国霸业。

而就在这个时候，齐景公为了帮卫国找回场子，公然攻打晋国的夷仪（今河北邢台）。这表示齐晋联盟彻底破裂。晋国没料到齐景公真敢动手，而齐景公已经亲自率军迅速抵达夷仪城下。

齐军有个猛士叫敝无存，战前父亲准备为他娶妻，但他却推辞给兄弟了。他笑着对父亲说："这一回，如果我不死，那么我一定能娶到上卿国氏、高氏的女儿！"当然，他没说的话是，如果自己战死了，还是别祸害谁家姑娘了。

齐军突然发起袭击，求功心切的敝无存抢先登上了夷仪的城墙，其余齐军勇士也陆续往上攀登。敝无存一手持盾，一手执戈，在城墙上撂倒多人。

见此，晋军立即加紧守备，一边包围登上城墙的敝无存等人，一边阻止城下齐军继续登入。敝无存一看情况紧急，于是孤身杀出一条血路，往城门方向突进，打算自己开门放人进城。

敝无存艺高人胆大，普通晋军士兵招架不住。于是，他在齐军的箭雨掩护下，一路杀向城门。到达城门的门槛下时，眼看成功就在眼前，敝无存心中迫切，一时不察，晋军一支冷箭射出，敝无存躲闪不及，中箭倒地，再也没有娶上高门贵女的可能。不过他这番拼死作战，到底为齐军杀出了一条血路。

紧接着，东郭书和犁弥两人也一前一后带领部下登上了城墙。犁弥与东郭书商量："您抢着上去向左边抵御，我抢着上去向右边抵御，等到我们登城的人都上来了，我们再下去打开城门！"东郭书点头，带领部队与左侧晋军厮杀起来，杀着杀着回头一看，犁弥却不见了。此时，忽见城门打开，齐军将士们正手舞兵器，高声呼喊着攻入夷仪城。东郭书这才反应过来，知道犁弥这是故意支开自己，趁机抢了功。此时，齐国大军已经杀入夷仪城，夷仪很快就被攻克了。

长久以来，齐国一直受晋国压迫，齐顷公、齐灵公在位时，晋军均入侵过齐国国土，齐庄公甚至因为反晋而被杀，如今齐景公终于战胜了晋国一次，这让齐国人扬眉吐气。

齐景公知道这一战的首功是敝无存，便对夷仪人宣布，谁找到敝无存的遗体，便赏赐五户，免除劳役。于是，敝无存的遗体很快被找到。之后景公三次为遗体穿上衣服，赠以犀牛皮装饰的豪车和长柄伞作为殉葬；然后让拉车的人跪着把敝无存送回去，齐景公亲自三次推车，全军为他凭吊。

战后，东郭书和犁弥坐在一起休息。犁弥不满地说："是我先登上城墙！"东郭书气笑了，他一边穿上皮甲，一边说："上次让我为难了，现在还让我为难？"犁弥回神，不好意思地打哈哈："我跟着您，好像骖马跟着服马一样，哪能抢先呢？"后来齐景公要赏赐犁弥，犁弥就说自己是跟着东郭书上的城墙；等景公找到东郭书后，东郭书还是推辞给了犁弥，说犁弥是外来的客卿，应该予以鼓励。最后犁弥得到了奖赏。从这桩轶事可见，当时齐国君臣关系较为和谐，赏罚也比较分明，这样看来，齐国倒是的确有资本挑战晋国了。

除了攻打夷仪，齐景公又让卫灵公带领卫军进攻五氏（今河北邯郸西）以作策应。卫灵公从都城帝丘出发，必须经过晋国的重镇中牟（今河南汤阴西）。晋军在此已经集结了一千辆战车恭候卫军，这不是一个小数目。

战前卫灵公例行占卜，但龟甲居然烧焦了，吉凶难辨，卫灵公也是个洒脱人，一拍手说："行了！我们的战车有晋军的一半，但寡人一人能抵他们的另一半，两军这就相当了！"于是率军直闯中牟。此时连小小卫国都不再忌惮晋军，可见晋国军队威名涣散到了什么地步。

中牟的晋军果然试图阻截卫军，但投奔中牟的前卫国大夫褚师圃连忙阻止道："卫国虽然小，但他们国君在那儿，不可能战胜！反而齐军这边，他们攻下城邑正在骄傲，而且他们的统帅地位低贱，我们一定可以打败他们，不如挑战齐军吧！"晋军依言行事，果然打败了齐军，找回了一点儿自信。当然，晋军打败的这支肯定不是齐景公率领的大部队，因为此时齐景公已经连续攻下禚地、媚地、杏地，后来还将它们一一送给了卫灵公作为礼物。

晋军千辆战车面对卫军五百辆战车居然无动于衷，这让卫灵公大为高兴，大摇大摆地经过了中牟。而晋国大夫邯郸午已在五氏附近的寒氏驻军，卫灵公主动发起进攻，邯郸午连忙派兵抵御。有卫灵公出马，卫军果然势不可当，很快就打败晋军，邯郸午只能退回寒氏据守。而卫灵公铆足了劲要啃下寒氏城，下令攻城车疯狂进攻。寒氏城本来就是个小城，其城墙西北角破了一个洞，卫军便驻扎在城池西北角一带。

双方进入相持阶段，卫军很难攻入寒氏，而晋军也打不退卫军。此时，中牟晋军不敢攻打卫军的消息传到寒氏，守城的晋军开始恐慌起来，莫非卫军背后还有更大的力量？到处攻城略地的齐军是不是马上也要来了？天色慢慢暗了下去，半夜士兵们居然哗变，溃散弃城而逃，邯郸午一看形势不妙，连忙退守邯郸。寒氏就这样被卫灵公攻了下来。

晋国地方军连连被齐军、卫军欺辱，鲁定公就在夹谷与齐景公相会，表示鲁国愿意降于齐国。至此，东方几个主要诸侯国都已经叛晋归齐，只剩宋国没明确表态，但因之前士鞅扣押宋国司马乐祁三年致死，所以宋国的态度应该会比较消极。

此时的晋国六卿为：

中军将：荀跞，中军佐：赵鞅；

上军将：荀寅，上军佐：韩不信；

下军将：魏曼多，下军佐：士吉射。

荀跞是个慢性子，喜欢躲在幕后；而赵鞅是个急性子，比较急公好义，于是他主动请缨攻打卫国。

赵鞅带着亲信成何、涉佗，迅速出兵太行，并约上邯郸午一块儿助阵。邯郸午被卫灵公打下了寒氏，怒意正盛，见到中央军到达，马上带兵相助。于是晋军合兵攻入卫国，卫灵公出兵迎击。

晋国的中央军不愧为百炼之师，主帅赵鞅也极有责任感，他亲自冲上前线击鼓指挥战斗，很快，卫军不敌，纷纷退回都城西门内。

赵鞅正要收兵时，却见邯郸午仅带七十名士兵便追杀卫军直到城门下。赵鞅怕有闪失，赶紧鸣金召唤他回来。

邯郸午为了报寒氏之仇，正杀得兴起，还真把卫军杀得落花流水，全部缩进城内。邯郸午便不再追击，全身而退。邯郸午是赵穿的曾孙、赵旃的孙子、赵胜的儿子，算起来还是赵鞅的堂叔。赵鞅见堂叔如此勇猛，不由连连称赞。

但赵鞅身边的涉佗却不服，说："这个人是勇敢，但若换成我过去，对方连门都不敢开！"第二天一早，涉佗还真只带领了七十个步兵，走到卫国城门外左右两边，像大树一样站着一动不动，但直到中午，卫国也没有打开城门。

卫灵公不开城门，当然不是怕涉佗，也不是怕邯郸午，而是忌惮赵鞅。

晋国大军压境，卫灵公怂了，表示愿意拿出五百家民众作人质，转投晋国。赵鞅同意了，问卫国使者为什么要背叛晋国。卫灵公的使者说，就是您手下的涉佗和成何在上次会盟时羞辱我国国君啊。这事赵鞅当然早就知道，但被当众指出来，还是觉得很没面子，于是下令处死涉佗和成何。成何跑得快，逃到燕国去了。涉佗没来得及跑，被杀死了。

围卫之战结束后，赵鞅以为自己已经成功收服了卫国，但事与愿违，这反而引发了一场八年大战。

六卿火并：晋阳之战

公元前497年，不甘心的卫灵公突然又背叛晋国，联合齐景公一起攻打晋国的河内，河内驻军当然不敢与齐卫联军交锋。消息传到晋国都城，赵鞅大怒卫灵公不讲信用。当时卫国奉上的五百家人质被就近安置在邯郸，但邯郸午既不与卫国交战，也不愿处置人质，于是赵鞅要求邯郸午将人质送到他的封地晋阳去。邯郸午刚开始答应了使者，回去后又把这事告诉了邯郸氏宗亲，没想到亲戚们纷纷表示反对。

他们的理由是，卫国这五百家人质是交给邯郸午的，如果转而安置到晋阳，那就是断绝了邯郸与卫国的友情。邯郸虽然是晋国的一部分，但也是邯郸氏的私家封地。不过赵鞅也不能得罪，那怎么办呢？不如先拖着，假装攻打齐国，并趁机让齐国转告卫国，自己是迫不得已，最后再将人质送给赵鞅。这样一来，两头都不会得罪了。邯郸午觉得这个办法可行，于是照办，最后亲自将五百家人质护送到了晋阳。

邯郸氏的巧打算当然被赵鞅看破了，其实赵鞅最在意的并不是这些卫国人质，反而恰恰是邯郸氏！他稍一试探，便探出了邯郸午首鼠两端的态度，自然怒火中烧。于是赵鞅直接扣押了邯郸午，将其囚禁，并着人通知他城外候着的随从，要求先解除佩剑再入城，邯郸午的心腹涉宾察觉出有异，不同意入城，转身就跑。赵鞅以为这一切都是邯郸午本人的意思，于是干脆告诉邯郸氏，说："我以家法对午进行处罚，您几位另立继承人吧！"下令将邯郸午处死。

赵鞅做事风风火火，往往考虑不够周全。其实若施展政治手腕，挟邯郸午以令邯郸氏，可能效果更好。况且邯郸午与他有共事之谊，最开始也算答应了他的要求，现在把人一杀，赵鞅的无情彻底激反了邯郸氏。更重要的是，赵氏与邯郸氏早已出了五服，赵鞅之举已经不能算是行使家法。就算他是为国家考虑，也没有理由不上奏国君，擅自诛杀边境大臣。于是邯郸氏推选邯郸午的儿子邯郸稷为宗主，在涉宾的谋划下正式发兵，声明与赵鞅势不两立，同时要求晋定公严惩赵鞅。

邯郸氏是叛赵氏，而非叛晋国，但赵鞅毕竟是最活跃的卿士，邯郸氏要攻打他，国君和其他五卿总不能坐视不理。于是晋国高干们在新绛开了一次会，商议由上军司马籍秦带兵攻打邯郸。

面对一场叛乱，六卿居然没人出动，只派一个小小的上军司马，这背后当然是有猫腻的。上军司马的顶头上司是上军将荀寅，而荀寅正是邯郸午的亲舅舅；同时，下军佐士吉射又是荀寅的儿女亲家。所以真实情况是，这两人假派籍秦充场面，同时想寻机扳倒赵鞅。

早在士鞅执政的时候，荀寅就是士鞅的死党，所以召陵之会时士鞅也只带他一人，为的就是方便捞诸侯的油水。荀寅其人，脑子非常精明，哪些人是贤者，哪些人不肖，他分辨得一清二楚，但问题是，他虽然尊重贤者却不能重用，虽然看轻不肖者却又舍不得斥退。这样一来，贤者抱怨他，不肖者也仇恨他。好在他知道要和范氏牢牢抱团，所以又与士吉射结为儿女亲家。看看之前晋国那些被灭的卿族，基本上都是没死党的，只有赵氏因与韩氏抱团得以幸存。

当然，看不惯荀寅的人也很多。中军将荀跞就是其中一个。荀跞是靠荀寅的父亲荀吴扶持起来的，两家人又都出自荀氏，理应联盟才对。但荀跞性格沉稳，与张扬的荀寅很不合拍。

同样与荀寅不合的，还有他的副手上军佐韩不信。当初荀吴处处给韩起摆谱，但两人大体都致力于国家大事，没能闹起来，而荀寅和韩不信就不讲这面上和谐了。

士吉射则与魏曼多是死对头。当初魏舒打猎死在郊外，士鞅居然以违礼为由，撤掉了他的外棺，这是对魏氏的严重侮辱。

而赵鞅其人，更是早在士鞅时代就与范氏产生了矛盾，还好赵鞅及时退步，才没让矛盾激化。现在赵鞅杀了荀寅的外甥邯郸午，直接与荀寅、士吉射激起矛盾；赵氏与韩氏长期结盟，所以韩不信是愿意支持赵鞅的；魏氏起步最晚，但因赵武、赵成、韩起都是忠厚君子，所以魏氏与赵氏、韩氏还算融洽，魏曼多也愿意支持赵鞅；荀跞虽然不太喜欢他，但更不喜欢荀寅和士吉射。

荀寅和士吉射坚持要攻打赵鞅，并搬出了晋国法律，指出叛乱的首恶分子应处死。赵鞅杀邯郸午一事，本来就是动乱的导火索，连韩不信、魏曼多也没法太支持他，荀跞更是不想表态。这个时候，情况已经向不利于赵氏的方向发展了。赵鞅的家臣董安于劝赵鞅做好准备，而赵鞅还天真地认为，邯郸氏才是首恶。董安于提出让自己做替罪羊，赵鞅不答应。

后来果如董安于所料，在得到晋定公默许的情况下，荀寅和士吉射带领各自的军队攻打赵氏在新绛的住所。赵鞅得知自己被判违法，只有仓皇逃跑，回到根据地晋阳。于是，荀寅和士吉射顺势进攻晋阳。

既然已经认定赵鞅才是违法分子，加上有荀寅撑腰，于是在邯郸观望的籍秦迅速带兵前来。邯郸稷应该也跟着出了兵，毕竟他才是最恨赵鞅的人。不过，晋阳城作为赵氏的根据地，在赵鞅的布置下严密防守，晋军一下子也攻不进来。

此时的新绛却暗流涌动。荀寅和士吉射走后，韩不信和魏曼多果然急了，晋国六卿原本是相对均衡的状态，如今范氏、中行氏一旦消灭了赵氏，那他们就会成为国内最强势的两大家族。于是两人赶紧找荀跞商议，荀跞对这两人还算友好，但觉得赵鞅、荀寅和士吉射没一个好东西，若这几人拼得两败俱伤，自己能够渔翁得利正好。于是当下与韩、魏商定消灭两家，并让范氏族人士皋夷取代士吉射，让自己的宠臣梁婴父取代荀寅。

三人商定后，荀跞马上觐见晋定公，说："现在明明是三个大臣发动祸乱，却唯独驱逐赵鞅，这不公正，请将他们全部赶走！"晋定公没什么实权，都城内都是三卿说了算。于是荀跞、韩不信、魏曼多带上晋定公，出兵袭击荀寅和士吉射的后方。荀寅和士吉射见自己讨逆成了叛逆，勃然大怒，恨不得直接送不靠谱的晋定公归西。齐国大夫高强如今投在荀寅门下，他马上劝阻荀寅不要打晋君，只打三家。

荀寅和士吉射不听，觉得三家只要拿捏住晋定公，不定还要搞出多少事，于是放开手攻打晋定公。正如高强所说，晋定公虽然只是个花瓶，但毕竟关系到国家面子，攻打国君之举，无论如何都是大逆不道的。更重要的是，荀寅和士吉射根本不具备压倒性的兵力优势。在这样的情况下，不少中立的小家族，甚至两人手下的亲兵纷纷倒戈，选择站在晋定公这边。荀寅、范吉射寡不敌众，逃奔朝歌割据。赵氏的围城之厄得以解决。

此时，韩不信、魏曼多马上出面，双双为赵鞅求情。荀跞一个人，无法与两家对抗，但又不愿意就这样放过赵家。

梁婴父非常厌恶董安于，便对荀跞说："现在不杀死安于，让他主持赵氏事务，以后赵氏一定能得到晋国，何不因他先发动祸难而找赵氏负责？"这样看来，杀邯郸午可能还真是董安于的主意。荀跞点头，觉得若能除去赵鞅的智囊也不错，就去责备赵鞅。董安于为了保全赵氏，上吊而死，赵鞅将他曝尸于市。荀跞这才出面与赵鞅结盟，赵氏终于躲过这次灭顶之灾。

此时，赵鞅与知、韩、魏三家已经联盟，又有了晋定公这块盾牌，再对付范、中行、邯郸三家就不再畏惧了，但更厉害的敌人即将出手。

晋阳之围的第二年，晋军出兵包围朝歌，将战火烧到了中原。齐景公马上召集鲁定公、卫灵公开会，谋划救援范氏、中行氏；之后把宋景公也拉了进来。这些晋国当年的盟友，现齐齐倒向齐国，而晋国东北的鲜虞、众狄也开始蠢蠢欲动，都想来瓜分晋国这块大蛋糕。晋国最危急的时刻到了。

范氏、中行氏的党羽析成鲋和小王桃甲纠集众狄，想通过进攻新绛，以缓解朝歌之围，但被驻守在中央的晋军击败，析成鲋逃亡到成周，小王桃甲进入朝歌。同时，籍秦、高强在潞地纠集了范氏、中行氏的旧部起事，晋军又反攻潞地，籍秦、高强不是对手，双双被俘；此时郑国出兵救助，结果郑军与范氏联军也在百泉（今河南辉县）被击败。这三场小战下来，晋军基本上清除了太行山以西的危险，接下来只需要对付朝歌和邯郸两座大城了。

钢铁战魂：铁丘之战

虽然齐、宋、卫、郑、鲁、鲜虞、众狄、邯郸、范氏、中行氏的兵力加起来要远远多于晋军，但盘子这么大，却不是铁板一块，难以形成合力。齐景公是想称霸，鲁国是被裹挟，鲜虞和众狄是趁火打劫，卫国和宋国是找晋国复仇；郑国虽然加入了齐国联盟，但由于与宋国是世仇，一言不合双方又打一场，就更不可能联合了。

公元前494年，齐、卫联军为救援邯郸，进攻五鹿；同年又与鲁、鲜虞攻占棘蒲（今河北赵县）。而赵鞅也发动大军进攻朝歌。

次年，赵鞅得到一个振奋人心的消息：卫灵公死了！这不仅仅可以让晋卫两国和解，还有可能控制卫国为己所用。

原来卫灵公的夫人南子生性风流，卫灵公很宠爱她，竟然安排她与宋国美男公子朝相会。卫灵公太子蒯聩出使齐国，返回路过宋国被宋国人唱讽刺歌，说你们发情的母猪满足了，为何不归还我们美丽的公猪。蒯聩大怒，与部下戏阳速商议刺杀南子。但戏阳速却下不了手，反而被南子识破告诉卫灵公，蒯聩一见不妙就跑掉了。

卫灵公去世前想立公子郢为君，但他死后，公子郢推辞不干，南子只能立蒯聩的儿子辄，是为卫出公。这样一来，太子成了国君的父亲，当真是奇货可居。于是赵鞅想办法接来了在宋国流亡的蒯聩，答应送他回去即位，蒯聩当然万分愿意。

赵鞅计划将蒯聩送往卫国戚地，过程颇为波折，刚开始军队还迷路了，幸亏部下阳虎指点迷津，才好不容易踏上正途。到达戚地后，阳虎又建议蒯聩脱去帽子，让八名晋军身穿丧服，假装从卫国来接太子即位。戚地人不知情况打开大门，蒯聩进去后顺利控制了戚地。就这样，赵鞅成功在卫国打入一颗钉子，国君的父亲造国君的反，多么尴尬的场面。卫国陷于此风波，自然也就无心再对付赵鞅了。

此时，朝歌被晋军围困多年，城内陷入缺粮状态。齐景公遂划拨粮食给范氏，但具体由郑国的罕达、驷弘两人负责押送。士吉射听说援军到来，连忙出城迎接。而赵鞅听说郑国军队即将赶到，也出兵进行阻截。结果晋、郑两军就在卫国的戚地之外相遇，蒯聩自然率领戚地的驻军来支援赵鞅。决定晋国命运的大战终于到来了。

阳虎的个人能力相当强，他为赵鞅分析自身实力：这几年一直东西两头疲于奔命，所以实际出战的军队并没有郑国多。阳虎根据敌众我寡这一形势，建议赵鞅把荀跞的旗帜拿出来。这些年一直是赵鞅在面上活跃，而荀跞作为中军将却潜身幕后，在众人眼中一直充满神秘感，众人只知道他与赵鞅不合。阳虎让赵鞅打出荀跞的旗号，当然是为了震慑郑国人：如今晋国卿士团结一致，赵鞅出动了所有中军精锐。

举起荀跞旗帜后，赵鞅也例行占卜了战争吉凶，结果龟甲被烤焦了，部下乐丁说："谋划好才占卜，谋划一致的话，就按照以前的卜兆结论就行了！"赵鞅得到众将士的鼓励，于是决定开打，他在阵前誓师说："范氏、中行氏违背天命，屠戮百姓，想在晋国专权谋杀国君，过去国君依仗郑国保护自己，但现在郑国无道，居然抛弃国君而帮助逆臣，我们顺从天命、服从君令、推行德义、消除耻辱，就在这一战了！"

然后赵鞅颁布赏罚措施："能够战胜敌人的，上大夫可以得到县，下大夫可以得到郡，士人可以得到十万亩土田，庶人工商都可以做官，奴隶也可以获得自由。我如果没有罪过，就会请国君加以考虑！如果我战败有罪，就请用绞刑将我诛杀，死后用三寸薄的桐木棺，不要衬版和外椁，不要用盛装的马运输棺材，也不要葬入赵氏的墓地中，这是按照我的地位所做出的处罚！"赵鞅的奖励非常诱人，但惩罚却要自己一个人扛，这让将士们都非常感动。

八月七日，决战的日期终于到了。赵鞅让邮无恤作为御戎，卫蒯聩作为车右。邮无恤也是赵鞅的心腹家臣，外号伯乐，可见对马非常了解，他驾驶的马都是精挑细选的千里良驹。主帅的战车缓缓登上铁丘，卫蒯聩看到郑军战车如林，吓得跳到车下。邮无恤哈哈大笑，把车绳递给他，说："你真像个娘们！"赵鞅正巡视队伍听见了，便说："当年毕万也只是个普通士人，七次战斗都俘获了敌人，后来被赏赐了四百匹马，在家里得以善终，大家努力，未必会输！"

于是卫蒯聩祷告说："远孙蒯聩谨报告皇祖文王、烈祖康叔、文祖襄公：郑胜（郑声公）搞乱正道，让晋午（晋定公）处于危难中，不能平定祸乱，从而派赵鞅前来讨伐。蒯聩不敢放纵安逸，只能加入持矛作战的队伍，祈祷列祖保佑我不会断筋折骨，不会脸上受伤，不会摔在车下，从而成就大事，不给三位祖先蒙羞。生死有命，不敢祈求；不敢爱惜玉佩，献上孝敬列祖！"赵鞅十分感动，说："那我托你一起祈祷吧！"

郑国兵力确实远胜晋军，所以害怕的不止卫蒯聩一人。当时还有个主将叫赵罗，赵罗是赵成哥哥赵获的后代，赵获没有继承赵氏宗主，这一支被任命为温大夫。所以赵罗算是赵鞅的侄子。他也害怕得不得了，但还是硬着头皮作战，为了不临阵脱逃，居然让手下用绳子将自己捆在车上。军吏看见后过来询问，他的御戎替他掩饰道："疟疾发作，躺下了！"

该来的还是躲不过。郑国人虽然一时被荀跞的旗帜震慑，但毕竟人多势众，倒也不怎么惧怕。只见对面罕达、驷弘拼命击鼓，郑军开始向晋军发动攻击。赵鞅也不甘示弱，一手挥舞着主帅大旗，一手拼命击鼓，指挥晋军迎战。这一仗对于郑国来说，绝对是有机会扬眉吐气的翻身之战，所以郑军士气高昂，拼命进攻；而对于赵鞅来说，这一仗不仅关系晋国国运，更是关系赵氏存亡，所以他也只能背水一战。

两军相遇，在双方士气相当的情况下，郑军人多的优势很快就体现出来了，他们很快冲散了晋军，以多数围攻少数。赵鞅为了鼓舞士气，自己也冲锋在第一线，于是很快成了郑军围攻的目标。郑军牢牢困住赵鞅展开攻势，而赵鞅毫不畏惧，继续大力击鼓；邮无恤拉紧缰绳，躲过了郑军一次次攻击，卫蒯聩此时更如三位祖宗附体，挥舞长戈横扫郑军。面对这三位一等一的勇士，郑军一时侯也奈何不了，只能集中力量攻击其余士兵。

此时，忽听赵鞅惨叫一声，原来他被郑军力士挥戈击中肩膀。卫蒯聩回头看赵鞅，只见他已经倒在车上；郑国力士又用长戈钩住车上的主帅大旗，将旗帜夺走；郑国力士哈哈大笑，对准刚坐起身来的赵鞅又补了一戈，眼见赵鞅即将毙命，说时迟，那时快，卫蒯聩把自己的戈一横，与郑国力士的戈交错，一时火星飞溅。而邮无恤紧急把车身一转，终于救了赵鞅一命。赵鞅死里逃生，却并没有就此下令撤退，坐起来后又继续击鼓！

此时情势对于晋军非常不利，主帅受伤不说，连旗帜都被抢了，这严重影响了军心。将士们看过去，就见主帅肩上鲜血直流，似乎还有疾病发作，车身一晃，他就倒在弓袋上吐血。但很快，主将抹去嘴边的鲜血，重新直立起他健硕的胸膛，宽肩一展，高举双臂，继续敲响大鼓！身旁的晋军战士都被他的斗志感染了，传说中，百年前的中军将郤克也是在负伤之后仍不放弃，最终打败了齐军，此时此刻，主将犹如郤克附体，传说再现！

在这样的激励下，晋国将士咆哮起来，激奋起来。而郑军原是被齐景公借调来押运粮草的，本没有太强的作战斗志，于是战场上的形势慢慢发生了逆转。郑军见势不妙，纷纷撤退。郑国大军居然被晋国小部队追杀！卫蒯聩杀得兴起，索性跳下车，挥舞长戈追击敌人。

当然，郑军的实力依然不能小觑，另一侧，温大夫赵罗就不幸被俘。慌乱一阵后，郑军渐渐恢复状态，又重新迎战晋军。

赵鞅此时有点儿失血过多，已经有些迷糊了。卫蒯聩见势立即配合赵鞅进行指挥，他毕竟是卫国太子，见过不少世面。他知道若赵鞅倒下，他的国君之位也别再妄想了。

晋军初战告捷，士气旺盛，将士们风卷残云般朝郑军袭去。郑军很快再度被晋军打败，连帮齐国运输的一千车粮食都丢下了。

郑军虽然一时落败，但没有撤退，而是继续安营扎寨，等待再战。夜幕降临，忽然有一支奇兵从天而降，袭击郑军侧翼。郑国军队原以为晋国军队人数就这么多了，没料到他们还能有援军，一时阵脚大乱，连挂在罕达营帐上的赵鞅帅旗都不翼而飞。

这支偷袭部队夺回帅旗后，马上又送回了赵鞅军中。来人乃是范氏负责收税的家臣公孙尨，之前被赵氏擒获献给赵鞅，赵鞅认为他为主人做事无罪，就把他放了。如今公孙尨知恩图报，带着五百人夺回了帅旗。

重夺帅旗，赵鞅非常高兴，感觉伤口都不痛了，立即下令再度进攻郑军。郑国军队刚被公孙尨扰乱，还没来得及收拾自身，又被赵鞅亲率的大军杀至，罕达、驷弘慌了神，不知道晋军到底有多少援军，只能仓促下令退军。晋军又对郑军展开追击，罕达、驷弘两人亲自殿后，与公孙林一起又射杀了不少人。赵鞅不禁感慨："小国也不能轻视啊！"于是下令不再追击。这场战争终于以晋军胜利结束。

战后，赵鞅几人说笑，赵鞅说："我伏在弓袋上吐血，但鼓声却没衰减下去，今天是我的功劳最大吧！"

卫蒯聩回嘴道："我先在车上救了您，之后又下车追击敌人，我在车右里是功劳最大的！"

邮无恤也跟着说："你们不知道吧！我驾驶的骖马，两根缰绳都快断了，我还能控制住它，我在御戎里是功劳最大的！"为了证明自己所言非虚，他往车里装上点儿木材，再一驱马，两根缰绳果然全断了。

赵鞅看到缴获的一千辆粮食，还捂着伤口呢，就忍不住乐呵起来。部下傅傻回头凉飕飕地说："虽然打败了郑国，但还有知氏在那里，忧患还没消除呢！"

闻言，赵鞅停止了笑意，长叹一声。是啊！自己最大的敌人是那个老谋深算的荀跞呢。

但上天也真是眷顾赵鞅，在他班师后不久，荀跞就病逝了，赵鞅这回才真正笑到了最后。终于没有人可以制衡他了。之前荀跞将士皋夷任命为卿，赵鞅也不再忌惮，直接将士皋夷处死；至于害死董安于的梁婴父，史书没有记载，可能在此之前就去世了。当然，知氏还是不能碰的。至此，晋国从三军六卿变为两军四卿，分别是赵鞅、韩不信、魏曼多、荀申（荀跞之子）四人。

赵鞅升任正卿后，更加如鱼得水。公元前492年，赵鞅又进攻周室，因为执政刘氏与范氏世代联姻，刘文公只能交出智囊苌弘顶罪。之后，赵鞅马上又包围朝歌，驻扎在朝歌南边。缺少粮食的荀寅、士吉射知道朝歌再也守不住，于是派将士在南边迎战，自己从北门逃跑，到达邯郸与邯郸稷联军。一年之后，齐景公才派人发兵救援范氏，再次包围五鹿，但为时已晚，完全不能改变此时的局面。

齐卫联军撤走后，赵鞅再次率领晋军包围邯郸，两个月后，邯郸终于开门投降。荀寅、士吉射逃亡到鲜虞，邯郸稷逃亡到临地，被齐国接走。齐国的国夏又接连攻占晋国的邢地、任地、栾地、鄗地、逆畤、阴人、盂地、壶口，并联合鲜虞把荀寅、士吉射送到柏人（今河北隆尧）。又过了一年，赵鞅进攻柏人，荀寅、士吉射眼看守不住，双双逃奔齐国，而留守柏人的范氏家臣张柳朔最终战死。

盘点晋国范氏、中行氏之乱的一系列战争，毫无疑问，赵鞅在这场大戏中扮演了最重要的角色。他能够取胜，主要源于他钢铁一般的意志，在铁丘沉重击溃了郑国军队，夺取了齐国粮食，改变了整场战争局势。善于用人也是他的一大优点，当时已是春秋末年，氏族社会已经解体，不少个体士人出来谋求出路，也就是给士大夫担任家臣，赵鞅就充分利用了这些人。既有董安于这样忠心耿耿甘于牺牲的，也有阳虎这样略有道德瑕疵的，甚至还有公孙龙这样明明属于敌人阵营的……这些人在关键时刻都帮助了赵鞅。

反观叛乱的范氏、中行氏，他们在国内很不得人心，不仅没有团结同僚，也没能笼络民众。兵圣孙武就对吴王阖闾预测过，晋国六卿中，范氏、中行氏将最先灭亡。支援他们的势力虽然多，但始终没有形成合力。齐景公虽然多次出兵攻占晋国城池，但始终回避与赵鞅正面交锋。铁丘之战中赵鞅差点儿丧命，如果齐军此时与郑军联手，晋军很可能就一败涂地。最后，荀跞病逝，又给了赵鞅收拾残局的机会。

从公元前497年赵鞅杀邯郸午开始，到公元前490年荀寅、士吉射出奔齐国，晋国这场持续八年的内战终于结束。同年，赵鞅又得到一个更好的消息：在位五十八年的齐景公终于去世了。齐景公一撒手，齐国陷入动乱，无法再与晋国争霸。赵鞅终于赢得了最后的胜利。比起"下宫之变"，这场内战才算是对赵氏真正的挑战，而赵氏在赵鞅的奋斗下，挺过去了。

但赵氏面临的灭顶之灾还没有结束，未来几十年内，它将遭遇更可怕的劫难。

第二十章 英雄末路

公元前485年，吴国都城姑苏。

一个雾气弥蒙、鸟语花香的清晨，一个年轻人手持弹弓和弹丸，从后花园里溜了出来。也不知他怎么玩儿的，连衣服和鞋子都是湿漉漉的了。他正打算返回居所，不料君王在侍卫的随从下往后花园踱来，撞了个正着。年轻人连忙拜倒，高喊："父王！"

君王上下打量了他一番，问："你做什么了？搞得这般狼狈？"

年轻人不敢隐瞒，讪讪地答道："儿臣方才在后花园玩耍，看到螳螂捕蝉、黄雀在后，而我呢，想用弹弓打黄雀，结果一不留神，掉坑里了，所以衣衫尽湿，让父王取笑了！"

君王哈哈大笑："天下没有比你更傻的了！只看到眼前，不看到祸患啊！"

年轻人却一本正经地反驳道："父王，怎么会没有比我更傻的？您看齐国攻打鲁国，吴国便攻打齐国，而越国又可能从背后偷袭吴国呢！"

君王闻言，睨着他但笑不语。他明白儿子的意思，也不多说，打发他赶紧回去更衣。

这位君王乃是吴王夫差，而言语意有所指的年轻人是他的儿子太子友。夫差决心北伐齐国称霸，大臣们都不敢劝谏，伍子胥苦谏无果，太子友便旁敲侧击，提醒父王提防危险。这个故事就是成语"螳螂捕蝉、黄雀在后"的出处。

不过最终，夫差也没有听从太子的劝谏。

阖闾遗言：槜李之战

公元前496年，吴王阖闾自入楚之战回国后，又蛰伏了整整十年。入楚之战先胜后败，这让阖闾清醒地认识到，吴国必败的根本原因在于国力落后、人口缺少、补给不足。于是这些年，阖闾一边休战，一边劝课农桑、发展生产；十年休养，十年生息，使得吴国的国力比入郢之战前又增强不少。不过时至今日，阖闾年近古稀，他有些不想再战了，缱绻太湖山水也挺好的。不过去年发生的一件事情，使得他的心境出现转折。

公元前497年，越王允常去世。阖闾忽然想起来，就在吴入楚之战时，越王允常曾经偷袭过吴国，还好对吴国的影响并不大，阖闾回来后也就没当回事。但是一想起这位对手还没被征服，他就去世了，是不是有点儿太便宜他了？也罢，他去世了，儿子还在，父债子偿。吴越两国一直水火不容，也是时候做个了断了。寡人年岁已高，得抓紧！

阖闾立即发动吴国雄师进攻越国，他这次的目标非常明确：消灭越国！阖闾的对手是允常的儿子，新上台的越王勾践。阖闾非常自信地认为，凭借自己多年的战斗经验，加上千锤百炼的吴国战士，要战败一个黄毛小儿，毫无压力。

听说名震天下的吴王阖闾亲自来伐，越国臣民一阵恐慌。但是，新上任的越王勾践却表现出了难得的镇静：吴国人有什么可怕的呢？大家跟寡人一齐上阵，他们从哪里来，咱们让他们回哪里去！

其实，勾践表面上说着无所谓的话以鼓舞人心，他内里也心虚得很。吴王阖闾何许人也？十年前创造入楚神话的人。而吴国又经过多年发展，实力今非昔比。反观越王勾践，初登王位，一无战争经验，二无良将雄兵，要怎么御敌，他自己也没多大把握。但凭着初生牛犊不怕虎的劲儿，勾践号召全国军民动员起来，集结了几万兵力，开往前线迎击吴军。两军在老地方槜李相遇，摆开阵势。

吴、越民众主体同属越族，两国人民的性子都是同样的彪悍。阖闾没有等吴军开始击鼓，就指挥前锋敢死队冲击吴军，企图让吴军溃散。但是勾践马上失望了。这十年来，吴国虽然以发展生产为主，但士兵训练也一点儿没落下，现在的吴军已经达到"不动如山"的境界，不仅攻击力强大，防御也很严密！

勾践手下的敢死队还没靠近吴军，一部分人就被连绵不绝的箭矢射倒在地；刚靠近吴军，另一部分人就被挥舞的大戈砸死；而短兵相接时，最后一部分人也被锋利的宝剑砍翻。就这样，越军的前锋队阵亡了，吴军部队还纹丝不动！

勾践没有退缩，他的表情异常严肃，又冷静地派出一批囚犯，让他们排成三行走到阵前。吴军士兵大笑：莫非越国没人了，要用囚犯来凑数？

但阖闾皱了皱眉，回忆起二十三年前的鸡父之战，自己也曾利用囚犯大败各国联军。于是他下令将士严阵以待，千万不能去抢越国的俘虏。可是令人惊奇的一幕出现了。这三行越国犯人居然没有冲击，而是整整齐齐地走在吴军面前，把手上的短剑架在自己脖子上，大喊道："两国的国君出兵交战，我们触犯了军令，在国王的队列面前表现出自己无能。我们不敢逃避处罚，愿意自杀谢罪！"

于是，囚犯们纷纷把短剑往自己脖子上抹去，接连在吴军面前自刎，鲜血染红了土地。战无不摧的吴军惊呆了，战场上，从来都是敌人被追杀得落荒而逃，或者在交战中被他们手刃。可他们从来没有见过这样的阵势，这些越人竟然毫不怜惜自己的性命，如此轻率而干脆地把生命奉献给自己的国家！

越家儿郎的一场献祭，动摇了吴国士兵的战意，更激发了越国士兵内心的愤怒和力量。勾践要的正是这个效果，他在战车上扬起鼓槌，亲自大力擂起军鼓。越国士兵开始奋起冲杀，而吴军士兵却收拾心情不及，等反应过来，已经被越国士兵冲散阵形，不少吴军士兵被刺倒在血泊中。越国大夫灵姑浮更是一车当先，直奔阖闾战车的所在处。

一切都太意外了，百战百胜的吴军怎么一下子就溃散了？阖闾很迷茫，但他很快注意到一辆打着越国旗帜的战车向他冲来，车右那个大力士手持长戈，已经打倒了不少自己的近卫兵。

两车终于相遇，大力士灵姑浮抄起手中的大戈，奋力向戴着王冠的阖闾脖子上砍去。阖闾想反击，但他忽然发现，自己确实老了，肢体已不再灵活有力。他只好一边下令御戎赶紧掉转车头，一边在车右的保护下躲避灵姑浮的攻击。但还是迟了点儿，这一戈刺中了阖闾的脚，将他一只脚趾连着鞋子一起扯了下来。阖闾惨叫一声，摔倒在车上。

乘着灵姑浮一击不中，阖闾的御戎赶紧驾车，车右拼死抵挡。太子夫差也殿后掩杀，阖闾终于逃脱了灵姑浮的追击。而灵姑浮也拾起起他的鞋子，回去报功了。

国君被砍去一根脚趾，吴军已没办法再战，于是退兵回吴。阖闾因为流血过多，自知大限已到，在战车上即宣布由夫差继承自己的王位，并用尽最后的力气嘱咐他说："儿啊！你能忘记勾践杀了你父亲吗？"夫差早已泪流满面，拉着阖闾的手，大声喊道："父亲！儿子不敢忘记啊！"

长岸之战智夺宝船、鸡父之战勇败七国、柏举之战大胜楚军，却在这小小的槜李栽了跟头。临终时，阖闾看淡了死生，托孤伍子胥，希望夫差放下仇恨，成就霸业。公元前496年夏，吴王阖闾带着笑容，死在班师的路上，离槜李以北仅七里的陉地一带，一代枭雄溘然长逝。后世也有人把阖闾列为"春秋五霸"之一。

不得不说，阖闾是吴国历史上最有能耐的一位君主。不过，由于他没有主持过会盟，吴国真正的霸业要等夫差去完成，故而有人认为阖闾不算，夫差才是春秋五霸之一。其实夫差能够夺得霸主之位，主要也来源于阖闾奠定的功业。所以不妨把父子两人共同视为一霸，因为一个有实而另一个有名，霸业兴于阖闾而成于夫差。

阖闾为人确实是有污点的，派刺客诛杀吴王僚父子篡位，对逃跑的掩余和烛庸仍然穷追猛打，到了楚国更是放任部下烧杀淫掠。但这类事情，其实在春秋时期并不罕见。齐桓公杀兄弟，晋文公杀侄子，楚庄王灭若敖氏，齐、晋、楚也是在灭亡无数小国家中崛起的，只是在面对只能征服不能灭亡的国家时，才转而采取一种宽大的政策，而阖闾在楚国则完全是赤裸裸的本性释放了。他的武功虽然超越了前几位霸主，但礼仪教化更为倒退，这也是春秋霸业的发展轨迹。

当然，阖闾能成就如此高的武功，自然也有不少可取之处。楚国公子申都评价他勤俭节约、爱民如子，能与百姓同甘共苦，这些说辞是非常可信的。对于外来人才，阖闾也非常重视，最有代表性的就是伍子胥和孙武，正是这些人的襄助，才促成了吴国的霸业。而最根本的是，阖闾自己不屈不挠的奋斗。他的父亲于公元前548年去世，他于公元前515年篡位，一个故太子历经三十多年还没有放弃本应属于自己的东西，并在得到之后绽放出异彩。

勾践求和：夫椒之战

槜李之战，越国居然战胜了百战不败的吴王阖闾。那么，这个越国究竟是什么来头呢？据说它早在夏王少康将庶子无余封到越地时起就建立了。不过这种说法并不可靠，因为越国在此之前非常落后，连文字都不会使用，连其首领都很可能就是越族土著。他们尽管比吴国更为落后，但民风也更加剽悍，所以能在槜李之战一举击败吴国。当然，更多是战术而非战略的胜利，其中有不少侥幸成分。

阖闾英雄一世，就这样死在了初出茅庐的勾践手上。最痛苦的自然是阖闾的儿子夫差，他擦干眼泪，决定继承父亲的遗志，消灭越国。为了让自己能够始终保持励精图治的作风，他命令一个侍从站在院子里，只要看到自己路过，就要对自己说："夫差！你忘记越国杀死你的父亲了吗？"然后夫差拱手答道:"不敢忘记啊!"于是,夫差继续维持阖闾当年休养生息的政策,积极练兵,暂时按捺仇恨。

但此时吴王夫差却做了一件相当自以为是的事——提拔伯嚭为太宰。伍子胥是吴王阖闾最信任的人,而伯嚭却更有投资眼光,及时物色到夫差并与之接近。一朝天子一朝臣,夫差即位后,免除了伍子胥的太宰一职,安了个闲散位置,反而任命伯嚭为太宰。伍子胥明白自己被架空了,但鉴于吴王阖闾对他的知遇之恩重如山,此生都还不清了,还是决定誓死效忠夫差。

此时,北方的晋国已经陷入范氏、中行氏之乱,无暇顾及南方。而楚国的元气已慢慢恢复。公元前496年,楚昭王出兵灭亡顿国;公元前495年,楚国又灭亡胡国;公元前494年,楚国报复蔡昭侯当年助晋伐楚,大军压向蔡国,蔡昭侯立马投降,被安置在江淮一带的吴楚之间,于是蔡昭侯去向夫差寻求帮助。

至于越王勾践,因为杀死了吴王阖闾,他知道夫差迟早会报复。于是他打算抓住这个机会,先发制人进攻吴国!

但是大夫范蠡(li)劝阻道:"大王,不行啊!兵器是凶器,攻战是无德,争先攻打是最下等的计策。这样做肯定是逆天而行的,绝对不能啊!"范蠡本是楚国宛县(今河南南阳)人,与县令文种一起投奔越国,被勾践任用。但此时勾践更加信任宠臣石买,而石买不停怂恿勾践带兵出战吴国。于是勾践让范蠡休得再言,亲自带上越国三万左右的精兵,顺着水路进入太湖,企图绕开吴国布置在吴越边境的防线槜李,用水军一举拿下姑苏城。

夫差听说勾践已经进入太湖,于是急忙动员姑苏的军力,大概三四万人,带上伯嚭、伍子胥迎战越军。两军在太湖中的夫椒山(今太湖西山)相遇。这一战,吴越两军基本都投入了所有兵力,而且都是最王牌的水师部队。

勾践听斥候报告说吴军已经准备好迎战,于是他指挥越军不用急着上岸,而是在夫椒山一带摆下阵形,等待吴军。不久吴军果然抵达太湖。夫差坐着"余皇"号居中指挥,大翼、小翼、突冒、楼船等也按部就班;勾践这方,造船技术则比吴军有过之而无不及。

勾践为了速战速决，指挥部队向吴军突击。越军的爆发力强，一阵箭雨射死了不少吴军。夫差连忙指挥军队退后，商议如何攻打对方。勾践不敢继续追击，就继续驻扎在夫椒。

吴军虽然一时后退，但吴人对太湖非常熟悉。伍子胥专门研究过水战，他指挥突冒船利用小岛山作为掩护，慢慢逼近越军，越军则完全没留意到。吴军战鼓响起时，十多艘突冒船像离弦箭一样冲向越军，船上载着一等一的壮士，他们甫一靠近就跳上越军战船去，拔出佩剑肉搏。

此时夫差率领大军突击，箭雨纷纷，越军死伤无数。勾践大惊，连忙控制军队不要混乱，好好迎战。此时吴军战士为了报吴王阖闾的仇，士气正旺，偷袭成功后更是气势如虹，大喊着朝越军冲杀过去，越军不是对手，死伤不少，夫椒山前漂起一具具穿着越军衣甲的浮尸。

吴军渐渐包围了夫椒，勾践没有办法，只好带领士兵杀出重围，往南撤回越国。夫差没有放弃这个机会，一路亲自追杀，紧紧地跟在勾践背后拼命追逐。勾践只好下令一部分士兵殿后，自己仓皇逃难，渡过了浙江（今钱塘江）。浙江是越国境内的一道天堑，如果吴军攻破了这条防线，那么南边宁绍平原上的越国都城就非常危险了。

于是勾践留下石买驻守浙江，自己退回都城休整。但是越国不少官民反对，他们认为石买人品太差，见识短浅，让他驻守一定会失去浙江。但勾践还是坚决指派了石买。而石买一成为统帅，立即就斩杀了几个无辜军官，他知道自己口碑不好，想借此提高威望。然而越国军士虽不敢反抗他，军心却悄悄瓦解了。这一点，石买没有自知之明，反而是追到北岸的伍子胥注意到了。吴军要硬冲过浙江肯定不行，于是伍子胥对夫差献出了一条奇谋。

他下令吴国士兵组织两支轻装队，一支进攻越军左侧，一支进攻右侧，却不和对方正面交手。越军本来就人心不安，吴军忽左忽右出现，更让他们恐惧，不知道吴军到底有多少人马。等到夜幕降临的时候，这两支军队和中央的军队同时点起火把，擂起大鼓。浙江南岸一带的越军透过夜色，只见前、左、右三方都仿佛有无数敌军在发起进攻。士气低落的越军这时彻底慌乱了，根本不听石买的指挥，一个个都往国都方向逃跑。

越军忙着上岸，吴军趁机追杀，造成越军不小伤亡，还有不少人是在乱军中被自己人踩死，或被挤到水里淹死的。吴军的两支轻装部队很快上了岸，截住逃窜的越军，左右夹击，歼敌无数。很快，吴军又渡过了浙江，继续追杀。此时石买只好带着残兵逃回国都。

勾践见到自己交给石买的三万大军所剩无几，后悔莫及，下令将石买处死示众。可是此时越国都城会稽只剩五千人了，怎样才能抵挡住吴国势如破竹的三万雄军呢？勾践绞尽脑汁，盘算应对之策。

面对包围了会稽的吴军，勾践孤注一掷，让城中的三千越军放大嗓门，大吼大叫，想用这种虚张声势的方法把吴军吓走。夫差经历过父亲之死，对越人怀有应激的恐惧，竟被吓得连连发抖，生怕自己重演父亲的悲剧。

伍子胥看穿了勾践的小伎俩，冷静地对夫差说："大王！千万别害怕，我听说狐狸被杀害的时候，才会咬着嘴唇吸吮牙齿做出一副凶相。现在越国这个样子，明显是要战败了！"在伍子胥的鼓励下，夫差终于壮起胆子，指挥部队攻打会稽城，果然没多久，勾践派人出城来请求投降。

这时伍子胥对夫差说："大王，现在正是消灭勾践的好机会，不能接受越国人投降啊！"夫差听从了他的意见，下令加紧攻城。勾践一看没办法，只好带着妻儿、文种、范蠡和最后的五千精兵，往东退守会稽山。

吴军攻破会稽后，伍子胥没有找到勾践，料到勾践极有可能逃到城外的会稽山上去了，连忙请示夫差带兵追击。三万人包围五千人，毫无悬念，勾践和最后的越军很快就被吴军团团围在一个小山峰上，伍子胥还下令堵死周围的水源，打算用这个方法先把越军弄垮。

勾践心中焦急，若等到越军干渴得半死不活了，吴军就可以一拥而上，用剑和戈撕碎他们！勾践一生中最危急的时刻到来了。他甚至召集全体官兵在这个小山顶上一起开会，并对大家说："凡是寡人的父老乡亲，如果能有办法帮我打败吴军的，寡人愿意和他一同管理越国！"

这时，大夫范蠡说："能够保全功业的人，一定能效法天道，满而不溢；能够平定祸乱的，一定懂得崇尚谦卑。大王派人给吴王送去优厚的礼物，谦卑有礼地请求投降吧；如果他不答应，您就亲自前往吴国侍奉他，把自己做人质抵押过去好了！"文种也表示支持这个意见。

于是勾践派文种下山见夫差，夫差则派了一个使者接待。文种说："我们愿意把珠宝和美女送给吴王赔罪，让我们大王的女儿给吴王做女奴，我们大夫的女儿给吴国的大夫做女奴。我们大王愿意率领部队随从贵国，听从贵国的调遣！"然后又话锋一转："如果贵国认为我国罪不可赦，那么我们就烧掉自己的宗庙，沉掉自己的珠宝，带领我们的五千士兵和父老乡亲一起和贵国拼命，我们拼死抵抗，一定一个顶俩，这样不会伤了贵国的兵士吗？"

文种的话术实在厉害，软硬兼有，大抵意思就是：我们打不过你们，愿意投降，但是如果你们不接受投降，我们只好奉陪到底！吴国使者把文种这一席话转告给夫差。夫差也比较心动。为什么呢？俗话说困兽犹斗，夫差明白如果断了越军的退路，凭借越军的战斗力，还是能再相持好一阵；若能够不伤一毛使越国臣服，这样的成功不是更轻松么？如果在这个地方损耗了兵力，以后还怎么跟齐晋争霸？思及此，夫差的脸色逐渐和缓了。

夫差便对众人说："我打算将来还要征服齐国，所以现在我想答应越国的请和要求。各位不要再说什么了。如果越国真心诚意地投靠我们，我们还能要求他们什么呢？如果越国反复无常，那我们以后再教训他们也不迟！"大家都不敢反对，只有伍子胥坚持要求除恶务尽。夫差见他坚持，刚开始也决定不接受投降。但文种又贿赂了太宰伯嚭，伯嚭带着文种去见夫差，夫差终于答应了请降。

伍子胥听说后，再度劝谏："大王，建立德行应该不断增加，驱除灾害必须彻底干净！夏朝的寒浞率领有过氏军，杀了斟灌氏，攻打了斟鄩氏，灭了夏后相，但最后却被夏后相的遗腹子少康所灭。我国不如有过氏，越国却比少康更强大。勾践能够施行恩惠、重用贤臣。我国和越国领土相连，世代为仇，如果我们战胜越国却不消灭他，这是违背天意而助长仇敌，以后后悔也来不及了！眼看着姬姓的衰微已经不远了，但我国还徘徊在华夏之外。用这样的办法怎么能谋取霸业呢？"

但夫差嫌伍子胥太唠叨，实在惹人生厌，让他退下了。伍子胥气得拂袖而去，走出营帐外说："待越国用十年时间生产积聚，十年时间教育训练。二十年之后，我们吴国恐怕就要沦为池沼了！"最痛苦的事，莫过于已经预见了结局，却只能眼睁睁地看它到来。伍子胥仰望苍天，他还没有放弃，他抱有一线希望，愿竭尽自己绵薄之力，把夫差劝导成阖闾一样的明君。

文种终于把好消息带回给勾践，勾践也就派人和吴国签约。夫差看着趴在自己面前臣服的勾践，有一种大仇得报的快感。他觉得用这种办法羞辱勾践，远远比杀了他更能宣泄恨意。夫差仅让勾践统治都城会稽一带方圆百里的土地，同时命勾践送上儿子、女儿和范蠡等大臣到吴国做人质；也有说勾践本人也做过夫差的奴仆，还为夫差尝过粪便来判断病情，表现让夫差大为满意，最终被放回越国。

伍子胥不是国君，不会懂他的感受。碍于王命，他放过了勾践，但并非不再警惕勾践。

无论如何，吴国算是征服了越国，夫差觉得南边安定了，终于可以图谋北方了。

陈乞阴谋：艾陵之战

公元前494年，夫差在与勾践会盟后，按捺不住意图称霸的雄心，开始进攻陈国。当年吴军入楚时，陈怀公听从逢滑的意见，不愿意投靠阖闾。于是夫差旧账重提，前来讨伐。陈国比较弱小，很快几个边城就被攻破。

第二年，夫差希望将蔡国迁到州来，以便于他控制。蔡国臣民不同意，夫差便发兵强迫蔡国搬迁。但蔡国在搬迁之后，其臣民开始暴动，杀死了亲吴的蔡昭侯。而夫差却连平叛都不会。

公元前489年，夫差继续进军并征服了陈国。

之后，夫差又北上收服了西北的宋国和东北的邾国。

再下一个目标，则是鲁国。公元前488年，夫差和鲁哀公在鄫地相见，由吴国的王子姑曹主持会盟。鲁哀公点头哈腰地对夫差赔笑，说自己早已摆下了五牢（牛、羊、猪各五头），准备作为与夫差结盟的祭品。没想到夫差勃然大怒："给寡人上百牢来！"原来根据不同的祭祀者，祭品也有不同规格，按照礼制，天子十二牢、公九牢、侯伯七牢、子男五牢。但夫差居然一口气就要百牢！鲁哀公一噎，不敢回话。

大臣子服何小声挤出一句："之前从来没有这样的事。"夫差的侍臣大声喝道："宋国给了我们百牢，鲁国凭什么不及宋国？何况你们当年飨宴晋国的士鞅也用了十一牢，给我们国君一百牢，有何不可？"子服何争辩道："那是士鞅贪得无厌，用大国的武力来强迫小国，所以我国才给他弄了十一牢。君王用礼仪约束诸侯，祭祀也要有一定标准，连天子都不能超过十二牢。既然贵国甘愿抛弃礼仪，那我们也只好听命！"鲁哀公无奈，只好让大臣加班加点准备，与夫差进行盟誓。夫差征服鲁国后返回姑苏。

鲁国执政季孙肥觉得受了委屈，决定攻打邾国出气。子服何劝阻，季孙肥就是不听，鲁军很快打下了邾国。邾隐公逃到绎山，大夫茅夷鸿突围而出，前往吴国对夫差哭诉。邾国也是吴国的盟友，夫差当然不能坐视不理。第二年，夫差出兵攻打鲁国，鲁国无力招架，只得与吴国签订了城下之盟。

夫差回国后不久，又收到齐国要求联军攻打鲁国的邀请。

原来齐景公没有嫡子，他最宠爱幼子荼，生前嘱咐卿士国夏、高张，要立荼为国君。齐景公一死，国夏和高张依嘱照办，齐景公的另外几个儿子纷纷逃到外地避难去了。然而国内政局的变动，让大夫陈乞萌生了一个阴谋。他一方面在国、高面前毕恭毕敬，说大夫们不满公子荼即位，想谋划作乱；另一方面又煽动颇有实力的鲍氏与大夫们造反，说国、高二人准备收拾大家了，若不抢先动手，我等只能完蛋。

于是陈乞、鲍牧等人一起进攻公子荼，国夏、高张猝不及防，出奔外国，公子荼也被放逐到赖城了。而陈乞则马上从鲁国接回公子阳生。在大夫的支持下，公子阳生即位为齐悼公。

齐悼公在鲁国时，娶了季孙肥的妹妹季姬，还生下了儿子壬。齐悼公忐忑回国，想着只是来探探情况，所以没带走老婆儿子，让季姬在娘家受照顾，儿子则托付给大臣阚止教养。没想到季姬水性杨花，没多久就和族叔季鲂侯勾搭上了。

齐悼公登基后，打算派人接回妻儿。季姬做贼心虚，把私情告诉了兄长季孙肥。季孙肥慌了，以为齐悼公要处置季姬，坚决不肯让她走。齐悼公一头雾水，不理解季孙肥为什么要扣留自己的妻儿，几番受拒之后震怒，派鲍牧进攻鲁国，取得了两个城池；同时，齐悼公还约夫差一起进攻鲁国。

其实齐国要打败鲁国很容易，但齐悼公非得抢回妻子，下了不破曲阜誓不还的决心，就和夫差联系上了。结果还没等到夫差出兵，鲁国就顶不住投降了，火速交还了季姬，这仗自然不用再打了。于是公元前486年，齐悼公派使者到吴国辞谢出兵，没想到夫差却大喝道："寡人去年听了贵国的君主命令后，已经准备发兵，怎么现在又变卦了？出尔反尔，寡人不知该信什么好了，不如亲自去贵国问问吧！"

显然，夫差早就图谋齐国，正好以此为借口出兵，意欲称霸北方。齐悼公没想到自己一书邀请函，竟然招来了夫差的一封战书。为了方便运输粮食，夫差甚至修建了邗沟，用以沟通长江与淮水，全长达三百多里。

这是中国历史上最早最大型的一条人工运河。也是后来隋炀帝建立京杭大运河的一段基础。隋炀帝建造大运河受到了广泛的批评，认为这拖垮了隋朝的经济和民力。而早在隋炀帝一千年之前，吴国的经济实力和人口数量远远不能与隋朝相比，却仅仅花费一年时间就建造出了这样一个大规模工程。可想而知，当时有多少百姓怨声载道，多少民工死在前线，多少家庭失去支柱。

伍子胥得知夫差要进攻齐国，连忙又进宫谏言："大王！过去上天把越国送给吴国，您没有接受；现在越王修正法令，民众也富裕起来了！越国对于吴国是心腹之患，而齐鲁对于吴国只是一点皮屑之痒而已，他们难道会渡过江淮来和我们争土地吗？将来占领吴国土地的一定是越国！当年楚灵王不行君道，不听臣下告诫，最后上吊自杀，您这么快就忘记了吗？现在边城灾荒不断，您还要违背天意攻打齐国，吴国人民都会离弃您了！"

公元前 485 年，邗沟工程正式竣工，夫差按捺不住激动之情，会合鲁哀公、邾桓公与郯国国君郯子一起攻打齐国，很快进驻齐国南部的鄎地。这时齐国却传来一个消息：齐悼公被杀了！齐国想和吴国和解！原来国夏、高张虽然被大夫们驱逐，但两人毕竟是老牌贵族，势力仍然很大。见齐悼公把吴军引来，使得全国陷入一片恐慌，国氏族长国书和高氏族长高无㔻趁机煽动大众，攻杀齐悼公，而陈乞也顺风使舵，加入了国、高的阵营。

齐悼公的死讯传到夫差耳中，夫差便在军营门外对着北方哭了三天三夜，然后继续挥师进攻齐国，声称要为齐悼公报仇。但齐国人准备充分、防御森严，夫差觉得很难继续往北了，于是让大夫徐承带领船只进入黄海，直捣齐国腹地。吴军的豪华江轮纷纷下海，随着夏秋季风北上。然而，吴军舰队在江淮流域再怎么熟练，一到苍茫的大海里也是颇不适应，士兵们纷纷上吐下泻起来，好容易颠簸到了齐国，结果一上岸被齐军轻松击败。

夫差没有办法，只好暂时回国。到了秋季，夫差再次讨伐齐国，并与鲁国商量共同出兵。此时勾践与文种也到吴国来了，文种一见夫差就叩头："寡君愿意进献祖先珍藏的兵器——十二件铠甲、屈卢矛、步光剑，来作为大王您的军备。敝国也愿意出动兵力，由寡君身先士卒，为大王您作战！"夫差闻言很高兴，居然放弃了这个消耗越国的机会，反而认为越国非常效忠于自己，笑着拍了拍文种的肩膀说："寡人的兵力对付齐国已经足够，不用你们了！"

文种继续演，一把鼻涕一把泪地对夫差哭诉道："今年我们越国闹饥荒，希望能向贵国借粮食，来年一定加倍奉还！"夫差没想过里面的弯弯绕绕，只想尽快战败齐国，便痛快地点头答应了。

公元前484年，夫差再次北上伐齐。这次他出动了九个郡的兵力，共编为四军，夫差亲率中军，胥门巢率上军，王子姑曹率下军，展如率右军。如名单所示，伍子胥和孙武没有随军。夫差也不再尝试海路了，沿陆路走到鲁国与鲁哀公会合。五月，吴鲁联军攻下了齐国的嬴（今山东济南莱芜区）、博（今山东博兴）二地。

此时齐国在位的国君是齐悼公之子齐简公，主政的则是卿士国书和高无㔻。夫差声称要讨伐弑杀齐悼公的凶手，不消说，指的就是国书和高无㔻两人。国、高二人也知道，夫差打着这个旗帜来，那这一仗是逃不过了。但对于他们这种世袭贵族而言，死在战场正是一种骄傲。而陈乞还在使劲煽风点火：两位大人一定努力作战，把吴国人给驱逐出去；我老了，不能随军作战，就让我的弟弟田书、族人田逆跟你们一起出征吧！

于是国书亲自率领中军，高无㔻率领上军，宗楼率领下军；另外还有大夫田书、田逆、东郭书、公孙夏、公孙挥、闾丘明等将领。三路大军浩浩荡荡往嬴、博一带杀去。齐国这次倾巢出动，兵力估达十万；吴国可能有四五万，加上鲁国的八百乘，吴鲁联军可能有七万左右。

五月二十七日这天，两军在艾陵（今山东莱芜）相遇，春秋时期规模最大的战争之一——艾陵之战即将爆发。

事实上，齐国人确实非常害怕吴军。在齐军出征之前，陈乞悄悄对田书说："你要能够战死，我才能得志啊！"到了战场后，田书叹气道："我只能听见进军的鼓声，听不到退军的鸣金！"田逆则让大家嘴里含着死人衔的玉。东郭书说："有人预言我打三次仗，一定会战死，这就是第三次啊！"他还派人问候朋友弦多，并留言："我不会再见到您了！"公孙夏指着主帅国书及其御戎叹气道:"这两个人一定会阵亡的!"之后命令自己的部下唱《虞殡》这首丧曲。只有公孙挥还稍微有点儿斗志,他命令部下准备八尺的绳子,好用来绑吴军的首级。

而在吴鲁联军这边,战前气氛却非常轻松。夫差问鲁国主帅叔孙州仇:"你担任什么职务?"叔孙州仇说:"我在鲁国跟从司马。"其实他本人就是司马,这是谦虚的说法。夫差点头大笑,还拿了一套精美的剑甲送给他,说:"认真地做好贵国国君交给你的任务,服从寡人的命令!"但是,送剑的行为往往代表赐死,这也是夫差不懂礼的表现。叔孙州仇一愣,一时卡壳。幸好随军的孔子弟子端木赐反应及时,他出列代为回答道:"州仇感谢大王的剑甲,愿意追随您!"叔孙州仇这才反应过来,连忙跪下叩头。

夫差其人,虽然没有父亲阖闾那样的谋略天赋,但毕竟耳濡目染,也受过伍子胥与孙武的熏陶,所以军事水平不弱。面对齐国三军,他下令将自己所率的中军精锐留着做预备部队,派上军将胥门巢抵抗齐中军将国书、右军将展如抵抗齐上军将高无㔻、下军将王子姑曹抵抗齐下军将宗楼。自己率领中军等候致命一击。

吴军鼓声刚起,吴右军将展如就率领自己的一万多人向目标冲了过去。艾陵一带属于丘陵地区,地势崎岖不平,正适合吴军擅长的步兵军团作战,加之齐军士气虚弱,高无㔻的战车方阵一下子就被吴军步兵冲散。高无㔻控制不了局面,只好调转车头撤退。展如一车当先,趁势掩杀。

但高无㔻的溃败,并没有影响到下军将宗楼。宗楼也知道吴军的可怕,但齐国作为东方第一强国,还是有几把刷子的。宗楼亲举帅旗指挥下军部队迎战王子姑曹。俗话说哀兵必胜,死亡的恐惧大大激发了齐军的斗志。宗楼指挥战车勇敢冲锋,朝吴军步兵碾压过去;而王子姑曹也不甘示弱,命令步兵分割宗楼的战车队。两军斗了个旗鼓相当。

这时,上军将胥门巢也对齐国中军将国书发起了攻击。齐国的中军精锐非同小可,加上下军的战况并不输人,齐军士气开始上涨。国书亲上前线指挥中军，竟抵住了胥门巢的每一轮进攻。发觉吴军士气转而低落，国书立即指挥全军突击，大败胥门巢。

当然，胥门巢的失败早在夫差计划之中。随着胥门巢军逐渐溃散，夫差指挥自己的中军精锐，猛然从齐军侧翼杀出，援助胥门巢。

大王亲自出战了！吴军的士气顿时高涨，胥门巢军也不再撤退，反过来与国书的部队厮杀在一起。夫差的中军一律白衣白甲，如一道流瀑直逼齐军。齐军没想到吴军留了一手，此刻对方将其最精锐的部队放出，齐军猝不及防，很快大败。国书试图指挥部队撤退，但夫差没有给他机会，命令叔孙州仇率领鲁军、展如率领右军，会同自己的中军、胥门巢的上军，团团围住齐国中军，联合绞杀。

国书无力抵抗，只好拼命突围，然而吴军势大，国书居然死在乱军之中。主帅一死，齐军更是没了斗志，宗楼的下军也是死的死，逃的逃，降的降。乱战中，公孙夏、闾丘明、田书、东郭书等一干将领全部战死，只有高无㔻、田逆等人拼死逃脱，回到齐国。

夫差清点战场，统计杀敌三千多人，缴获战车多达八百辆。夫差非常高兴，下令斩下国书等将领与三千齐军的头颅，让叔孙州仇作为战利品献给鲁哀公。

鲁哀公当然不敢接下这烫手山芋，果断又用锦盒包好国书的首级，派人还给齐简公，但同时难免挤兑两句："如果不是上天认为你们品德不好，怎么肯让我们小小鲁国获胜呢？"同时，夫差也派人出使齐国传话："敝国不敢放纵士兵抢劫，这是因为我们友好。但是贵国却发动军队来侵犯我军。如果上天不怪罪你们，怎么会让敝国得胜呢？"耀武扬威之意，溢于言表。而齐国不敢表态，算是臣服吴国了。吴军高唱吴歌，班师凯旋。

吴鲁联军大败东方霸主齐国，艾陵之战就这样偃旗息鼓了。盘点这场战争，过程几乎没有运用多少谋略计策。吴军能取得大胜，完全靠夫差的英明指挥与吴军的勇猛作战。齐国的国、高两大家族则被彻底消耗，但夫差也是伤敌一万，自损八千。真正的胜利者、最大的受益者反而是背后的勾践与陈乞。陈乞通过舍卒保车的形式，保留了田氏势力。公元前481年，他的儿子陈恒杀死阚止与齐简公，独揽齐国政权，为后代田氏代齐奠定了基础。

打败齐国后，夫差趾高气扬到了极点，他觉得自己有资本在伍子胥面前炫耀了，就对伍子胥说："过去先王与您一起打败楚国立威，这的确是你出的力，但现在你老了，又不肯退休过安逸的生活，专门动歪脑筋扰乱军心。现在寡人冒昧告诉您，上天降福我国，让齐国归顺了！"

伍子胥叹息道："上天要抛弃您，必定先给点欢喜。如果您伐齐不顺，内心也许有所觉悟，这样国祚还能延续；现在您没有成功的条件，上天却赐给福禄，更说明吴国将要灭亡了！"

夫差瞪了伍子胥一眼，什么都没说就离开了。此时伯嚭进见夫差，告诉伍子胥前段时间出使齐国，偷偷将儿子托付给了齐国鲍氏。夫差脸色一变，伍子胥再怎么无礼，念在他是先王的重臣，自己一再忍让，但现在却干上了吃里爬外的事！于是他让人拿着属镂宝剑，赐伍子胥自尽。伍子胥确实将儿子送到了齐国，但这不过是为了伍家能够延嗣，而他本人早已决心将生命留在吴国。如今被人构陷，遭君王质疑，头发花白的伍子胥痛心不已，仰天叹息道："我使先王称霸，使大王即位，可是大王居然听信小人的话要杀我！"

他回头交代门客："三年以后，吴国就要衰弱了！你们一定要在我坟前种上梓树，让它们成长后做大王的棺木！挖出我的眼珠，悬挂在姑苏东门上，我要来看越军怎么攻入姑苏，灭亡吴国！"随即，伍子胥把属镂剑往脖子上一抹，倒了下去。鲜血溅在自己主持营建的姑苏城，流进自己托付半生的吴国江山。

夫差恼羞成怒：临死你还要咒我！他竟然不让伍子胥下葬，还派人把尸体装进皮口袋中，投入了姑苏城外的江里。

第二十一章 苦心人天不负

公元前 488 年，越国都城会稽。

夜深了，宫中一灯如豆，君王却依然在翻阅着简牍。正值炎炎夏季，而奇怪的是，他身旁的火炉里还烧着柴火。他有些犯困了，就拿起手边盘内的辣蓼，往手臂上刺了一下，很快，火辣辣的刺痛使得他精神一振。他眉头一皱，却一声不吭，继续工作。

终于翻完了这堆简牍，他才起身活动一二，来到房门处。只见房门上悬挂着一枚苦胆，他张口舔了舔。苦啊！他皱紧了眉头，继而开始哭泣起来，哭了一阵，忽又仰天长啸。

这位君王正是越王勾践。公元前 494 年，越王勾践被吴王夫差围困在会稽山，无奈之下签订城下之盟，愿意把越国完全交付给夫差处置。虽然夫差最终释放了勾践，但勾践深感耻辱，发誓此仇非报不可。但此时越国的国力与吴国相比，差距还很大，那该怎样才能缩短距离呢？首先当然要从他这位君王开始，勤俭节约、宵衣旰食、爱护民众、任用贤能。在这样的情况下，十年生聚、十年教训，越国慢慢恢复了国力，并最终成功一举灭亡吴国。

后世蒲松龄称赞勾践说："苦心人天不负，卧薪尝胆，三千越甲可吞吴。"

黄雀在后：熊姑夷之战

公元前 483 年，夫差召集卫出公和鲁哀公、宋景公前往郧地结盟。卫出公之前没把夫差放在眼里，还杀了吴国行人且姚，但吴国渐渐势大，已经不能轻易得罪了，这次只好硬着头皮前去，却又与鲁哀公和宋国代表皇瑗私下结盟，明摆着还是不太信服夫差。夫差知道后大怒，让伯嚭带兵包围了卫出公的宾馆，多亏卫国人端木赐出面，奉上厚礼，舌灿莲花，伯嚭最终把卫出公放了。这次会盟虽然有这么些小曲折，夫差最终也算收服了卫国。

同年，文种的一项阴谋收网。前一年他向吴国借了粟米，第二年越国粟米丰收后，他便把粟米蒸熟送还给吴国。夫差不识货，拿到后还很高兴："越国粟米的品种很好啊！今年我们就种这些吧！"然而，蒸熟的粟米哪里还能活，所以没有一颗发芽，导致吴国大荒。

除此之外，勾践还采用文种、范蠡的建议，一方面打点好伯嚭，让伯嚭时刻在勾践面前替自己美言几句，另一方面赠送能工巧匠和优质木材给夫差，让他继续滥用民力来消耗吴国。

据说，范蠡还为勾践物色了民间美女西施、郑旦送给夫差。不过说起来，夫差也没太沉迷美色，他更大的欲望是做诸侯霸主。放眼国际，楚、越、陈、蔡、宋、邾、鲁、齐、卫，这些主要诸侯都被吴国击败或征服，只剩下两个没较量过的对手，一个是老牌霸主晋国，一个是西方霸主秦国。秦国虽然在入楚之战中与吴国结下仇怨，但毕竟离吴国过于遥远，所以夫差首先把目标设为晋国。

这一年吴国大饥，但夫差争霸心切，他一刻也不想耽搁。卫出公事件让他发现，诸侯更多是震慑于吴国的武力，对他本人却并不顺服，或许就是因为背后还有晋国撑腰。所以他必须征服这位老牌霸主，才能做一位名副其实的诸侯盟主。于是，公元前482年，夫差率领三万大军，浩浩荡荡挺进中原，邀请晋定公在黄池相会，并请周天子派代表来见证。夏季，夫差在黄池和晋定公、鲁哀公、周室卿士单平公会盟。

吃饭聊天拉家常后，到七月初二的这天，终于要进入正题了。夫差的目的很明确：让寡人先歃血，让寡人做霸主！不过，晋国不是鲁国、宋国，并不容易屈服，它挺过了范氏、中行氏之乱，如今朝政由中军将赵鞅主持，国内还算比较安稳。赵鞅忠于晋国，不愿将霸主位置拱手让给夫差。于是双方开始互摆资历。夫差说："在周王室内，我们是老大！"吴国开国国君还是周文王的伯父呢。晋定公说："在周王室内，我们是盟主！"凭什么要让位给你？

两人掰扯半天，也没扯出个结果，眼看天色已晚，大家只好宣布散会，第二天中午继续开。夫差回到营帐，忽见到有辆轻车飞速奔来，心中顿时有种不祥的预感。只见少司马兹从车上跳下来，哭丧着脸，把一封信奉给夫差："大王！不好，不好啊……"夫差一阵心惊肉跳，连忙翻开竹简，霎时感觉到前所未有的恐惧，竟一下从座位摔到了地板上。原来越国人已经攻入姑苏了！

夫差惶恐至极，连忙召集各位大夫商量对策。他叹气道："越国人不守信用，背弃盟约！现在我们离国土遥远，要不我们不参加会盟，先回去吧？或者继续参加会盟，但把盟主让给晋国。大家看怎么办才好呢？"

大夫王孙雒（luò）对他说："臣认为两种方案都没有好处。不参加会盟，越国的声望就大了，我国人民会离散，齐宋两国也会对我们阻击，这样就没命了！如果让给晋国，晋国就会居高临下控制我们，带领我们去拜见周天子。我们既没时间逗留，也不忍心就这样离开。所以只有一种选择，参加盟会并且尽快当上盟主！"

王孙雒又转向各位大臣："诸位！晋国百姓趋利避害，和我们没有两样。如今晋军离本国近，有回旋余地，而我军离国家远，没有退却可能，打起来更拼命。晋国怎么能和我们进行危险的较量？侍奉大王要有勇有谋，现在就必须用上！今晚我们向晋国挑战，请大王激励将士以振奋士气，用财宝和爵位奖励大家，用刑罚惩罚不努力作战的人，让大家都不怕死！这样晋国就会不战而让。待我们做了盟主后，不求诸侯的贡赋，他们一定很高兴。这样就可以安全回国了！"

夫差叹了口气："也只能这样了！"于是马上发布命令，让将士饱餐并喂好战马。半夜，夫差下令全军穿好铠甲，把灶火全部移出来点上照明，瞬间黑夜如同白昼一样光亮。夫差又命令三万大军分成三个方阵，每个方阵由横竖一百人组成，再竖起绘有日月的军旗。夫差亲自率领中军，拿着钺和鼓槌立在中间。更加耀眼的是，中军一律白衣白甲、左军一律红衣红甲、右军一律黑衣黑甲。成语"如火如荼"（荼是一种小白花）形容的就是这个阵势。

然后夫差亲自挥舞黄钺，带领三万大军往晋国大营走去。清晨时分，吴军在距离晋军一里的地方摆好阵势，夫差亲自擂鼓，还不停地敲响金铃。三万大军齐声呐喊，伴随军鼓的喧嚣，大地震动，连天空也似乎要被震碎。晋国人还在睡觉，一下被吵醒了，起身看见这阵势，大多数人都被吓坏了。这就是破楚围越败齐的吴军吗？这是何其壮丽威武的一支队伍！

赵鞅和副手司马寅也爬了起来。赵鞅为人比较强硬，决定死战到底，司马寅却看出了猫腻，派董褐去吴军大营中观察动静。当着董褐的面，夫差极力掩盖内心的慌乱，命少司马兹和其他五个使者自杀，以证明吴国没有后顾之忧。而董褐却通过观察夫差的气色，察觉到吴国必有内患，他建议赵鞅先不要与夫差交战，赵鞅答应了。董褐又去夫差处复命，但要求夫差取消王号，改称吴公。夫差对此无所谓，于是收兵回营，并与晋定公歃血为盟，正式取代晋国成了华夏霸主。

且说越国这一边。当年年初，勾践与范蠡、文种都觉得，伐吴的时刻到了，于是勾践把全国军民召集起来。勾践尚未开口，下边儿就有人大喊："过去吴王在诸侯面前羞辱大王，现在我们已经恢复国力，请求报复吴国！"勾践虚伪地自谦道："过去的失败，不关你们的事，都是寡人的罪过！像寡人这样的人，哪里值得大家来为我承担耻辱。请各位不要言战！"

接着，又有人高喊："百姓爱大王，就像对自己父母一样！儿子要为父母报仇，臣下要为国君报仇，怎么会不尽全力呢？"勾践闻言，也被子民的坦率感动了。勾践便向他们发起号召："寡人听说古代的贤君，不担忧军队人数不足，只惧怕操行不够高尚。现在夫差有十万三千甲兵，不惧怕操行不高尚，却还担忧军队不够。寡人要代表上天消灭他！寡人不要各位逞匹夫之勇，只希望大家统一步调，共同行动。那些前进不听号令、后退不知羞耻的，寡人会狠狠处罚！"众人齐声欢呼："谁有我们这样好的大王啊，谁会不为大王拼死作战？"

会稽之耻到现在，已经整整十二年了。君子报仇，十二年也不算晚。勾践下令兵分三路。第一路由畴无余、讴阳带领急行军，为先锋部队。第二路由勾践亲率主力大军，紧随畴无余、讴阳之后，往姑苏开去。这两路大军共计五万人左右，其中包括水军两千、普通甲兵四万、近卫特种军六千、技术军官一千，都是最精良的部队。第三路则由范蠡、舌庸带领，沿海而上，入淮水下游，阻挡夫差的退路。

畴无余和讴阳的前锋部队刚到达姑苏城外，就被吴军巡逻兵发现了，连忙报告给留守姑苏的太子友。太子友叫上王子地、王孙弥庸与寿于姚三人，一起到泓水上观察越军。他们本来只是想侦察情况，没想到王孙弥庸却冲动了。他的父亲以前战死在越国，军旗被越军缴获，此次越军竟然把这面军旗打了出来。回忆起父亲的惨死，这位年轻人怒发冲冠："这是我父亲的旗帜！见到仇人，我必须杀死他们！"

王孙弥庸请求出战，太子友阻止道："如果出城作战不能取胜，那我们国家就危险了！先等等看吧！"可王孙弥庸报仇心切，私自集合部下五千人出战。王子地与王孙弥庸关系一向较好，他担心王孙弥庸人手不够，于是也带领自己的部队一起出战。畴无余和讴阳这路人马大概有一万人，王子地和王孙弥庸的部队加起来也差不多。就士气来说，越军经过勾践十年休养，比吴军高得多，但就作战经验和战斗力来说，越军不如吴军，何况王孙弥庸摆开了不死不休的架势。

王孙弥庸嘱咐王子地："你攻打讴阳这一路，主将畴无余留给我！"王子地答应了。七月二十日，王孙弥庸率领自己的部队冲向畴无余部，他一车当先，指挥吴军猛烈冲击，畴无余大败；畴无余军一败，也影响到了讴阳军。吴军太强大了！许多士兵心里还有十二年前会稽被围的心里阴影，讴阳军也受到重创。

但畴无余和讴阳非常勇敢，作为复仇战争的先锋队，宁愿死也不能逃跑！他们镇定指挥部队抵抗，但吴军实在过于强大，越军硬拼完全不是吴军对手，畴无余和讴阳的部队差不多被全歼，两人也先后被俘杀。日后越王勾践在胥山立庙祭祀这两位烈士，追封畴无余为丞王、讴阳为胥王。

此时勾践大军赶上来了。畴无余和讴阳的失败，似乎正在他的意料之中，或者说畴无余这支部队本来就是用来试探吴军深浅的。

果然，大胜的王孙弥庸和王子地根本不打算回姑苏城，就驻扎在姑熊夷一带等候越军。城内的太子友当然知道勾践大军非同小可，下令王孙弥庸速速回城防守。但王孙弥庸却被胜利冲昏了头脑，声称不生擒勾践不罢休。无奈，太子友只好亲率大军和寿于姚一起出城，同时派王子地回城内防守。这实在是一个战略失误，姑苏城作为经营几十年的吴都，易守难攻，若坚守不出，等待夫差回援，结果将大大不同。

可是王孙弥庸骄傲自满，认为越军战斗力不过尔尔；而太子友也没有弃车保帅的魄力，为了支援王孙弥庸，居然率领全军孤注一掷出城而战。而这个局面，正是勾践希望看到的。

故而即使畴无余和讴阳全军覆没，勾践的部队也没有感到丝毫恐惧，反而将悲痛化为了力量。愤怒的越军呐喊着，奔跑着，铜剑交织成一张剑网，弓弩飞洒出一片箭雨。王孙弥庸太轻敌了，误以为勾践的主力军也是畴无余军这么好对付，骄傲地驱车带兵前往迎击越军侧翼。但是吴军之前在全歼畴无余部队时已经损耗了不少精力，紧接着又和勾践的主力部队开战，迅速显出疲态。这样的吴军怎么能是生龙活虎的越军对手？越军侧翼的力量一发挥出来，王孙弥庸军很快溃败，连王孙弥庸本人也被俘杀了。

太子友与寿于姚进攻勾践的中翼与另一侧翼。越军中翼的力量自然不比侧翼差，也相当牢固稳定，太子友与寿于姚两人一番猛烈进攻，竟是毫无进展。

在勾践的指挥下，越军侧翼击败王孙弥庸，并很快向太子友包抄过来，最后，太子友、寿于姚都被活捉，吴军一片混乱。如果夫差在场，或者伍子胥在世，吴军定然不会惨败至此。最后，吴军留守主力死的死，降的降，基本上全军覆没。

这一战被称为熊姑夷之战，标志着吴越实力高下出现转折。勾践取得一胜后没有骄傲，而是立刻让越军换上舟师攻击吴都。

吴军部队基本在熊姑夷被越军歼灭，连太子都被俘杀了。这导致都城内的吴军没了斗志，一些人更是趁机把对夫差的不满全部发泄了出来。也许当时有人为越军打开了外城，否则勾践不会这么轻易攻陷姑苏城。还好王子地在内城拼命抵抗，勾践只在外城烧杀洗劫了一番，然后烧毁了姑苏台，并把吴军搁浅在太湖口的大型战船运走。

这一仗越军大获全胜，连勾践自己也没想到，全程居然如此顺利。在他的带领下，越军将士轻易地攻入了姑苏城，将吴国奄奄一息的经济全面摧毁。当时连吴国大夫申叔仪家里都吃不上饭了，不得不向鲁国的朋友乞讨粮食。

而此时夫差风急火燎往国都进军。虽然他带领了吴国最精锐的三万部队，却并没有把握再与越军开战——他不过是一个色厉内荏的人。他还试着带上厚礼，要求勾践撤出吴都，两国讲和。

勾践其实更没把握现在就与吴军决一死战，但他知道这次对夫差的打击足够了，于是同意了夫差的求和。夫差回到姑苏，看着昔日辉煌的大城如今只剩断瓦残垣，终于开始有点儿后悔错杀伍子胥了，可是现在说这一切又有什么用？夫差从小受到父亲羽翼呵护，没有经历过多少波折。强大的时候，夫差对谁都毫不畏惧；而弱小的时候，他竟一蹶不振。

战败后，夫差没有痛定思痛，没有加强军备，没有发展生产，反而发动军民重修姑苏台，并在姑苏台上为西施和郑旦兴建了馆娃宫等建筑，浑浑噩噩地过日子。

白公之乱：叶公救郢之战

两年后。此时楚国在位的是楚昭王之子楚惠王，而楚惠王的母亲是越王勾践的女儿。借着这层关系，勾践派遣楚昭王的兄弟公子申和公子结攻打吴国，作为对越国攻吴的呼应。由于某些不明原因，公子申和公子结到达桐汭就撤退了，但楚国的军事行动还是被夫差获悉了，于是他决定动用最后一颗棋子——王孙胜。

其实早在吴破郢之战后，仁厚的公子申就提出，想把先太子建（楚平王之子）的儿子王孙胜从吴国接回来，以保持庶兄在楚国的祭祀，但遭到叶公沈诸梁的反对："胜这个人狡诈无比，恐怕会是一个祸害！"而公子申却不认同："我倒是听说胜这孩子诚实勇敢，不如把他安插在边境保卫边疆吧！"沈诸梁叹息道："符合仁爱才叫诚信，遵循道义才叫勇敢。胜这个人不管说过什么话都要执行，不管执行什么事都不怕死，这一定是有私心！您会后悔的！"

太子建在公元前522年被杀，王孙胜在吴入楚之战时大概有20岁了。随着年龄的增长，他在吴国也培植了自己的势力，公子申自然希望能够收归祖国所用。但遗憾的是，沈诸梁能预见未来，公子申却不能，到底还是把王孙胜接了回来，并将之安排在白县，王孙胜自此也称白公胜。

白公胜请求进攻郑国为父亲报仇，公子申没有忘记郑国杀太子建的事，但还是拒绝了，理由是楚国百废待兴，政事还没步入正轨。过了些日子，白公胜再次请求，这次公子申答应了。

但计划赶不上变化，晋国攻打郑国，楚国为了国家利益反而救援郑国，并与之结盟。白公胜知晓后，十分愤怒。他亲自磨剑准备谋反，想要杀死公子申和公子结，不过被公子结的儿子公孙平先发现了。公孙平问："怎么回事？"白公胜实话实说："我要杀了你父亲！"

公孙平大惊，连忙报告给公子申。公子申却不信，认为自己和公子结百年之后，令尹或司马的位置自然会传给白公胜，哪里需要谋反夺权？躺着就能接班，何必大动干戈？但他并不理解，白公胜在乎的不是令尹的位置，而是想要他们兄弟包括楚惠王的命。

白公胜听说了公子申的态度，更是觉得可笑："这人可真是狂妄！他要是能善终，我就不是白公胜！"于是和死党石乞密谋袭击郢都。白公胜对石乞说："君王和两位卿士，用五百人对付就够了！"石乞皱眉："咱凑不齐这五百人吧。"但又说："市场南边有个叫熊宜僚的，如果他能加入，可以抵五百人！"两人便一起去见熊宜僚，但熊宜僚拒绝入伙，把剑抵在他脖子上也纹丝不动。白公胜长叹道："此人不为利诱、不怕威胁，我们还是离开这里吧！"

其实这也说明，当时楚国政权比较稳定，君臣也比较得人心，所以聪明人都不愿意参与到白公胜叛乱的事件中来。白公胜是在伍子胥死前三年回的楚国，夫差本来不应轻易放他走，他本来也不可能随便回国，那为什么还是成行了呢？唯一能的解释就是，夫差、伍子胥和白公胜合谋，由吴国找准时机攻打楚国，并拥立白公胜即位。

辗转白公胜已接近五十岁，到这个时候，正是夫差利用他的最佳时机了。

吴王夫差假装派兵攻打楚国的慎地，输给了白公胜。楚军击败吴军，多么不容易啊！白公胜声称要回国献俘，他要求军队不解除武装，从前线第一时间赶回郢都告捷。忠厚的公子申答应了。然而白公胜入郢后，立即发动叛乱，下令攻打王宫。公子申这时才后悔自己当初没听叶公的话，觉得无颜面对列祖列宗，被杀时还用袖子掩着自己的脸。公子结则比较勇猛，大喝一声："我以勇力侍奉君王，不能有始无终！"他拔起一株樟树作武器，打死打伤数名叛军，当然最后也寡不敌众被杀。

石乞对白公胜说："焚烧府库，杀死君王吧！不这样，大事不能成！"白公胜却犹豫了，他说："杀死君王很不吉利，焚烧府库又没积蓄，将来用什么来治理楚国呢？"石乞急了，说："有了楚国就可以治理百姓，恭敬侍奉神灵就能得到吉利，而且还有其他积蓄在，您怕什么呢？"

白公胜自己不敢即位，想立公子启做他的傀儡。但是公子启不从，被白公胜杀死。白公胜只得挟持软禁楚惠王,让石乞守门。不过大夫圉公阳在墙上打了一个洞,偷偷将楚惠王带走。之后,白公胜对不服他的大臣大开杀戒,郢都乱成一片。

此时叶公沈诸梁正驻扎在叶地,消息传到方城山外,手下纷纷建议他立即进军郢都。沈诸梁认为还可再等一等,白公胜用冒险侥幸成功,欲望不会满足,百姓也不会归附。不久他又听说,白公胜杀了管修。管修是齐国管仲之后,避难到楚国,颇有贤名。沈诸梁听说连他也被杀,知道白公胜已经完全不得人心了,于是下令进军郢都。

沈诸梁赶到郢都北门,守城将士果然开放大门,放沈诸梁进去。大军进入郢都,群众见到他,还建议说:"您为何不戴上头盔?国都的人盼望您好像期盼父母一样,如果您被盗贼射伤,就会断了百姓的盼望!"于是沈诸梁依言戴上头盔继续行军。路上又有热心群众建议:"您为什么戴上头盔?国都人盼望您好像期盼丰收一样,您现在把脸遮起来,谁还认识您?"于是沈诸梁又把头盔给摘了。

迎面见到箴尹固,对方正率领部下去援助白公胜,沈诸梁喝骂道:"如果没有公子申和公子结,楚国早就灭亡了。你现在抛弃德行跟从盗贼,会安全吗?"箴尹固被沈诸梁说服了,临阵倒戈跟随沈诸梁平叛。

沈诸梁这支部队从蔡地出发,一路上会合了不少勤王之师。白公胜本来就只有白县部分军队跟随,好不容易靠武力勉强控制了郢都,但完全不得人心,以致沈诸梁轻易杀了进来。白公胜、石乞硬着头皮与沈诸梁决战,叛军完全不是义师对手,一触即溃。白公胜逃到山上,上吊而死。石乞战败被活捉,沈诸梁审问他白公胜尸身所在,石乞倒是条汉子,坚决不说,被沈诸梁烹杀。

白公胜的弟弟王孙燕则经过一番死战,逃亡到吴国颇(kuí)黄氏。至此,白公之乱被成功平定。本来没大碍的话,白公胜完全可以顺顺当当地做到令尹,但他一直活在仇恨中,最后也死于仇恨。

另外,吴国的盟友陈国不自量力,发兵协助白公胜攻打楚国。沈诸梁平定白公之乱后，就推荐公子申的儿子公孙朝带兵灭亡了陈国。

白公之乱也成就了另一位英雄——叶公沈诸梁，后来他成为楚国历史上唯一一位兼任令尹与司马的人。早年孔子曾经拜访过他，但两人观点相左，孔子不被他接纳，继续在楚国求职时又被他的朋友公子申拒绝。大概正是出于这个原因，叶公被儒家后学抹黑成"叶公好龙"的丑角，讽刺他追求人才而不会真正用人。

声东击西：笠泽之战

越入吴之战的胜利，刺激了勾践的雄心。四年过去了，越军的战斗力和士气都上升到一个新的水平，足够与吴军决一死战了。这时文种向勾践进言："下臣本以为夫差会进攻我们，没想到他毫无防备，这是希望我们忘了他吗？我们不能因此而懈怠！现在吴国民众困乏、连年饥荒，国家粮仓都空了，民众要去东海捞蛤蚌求生，现在正是与吴国决战的好时机！吴国边军无法及时赶回，臣也会去牵制他们；夫差以不接受挑战为耻，一定会只用国都驻军交战！"于是勾践大规模动员军队，准备征伐吴国。

这个时候，楚国大夫申包胥到了越国，他是来资助勾践灭吴的。勾践久仰他大名，对其再三请教。申包胥便毫不藏私地对勾践说："战争最重要的是智谋，其次是仁义，最后才是勇敢！智谋，才能知道民心向背与双方力量对比；仁义，才能和将士共同分担饥饿劳累；勇敢，才会果断排除疑难决定大计！"

于是勾践又召见范蠡、文种、苦成、舌庸、皋如五位辅政大夫，众人皆认为可以决战了。接着勾践命令夫人处理好后宫事宜，自己从会稽城外的土坛出发，用了四天到达槜李。勾践每天杀一个有罪的士兵，以此严明军纪。勾践还向全军宣告，家中有老人没兄弟的战士可以回家；所有兄弟都参战的可以选一个回家；身体不好的可以回家；头脑不好的也可以回家。这样一番过滤，吴军保证了军队的质量，最大限度地强化了士气。将士们高声欢呼，相互勉励，不破吴都不罢休！

按照伍子胥的说法，吴国在辰方位，越国在巳方位；也就是说吴国是龙，越国是蛇，两国不能共存，势必决一死战。但这个时候，龙已经伤痕累累，蛇却还威风凛凛。公元前478年，吴越两军在笠泽（今吴淞江）一带相遇，布下阵势。两军兵力大致都在五万的样子。夫差带领的依然是三军精锐甲士，中军白衣白甲、左军红衣红甲、右军黑衣黑甲，在笠泽北边的围地驻扎。

这支跟随他出生入死的部队不知道斩杀过多少敌国士兵，战斗力非常强悍。之前勾践偷袭吴都，也是避开了夫差和这支主力军的。所以夫差此时多少还是有点儿自信，再加上笠泽就在姑苏南边不远，吴军可以说具有以逸待劳的优势，这一仗的胜算比较高。鉴于此，夫差在一天之内五次派使者对勾践进行宣战，要求两军在吴淞江上水战，还挑衅勾践是不是怕了夫差。

勾践被激怒了，忍不住想要接受挑战，但被范蠡劝阻了："如果敌方顽强抵抗，说明阳气还未耗尽，不能和他们死战；敌方请求交战，我们就坚守不战；如果准备交战，一定要趁敌军疲惫的时候。大王应该加强我们的左翼力量，让他们成为破吴的主力军！"

同时，范蠡建议勾践把队伍分作三军，左军和右军分别逆江和顺江行走五里，统一采用突冒船只，在岸边待命；中军以六千精锐作为先锋，也乘坐突冒船只。左军、右军和中军前锋的每一名士兵都在口中衔枚，以防出声。

这样的战术不是用来与吴军正面交战的，而是事先与夫差约定好交火日期，却在提前一日晚上发起偷袭。当然，夫差也并非一点儿不防备，他知道勾践出招阴险，于是命令士兵轮流放哨，一有情况马上通知全军，但勾践的狡诈还是远远超过了夫差的预料。

半夜，笠泽一片静谧，只有几点隐隐约约的渔火。但这片静谧很快被一阵军鼓声划破。声音是从江中央传出来的，但源头似乎不止一个方位，上下游均有响动。夫差被吵醒，连忙爬起身来，召集众大夫在营帐商议。

众大夫一致认为，越国人果然不守承诺，半夜袭击；幸亏我等早有防备，只需要左右两军分别抵抗越国两军就行。而且吴军是以逸待劳，在岸边整装防备。夫差答应了，随即命令火焰一般的左军与黑水一般的右军分散到上下游去布防。没想到，左军和右军等了半天，没等到越军，却等到夫差亲率的中军出事的消息。

原来吴军的中军以为越军都分散在上游和下游，所以放松了警惕。不料勾践命令中军三千敢死队衔枚渡江，不击鼓，不喧哗，直取夫差中军大营。而越军三千精兵乘坐轻巧的突冒船如箭一般朝笠泽北岸驶去。越军偷偷上岸，到达吴军营帐之外才露出虎狼的獠牙，一支支锋利的箭镞朝着疏于防备的吴国中军射了过去，数十名巡逻兵应声倒地。越军执剑闯入营中，手起剑落，吴军军营一下子炸开了锅。

夫差来不及思考这批越军如何从天而降，赶紧动员全员抵抗。此时勾践也亲率中军部队大声击鼓渡江。夫差中军遭袭，原本就比较慌乱，再闻声回头发现江中似乎还有无数越军追杀过来，更是惊惶不已。部分吴军本来就对夫差不满，此时更没了斗志，纷纷夺路而逃，不愿为夫差死在沙场。勾践的主力军队赶到，与前锋会合，夫差则带领剩余的忠诚将士与越军肉搏。两军都是殊死血战，战斗十分激烈。

吴军战士虽然身经百战，但遭偷袭之后士气远不如越军。连年的饥荒也使得许多士兵饥饱不定，战斗力自是比不上凶狠的越军。夫差眼见形势逼人，只好叹了口气，指挥军队撤走。吴军的左军和右军听到中军传来厮杀声，明白是中了越军的调虎离山之计，连忙收拾回援。但这时衔枚前进的越军左右两军终于渡过笠泽，再度偷袭吴军后方。吴军腹背受敌，被越军杀得大败，纷纷回撤。

这时越军三军在中央会合，而吴军却被拆分成了三支。于是勾践亲自擂鼓指挥军队追杀吴军，在"没"这个地方追上其中一支，大败之；在姑苏郊外又追上一支忙着进城的，又大败之。整个笠泽之战至此终于结束。

这一仗是夫差亲自指挥的第一次失败，且一败涂地，吴军精锐力量基本被越军全歼，吴越两国的形势彻底逆转。

勾践见好就收，下令班师，他知道自己的部队也疲惫了；同时他也知道，只要越国一日不占领吴国，吴越战争就不会结束，所以他不能大意。

为了彻底麻痹夫差，勾践居然又玩了一个障眼法，攻打楚国！公元前476年春季，越军进攻楚国，奇怪的是，他们只稍稍进攻一下，马上就撤退了。楚惠王派公子庆、公孙宽两人带兵追赶越军，但是没有追上，到达冥地就率兵回去了。之后楚国人报复，沈诸梁带兵进攻越三夷部落，并与越国在敖地结盟。

实际上，越国伐楚只是假象，两国串通好做给吴国看的，假装楚越两国关系恶化，受此牵制将无暇前来进攻吴国；而沈诸梁更是老谋深算，他利用这个机会假戏真做，乘机收服了越国东境的三夷部落。勾践另有图谋，果然没有和楚国撕破脸，让楚惠王捡了个大便宜。

夫差自然被骗过了，但有个人心里门儿清，此人就是公子庆忌，大概是夫差的弟弟，早年一直劝夫差改变政令、轻徭薄赋、与民休息。但是夫差不但没有听，反而对他很不满。

庆忌不想重蹈伍子胥的覆辙，于是要求离开姑苏住在艾地，但仍然担心自己被伯嚭等奸臣陷害，干脆逃到楚国去了。庆忌来到楚国后，表面上是一个普通逃犯，实际上可能一直注意搜集情报。得知勾践与沈诸梁的双簧后，他意识到吴国危险了，于是回到姑苏，想趁机除去伯嚭这些奸臣，并让吴越暂时结盟。而夫差不知道的是，伯嚭见夫差大势已去，早被勾践暗中策反了，反过来劝说夫差：什么结盟！我们怎能臣服于勾践呢？夫差被伯嚭忽悠，精神低迷，反而派人刺杀了庆忌。

就这样，吴国最后一根救命稻草也没了，这艘雄霸东南的豪华大舰也终于驶入末路。公元前475年十一月，勾践动员全国军民一起包围了姑苏。这个时候，吴国已经完全无力和越国对抗，夫差龟缩在姑苏城中等待越国撤军，但越军在姑苏城外就地筑城、耕田、盖房，非要灭亡吴国不可。夫差不放弃求生的机会，派了使者赤市（fú）去晋国求援。

赤市到达晋国，面见中军将荀瑶，将越国围吴的情况告诉对方。同时他发现了另一个隐秘的军情：荀瑶欲图谋卫国，命令士兵在黄河边陈列船只作为桥梁。一般情况下，赤市应该假作不知，但偏偏在来晋国的路上，他得到了卫国大夫甯文子的馈赠，对方送了他三百幅丝绸。所谓拿人手短，赤市发现这件事后连忙派副使报告给卫国，从而使卫国加强了警戒，荀瑶知道后只得无奈放弃。

至于救援晋国的事，荀瑶自然没有答应。不过，就算荀瑶不知是赤市走漏的风声，他也不会发兵救助吴国。因为此人非常贪婪，只考虑自己家族的利益，救一个千里之外的晋国盟友，对他家族能有什么好处呢？

于是赤市又找到中军佐赵无恤，此时对方刚为父亲赵鞅守完孝。听说越军包围姑苏，赵无恤便把饮食水准降到比给父亲守丧时还低。家臣楚隆问他何以至此，他感叹道："黄池之盟上，先君定公与吴王有盟誓。现在越国包围吴国，我不想废弃过去的誓言，但我国又力所不能及。所以，只好用这种方法来聊表心意了！"

实际上，黄池之盟上吴国压过晋国，本就是让晋国和赵氏丢脸的事，赵无恤自然不会真心实意想要帮助夫差，吴国只是名义上的盟主，晋国并不遵从于它。当然，面上功夫还是要做好，赵无恤便派楚隆去吴国帮忙。

此时姑苏已被越军牢牢围住，楚隆先见过越王勾践，说："吴国经常冒犯贵国，听说大王亲自讨伐，我们中原也都欣喜鼓舞啊！生怕大王的愿望实现不了。可否先让我进城看看，吴国的动静如何？"勾践算准晋国不会出手，摆摆手让他进去了。

楚隆见到夫差，说："主公无恤派我前来，是为了替他道歉！黄池的盟会，先主也参加了，并发誓说要与贵国同好共恶。现在贵国处在危难之中，但我国力所不能及啊！"

夫差也知道那些所谓的盟友是指望不上了，只怪自己以往过于强调武力，没有以诚待人！他这时已完全没有了霸主的威风，神志恍惚间，竟然给楚隆跪下了，还说："寡人没有才能，也不会做越国的降臣。让贵国担心了，寡人谢过！"又派人送了一盒珍珠给楚隆，强颜欢笑道："勾践是要让寡人不得好死了！寡人这快淹死的人必然要强作欢笑啊！"

夫差忽然想起一个晋国人，便问楚隆："寡人问你，贵国的史黯为什么被人称为君子？"楚隆说："这个人啊，做官时没人讨厌他，退休时没人诽谤他。就这样吧！"夫差苦涩一笑："形容得真恰当啊！"

这个史黯是谁呢？早在公元前510年阖闾首次伐越时，晋国的史黯就曾预测，四十年内越必灭吴，而如今已过了三十六年。

勾践围住姑苏后，知道夫差已无力回天，但为免个别糊涂蛋硬要为霸主强出头，于是派使者去与鲁国修好。鲁哀公和季孙肥恨透了夫差，连忙表示愿意和勾践结好。之后邾国也臣服了越国。

这一围就是三年，姑苏摇摇欲坠。日暮途穷的夫差继续沉湎酒色，与西施、郑旦在姑苏台享受最后的快乐。冬季，吴国人终于吃完了最后一点儿存粮。夫差派遣王孙雒向勾践求和："过去上天给吴国降临灾害，让寡人在会稽得罪贵国；如果越王同情我的话，请求恢复当年会稽的和好吧！"勾践听着这些话，仿佛看到了二十多年前的自己，只是角色互换了。当年吴王确实饶了他一命，如今自己要赶尽杀绝，勾践还是有些不忍。

范蠡注意到勾践的犹豫，连忙说："圣人的成功在于把握时机！有时机还不成功就会转到相反的处境，大王迟迟不能决定，难道忘了会稽之耻吗？"勾践深吸一口气，决意道："好！不讲和！"把王孙雒打发走了。

王孙雒也很有韧性，过会儿又来了。这次他的求和措辞越发谦卑，礼节越发恭敬，勾践再度心软，打算答应。范蠡抬眉，厉声道："谁让我们因担忧国事，一早就上朝，很晚才罢朝，不是吴国吗？谁和我们争夺三江五湖，不也是吴国吗？我们辛苦谋划了十多年，怎么能前功尽弃？大王一定不要答应，姑苏很快就会被攻破了！"勾践干巴巴地说："可是那个王孙雒说得真让寡人不忍心，不如你去答复他吧！"

于是范蠡左手提着军鼓，右手拿着鼓槌去见到王孙雒："过去上天给越国降下灾祸，让越国落入吴国手中，可吴国却不接受。现在上天一反其道，让我们报复吴国。我们大王怎么敢不听从上天的命令呢？"

王孙雒谦恭地回答："尊敬的范大夫！不要助天作恶啊！吴国的水稻和螃蟹都吃光了，您还这样，不怕遭到恶报吗？"

范蠡可不信这些："尊敬的王孙大夫！从前我们先君都是住在东海边的，虽然长得像个人，实际与禽兽差不多，怎么听得懂你这些花言巧语？"

王孙雒一噎，不欲再与他打机锋："尊敬的范大夫，若您一定要这样，那让我先见过越王再告辞吧！"

范蠡生怕王孙雒又说什么动摇君心，赶紧打发他走："我们大王全权委托别人管事了，您走吧，免得管事的人来得罪您！"

王孙雒无奈，灰溜溜离去。

范蠡不再报告勾践，而是亲自擂起战鼓，指挥大军攻破姑苏城。夫差与伯嚭、王孙雒等一干大臣逃到最后的据点——姑苏山上避难，越军随即包围姑苏山。大势已去，夫差只能继续争取与勾践议和。他派王孙雒脱去上衣、露出胳膊、跪地前行传自己的话："过去越王臣服于寡人，寡人碍于先君友好关系，害怕天降不祥，所以不敢灭绝越国祭祀，答应贵国的求和。现在寡人得罪了君王，寡人冒昧求和，宫中男女都交给君王驱使！"

勾践则回复说："过去上天把越国赐给吴国，吴国没有接受；现在上天把吴国赐给越国，寡人岂敢不听命于上天，反而听命于你们呢？"吴国是灭定了，但出于传统的称霸观念，勾践仍然不想对夫差赶尽杀绝，于是说："人的生命不长，希望吴王不要轻易死去。人在世界上不过是一个过客，能有多少时日？寡人打算把吴王安排到甬东（今浙江舟山）去养老，吴王可以挑选三百对夫妇跟随过去，侍候您终生！"

十面楚歌的夫差没有失去霸主的风度，他推辞说："上天给吴国降下灾祸，正是在寡人执政的时候。吴国的土地和人民，越国已经全部占有。寡人还有什么资格活在世上？寡人老了，不能再侍奉越王了！"

临死前，夫差终于对死去的伍子胥低下了骄傲的头颅。他派人安排祭祀伍子胥，并说："假如死去的人没有知觉也就罢了；如果死后还有知觉，那寡人还怎么面对您啊！寡人后悔没有听从您的话，终于到了这个地步！"

公元前473年十一月二十七日，一代霸主夫差在姑苏台上用一丈白绫结束了自己的性命。王霸雄图，血海深恨，尽归尘土！勾践把他埋葬在了余杭山。

盘点吴越战争吴国灭亡的原因，后世往往归咎于奸臣伯嚭与美女西施，其实不然。诚然伯嚭十足佞臣小人，但必须看到，他的作为不过是在迎合夫差的愿望。至于西施，更不是重要角色，正史都没有提到过她，连是否真实存在过都不好说。归根结底，还是夫差本人的称霸心理在作祟，吴国在与北方的争霸中耗费了大量的人财物。

勾践灭亡了吴国后，从此横行江淮畅通无阻，于是北上大会诸侯，被周元王册封为霸主。但勾践却似乎不满足与齐桓公、晋文公、吴王夫差一样作为周天子的公侯，他有了个新的封号——霸王。据说他还出兵攻打不服的秦国，直到秦国求和才班师。

勾践是春秋时代最后一位霸主，也是最为崇尚武力、缺少礼仪的霸主。在此之前，春秋战争中灭亡的都是小国家，而吴国正是第一个经历三年围城而被灭亡的大国，这表明大规模歼灭战、灭国战也不远了。

第二十二章

三家火知

公元前 475 年，晋国都城新绛。

一位相貌丑陋的年轻男子在家中饮酒，一口接着一口，手中的酒杯满了又空，空了又满。堂下优伶戏曲歌舞，堂上男子醉眼惺忪，看样子已经喝了不少了，却没任何要停歇下来的意思。

侍者一边慢慢为他斟酒，一边又细细劝说应当少喝一些。但男子却自夸道："我真是一国俊杰啊，连续喝了五天五夜，居然还没醉呢！"

这时，旁边一位伶人看不下去了："主公继续努力啊，您还没赶上纣王的记录呢。当年纣王可是喝了七天七夜，您才喝五天呐！"

男子一听纣王，来了精神，歪着头问："你说我和纣王一样会灭亡？"

伶人摇头："不会！"

男子便问："我不是只差两天就和他一样了吗？"

伶人答："桀纣灭亡是因为碰到了商汤和周武王，如今放眼天下人主，都和桀一样无道，而您只是像纣，桀纣并存于世，怎么会灭亡？不过也危险了啊！"

男子闻言，哈哈大笑，于是下令撤走酒水和歌舞。

这位男子正是赵氏宗主赵无恤，虽然长相丑陋，也非嫡出，但能力见识不凡，正因如此，父亲赵鞅才立他为继承人。赵无恤虽然贪杯，但他行事可不含糊，一直是个非常清楚自己想要什么的明白人。

计杀姐夫：赵灭代之战

  公元前500年，有一天，赵鞅做了个奇怪的梦，梦见上帝让自己射死一头熊和一头罴（pí，棕熊），又赐给自己两个竹箱并配有小箱，后来又托付给自己一只狄犬，并且对自己说："等你的儿子长大了，就把这只犬送给他吧！"后来赵鞅出行时遇见奇人拦路，这个人为他解梦，说上帝让他射熊罴，意味着赵鞅会灭掉晋国两位上卿；赐给自己两个竹箱并配有小箱，是指自己儿子将来要在狄攻克两个城邑；托付给自己一只狄犬，则是说赵鞅儿子将占有代国。解完梦，此奇人就不见了。

  于是，赵鞅开始考虑立继承人的事。一天，著名相师姑布子卿拜访他，他便趁机把儿子们都叫出来看相。子卿看完摇头说："没有可以作将军的人！"赵鞅震惊道："难道赵氏要完了？"子卿没有立即作答，反而问："刚才我在路上看到一个孩子，莫非也是您的儿子？"赵鞅不明所以，让人把那孩子带过来，一看原来是他的庶子赵无恤。赵无恤的母亲是卑贱的狄女，赵鞅平时都没太在意他。可姑布子卿偏偏对他满意地点点头，说："这才是真正的将军啊！"从此赵鞅对赵无恤刮目相看，之后也经常考察儿子们，发现数他表现最好。

  赵鞅曾经亲手制作了两块木牍，上面都写着"节用听聪，敬贤勿慢，使能勿贱"，并亲手交给长子伯鲁和无恤背诵。三年后问起木牍，伯鲁早丢了，也不记得内容；无恤却从容地从衣袖取出木牍，并且熟练背诵出每个字。

  另一次，赵鞅对儿子们说："我将宝符藏在恒山上，谁找到了就赏给他！"儿子们争先恐后上山去找，但个个空手而回，都说没有找到，只有无恤上去转了一圈，回来便说已经找到了。赵鞅便问他要，无恤却说："从恒山往下看代国，发现代国是可以夺取的！这就是宝符！"赵鞅满意了，正式立他为宗子。

  后来荀跞去世，赵鞅成为中军将，而荀跞的儿子荀申也同样遇到选择继承人的问题。他想立荀瑶为继承人，但族人知果却建议不如立荀宵。荀申不太满意："可是荀宵为人刚愎凶狠啊！"知果却说："荀宵的凶狠只在表面，荀瑶的凶狠却在心里，表面凶狠不要紧，内心凶狠却要败坏国家。荀瑶比别人好的地方有五项——高大美貌、能骑能射、技艺精通、巧言善辩、刚毅果断，却不仁爱。用五种长处干不仁的事，谁能够宽容？如果立他，知氏家族必然灭亡啊！"

荀申不听，于是知果到太史那儿请求与知氏分家，另立为辅氏。后来荀申先于赵鞅去世，荀瑶继承了他的卿位；赵鞅于公元前477年去世，荀瑶又替补为中军将，而赵无恤成为他的副手中军佐。

赵鞅病重时，曾对赵无恤说："等我死后安葬完毕，你就穿着孝服去夏屋山（古恒山，今河北大茂山）观望吧！"赵鞅去世后，身穿孝服的赵无恤就提出要登夏屋山，大臣们以服丧期间不能出游为由阻止他，但赵无恤坚称这是先君的命令。

赵无恤登上夏屋山之巅，俯瞰北边的代国（今河北蔚县），此时代国呈现一派歌舞升平的欢乐景象。赵无恤恍然大悟："先君必定是想用这种办法来教诲我啊！"他明白，赵鞅是要他攻灭代国，扩充赵氏的地盘。代地本是少数民族建立的一个小国，却拥有一种非常有价值的资源——马。赵氏若能成功吞下代国，将来在晋国便更能站稳脚跟。

赵无恤回国后，开始积极思考夺取代国的方法，如果直接攻击，风险太高，未必能赢，背后还有个虎视眈眈的荀瑶。于是，赵无恤决定先与代国通好。由于赵无恤的母亲是狄女，与代国国君也能扯上一丁点儿关系，一来二去双方就很熟悉了。他了解到代国国君好女色，立即把姐姐嫁给代国国君为妻，这样一来亲上加亲，代国国君满口答应了。等到姐姐嫁去代国后，赵无恤又处处讨好代国，代国国君对这位小舅子大为满意，知道赵无恤喜欢马，还挑选了不少好马送给赵无恤。时间一长，代地优质的马匹都陆续送给赵无恤了。但赵无恤却不满足，他要永久性地获得代地马源。

赵无恤心生一计，他正式设宴邀请代王。代王对这位小舅子早已失了提防，只带着随从和少部分护卫就去了。然而这不过是赵无恤设下的鸿门宴，他事先命几百个士兵装扮成舞者，并将兵器藏在舞具之中。代王落座后，大家开始喝酒进食，观看歌舞。此时扮成厨师的士兵借着斟酒的机会，忽然用铜勺猛击代王头部，瞬间给代王开了瓢。很快，代王的随从与护卫也被全部格杀。

赵无恤立即发兵攻打代国，此时代国国君被杀的消息还没传到代国，代国人见到晋军杀来，还不知道是怎么回事，也没有哪个有本事的人能统领大家抵抗。而代国军队原是一群乌合之众，在晋军重创之下只好投降。

此时，赵无恤的姐姐听说弟弟谋杀了自己的丈夫，才知道自己不过是政治工具，她一边哭泣一边磨簪子，等到簪子锋利之后，便刺向脖子自杀了。赵无恤见姐姐自杀，流了几滴眼泪，但也没有太哀痛。他知道，赵氏面临的挑战才刚刚开始。

他知道团结族人很重要，但因为自己母亲出身不高，怕其他兄弟不服，于是大方地把攻下来的代地封给兄长赵伯鲁之子赵周。此时赵伯鲁已经去世，赵周担任代地封君。日后，代地会成为赵国一个重要根据地，赵武灵王胡服骑射即以代地为基础，使得赵国军事实力空前高涨；等到赵国都城邯郸被秦军攻下，赵人仍在代地苟延残喘数年。

赵无恤已经打下了代国，但按照赵鞅的梦，应该还要再攻占两个狄人的城邑。不过代国一灭，除了最强大的鲜虞外，周边的狄人政权已是一盘散沙，于是赵无恤派新稚狗讨伐鲜虞的左人（今河北唐县西）、中人（今河北唐县西南）。没想到，新稚狗推进顺利，迅速夺取了两地。

赵无恤正准备吃饭，听说此事后竟然露出了恐惧的神色。他认为自己没有淳厚的德行，福禄却一起到达，这只能算是侥幸。侥幸不算福气，和睦快乐也不是靠侥幸就能得来的，所以才感到恐惧。

由此可见，赵无恤一直怀有谦虚谨慎的心态，而这样良好的心态，最终使他在未来的关键时刻扭转乾坤，反败为胜。

而荀瑶此时也没有歇着，他自己的目标，同样是少数民族中最强大的鲜虞。此时鲜虞人建立了中山国。鲜虞之前的三个白狄盟友中，肥、鼓已经被晋国的荀吴灭亡了，只剩一个仇由还在，荀瑶就想对仇由下手，从而断绝中山的援助。可是仇由地势崎岖、易守难攻，荀瑶苦苦思索，终于想到了办法。

荀瑶铸造了一口大钟送给仇由，这口钟很大，必须由两辆车共同装载、并排行走才能运送。晋国制造的钟以精美闻名，当初范氏被灭，就有人捂着耳朵去他家偷钟，也就是"掩耳盗铃"的故事。仇由国君一看有送上门来的晋钟，当然不想拒绝，但毕竟路途艰难，怎么办呢？于是他就想削平山地、填平溪谷来迎接大钟。

仇由大臣赤章蔓枝一眼看穿荀瑶的为人，认为此人贪婪不守信用，如果国君这样做，荀瑶的军队一定会随之而来。可是仇由国君不听。于是赤章蔓枝等了一阵，又来劝谏。仇由国君烦道："大国跟我们交好，你却拒绝人家，这非常不吉利啊！你不要再说了。"赤章蔓枝只得退下，叹息说："做臣子的对国君不忠贞，那是我的罪过，但忠贞却不被国君采纳，逃跑远离国君就可以了！"于是，他砍掉车轴两端，以示与仇由断绝关系，然后开始出逃卫国。

七天之后，荀瑶的部队果然一路跟进大钟，一举灭亡了仇由。

公元前457年，荀瑶又攻克了中山的穷鱼之丘，但最终没有灭亡中山。

齐晋交锋：犁丘之战

赵无恤灭代、狄，荀瑶灭仇由，这些都表现了两人足智多谋的一面。当然，这样的战争，两人也只是各自为家族行动。但毕竟晋国目前还是个统一的国家，所以他们即使只为自己家族图谋利益，也不能置诸侯于不顾。

公元前481年，齐陈恒独揽齐国朝政，齐国开始慢慢恢复国力，陈恒为了增加声望，也着手与晋国争霸。

公元前472年，荀瑶带兵攻打齐国，高无㔻带兵抵御。此时陈氏已经大权独揽，高氏虽有上卿之名，实际上也只是被陈氏派出来送死的，所以这一仗齐军士气不高。两军对峙，荀瑶本来想探察一下齐军的虚实，但他的战马忽然受惊，直接往齐军营帐冲了过去。荀瑶到底艺高人胆大，索性命令御戎驱马前进，说："齐国人已经看到我的旗帜，如果我此时临阵退缩，他们就会以为我因害怕而回去了。"荀瑶一路到达齐军的营帐外，才下令调转马头返回。

齐军本来就没心思打仗，看到荀瑶来了也只是紧张地关注，于是荀瑶安全地返回了晋营。他已看出齐军士气低落，立即下令准备作战。

这时长武子请求占卜，荀瑶摇头说："国君已经给天子报告过，并且在宗庙里用龟占卜过，卦象都很吉利，我又何须再占卜一次呢？何况齐国人占领了我们英丘。国君命令我伐齐，并非是炫耀武力，而是为了治理英丘。我们用正当的理由来讨伐有罪者，已经足够了，又何必要占卜？"

六月二十六日，齐晋两军在犁丘（今山东临邑西）展开决战。

荀瑶并不提防高无㔻，但他比较在意齐国的颜庚。这个颜庚来头很大，年轻时是梁父山有名的大盗，当时还叫颜涿聚；后来洗心革面做了孔子的徒弟，妹妹还嫁给了孔子的大徒弟仲由。仲由本人也很有豪侠气质，可以类推颜涿聚其人应是非常勇猛。后来他又到了齐国投奔陈氏，改名为颜庚。陈恒政变时，颜庚的功劳是不小的，但此人心直口快，经常顶撞陈恒，这次陈恒派他参战，怕是有什么意图。

不过这不是荀瑶需要考虑的，他只要打败齐军就行了。两军开战，荀瑶亲自击鼓，晋军冲杀过去。齐军主帅高无㔻指挥迎战，但齐军士气太低，刚交战就乱成一团，高无㔻本人也控制不住。只有颜庚骁勇异常，挽弓搭箭射死不少晋军。

荀瑶见颜庚如此勇猛，便一车当先直取颜庚。颜庚见敌方主帅杀来，立即精神一振，瞄准荀瑶一箭射去。荀瑶侧身一避，须臾间张弓还对方一箭，颜庚闪避不及，被射倒在车上。颜庚的战车立即被晋军包围，荀瑶哈哈大笑，跳下车走向前去，像拎小鸡一样抓住颜庚往地上一掷，这位纵横齐鲁的巨盗居然毫无还手之力，士兵们蜂拥而上将颜庚绑了。

晋军见主帅神武，个个备受激励，大声呼喊着继续朝齐军冲杀过去，高无丕无法抵抗，只好指挥齐军撤退，晋军强势追击，荀瑶大获全胜。

至此，高氏在齐国国内声望更低，与国氏一样，再也没在齐国风光过，两家已经黯淡地退出了政治舞台。而田氏代齐，也是水到渠成了。

次年，晋出公也想攻打齐国为自己立威，还派人去鲁国搬援兵。鲁国便派臧石与晋军会合，果真攻下了齐国的廪丘。齐国乱成一团，准备出兵迎战。而齐国的莱章认为，晋国国君目前在国内地位低下，去年他们战胜了齐国，今年又攻克其都邑，上天赐给晋国的已经够多了，很难再前进。果然不久之后，晋军撤退了，因为晋出公受到荀瑶、赵无恤等卿大夫的掣肘，不愿意他获得更大的战功，这也为晋出公与卿大夫日后的矛盾埋下伏笔。

公元前468年，荀瑶带兵攻打郑国，军队驻扎在桐丘（在今河南扶沟西）。郑国的驷弘赶紧向齐国求援，此时齐国已被陈恒完全控制，陈恒决定出兵救郑。

战前，陈恒集合了犁丘之战死者的儿子们，还专门设置了一辆车，上面写着各封邑的名字，准备随时赏赐给他们。这些失怙者当中也包括颜庚的儿子颜晋。在主帅的鼓励下，众人士气高昂，整装进军。到达濮（今河南滑县）时天降大雨，陈恒亲自披着雨衣、拄着戈，敦促大军前进。

齐军急行的消息传到荀瑶这儿，荀瑶便打了退堂鼓，向军中宣布："我只占卜攻打郑国，没有占卜攻打齐国，还是撤退吧！"然后还派使者去联络齐军："陈大夫，你们这族出自陈国，陈国被灭亡是郑国罪过，所以寡君派我来调查，顺便询问您是否忧虑。如果您认为帮助郑国对您有好处，那就和我没什么关系了。"这就明显哪壶不开提哪壶了。陈恒果然大怒："经常欺压别人的人，哪会有什么好结果，知伯这样做人，难道会有好下场？"

晋军虽然准备撤退，却故意放出准备进攻的风声。荀寅当时在陈恒帐下，听说后信以为真，赶紧报告："晋军将要派轻车千乘，堵住齐军的营帐大门，将我们全部消灭呢！"陈恒怒骂道："寡君命令我不要欺负人少，不要畏惧人多，即使晋军超过千乘又如何？我要把你的话汇报上去！"齐军继续前进，但晋军早没影儿了。荀寅方才恍悟，不禁感叹："我到今天才知道为什么流亡在外，君子谋划一件事必须对开始、发展、结果都考虑周到，我现在却是一问三不知（成语出处）啊！"

这场战争晋军不战而退，也可见随着齐国内政的统一，晋国开始呈现弱势了。但荀瑶不但没有因此重视团结晋卿，反而变本加厉，处处与他们刁难。

公元前464年，荀瑶、赵无恤再次进攻郑国，大军压境。

驷弘认为荀瑶争强好胜，郑国不如趁早示弱，让晋军退走，于是就让郑军守在南里等候晋军。荀瑶攻打南里，郑军一触即溃，晋军马上又攻打桔秩之门，并俘虏了郑国的鄗（xī）魁垒。荀瑶用卿职引诱他投降，但鄗魁垒坚决不从，还破口大骂，荀瑶气极，命人捂住他的嘴杀了他。

将要攻打城门时，荀瑶让赵无恤带兵先攻进去。赵无恤却不干，看着他说："主帅在这里！"你荀瑶才是主帅，应该自己冲锋。荀瑶大怒："你又丑又没有胆量，怎么成为世子的？"赵无恤淡淡说道："因为我能忍辱负重，对赵氏家族无害吧！"

最终晋军还是没攻下新郑，但也取得了一定战果。当晚喝酒庆功，荀瑶顺手将酒壶砸到赵无恤身上。赵家人大怒，纷纷要找荀瑶拼命，却被赵无恤阻止了。他说："先父之所以选我继承，正是因为我能忍辱负重啊！"

水淹知氏：晋阳之战

受齐国的制衡，荀瑶对外越来越难取得成就，于是他开始把手伸向国内。当初范氏、中行氏出奔，封邑名义上都归还给了公室，但实际上仍由四卿治理。公元前457年，荀瑶干脆撕破这层遮羞布，联合赵、韩、魏三家，直接把这些领地全部瓜分了。这下彻底惹恼了晋出公，他派人联合齐国、鲁国，想依靠他们讨伐四卿。荀瑶则先下手为强，赶跑了晋出公。晋出公在出奔齐国路上就去世了，于是荀瑶立晋昭公的曾孙骄即位，是为晋哀公。晋哀公的祖父生前与荀瑶关系不错，荀瑶得以完全控制了国君。

接着，荀瑶便要对赵、韩、魏三家下手了。

此时，韩氏的族长是韩不信的孙子韩虎，魏氏的族长是魏曼多的孙子魏驹。有一次攻打卫国回来，荀瑶与韩虎、魏驹在蓝台宴饮，席间荀瑶戏弄了韩虎，又侮辱了他的家相段规。韩虎、段规非常生气，但也不敢立即发作。

荀瑶的族人知国听说此事，连忙劝荀瑶："如果不防备会大祸临头。"

荀瑶却摇摇头，傲慢道："有没有灾祸，得看我，我不发作，谁敢发作？"

知国叹道："不是这样！当初郤氏遭受车辕之难，赵氏被孟姬进谗致死，栾盈被母亲控诉作乱，范氏中行亟治被害，这些您都是知道的。君子要注意小事情，才没有大的患难。现在您一次宴会就羞辱了君主和国相，不仅不加戒备，还说他们不敢发难，这恐怕不行吧！谁不可以令人高兴，谁又非要令人惧怕呢？蚊子、蚂蚁、黄蜂、蝎子都能害人，何况君主、国相？"

荀瑶不听，经过对赵无恤与韩虎的挑衅，他认定了韩、赵、魏三家都软弱无能，不敢反抗自己。

公元前455年，荀瑶正式开始展开了对三家的攻势，当然他也不是直接出兵，而是伸手索要土地。他打的算盘是，等三家的土地一点一点被割让给他，最后三家也就无力反抗了。第一个遭殃的对象自然是韩虎。韩虎本来不想给，但段规劝谏他说："不能不给啊！知伯贪图利益而傲慢固执，如果不给就会向韩氏出兵，您最好先给他。他尝到甜头后便会习以为常，又向其他人索要。其他人不给的话，知伯一定会用兵，到时候，韩氏就可以避免祸患而静观其变了！"于是韩虎大手一挥，送了一个有万户的县给荀瑶。

荀瑶果然非常高兴，于是又向魏驹索要土地。魏驹开始也不想给，但谋臣赵葭劝谏他说:"之前韩氏已经给了他,现在魏氏如果不给就是自恃强大,将会激怒知伯用兵,不如还是给吧!"另一谋臣任章也说:"无缘无故索取土地,邻居们一定都很害怕。您给他土地,他必然轻敌;邻居害怕,就会团结。用团结一心的部队去抵御他,他的命就不长了。您不如割让土地,让他骄傲!您为什么放弃让大家共同图谋,而偏偏让我们受到进攻呢?"于是魏驹也把一个有万户的县送给荀瑶。

得到了韩、魏的土地,荀瑶大喜过望,又向赵无恤索要蔺和皋狼二地。赵无恤却不给,他知道荀瑶的欲望不会满足,割让两地就等于慢性自杀。而荀瑶很聪明,他又派韩虎、魏驹代他出面索要,这样就把韩虎、魏驹两人彻底绑在自己一辆战车上了,但赵无恤仍然坚持不给。

赵无恤也知道,这样下去,赵氏和知氏不久铁定会有一战,于是他问智囊张孟谈:"知伯其人,表面友好而暗地疏远,如今屡屡联络韩魏,但我仍不给土地,他必然用兵,那我该迁到哪里去居住呢?"

张孟谈说:"先主简子曾经置办各种贵重的礼器,目的就是为了赵家有危难时救急,现在就不要吝啬财宝,向诸侯求援吧!"

赵无恤皱眉:"没有合适的使者啊!"

张孟谈说:"地这个人就不错。"

赵无恤又说:"我德行有缺,比不上先人,没有德行却贿赂诸侯求援。地这个人只会满足我们的欲望,助长我的过失来求取俸禄。我不能和他一起败亡!"看来,赵无恤平时也宠幸奸佞,但生死存亡的关键时刻,他却十分清醒。

有侍从建议:"长子距离近,城墙又厚实完整!"赵无恤摇头:"民众筋疲力尽修筑了它,再让大家卖命守卫,谁和我同心协力?"

侍从又建议:"邯郸仓库很充实!"赵无恤仍然摇头:"那是靠搜刮民脂民膏而来的,现在还让它们受到伤害,谁肯为我出力?"

张孟谈打断道:"董安于是先主手下的才臣,他曾治理晋阳。后来尹铎继承他的遗志,但董安于的教化仍然还在。您去晋阳定居吧!"赵无恤终于点头:

"还是去晋阳吧，先主嘱咐过那里，尹铎待百姓又宽厚！必然同心同德。"

原来在董安于自杀后，赵鞅便任命尹铎治理晋阳。尹铎请示赵鞅："是要让晋阳提供赋税，还是成为保障？"赵鞅说："当然是保障了！"于是尹铎减少税收，以此提高民众支持度。

后来赵鞅便叮嘱赵无恤："晋国一旦发生祸乱，你不要认为尹铎年轻，也别嫌弃晋阳太远，一定要前往投奔！"思及父亲当年在晋阳抵挡住了范氏与中行氏，后来反败为胜的过往，赵无恤便派延陵生前行开道，之后自己也过去了。

跟随赵无恤出行的人里面，有个叫原过的落在了大部队后面，到了王泽时，他遇见了三个奇人，只显露腰带以上的身体。三人给了原过一根中间封闭的竹棍，让他交给赵无恤。原过连忙赶上赵无恤禀告情况，赵无恤知道是神的旨意，于是斋戒三天再剖开竹棍，里面呈现出若干朱红色的文字。

原来这三个人是霍太山山阳侯的天使，他们声称能够让赵无恤反过来消灭知氏，而作为回报，赵无恤也要为他们立庙，他们便赐给赵无恤林胡之地，并预言他的后代会出现一位勇健的国王，将占有全部黄河中游，往南进攻晋国，往北消灭黑姑。赵无恤再拜，接受了神人的指令。他无法得知，这里预言的他的后代，便是赫赫有名的赵武灵王。得到神人襄助，赵无恤现在对灭亡知氏很有信心了。

但赵无恤到达晋阳后，大失所望，原来城郭没有修缮，粮食没有积蓄，钱府没有储备，兵库没有武器，城邑没有守具。

赵无恤心里发虚，向张孟谈表达了自己的不安："我巡视了城郭，查看了各职官的储藏，都相当不完备啊，我凭什么对付敌人呢？"张孟谈安抚他："圣人治理国家，收藏全在民间，不在国家府库，努力搞教化，而不单纯修缮城池！"

张孟谈又让赵无恤发布命令，让百姓留足三年钱财和口粮，余下的都收进官府和粮仓，闲散人员都去修缮城郭。于是仅在第二天，谷仓的粮食、官府的钱财、兵库的武器全部放满；到了第五天，城郭已经修缮好，守备也都齐备了。

赵无恤愁箭支不足，张孟谈告知当年董安于治理晋阳时，卿大夫住处都用植物作墙，可以削来造箭；赵无恤还愁缺铜，张孟谈便提起董安于治理时，卿大夫厅堂都用炼钢作柱下础石，可以用来代替铜。这样一来，物资很快齐全了。

荀瑶得知赵无恤出奔晋阳，果然亲自带领韩虎、魏驹前去攻打晋阳。三家联军势力太大，赵无恤只好龟缩晋阳城中。晋阳城果然坚固，三家联军一连三个月也没有攻打下来，但足智多谋的荀瑶并未放弃。他发现晋阳附近有一条晋水，于是命令联军掘开晋水倒灌晋阳。

不知不觉就到了第三年，晋阳城里已是一片汪洋，炉灶等长期浸泡在水中，还长出了蛤蟆。大家只能去高地居住，财物食品即将耗尽，官民们吃不饱，个个都病恹恹的，甚至还有易子而食的。

此时，荀瑶的谋臣郗疵忽然对荀瑶说："韩魏两主必反！"荀瑶大吃一惊："你怎么知道？"郗疵说："根据他俩的行为和表现判断的。您带领他们进攻赵氏，待赵氏灭亡，他们必然认为祸患会轮到他们头上。你们约定的是灭亡赵氏后三分其地，现在攻下晋阳城指日可待，他们不但不高兴反而面带愁容，这不是打算谋反又是什么？"

荀瑶将信将疑，第二天索性开门见山，直接对两人说："郗疵说你们要谋反！"两人吓了一跳，随即辩解："战胜赵无恤便可三分其地，晋阳马上就要攻下，我们虽然愚蠢，也不至于放弃眼前利益，违背盟约去做危险困难还不可能成功的事。显而易见，郗疵是在为赵无恤出谋划策，而您怀疑我俩诚心，从而放松对赵氏的进攻。现在您听信奸臣搬弄是非、离间关系，我们实在痛惜！"两人说完就走了。

正好郗疵进来，有些埋怨荀瑶："您怎么把我的话告诉他们了？"荀瑶反问："你怎么知道？"郗疵说："他俩看到我愣了下，然后就走了！"郗疵发觉荀瑶对自己的态度变得微妙起来，知道对方不再会听信自己，于是逃奔齐国去了。

而晋阳城内，渐渐也有臣子生了异心，对赵无恤的礼节越来越怠慢，唯有高共没有失礼，但没人公开背叛。此时水面离城墙顶只有六尺高了，一旦没过城墙，那么整个城的官民就只能葬身鱼腹。

赵无恤绝望了，他问张孟谈："如今粮食匮乏、财物用尽、官员多病，这城怕是守不住了！我投降哪家好呢？"张孟谈却说："如果不能让灭亡变成生存，不能让危险变成安全，您再有才智，还会继续受人尊重吗？您放弃吧！让我偷偷出城去见韩、魏两家。"

张孟谈秘密会见了韩虎和魏驹，恳切地说："唇亡齿寒！知伯带领你们攻打赵氏，赵氏亡了就会轮到你们头上！"其实韩虎和魏驹心中也有预感，但是被直接说出来，还是很恐慌，他俩说："我们也知道会这样！但知伯为人粗暴不仁，我们计谋还没成功，就会被他知道，那时该怎么办呢？"张孟谈发誓："计谋出自你俩之口，入我一人之耳，没有任何人知道！"于是三人秘密联盟，商定了举事的日子。

之后，张孟谈又若无其事地去拜见了荀瑶，而后大大方方地离开。没想到，知氏族人知过在军门与张孟谈擦肩而过，略一琢磨，便立即去见荀瑶："韩魏二主必将叛变！"荀瑶问："为什么这样说？"知过便说："张孟谈神情傲慢、趾高气扬！"荀瑶心里觉得好笑，便说："我已经和他们签订盟约，灭亡赵氏后三分其地，他们不会背叛我，您就别再说了！"

知过出来后又碰到韩虎、魏驹，然后再度转身去劝荀瑶："这两人神情不正常，一定会反叛，不如杀了他们！"荀瑶有些烦了："大军围困晋阳已经三年了，早晚要拿下，他们坐享其成，为何有外心？您还是别提了！"

知过便退让一步说："如果不杀他们，那就要对他们亲善！"荀瑶冷笑："如何亲善？"知过仔细分析道："魏驹的谋臣叫赵葭，韩虎的谋臣叫段规，他们都是能改变君主计谋的人。您和他们约定，灭赵后送他们每人一个万户县,这样韩魏二主就不会叛变,您也能够得到想要的一切!"荀瑶咂舌:"灭亡赵氏而平分其地,我还要再拿出两个县邑,那我得到的太少,不行啊!"知过见劝阻无效,连夜逃跑投奔辅氏去了。

其实荀瑶并非没有疑心,只是他低估了韩虎、魏驹,认为他俩胆小如鼠,根本不敢轻举妄动。

张孟谈听说知过出奔,回城见到赵无恤,据实相告:"我在军门外看到知过,看样子他对我起了疑心,出来后就逃跑了。今晚如果不发兵攻打知伯,就会失去先下手的机会!"赵无恤一窒,抚抚胸口答应了,然后派张孟谈去联系韩虎、魏驹,表面今夜就举事。韩、魏二人同意了。

此时在城外,知、韩、魏三家各守一片。韩、魏两家先行动,他们趁着夜色,偷偷杀死了知氏守卫大堤的军士,然后掘开晋水大水反灌荀瑶大营。荀瑶此时已经入寝,被将士们的大喊大叫声吵醒,起来发现洪水开始反灌。他根本没时间思考为什么,赶紧指挥救水,整个军营一片混乱。

而此时晋阳城外,洪水已经渐渐退却。城中的赵无恤下令,将余粮拿出来分给诸位将士,大家饱餐之后行动,成败在此一举!眼看着洪水水位已经降至腿部以下,于是赵无恤下令赵军全军出击,杀向知氏。韩虎、魏驹一见晋阳城门大开,也下令韩军、魏军从两侧夹击知氏。

饶是荀瑶神武盖世,碰到这样的紧急情况,也根本没有应对之法。知氏部队半夜乱成一团,不少兵器都被大水冲走,将士们也被冲散开来,完全无法再列队应战。就这样,赵、韩、魏三家包围知氏,开始了一场血腥的屠杀。荀瑶寡不敌众,被生擒活捉。赵无恤忍辱多年,只等今日!他当着全军之面,将荀瑶处死。之后还不解恨,将荀瑶的头颅制作成了饮器。这个饮器一说是酒壶,一说是夜壶,总之是对荀瑶遗骨还进行侮辱了。

盘点晋阳之战,荀瑶失败的原因当然是个人狂妄自大,一厢情愿地认为韩虎、魏驹不敢反叛自己;他为人刚愎自用,先后拒绝了知国、郤疵、知过等人的忠告。关于他性格的严重缺陷,早年知果就对知申进行过鞭辟入里的分析。

反观赵无恤能反败为胜的原因，当然是其为人谦虚谨慎，在力量不及的时候能忍辱负重，这样也能得到韩、魏的好感；并且礼贤下士，重用张孟谈、尹铎等贤臣，及时屏除佞臣。这最终使其在关键时刻一举反败为胜，让风云一时的知氏就此灰飞烟灭。

公元前453年的晋阳之战，赵、韩、魏三家胜出，他们三分知氏之地，晋国国君只留下都城绛和宗庙曲沃二城。日后战国七雄的格局至此奠定，春秋时代也正式落下帷幕。

参考文献

一、传世文献

[1] 十三经注疏整理编委会. 毛诗正义（十三经注疏）[M]. 北京：北京大学出版社，2000 年.

[2] 十三经注疏整理编委会. 春秋左传正义（十三经注疏）[M]. 北京：北京大学出版社，2000 年.

[3] 杨伯峻. 春秋左传注 [M]. 北京：中华书局，2016 年.

[4] 十三经注疏整理编委会. 春秋公羊传注疏（十三经注疏）[M]. 北京：北京大学出版社，2000 年.

[5] 十三经注疏整理编委会. 春秋谷梁传注疏（十三经注疏）[M]. 北京：北京大学出版社，2000 年.

[6] 十三经注疏整理编委会. 论语注疏（十三经注疏）[M]. 北京：北京大学出版社，2000 年.

[7] 十三经注疏整理编委会. 孟子注疏（十三经注疏）[M]. 北京：北京大学出版社，2000 年.

[8] 十三经注疏整理编委会. 仪礼注疏（十三经注疏）[M]. 北京：北京大学出版社，2000 年.

[9] 十三经注疏整理编委会. 礼记正义（十三经注疏）[M]. 北京：北京大学出版社，2000 年.

[10] 十三经注疏整理编委会. 周礼注疏（十三经注疏）[M]. 北京：北京大学出版社，2000 年.

[11] 徐元诰. 国语集解 [M]. 北京：中华书局，2016 年.

[12] 方诗铭，王修龄. 古本竹书纪年辑证（修订本）[M]. 上海：上海古籍出版社，2005 年.

[13] 宋衷, 秦嘉谟. 世本八种 [M]. 北京: 中华书局, 2010 年.

[14] 黎翔凤, 梁运华. 新编诸子集成: 管子校注 [M]. 北京: 中华书局, 2008 年.

[15] 孙武, 曹操, 杨丙安, 等. 新编诸子集成: 十一家注校理孙子 [M]. 北京: 中华书局, 2018 年.

[16] 孙诒让, 孙启治. 新编诸子集成: 墨子闲诂 [M]. 北京: 中华书局, 2018 年.

[17] 王先谦. 新编诸子集成: 荀子集解 [M]. 北京: 中华书局, 2018 年.

[18] 许维遹. 新编诸子集成: 吕氏春秋集释 [M]. 北京: 中华书局, 2018 年.

[19] 王先慎. 新编诸子集成: 韩非子集解 [M]. 北京: 中华书局, 2018 年.

[20] 何建章. 战国策注释 [M]. 北京: 中华书局, 2019 年.

[21] 阎振益, 钟夏. 新编诸子集成: 新书校注 [M]. 北京: 中华书局, 2018 年.

[22] 许维遹. 韩诗外传集释 [M]. 北京: 中华书局, 2009 年.

[23] 何宁. 新编诸子集成: 淮南子集释 [M]. 北京: 中华书局, 2018 年.

[24] 司马迁, 裴骃, 司马贞, 等. 史记（点校本二十四史修订本）[M]. 北京: 中华书局, 2014 年.

[25] 向宗鲁. 说苑校证 [M]. 北京: 中华书局, 2009 年.

[26] 石光瑛. 新编诸子集成: 新序校释（续编本）[M]. 北京: 中华书局, 2017 年.

[27] 周生春. 吴越春秋辑校汇考 [M]. 北京: 中华书局, 2019 年.

[28] 李步嘉. 越绝书校释 [M]. 北京: 中华书局, 2013 年.

[29] 杨伯峻. 新编诸子集成: 列子集释 [M]. 北京: 中华书局, 2018 年.

二、出土文献

[1] 银雀山汉墓竹简整理小组. 银雀山汉墓竹简: 孙子兵法 [M]. 北京: 文物出版社, 1976 年.

[2] 清华大学出土文献研究与保护中心. 清华大学藏战国竹简（壹）[M]. 上海: 中西书局, 2010 年.

[3] 清华大学出土文献研究与保护中心. 清华大学藏战国竹简（贰）[M]. 上海: 中西书局, 2011 年.

[4] 清华大学出土文献研究与保护中心. 清华大学藏战国竹简（伍）[M]. 上海：中西书局，2015 年.

[5] 清华大学出土文献研究与保护中心. 清华大学藏战国竹简（陆）[M]. 上海：中西书局，2016 年.

[6] 清华大学出土文献研究与保护中心. 清华大学藏战国竹简（柒）[M]. 上海：中西书局，2017 年.

三、学术专著

[1] 白国红. 春秋晋国赵氏研究 [M]. 北京：中华书局，2012 年.

[2] 晁福林. 霸权迭兴——春秋霸主论 [M]. 北京：三联书店，1992 年.

[3] 晁福林. 春秋战国的社会变迁 [M]. 北京：商务印书馆，2011 年.

[4] 陈恩林. 先秦军事制度研究 [M]. 长春：吉林文史出版社，1991 年.

[5] 顾德融，朱顺龙. 春秋史 [M]. 上海：上海人民出版社，2018 年.

[6] 黄朴民. 梦残干戈——春秋军事历史研究 [M]. 长沙：岳麓书社，2013 年.

[7] 蓝永蔚. 春秋时代的步兵 [M]. 北京：中华书局，1979 年.

[8] 李峰. 西周的灭亡：中国早期国家的地理和政治危机 [M]. 上海：上海古籍出版社，2016 年.

[9] 李孟存，李尚师. 晋国史 [M]. 太原：三晋出版社，2015 年.

[10] 林剑鸣. 秦史稿 [M]. 北京：中国人民大学出版社，2009 年.

[11] 孟文镛. 越国史稿 [M]. 北京：中国社会科学出版社，2012 年.

[12] 彭华. 燕国八百年 [M]. 北京：中华书局，2018 年.

[13] 宋杰. 先秦战略地理研究 [M]. 北京：首都师范大学出版社，1999 年.

[14] 台湾三军大学. 中国历代战争史（第 1 册）[M]. 北京：中信出版社，2012 年.

[15] 台湾三军大学. 中国历代战争史（第 2 册）[M]. 北京：中信出版社，2012 年.

[16] 谭其骧. 中国历史地图集（第 1 册）[M]. 北京：中国地图出版社，1996 年.

[17] 童书业，童教英. 春秋史（校订本）[M]. 北京：中华书局，2012 年.

[18] 童书业，童教英. 春秋史料集 [M]. 北京：中华书局，2008 年.

[19] 童书业，童教英. 春秋左传研究（校订本）[M]. 北京：中华书局，2006 年.

[20] 王阁森，唐志卿主编. 齐国史 [M]. 济南：山东人民出版社，1992 年.

[21] 吴恩培. 勾吴文化的现代阐释 [M]. 南京：东南大学出版社，2002 年.

[22] 许倬云. 西周史（增补 2 版）[M]. 北京：三联书店，2018 年.

[23] 杨泓. 中国古兵器论丛（增订本）[M]. 北京：中国社会科学出版社，2007 年.

[24] 杨宽. 战国史 [M]. 上海：上海人民出版社，2019 年.

[25] 杨宽. 战国史料编年辑证 [M]. 上海：上海人民出版社，2016 年.

[26] 叶文宪. 吴国历史与吴文化探秘 [M]. 北京：文物出版社，2007 年.

[27] 张正明. 楚史 [M]. 北京：中国人民大学出版社，2010 年.

[28] 赵世超. 周代国野制度研究 [M]. 西安：陕西人民教育出版社，1991 年.

四、学术论文

[1] 陈民镇. 西施新考 [J]. 寻根，2011，(5).

[2] 程浩. 从"逃死"到"扞艰"：新史料所见两周之际的郑国 [J]. 历史教学问题，2018，(4).

[3] 李守奎. 清华简中的伍之鸡与历史上的鸡父之战 [J]. 中国高校社会科学，2017，(2).

[4] 王青. 从口述史到文本传记——以"曹刿—曹沫"为考察对象 [J]. 史学史研究，2007，(3).

[5] 王少林. 晋文公重耳出亡考 [J]. 南都学坛·人文社会科学学报，2012，(5).

大事记

公元前 722 年，鄢之战，郑庄公胜京城大叔。

公元前 719 年，东门之战，宋、陈、卫、蔡、鲁公子豫胜郑庄公。

公元前 718 年，北制之战，郑公子曼伯、公子突胜南燕。

公元前 714 年，郑御北戎之战，郑庄公胜北戎。

公元前 713 年，围戴之战，郑庄公胜宋、卫、蔡。

公元前 712 年，灭许之战，郑庄公、齐僖公、鲁隐公胜许庄公。

公元前 707 年，繻葛之战，郑庄公败周桓王、虢、周、陈、蔡、卫。

公元前 706 年，郑救齐御北戎之战，郑太子忽败北戎大良、少良。

公元前 685 年，乾时之战，齐鲍叔牙败鲁庄公。

公元前 684 年，长勺之战，鲁庄公败齐。

公元前 684 年，乘丘之战，鲁庄公败齐、宋。

公元前 683 年，鄑之战，鲁庄公败宋。

公元前 664 年—前 663 年，齐伐戎救燕之战，齐桓公灭山戎、孤竹、令支。

公元前 660 年，荧泽之战，赤狄留吁部灭卫。

公元前 659 年，狄灭邢之战，狄灭邢。

公元前 656 年，齐攻蔡伐楚之战，楚成王与齐桓公盟。

公元前 706 年，楚攻随之战，楚武王求和，退兵。

公元前 704 年，速杞之战，楚武王胜随侯。

公元前 703 年，鄾之战，楚斗廉、巴胜邓养甥、聃甥。

公元前 701 年，蒲骚之战，楚斗廉胜郧。

公元前 700 年，楚攻绞之战，楚武王胜。

公元前 699 年，楚攻罗之战，楚屈瑕战败自杀。

公元前 690 年，楚攻随之战，楚武王去世，随求和。

公元前 688 年，楚灭申之战。

公元前 684 年，楚攻蔡之战，楚俘虏蔡哀侯。

公元前 680 年，楚灭息伐蔡之战，楚胜。

公元前 678 年，楚灭邓之战。

公元前 676 年，楚攻巴之战，楚败。楚伐黄之战，楚胜，楚文王去世。

公元前 666 年，楚攻郑之战，郑空城计，楚子元退兵。

公元前 655 年，楚灭弦之战，楚斗谷于菟胜。

公元前 648 年，楚灭黄之战，楚胜。

公元前 638 年，泓水之战，楚胜宋襄公。

公元前 724 年，曲沃攻晋之战，曲沃庄伯杀晋孝侯。

公元前 718 年，曲沃、周、郑、邢攻晋之战，曲沃庄伯胜，晋鄂侯奔随。

公元前 709 年，曲沃攻晋之战，曲沃武公擒杀晋哀侯。

公元前 686 年，曲沃攻晋之战，曲沃武公胜。

公元前 685 年，虢、芮、梁、荀、贾攻曲沃之战。

公元前 679 年，曲沃灭晋之战，曲沃武公胜。

公元前 668 年，虢攻晋之战。虢攻晋之战。

公元前 661 年，晋灭耿、霍、魏之战，晋献公胜。

公元前 660 年，晋攻东山皋落氏之战，晋太子申生胜。

公元前 658 年，晋克虢下阳之战，晋里克胜。

公元前 655 年，晋灭虢、虞之战，晋献公胜，虢公丑逃，俘虞公。

公元前 652 年，采桑之战，晋里克胜狄。

公元前 645 年，韩原之战，秦穆公俘晋惠公。

公元前 635 年，晋克温之战，晋文公杀甘昭公。晋克原之战，晋文公迁原伯贯。

公元前 632 年，晋攻卫五鹿之战，晋文公胜。晋克曹之战，晋文公俘曹共公。城濮之战，晋文公、宋成公、齐国归父、秦小子憖、群戎胜楚成得臣、陈、蔡等，成得臣自杀。

公元前 713 年，秦灭亳、荡社之战。

公元前 704 年，秦灭荡氏之战。

公元前 688 年，秦灭小虢之战。

公元前 640 年，秦灭梁、芮之战。

公元前 635 年，秦、晋攻鄀之战，秦俘楚申公斗克、息公屈御寇。

公元前 630 年，秦、晋攻郑之战，郑文公与秦穆公盟。

公元前 627 年，秦攻郑之战，秦孟明视退军灭滑。崤之战，晋、姜戎全歼秦军全军，孟明视、白乙丙、西乞术被俘。箕之战，晋郤缺俘白狄子，主帅先轸自杀。

公元前 625 年，彭衙之战，晋先且居败秦孟明视。晋先且居、宋公子成、陈辕选、郑公子归生攻秦汪地、彭衙之战，晋胜。

公元前 624 年，秦攻晋王官、郊地之战，秦穆公胜。

公元前 623 年，晋围秦邧地、新成之战。秦攻西戎之战，秦杀戎王。

公元前 623 年，楚灭江之战。

公元前 621 年，楚灭六之战。

公元前 620 年，令狐之战，晋赵盾败秦。

公元前 619 年，秦克晋武城之战。

公元前 617 年，晋克秦少梁之战。秦克晋北征之战。

公元前 615 年，河曲之战，晋赵盾败秦康公。秦克晋瑕之战。

公元前 611 年，楚庄王、秦、巴灭庸之战。

公元前 608 年，楚、郑攻陈、宋之战，楚、郑胜。晋、宋、陈、卫、曹攻郑之战，楚蒍贾救。北林之战，楚蒍贾败晋赵盾。

公元前 607 年，晋、宋、陈、卫攻郑，楚救，晋退走。

公元前 605 年，皋浒之战，楚庄王杀若敖氏斗椒。

公元前 601 年，楚灭舒蓼之战。

公元前 600 年，柳棼之战，晋郤缺、郑胜楚。

公元前 599 年，颍北之战，晋士会胜楚。

公元前 597 年，邲之战，楚庄王、唐惠侯败晋荀林父。楚灭萧之战，楚胜。

公元前 595 年—前 594 年，楚围宋之战，楚胜，宋降。

公元前 765 年—前 748 年，长丘之战，宋皇父充石杀长狄缘斯。

公元前 616 年，咸地之战，鲁叔孙得臣杀长狄侨如。

公元前 607 年，狄攻齐之战，王子成父杀长狄荣如。

公元前 594 年，晋灭潞之战，晋荀林父胜。

公元前 594 年，辅氏之战，晋魏颗胜秦桓公。

公元前 593 年, 晋灭甲氏、留吁、铎辰之战,晋士会胜。
公元前 589 年, 鞌之战,晋郤克、鲁季孙行父、卫孙良夫胜齐顷公。
公元前 588 年, 晋、卫灭廧咎如之战,晋郤克、卫孙良夫胜。
公元前 585 年, 绕角之战,晋栾书胜楚公子婴齐。
公元前 584 年, 楚攻郑之战,郑共仲、侯羽俘楚钟仪。
公元前 583 年, 晋伐蔡攻楚破沈之战,晋栾书俘楚申骊、沈子揖初。
公元前 578 年, 麻隧之战,晋栾书与齐、鲁、宋、卫、郑、曹、邾、滕、周胜秦。
公元前 575 年, 鄢陵之战,晋厉公胜楚共王、郑成公。
公元前 573 年, 彭城之战,晋、鲁、宋、卫、曹、莒、邾、滕、薛克彭城,胜宋鱼石、楚。
公元前 563 年, 偪阳之战,晋荀䓨、齐、鲁、宋、卫、曹、莒、邾、滕、薛、杞、小邾灭偪阳。
公元前 563 年—前 562 年, 三驾之战,楚疲,无力与晋争郑。
公元前 559 年, 棫林之战,晋荀偃、齐、鲁、宋、卫、郑、曹、莒、邾、滕、薛、杞、小邾退兵,秦杀晋栾鍼。
公元前 557 年, 湛阪之战,晋荀偃胜楚公子格。
公元前 555 年, 平阴之战,晋平公、鲁、宋、卫、郑、曹、莒、邾、滕、薛、杞、小邾胜齐灵公。楚攻郑,楚公子午退兵。
公元前 550 年, 新绛之战,晋栾盈败回曲沃被杀。朝歌之战,齐庄公胜晋,后退兵。
公元前 584 年, 吴攻州来之战,楚公子婴齐救,吴退。
公元前 573 年, 楚灭舒庸之战,楚公子橐师胜。
公元前 560 年, 庸浦之战,楚公子午胜吴。
公元前 559 年, 皋舟之战,楚公子贞先胜,后败于吴。
公元前 548 年, 离之战,楚屈建败吴。楚灭舒鸠之战,楚屈建胜。巢之战,楚牛臣杀吴王诸樊。
公元前 538 年, 楚克吴朱方之战,楚屈申俘齐庆封。吴克楚棘、栎、麻之战。
公元前 537 年, 鹊岸之战,吴胜楚薳启强。
公元前 536 年, 房钟之战,吴胜楚薳罢。
公元前 529 年, 豫章之战,吴俘楚荡侯、潘子、司马督、嚣尹午、陵尹喜。吴克楚州来之战。

公元前 541 年, 太原之战,晋荀吴败无终、众狄。

公元前 530 年, 晋克鼓昔阳之战,晋荀吴胜鼓子鸢鞮。晋灭肥之战,晋荀吴俘肥子绵皋。

公元前 529 年, 中人之战,晋荀吴胜鲜虞。

公元前 527 年, 晋克鼓昔阳之战,晋荀吴俘鼓子鸢鞮。

公元前 525 年, 晋灭陆浑戎之战,晋荀吴胜。

公元前 520 年, 晋灭鼓昔阳之战,晋荀吴俘鼓子鸢鞮。

公元前 525 年, 长岸之战,楚阳匄先胜,后败于吴公子光。

公元前 521 年, 鸿口之战,宋、齐胜吴偃州员、宋华氏。

公元前 519 年, 鸡父之战,吴王僚胜楚薳越、陈夏啮、蔡、许、顿、徐、沈子逞、胡子髡。

公元前 518 年, 楚、越攻吴,不及而还。吴克楚巢、钟离之战,吴胜。

公元前 515 年, 吴攻楚潜之战,吴公子掩余奔徐、公子烛庸奔钟吾。

公元前 512 年, 吴灭钟吾、徐之战。

公元前 511 年, 吴攻楚潜、六,楚沈尹戌救,吴还。吴攻弦,楚沈尹戌、司马稽救,吴还。

公元前 510 年, 吴克越檇李之战,吴胜。

公元前 508 年, 豫章之战,吴胜楚囊瓦。

公元前 506 年, 吴、唐、蔡入郢之战,吴王阖闾、唐成公、蔡昭侯于柏举胜楚囊瓦,之后一路攻入郢都。

公元前 505 年, 楚复国之战,楚公子西、秦子蒲败吴阖闾。

公元前 504 年, 吴攻楚番、繁扬之战,吴太子终累败楚潘子臣、公子结。

公元前 501 年, 齐克晋夷仪之战,齐景公胜晋。卫克晋寒氏之战,卫灵公胜邯郸午。

公元前 500 年, 晋围卫之战,晋赵鞅胜卫灵公。

公元前 497 年, 齐、卫攻晋河内之战。晋攻邯郸之战。晋攻晋阳之战。晋攻范氏、中行氏之战,晋定公胜荀寅、士吉射。

公元前 496 年, 晋围朝歌之战。析成鲋、小王桃甲、狄人攻晋绛都之战,析成鲋、小王桃甲、狄人败。潞之战,晋胜范氏、中行氏。百泉之战,晋胜郑、范氏。

公元前 495 年，老丘之战，郑罕达胜宋。

公元前 494 年，齐、卫围晋五鹿之战。齐、鲁、卫、鲜虞克棘蒲之战，齐、鲁、卫孔围、鲜虞胜。晋攻朝歌之战。

公元前 493 年，铁丘之战，晋赵鞅、卫蒯聩胜郑罕达。

公元前 492 年，晋克朝歌之战，晋赵鞅胜荀寅、士吉射。

公元前 491 年，齐、卫围晋五鹿之战。晋克邯郸之战，晋赵鞅胜邯郸稷、荀寅、士吉射。齐克晋邢、任、栾、鄗、逆畤、阴人、盂、壶之战，齐国夏胜晋。

公元前 490 年，晋克柏人之战，晋赵鞅胜荀寅、士吉射。

公元前 496 年，吴越槜李之战，越王勾践胜，吴王阖闾战死。楚灭顿之战。

公元前 495 年，楚灭胡之战。

公元前 494 年，吴越夫椒之战，吴王夫差胜。楚攻蔡之战，蔡昭侯降。

公元前 489 年，吴伐陈之战，吴王夫差胜。

公元前 487 年，吴伐鲁之战，吴王夫差胜。

公元前 485 年，吴、鲁、邾、郯克齐鄎之战，吴王夫差、鲁哀公、邾桓公、郯子胜。吴攻齐之战，吴徐承败。

公元前 484 年，吴、鲁与齐艾陵之战，吴王夫差、鲁叔孙州仇胜，杀齐国书。

公元前 482 年，熊姑夷之战，越王勾践杀吴太子友，入姑苏，吴王夫差求和。

公元前 480 年，楚攻吴之战，至桐汭而返。

公元前 479 年，吴攻楚慎之战，楚白公胜胜。叶公救郢都之战，叶公杀白公胜。楚灭陈之战，楚公孙朝胜。

公元前 478 年，笠泽之战，越王勾践胜吴王夫差。

公元前 475 年—前 473 年，越灭吴之战，越王勾践胜，吴王夫差自杀。

公元前 472 年，犁丘之战，晋荀瑶胜齐高无㔻。

公元前 468 年，晋攻郑之战，晋荀瑶闻齐陈恒来救，退兵。

公元前 464 年，晋攻郑之战，晋荀瑶胜。

公元前 457 年，晋克中山穷鱼之丘之战，晋荀瑶胜中山。

公元前 455 年—前 453 年，晋阳之战，韩虎、魏驹叛变，与赵无恤杀荀瑶。

附篇

《史记》制造的兵圣：
孙武与伍子胥是如何从一人分化为两人的？

《孙子兵法》可以说是享誉海外、家喻户晓的军事名著，其中"知彼知己，百战不殆""兵无常势，水无常形""投之亡地而后存，陷之死地而后生"都是朗朗上口的经典名句。作者孙武也因此被后世称为"兵圣"和"兵学鼻祖"。不过，先秦诸子的作品往往不成于一人一时，这个已经是公认的常识。而且，与先秦诸子不同的是，孙武其人的存在性，从宋朝开始就常常受到怀疑。为什么会有这样的争议呢？我们从记录孙武的原始资料说起。

一、孙武存在吗？后世文献经历层累

关于孙武的传记，我们最熟悉的是《史记·孙子吴起列传》的记载：

孙子武者，齐人也。以兵法见于吴王阖庐。阖庐曰："子之十三篇，吾尽观之矣，可以小试勒兵乎？"对曰："可。"阖庐曰："可试以妇人乎？"曰："可。"……于是阖庐知孙子能用兵，卒以为将。西破强楚，入郢，北威齐晋，显名诸侯，孙子与有力焉。孙武既死，后百余岁有孙膑。膑生阿、鄄之间，膑亦孙武之后世子孙也。孙膑尝与庞涓俱学兵法。……孙膑以此名显天下，世传其兵法。（注："阖闾"为音译名，《史记》则作"阖庐"）

这篇关于孙武最早的传记，提供的信息却非常简略。《孙子吴起列传》的"孙子"应该包括孙武、孙膑两代齐国人，但孙膑的事情详细，而孙武的事情简略。这篇传记大概只说一件事，就是孙武因《兵法》十三篇为吴王阖闾接见，然后为吴王练兵，并杀死不听令的两个宠妃。最后吴王让孙武担任将

军，之后吴王阖闾"西破强楚"、吴王夫差"北威齐晋"，孙武都有参与的功劳。而孙膑则是孙武之后。

除了《孙子吴起列传》外，《史记》还有其他对孙武的零碎记录。比如在《律书》中，称"吴用孙武，申明军约"，在《吴太伯世家》《伍子胥列传》中，提到阖闾三年时阖闾谋伐楚国郢都，此时孙武以军民疲惫为由劝阻，到阖闾九年时伍子胥和孙武才建议阖闾出兵。此外，《货殖列传》提到一句"孙吴用兵"，没有具体说是孙武还是孙膑。《史记》关于孙武的记载只有这些，孙武何时入吴，如果辅助吴国称霸，又因何去世？这些没有更多记载。

在《史记》之后，关于孙武的记载开始逐渐丰富，但很明显也出现不少矛盾之处。

东汉野史《越绝书》中说"吴王客齐孙武冢"在苏州巫门外离县城十里的地方，这是关于孙武之墓最早的记载；到了唐代《吴地记》还有"吴偏将军孙武坟"的记载。但是到宋代的《吴郡图经续记》《吴郡志》中，已经没有孙武墓的记载了，大概此时孙武墓已无存。清嘉庆年间，自称是孙武之后的孙星衍专门到苏州，寻找到一处叫"孙墩"的地方，却不敢轻易下结论。今天苏州相城的孙武纪念园，正是在孙墩"孙武墓"的基础上修建。

《新唐书·宰相世系表》则给出了一个孙武的完整世系，原来孙武是齐国大夫田（陈）完之后，田完四世孙是田无宇，田无宇有二子田恒和田书。田书因为伐莒有功被齐景公赐孙氏，封地在乐安。孙书生孙凭，担任齐卿；孙凭生孙武，字长卿，因为田鲍四族之乱奔吴。孙武又有三子孙驰、孙明、孙敌，孙明的封地是富春。孙明生孙膑，孙膑生孙胜，为秦将。不过在《全唐文》所引的墓志铭、神道碑中，却又提到孙武是春秋卫国孙氏之后。

今天山东惠民、乐昌、博兴、广饶等地争夺"孙武出生地"，来源就是《新唐书》，但其中的讹误非常明显。从记录春秋史料最翔实的《左传》看，田书于公元前 523 年攻莒立功，但在前 484 年被兄长田乞派去艾陵之战战死。吴王阖闾即位于前 514 年，又于前 506 年攻破楚国郢都。所以，孙武不太可能是田书的孙子。至于"田鲍四族之乱"也没有依据，虽然齐国在前532年发生了田、鲍二氏驱逐栾、高的事件，但时间相差较远，而且田氏本身是胜利者。

同样是东汉野史的《吴越春秋》则说，孙武是"僻隐深居"的吴人，因伍子胥引荐而见到阖闾，对孙武是齐人的说法表示质疑。虽然这种说法没有流传开来，但孙武在苏州有个隐居地，则又成了后世发挥的对象。在明代小说《东周列国志》中，说孙武隐居在罗浮山以东。而到了20世纪90年代，则又有地方读物说孙武隐居于卧虎山，后来更是"证明"就是太湖湖畔穹窿山。到今天，穹窿山被广泛认为就是孙武的隐居地和《孙子兵法》著述处。

顾颉刚在《与钱玄同论古史书》提出著名的"古史层累说"，其中有一条就是"时代愈后，传说中的中心人物愈放愈大"。如果以《史记》及更早的史料去检讨孙武的出生地、隐居地、归葬地，会发现有明显的"古史层累"过程。实际上，《史记》关于孙武的记载非常简单，核心内容只有吴宫练兵一件事，其他的都来自后世发挥。然而，《史记》的成书距离春秋末年也长达四百年左右，《孙子吴起列传》是否可靠？我们只能从春秋战国的史料去寻找。

二、孙武不存在？原始文献缺乏记载

遗憾的是，先秦文献中并无有关"孙武"其人的记载。

记录春秋历史的史书主要有《左传》《国语》。其中《左传》公认最客观翔实，《国语》虽然真实性不如《左传》，但有专门记录吴越史事的《吴语》《越语》。但这两部书均无"孙武"其人的记载，仿佛吴国根本没有这样一个人。而在战国诸子的记录里，亦无关于孙武其人其事的明确记载。唯一有点蛛丝马迹的是《尉缭子》的"有提三万之众而天下莫当者谁？曰武子也"。这个"武子"一般认为就是孙武子，但其实也并不明确。

"孙子"其人，战国确实存在。《战国策》的《齐策》《魏策》，提到齐国有善于用兵的孙子，给田忌出谋划策。这个"孙子"明显是孙膑，而不是孙武。《楚策》也提到在赵国担任上卿的"孙子"。这个"孙子"是荀子，也不是孙武。

《荀子》《韩非子》《吕氏春秋》又有"孙吴"并称,且提到"孙吴之略""孙吴之书",指《孙子》《吴子》两部兵法。那么这部《孙子》的作者是谁呢?

通过《史记·孙子吴起列传》,我们知道孙武、孙膑均有兵法传之于世,其中孙武的兵法有十三篇。在《汉书·艺文志》里,还有《吴孙子》八十二篇图九卷和《齐孙子》八十九篇图四卷,很明显,这里的《吴孙子》就是《孙子兵法》,而《齐孙子》就是《孙膑兵法》。之后曹操也整理过《孙子》,他将《孙子兵法》十三篇抽出作注,而将余下的编为《续孙子兵法》。这样一来起到两个效果,一是《孙子兵法》名声大噪,二是《孙膑兵法》等逐渐失传。

魏晋隋唐时期,对于《孙子兵法》十三篇就是春秋孙武本人所作,基本没有疑义。但从宋代开始,越来越多学者逐渐开始质疑《孙子兵法》的成书。他们认为,《孙子兵法》尽管一些语句涉及吴越战争,但整体反映的却是战国时的军事思想,故主体应该成于战国时期,到今天基本已成为定论。杨宽《战国史》和李零《关于银雀山简本〈孙子〉研究的商榷》均有详细论述,兹不赘言。失去《孙子兵法》著作权的孙武,越来越被怀疑身份的真实性。

首先质疑的是南宋学者叶适,他以"孙武为大将,乃不为命卿,而左氏无传焉"为由指出"凡穰苴、孙武者,皆辩士妄想标指,非事实",同时认为《孙子兵法》是"春秋末战国初山林处士所为";陈振孙也提出"孙武事吴阖庐而不见于《左氏传》,未知其果何时人也"。又有人进而指出,《孙子兵法》作者应是孙膑,主张此说的主要有日本学者斋藤拙堂和中国学者钱穆,如钱穆指出"孙膑之称,以其膑脚而无名,则武殆即膑名耳",认为孙膑名武。

之所以有学者认为《孙子兵法》作者是孙膑,除了《孙子兵法》主体成书于战国时期外,很大程度是因为《孙膑兵法》没有流传。然而,1972年4月在山东临沂(今临沂兰山区)银雀山1号汉墓出土了一批西汉竹简,《孙膑兵法》与《孙子兵法》一起显现于世。不少学者欢欣地认为,这证明了《孙子兵法》和《孙膑兵法》是两部作品,孙武和孙膑是不同的两个人;不少网民更盲目地称"钱穆被考古发现打脸"。其实，这都是把先秦文献流传过程想得过于简单。

首先，《孙子兵法》《孙膑兵法》只是整理者的区分，原始竹简上并没有书名，只有篇名。这实际上是一整套《孙子》著作。除了能够对应传世本《孙子兵法》的十三篇外，还有《吴问》《四变》《黄帝伐赤帝》《地形二》《见吴王》等五篇佚文。而除了《擒庞涓》《见威王》《威王问》《陈忌问垒》四篇确凿的《孙膑兵法》作品外，其余各篇的"孙子"并不能确定是谁。整理小组认为其风格与《孙子兵法》差异较大，所以"暂时把它们认定为《孙膑书》"。

由此可见，汉简《孙子兵法》《孙膑兵法》完全可以视为同一系列作品，也就是战国流传的和《吴子》齐名的《孙子》，其中"孙子"尚无孙武、孙膑之名。汉简《孙子兵法》说"燕之兴也，苏秦在齐"，表明在孙膑之后还经过整理。这都说明了一个问题，即诸子之书并非成书一时一人。明代吴兴松筠馆主人就指出"按《史记·列传》称武为膑之祖，膑之兵法传于后世云，则书殆传于膑，而本与武者欤"，认为《孙子兵法》为孙武、孙膑共同所著。

不过，汉简《孙子兵法》佚文两次提到"十三篇"，证明这十三篇的地位还是很独特的。这当然就是《史记》所说的《孙子兵法》十三篇，也就是曹操作注并流传至今的十三篇。但这都不足以铁口断定孙武与孙膑是两人，《孙子兵法》与《孙膑兵法》是他们分别书写的作品；仅能证明汉简《孙子》系列反映出来有春秋吴王阖闾时的孙子和战国齐威王时的孙子两个人，而《孙子》系列的创作则经历了长期编撰过程，未必要锁到特定的人身上。

《陈忌问垒》说"明之吴越，言之于齐，曰知孙氏之道者，必合于天地"，强调《孙子》系列确实发端于吴越。那么，孙武其人到底是否存在呢？

三、孙武为伍子胥考：探求历史最大可能

如果我们认为只有孙膑存在，而孙武不过是孙膑的分化，那么也不好解释《孙子》系列为什么能追溯到春秋吴国。这好比在《论语》《孟子》这些著

作中，中心人物只有一个孔子、一个孟子，而不会有先后两个孔子、两个孟子。但尴尬的是，先秦文献确实没有相关孙武事迹的记载。当然，不记载不代表不存在。但如果舍弃对《孙子吴起列传》先入为主的观念，严格从《左传》《国语》等史料去评判，那么又确实不存在"孙武"这个人。

不过，我们也可以尝试转变思路，尽管"孙武"这个称呼在文献中不存在，但"孙武"这个人物是否可以有其他称呼？谁是辅佐阖闾、夫差的第一功臣呢？

除了"孙武不存在""孙武为孙膑"外，其实还有一种小众观点，认为"孙武即伍子胥"。最早提出此说的是清代学者牟默人。他在《雪泥屋杂志·校正孙子》指出"古有伍子胥，无孙武。世传《孙子》十三篇，即伍子胥所著书也"，二者事迹非常相似：都从异国而来，统率吴军破楚；都讲军事策略，帮助吴王练兵；伍子胥死前将儿子托付给齐鲍氏，为王孙氏，孙膑正是伍子胥后人；至于"武"乃是"武经"之义。现代学者杨师群也持此观点。

笔者亦赞同这一说法，今试申述牟默人一说。

如前文所述的，《左传》《国语》均无孙武其人；最早记载孙武的《史记》，除了练兵一事外，其他记载非常含糊笼统，对于孙武来龙去脉均未表达，也没有提到孙武的具体战绩，仅含糊提到"西破强楚，入郢，北威齐晋，显名诸侯，孙子与有力焉"。大约孙武因兵法进见，帮助吴国练兵，从而辅佐阖闾、夫差称霸。这些记录，实际上换个名字说是伍子胥，也没什么问题。

伍子胥，名员，楚国太傅伍奢之子，棠公伍尚之弟。公元前522年，因为少傅费无极的陷害，伍奢、伍尚为楚平王所杀，伍子胥逃奔吴国。《左传》记载伍奢因此感慨"楚君大夫其旰食乎"，能力极强的伍子胥势必报仇，楚国君臣将会宵衣旰食。伍子胥到吴国后，当时吴王僚与公子光明争暗斗，伍子胥推荐专诸给公子光，刺杀了王僚。公子光即位为吴王阖闾，而伍子胥则成为辅佐重臣。

我们印象中的伍子胥似乎是一个文臣，但实际上伍子胥在军事谋略上同样出色。《国语·吴语》越大夫种称"夫申胥、华登，简服吴国之士于甲兵，而未尝有所挫也"，证明申胥与华登是吴国练兵的两个主要人物。申胥即伍子胥，因其封于申而称。华登是宋国人，因为国家内乱亦在公元前522年奔吴，但其人于前521年即领军伐宋，战败后又于前520年奔楚。可见华登在吴国活跃时间极短，那么吴国练兵多年来主要就是伍子胥一人。

《越绝书》佚文也有记录《伍子胥水战兵法》："大翼一艘，广一丈五尺二寸，长十丈，容战士二十六人，棹五十人，舳舻三人，操长钩矛斧者四，吏仆射各一人，凡九十一人。当用长钩矛长斧各四，弩各三十二，矢三千三百，甲兜鍪各三十二。"尽管这部作品极大可能也是后世所作，但也证明伍子胥是个杰出的军事理论家。《左传》记载伍子胥向阖闾进言，用三支部队轮流骚扰楚军，而这种疲楚战术的结果就是"楚于是乎始病"。

政治家伍子胥是个杰出的军事家，而军事家孙武同样也是优秀的政治家。汉简《孙子兵法·吴问》中就记载了孙子与阖闾的对话，孙子就天下形势进行详细分析，根据晋国六卿的土地制度，认为其灭亡的先后顺序是范、中行、智，然后是韩魏，最后赵国一家独大。这种预言一般认为反映的是创作时代的形势，大约是战国中后期赵国"胡服骑射"后的事。但为什么要伪托孙武？只能说明在传说中孙武也具备洞穿时局的政治眼光。

除了经历、能力之外，《史记》中的孙武与伍子胥的性格也雷同。孙武练兵斩杀二姬的故事，给人留下的印象是铁面无私、忠诚正直，所谓"将在军，君命有所不受""王徒好其言，不能用其实"。尽管伍子胥练兵过程缺乏记载，但在《左传》《史记》中多次提到伍子胥劝谏夫差，不要接受勾践投降、不要受到伯嚭蒙蔽。伍子胥为夫差赐死众人皆知，而《汉书·刑法志》提到"孙吴商白之徒，皆身诛戮于前，而功灭亡于后"，似乎认为孙武也是被处死。

至于伍子胥与孙膑的关系。《左传》记载伍子胥"使于齐，属其子于鲍氏，为王孙氏"，《潜夫论》又说"孙氏者，或王孙之班，或公孙之班也"，证明一部分孙氏来源确实是王孙氏。孙氏到齐国居住，世代相传武学，至孙膑时因击败魏国而名声大噪。"孙膑"一名始见于《吕氏春秋·慎势》,"膑"乃削除膝盖骨的一种刑罚,并非其人真名,而"孙武"当然亦非真实名字。

"伍子胥"在《离骚》作"伍子",而"武""伍(五)"又可通假,如《墨子》"武观"在《国语》作"五观",《尉缭子》的"武子"未尝不能说是伍子(胥),那么"孙武"的"武"名当来源于"伍"氏。还有一种可能,钱穆先生认为"武"即是"武经"(兵书)之义。在《逸周书》里,涉及兵法的篇章多称"武",如《武称》《大武》《大明武》《小明武》《大开武》《小开武》等。

至此,我们可以从史料中钩稽出《孙子兵法》的大致传承:《孙子兵法》应当肇始于吴国的伍子胥,之后经过其后人齐国的孙膑发扬,又经过战国兵家后学的增补,遂有了《孙子》系列若干篇。但此时孙武、孙膑还无其名,著作笼统以"孙子"称之。到《史记》时,太史公根据传说,分别加上名字为孙武和孙膑。西汉后期刘向父子整理《孙子》系列,又将其分为《吴孙子》《齐孙子》;曹操将《吴孙子》十三篇摘出作注,是为今本《孙子兵法》前身。

一方面,《孙子兵法》《史记》言之凿凿孙武存在,所以不少人认为孙武确实存在,只不过因为不重要所以"名不见经传";另一方面,《左传》《国语》没有孙武其人记载,所以不少人认为孙武不存在,或者只是孙膑的分化;而这种"孙武即伍子胥"的说法,可以视为介于"孙武存在"与"孙武不存在"之间的第三方观点,虽然从古至今只是小众观点,但也有一定说服力。整体来看,因为资料匮乏,所以众说纷纭,真相究竟如何,还是留待时间评判吧。

参考文献

[1] 曹锦炎. 论张家山汉简《盖庐》[J]. 东南文化, 2002, (9).

[2] 李零. 吴孙子发微 [M]. 北京: 中华书局, 2014 年。

[3] 骈宇骞, 段书安. 二十世纪出土简帛综述 [M]. 北京: 文物出版社, 2006.

[4] 吴恩培. 勾吴文化的现代阐释 [M]. 南京: 东南大学出版社, 2002.

[5] 杨善群. 孙子评传 [M]. 南京: 东南大学出版社, 2011.

[6] 杨师群. 中国历史的教训 [M]. 杭州: 浙江大学出版社, 2012.

比小说好看
比剧本精彩

你一定爱读的中国战争史
（系列丛书）

有史可证，有迹可循
从春秋到清朝，2600多年的战争故事，让你一读就上瘾

通俗易懂，有趣有料

插科打诨也好，正色直言也罢，说的是古往今来战场风云，塑的是家国内外忠奸百态。场场大戏，英雄、奸雄与"狗熊"，人人都是角儿；篇篇传奇，妙招、奇招和险招，处处有谋略。

中国历史新演绎

用人物刻画战争，用战争串联历史。每一场战争都有典籍支撑。14位新锐作者联袂执笔，精选经典战役铺陈，涉及战略、战术、战法、武器、兵力、布阵、战场展开……

情节紧张，行文爽快

跌宕起伏的王朝命运，两军交戈的剑拔弩张，千钧一发的安危瞬间，惊心动魄的逃亡旅程，风林火山的用兵之法，三十六计的多方施展，卧薪尝胆的多年隐忍，柳暗花明的意外展开……古人的故事，今人读来依然扣人心弦。